ACCESO GRATIS a la Lectura en la Nube

Para visualizar el libro electrónico en la nube de lectura envíe junto a su nombre y apellidos una fotografía del código de barras situado en la contraportada del libro y otra del ticket de compra a la dirección:

ebooktirant@tirant.com

En un máximo de 72 horas laborables le enviaremos el código de acceso con sus instrucciones.

LA PARTICIPACIÓN DE LA VÍCTIMA MENOR DE EDAD EN EL PROCESO PENAL

Avanzando hacia una justicia integral

LA PARTICIPACIÓN DE LA VÍCTIMA MENOR DE EDAD EN EL PROCESO PENAL

Avanzando hacia una justicia integral

JESSICA JULLIEN DE ASÍS

tirant lo blanch
Valencia, 2024

En caso de erratas y actualizaciones, la Editorial Tirant lo Blanch publicará la pertinente corrección en la página web www.tirant.com.

© TIRANT LO BLANCH
EDITA: TIRANT LO BLANCH
C/ Artes Gráficas, 14 - 46010 - Valencia
TELFS.: 96/361 00 48 - 50
FAX: 96/369 41 51
Email:tlb@tirant.com
www.tirant.com
Librería virtual: www.tirant.es
DEPÓSITO LEGAL: V-1525-2023
ISBN: 978-84-1147-631-7
MAQUETA: Disset Ediciones

Si tiene alguna queja o sugerencia, envíenos un mail a: *atencioncliente@tirant.com*. En caso de no ser atendida su sugerencia, por favor, lea en *www.tirant.net/index.php/empresa/politicas-de-empresa* nuestro procedimiento de quejas.

Responsabilidad Social Corporativa: http://www.tirant.net/Docs/RSCTirant.pdf

A las personas que me han acompañado en lo profesional y en lo personal
Especialmente a mi directora de tesis, la catedrática Helena Soleto, por su dirección y su confianza.
A las personas que trabajan por mejorar la escucha y la participación de las personas menores de edad.
A mi madre y a la Yaya, las mujeres de mi infancia.

Índice

ABREVIATURAS 15

INTRODUCCIÓN 17

PARTE I:
ATENCIÓN A LAS VÍCTIMAS MENORES DE EDAD EN EL SISTEMA DE JUSTICIA

CAPÍTULO I

LAS VÍCTIMAS MENORES DE EDAD EN LA JUSTICIA PROCESAL

1.1 LA PERSONA MENOR DE EDAD INFRACTORA EN EL PROCESO; ¿UN SISTEMA ESPECIALIZADO DE REFERENCIA? 24
1.1.2 Antecedentes 25
1.1.3 Actualidad 30
1.2 REGULACIÓN DE LA PARTICIPACIÓN DE LAS VÍCTIMAS MENORES DE EDAD EN EL SISTEMA JUDICIAL 42
1.2.1 Marco Internacional 44
1.2.2 Marco nacional 53
1.3 ESPECIFICIDADES DE LAS VÍCTIMAS MENORES DE EDAD DESDE EL PRISMA JURÍDICO 64
1.3.1 Capacidad para declarar desde la protección de derechos específicos 68
1.3.2 La declaración de la persona menor de edad como prueba... 73
A) Validez de la prueba en cuanto a su contenido 75
B) Validez de la prueba en atención a los principios de la prueba 77
1.3.3 Otros elementos de prueba en la victimización infantil 85
1.3.3.1 Informe pericial 85
1.3.3.2 Los testigos de referencia 92

1.3.4 La víctima menor de edad en el sistema de justicia de personas adultas y en el sistema de justicia juvenil 94
1.3.4.1 La víctima menor de edad en el sistema de justicia de personas adultas... 94
1.3.1.2 La víctima menor de edad en el sistema de justicia juvenil... 96

CAPÍTULO II

ESPECIALIDADES EN LA VICTIMIZACIÓN

2.1 SITUACIÓN DE ESPECIAL VULNERABILIDAD FRENTE A LA VIOLENCIA 101
2.1.1 Concepto de especial vulnerabilidad 103
2.1.2 Tipos de violencia en la infancia.. 105
2.2 IMPACTO DE LA VIOLENCIA EN LA INFANCIA Y VICTIMIZACIÓN SECUNDARIA 112
2.2.1 Repercusiones físicas y psicosociales 112
2.2.2 ¿Cuál es la relevancia de estas cuestiones en el contexto jurídico?.. 122
2.2.3 Atención a víctimas menores de edad y victimización secundaria... 125
2.3 CIFRAS DE LA VICTIMIZACIÓN EN LA INFANCIA.................. 128
2.3.1 Una panorámica general 129
a) Victimización en la infancia vs. victimización en la adultez:.. 131
b) Victimización en la infancia en atención a la edad 132
c) Evolución de los delitos con víctimas menores de edad 133
2.3.2 Especial atención a los delitos cometidos contra la libertad e indemnidad sexual de NNA 134
2.4 SITUACIONES ESPECIALES.. 138
2.4.1 La victimización intrafamiliar 138
2.4.2 La victimización infantil desde una perspectiva de género.... 141
2.4.3 La victimización de personas menores de edad con discapacidad 147
2.4.4 La victimización de personas menores de edad en instituciones... 151
2.4.5 La persona menor de edad infractora como víctima............ 155

PARTE II:
MARCO DE PROTECCIÓN DE LOS INTERESES DE LA VÍCTIMA MENOR DE EDAD

CAPÍTULO III

RECONOCIMIENTO Y PROTECCIÓN DE LOS DERECHOS DE LA INFANCIA Y LA ADOLESCENCIA

3.1 EVOLUCIÓN HACIA LA PROTECCIÓN DE LA INFANCIA.......... 165
3.1.1 Modelos protección de la infancia 165
3.1.1.1 La Prehistoria de los derechos de la infancia 166
3.1.1.2 El Modelo Proteccionista Tradicional 168
3.1.1.3 El Modelo Liberacionista 169
3.1.1.4 Modelo Proteccionista Renovado 171
3.1.2 Sobre los derechos de niños, niñas y adolescentes 172
3.1.2.1 Los derechos de la infancia y su relación con el reconocimiento de otros derechos 173
3.1.2.2 La evolución de los derechos de la infancia hasta la Convención 176
3.1.2.3 Repercusiones de la Convención en el reconocimiento y protección de la infancia 180
A) Contenido y elementos reseñables de la CDN 180
B) Algunos de los instrumentos relevantes a partir de la CDN 184
3.2. HACIA UN NUEVO MODELO DE PROTECCIÓN DE LOS DERECHOS DE LA INFANCIA Y LA ADOLESCENCIA 188
3.2.1 La titularidad de los derechos en la infancia 189
3.2.1.1 La titularidad de los derechos de la infancia, ¿un simple debate conceptual? 189
3.2.1.2 Aproximación a una Teoría de los derechos de la infancia desde la Teoría de los Derechos Humanos 198
3.2.2 La voluntariedad jurídica y la toma de decisiones 205
3.2.2.1 Voluntad e interés superior de la persona menor de edad 207
A) La voluntad 207
B) El interés superior de la persona menor de edad 211
3.2.2.2 La toma de decisiones 215
A) Medidas paternalistas 215
B) La complejidad del desarrollo progresivo 224

3.2.3 Conclusiones desde la perspectiva de las necesidades e intereses 227
3.2.3.1 Necesidades en la infancia 227
3.2.3.2 Grados de participación ligado al desarrollo de necesidades 232

CAPÍTULO IV

EL ACCESO INTEGRAL A LA JUSTICIA

4.1 LA JUSTICIA PROCESAL DESDE UNA PERSPECTIVA CONVENCIONAL 241
4.1.1 Acceso a la justicia, tutela judicial efectiva y debido proceso 244
4.1.1.1 Acceso a la justicia 244
4.1.1.2 Tutela judicial efectiva 247
4.1.1.3 Debido proceso 250
4.1.2 Humanización del acceso a la justicia 252
4.2 JUSTICIA RESTAURATIVA 257
4.2.1 Fundamentación 257
A) La comprensión del conflicto y su gestión 259
B) El rol de la víctima 261
C) El rol de la persona victimaria 263
4.2.2 Evolución 264
4.2.3 Principios de la justicia restaurativa 270
A) Principios y directrices 271
B) Resistencias 274
C) Adecuación del caso y protección 277
4.2.4 La justicia restaurativa en distintos momentos procesales y diferentes relaciones con el sistema de justicia 280
4.3 EL DERECHO DE NIÑOS, NIÑAS Y ADOLESCENTES VÍCTIMAS A UNA JUSTICIA ADECUADA 286
4.3.1 Situación de las víctimas menores de edad en la justicia procesal convencional 286
4.3.1.1 Concepción tradicional de la persona menor de edad 286
A) Consecuencias de la concepción tradicional de la infancia y la adolescencia 287
B) Nuevos debates restrictivos de los derechos de la infancia 291
4.3.1.2 Estructura del sistema de justicia procesal convencional 294
4.3.2 Fundamentación de una justicia integral 296
4.3.2.1 Exigencia de un acceso integral a la justicia desde los derechos de la infancia 297
4.3.2.2 La importancia del reconocimiento de necesidades e intereses 302

PARTE III:
REVISIÓN DEL ACCESO INTEGRAL A LA JUSTICIA DESDE LA PERSPECTIVA DE LA INFANCIA Y LA ADOLESCENCIA

CAPÍTULO V

UN SISTEMA DE JUSTICIA RESPETUOSO CON LOS DERECHOS DE LA INFANCIA

5.1 FUNDAMENTACIÓN DE UNA JUSTICIA INTEGRAL BASADA EN DERECHOS E INTERESES 307
5.1.1 Exigibilidad basada en derechos 314
5.1.1.1 Derecho de participación y fomento de la autonomía progresiva 315
5.1.1.2 Derecho a la igualdad o no discriminación 318
5.1.1.3 Derecho al desarrollo 319
5.1.1.4 Derecho a la protección contra el abuso y la negligencia 320
5.1.1.5 Derecho a la rehabilitación y a la reintegración, desde la perspectiva del derecho a la salud física y psicológica 322
5.1.1.6 Derecho a la dignidad y a la intimidad 324
5.1.2 Cuestiones específicas 326
5.1.2.1 El significado atribuido al hecho delictivo 326
5.1.2.2 La importancia del sistema o red de apoyo 333
5.1.3 Conclusiones 336
5.2 EL MODELO BARNAHUS COMO SISTEMA DE REFERENCIA ... 340
5.2.1 Evolución y principios 341
5.2.2 Funcionamiento 345
5.2.2.1 Importancia del entorno 345
5.2.2.2 Personal del Barnahus 351
5.2.2.3 Recorrido por el Barnahus: el sistema paso a paso 354
A) ¿Cómo llegan las víctimas? 354
B) Primer contacto 355
C) Primera espera 355
D) Entrevista/declaración 356
E) Segunda espera 357
F) Respuesta del sistema y salida del *Barnahus* 358
5.2.3 Cuestiones de debate 358
5.2.3.1 Entrevistas: el valor de una entrevista especializada .. 358
5.2.3.2 Participación versus protección 360

5.2.3.3 El Barnahus como medida socioeducativa frente a la violencia en la infancia 362
5.2.3.4 Estándares de calidad y algunas reflexiones.............. 364

CAPÍTULO VI

ATENCIÓN A LOS DERECHOS E INTESESES DE LAS VÍCTIMAS MENORES DE EDAD EN EL SISTEMA DE JUSTICIA

6.1 ACCESO A LA JUSTICIA EN LA INFANCIA.............................. 369
6.1.1 Prevención y formación 369
A) Los y las profesionales.. 371
B) La ciudadanía y la familia.. 374
C) Hacia la infancia 376
6.1.2 Accesibilidad real a la justicia en la infancia..................... 377
6.1.2.1 Accesibilidad en sentido estricto.............................. 377
6.1.2.2 Los tiempos de las víctimas vs. los tiempos del proceso 380
6.1.2.3 Especialización del sistema....................................... 383
6.2 ADECUACIÓN DEL PROCESO JUDICIAL.................................. 386
6.2.1 Adecuación en la fase de instrucción.............................. 387
6.2.1.1 Nueva regulación de la prueba preconstituida.......... 389
6.2.1.2 Protocolos unificados en la recogida y valoración del testimonio de la víctima 396
6.2.2. Algunas cuestiones complementarias................................ 402
6.2.2.1 Participación de la víctima menor de edad en la fase oral.. 402
6.2.2.2 Especial atención al derecho a la intimidad.............. 403
6.2.2.3 Especial atención al derecho a la información.......... 405
6.3. LOS INTERESES DE LA VÍCTIMA EN LA RESPUESTA ANTE LA VICITIMIZACIÓN.. 410
6.3.1. La respuesta del proceso judicial...................................... 410
6.3.2 ¿Es posible la protección de los intereses de las víctimas menores de edad en los procedimientos restaurativos?.......... 416
6.3.2.1 Derechos sobre los que se apoya el debate 417
6.3.2.2 Adecuación de la Justicia Restaurativa a los derechos de la infancia 421

CONCLUSIONES 429

BIBLIOGRAFÍA 437

ABREVIATURAS

ADR:	*Alternative Dispute Resolution*
art. (arts.):	artículo(s)
BOE:	Boletín Oficial del Estado
CC:	Código Civil
CDN:	Convención de los Derechos del Niño
CDPD:	Convención de los Derechos de las Personas con Discapacidad
CE:	Constitución Española
CEDH:	Convenio Europeo de Derechos Humanos
CGPJ:	Consejo General del Poder Judicial
CP:	Código Penal
DDHH:	Derechos Humanos
Dir./Dir.ª:	Director/a
Ed.:	Edición
FAPMI:	Federación de Asociaciones para la Prevención del Maltrato Infantil
LECrim:	Ley de Enjuiciamiento Criminal
LEVID:	Ley del Estatuto a la víctima del delito
LOJM:	Ley Orgánica de Juzgados de Menores
LOPIVI:	Ley Orgánica de Protección Integral a la Infancia y la Adolescencia frente a la violencia
LOPJ:	Ley Orgánica del Poder Judicial
LOPJM:	Ley Orgánica del Protección Jurídica del Menor
LTTM:	Ley de Tribunales Tutelares de Menores
NICHD:	*National Institute of Child Health and Human Development*
NNA:	Niños, niñas y adolescentes
nº:	número
OMS:	Organización Mundial de la Salud
p. (pp.):	página(s)
párr.:	párrafo
RD:	Real Decreto

RUMI:	Registro Unificado de Maltrato Infantil
SAP:	Sentencia Audiencia Provincial
SJJ:	Sistema de Justicia Juvenil
ss.:	Siguientes
STC:	Sentencia Tribunal Constitucional
STS:	Sentencia Tribunal Supremo
TCC:	Terapia Cognitivo Conductual
TCC-FT:	Terapia Cognitivo Conductual Focalizada en el Trauma
TEDH:	Tribunal Europeo de Derechos Humanos
trad.:	traducción
UE:	Unión Europea
Vol.:	Volumen
vs.:	*Versus*

INTRODUCCIÓN

La «protección de la infancia y sus derechos» es en la actualidad una *insignia* frente a la que difícilmente encontraremos voces en contra. Esta unanimidad no resulta fácil de encontrar en otros contextos, lo que podría trasladar un sentimiento de seguridad y confianza basado en la creencia de que, en términos generales, la ciudadanía está «dispuesta a remar» a favor de su evolución. No hay mejor reflejo de esto que la Convención sobre los Derecho del Niño de 1989, que es en la actualidad el tratado internacional de Derechos Humanos con mayor respaldo, siendo Estados Unidos el único país que no ha completado su proceso de ratificación.

Lejos de resultar una victoria, hace emerger una preocupación y es que pese a ello se contempla una vulneración flagrante de los derechos de la infancia a nivel mundial. Esto supone un importante reto ya que no solamente se da una discordancia entre lo que «debería ser» y lo que «es», lo cual puede servir de impulso para la mejora como en tantos otros contextos, sino que en este caso existe otra, provocada de manera consciente entre lo que «aparenta*mos* ser» y lo que «es». El cumplimiento de lo establecido en la Convención queda lejos de la situación actual de la infancia, independientemente de sumar a la ecuación las limitaciones propias de este tipo de normativa como son las reservas planteadas por numerosos Estados, las posibles interpretaciones de su contenido, los recursos de cada Estado para dar cumplimiento a lo establecido, o la acomodación de su articulado a cuestiones culturales específicas.

Siendo la mencionada Convención un ejemplo significativo, este patrón va a repetirse a nivel nacional e internacional en un largo listado de normativas, recomendaciones, buenas prácticas e innumerables estudios que van a recalcar la importancia de seguir mejorando en el respeto de estos derechos, «como futuro de la ciudadanía», así como apelando a su «especial vulnerabilidad» frente a lo cual resulta *a priori* complicado fundamentar una situación de crisis. Pese a ello, cuando profundizamos en su realidad y nos alejamos de lo defendido teóricamente trasladándonos a su aplicación práctica, surgen numerosas preocupaciones de las cuales se han plasmado algunas en las siguientes páginas.

Los profusos esfuerzos por mejorar la situación y atención a la infancia son innegables, observándose una importante evolución en los últimos años; sin embargo, algunas de las tareas pendientes parecen intensificarse en su situación de víctima y es ahí donde reside una de las mayores complejidades de este estudio, que pretende atender las especificidades de la infancia y de la victimización de manera coordinada, en el contexto judicial y, de manera más amplia, en su acceso a la justicia.

Esto nos lleva a otra cuestión esencial y es la evolución del propio acceso a la justicia, afectado a su vez por la concepción misma de justicia y gestión de los conflictos. Los diversos movimientos surgidos especialmente desde los años 70, han permitido un fuerte replanteamiento no solamente en la forma de administrar justicia atendiendo la respuesta dada, sino también respecto al impacto en sí mismo del proceso sobre las partes y el conflicto. Estos planteamientos y las diferentes propuestas que han ido surgiendo como respuestas tanto intrajudiciales como extrajudiciales, presentan en la actualidad un contexto idóneo, lleno de riquezas, en las que las víctimas parecen tener por fin la posibilidad de ocupar ese lugar que durante tanto tiempo no les fue reconocido.

Son, de alguna manera, dos complejas luchas, la de la infancia y la de las víctimas -dentro del propio progreso de la justicia y el reconocimiento de derechos e intereses-, que han seguido una evolución paralela, a ritmos distintos y con resultados dispares. Sin embargo, resulta llamativo poder trasladar en ambos contextos dos lemas que reflejan acertadamente su situación y gestión por terceros: «todo por la infancia, pero sin la infancia», «todo por las víctimas, pero sin las víctimas», lo que se resume en un dilema concreto: la participación.

Al despojar a las víctimas del control sobre su situación, se pasaron por alto sus intereses de manera que paulatinamente el sistema judicial empezó a no resultar tan útil para ellas, o al menos no lo suficientemente completo. Esto pasa por supuesto por una evolución de la concepción de justicia, fuertemente influenciada por la del concepto de conflicto y su gestión, que poco a poco ha permitido alcanzar unos matices más sutiles, más avanzados, brindando respuestas más adecuadas a cada caso concreto. Como resultado de esta evolución, las dinámicas dialogadas han empezado a ocupar un espacio mayor permitiendo una comprensión más acertada de las vivencias de las víctimas, brindándoles nuevas respuestas.

Por su parte, los derechos de la infancia también han ido evolucionando desde una dinámica diferente. Mientras que finalmente las respuestas dadas a las víctimas en los últimos años respondían a su consulta, en el caso de la infancia la evolución de sus derechos ha sido impulsada mayormente desde fuera del colectivo: desde la perspectiva adulta. Esta forma de evolución supone importantes limitaciones que, si bien se han intentado superar, no lo han hecho hasta ahora de manera suficiente. La visión fuertemente paternalista -que, de nuevo, casualmente, podría coincidir con la situación de las víctimas-, ha limitado enormemente la interpretación de los derechos de la infancia quedando en ocasiones prácticamente vaciados de sentido por la complejidad de su ejercicio desde esta visión. Esto ha provocado una ausencia de mecanismos adecuados para este ejercicio e incluso el cuestionamiento de la adecuación de este, por poder calificarse en ocasiones como contrario a ciertos derechos específicos, basados en la protección de la infancia. En este sentido, su participación y la articulación de unos mecanismos adecuados que equilibren sus derechos generales y específicos resulta clave.

Las siguientes líneas pretenden brindar una visión realista de la situación de las víctimas menores de edad y su relación con la justicia desde un prisma restaurativo. Para ello se aborda el sistema de justicia juvenil como sistema de referencia, se brindan algunos datos sobre las victimizaciones detectadas en la infancia, pero sobre todo se profundiza en las herramientas que tiene la infancia para defender sus derechos, su justificación y su impacto en la práctica. Ello se hará a la luz de la evolución que también ha sufrido el sistema de justicia y el rol de las víctimas en el mismo.

Finalmente, cabe resalta el momento clave en el que se aborda esta cuestión: la reciente entrada en vigor de la Ley Orgánica 8/2021, de 4 de junio, de protección integral a la infancia y la adolescencia frente a la violencia (LOPIVI). Es por ello una reflexión entre el pasado y el futuro del tratamiento de procesal a la infancia victimizada. Iniciándose esta investigación de manera previa a la aprobación de la LOPIVI, se tienen especialmente presentes todos los obstáculos que ha vivido, y sigue viviendo, la infancia victimizada. Pese a la entrada en vigor de la nueva ley, aun no se puede apreciar el impacto de la misma y por ello siguen más presenten los riesgos pasados que las posibles futuras victorias. Esto especialmente porque, como se verá, existen ciertas dificultades que no se resuelven de inmediato con la nueva regulación, ya que se requiere un auténtico cambio de paradigma que no se alcanza plenamente con la LOPIVI.

PARTE I:

ATENCIÓN A LAS VÍCTIMAS MENORES DE EDAD EN EL SISTEMA DE JUSTICIA

CAPÍTULO I
LAS VÍCTIMAS MENORES DE EDAD EN LA JUSTICIA PROCESAL

La articulación del sistema de justicia se ha planteado históricamente desde su adecuación al ámbito de la persona adulta, pese a que niños, niñas y adolescente (NNA) [1] no se encuentran exentas de relacionarse con este. Esto dificulta tener una imagen clara de la justicia procesal como instrumento de acceso al ideal de justicia en el contexto de la infancia. Además, la infancia se encuentra en una situación de desventaja dado el tardío reconocimiento de sus derechos y su tortuosa acomodación en un sistema estructurado por y para personas adultas.

De manera genérica puede encontrarse tanto en la Constitución Española (en adelante CE) en su art. 12, como la Convención sobre los Derechos del Niño (en adelante CDN) en su art. 1 el reconocimiento de la persona menor de edad como aquella menor de 18 años. Esta misma edad es fijada por el Código Civil (en adelante CC) en su art. 315 y por la Ley Orgánica 1/1996 de Protección Jurídica del Menor (en adelante LOPJM) en su art. 1. Por su parte, del art. 19 del Código Penal (en adelante CP) se desprenden límites análogos, interpretados en coherencia con la Ley Orgánica 5/2000, de Responsabilidad Penal del Menor (en adelante LORPM). Cada norma, con una finalidad diferente, tiene a bien distinguir la minoría de edad ya sea en relación con la capacidad de obrar, la responsabilidad criminal o el reconocimiento de ciertos derechos[2]. Además, la CDN establece en

---

1 Se resalta la adecuación del uso del concepto de niños, niñas y adolescentes frente a "menores" reflejando la evolución progresiva de necesidades e intereses a lo largo de la infancia. Igualmente se recurrirá a "persona menor de edad" en la revisión sus derechos como personas con necesidades e intereses específicos. Esperanza OCHAÍTA ALDERETE y Mª Ángeles ESPINOSA BAYAL, *Hacia una teoría de las necesidades infantiles y adolescentes* (Madrid: McGrawHill, 2004), 315.

2 Reflejo de ello es la obra de HUETE MORILLO y MARINA DE ORTA en la que se realiza una extensa recopilación de referencias normativas en base a la edad, en Luis María HUETE MORILLO y Eduardo MARINA DE LA ORTA, *La edad en la legislación* (Madrid: Dykinson, 2001).

su art. 12 el "*derecho del niño que esté en condiciones de formarse un juicio propio a expresar su opinión libremente en todos los asuntos que le afecten, debiendo tenerse en cuenta sus opiniones en función de la edad y madurez*", desprendiéndose de este una relación directa con su participación en procesos judiciales o cualquier procedimiento que pueda afectarle. Por su parte, la Carta de Derechos de los Ciudadanos establece en su art. 26 que "*el menor de edad tiene derecho a que su comparecencia ante los órganos judiciales tenga lugar de forma adecuada a su situación y desarrollo evolutivo*".

De esta manera, aun con el claro reconocimiento de una necesidad de especial protección hacia este colectivo -o más bien sus derechos-, de algunos preceptos se desprende a su vez la necesidad de permitir su participación en situaciones específicas.

Actualmente contamos con dos sistemas claramente diferenciados que atenderá a la edad de la persona ofensora: el sistema de personas adultas y el sistema de justicia juvenil. Esto supone que las víctimas menores de edad serán derivadas de manera automática a un sistema o a otro en función de la edad de la persona infractora y no en función de sus necesidades e intereses. Así, merece ser atendida brevemente la justificación y evolución del sistema de justicia juvenil el cual permite comprender por qué en la actualidad no contamos aun con un sistema plenamente adaptado a las víctimas menores de edad.

1.1 LA PERSONA MENOR DE EDAD INFRACTORA EN EL PROCESO; ¿UN SISTEMA ESPECIALIZADO DE REFERENCIA?

Respecto a la relación que ha tenido la víctima menor de edad con el sistema de justicia, podría resultar tentador decir que la persona menor de edad infractora se ha visto privilegiada por tener, al menos, atención de este. Tanto es así, que el uso de «justicia de menores o juvenil» es usado para referirse a la justicia administrada hacia la juventud *infractora*, sin importar la edad de la víctima en este caso. Sin embargo, aunque se ha alcanzado en la actualidad un sistema del que pueden predicarse muchas bondades, no ha sido un camino fácil, ni en los debates teóricos que ha provocado, ni muchísimo menos para la infancia. Este recorrido aporta importantes detalles sobre la concepción manejada de NNA que permite entender la ausencia de especialización en el caso de la infancia victimizada.

1.1.2 Antecedentes

El pasado de la infancia en la vulneración de normas tanto sociales como, posteriormente, jurídicas, ha sido extremadamente duro. Una causa fundamental de ello es la tradicional concepción de la persona menor de edad, así como la dificultad de establecer ciertas responsabilidades a este colectivo. Se pasará así de una total equiparación a las personas adultas en la infracción de normas, al reconocimiento de una absoluta ignorancia en los primeros años de vida[3].

Los primeros sistemas de protección pueden detectarse a finales del siglo XVIII y principios del XIX, primero como preocupación hacia la infancia *abandonada*, tornándose posteriormente, con la reafirmación de la familia patriarcal, hacia la infancia *peligrosa*[4]. Esta ausencia de atención específica favorece situaciones de abandono y mendicidad, contexto en el cual se hace propensa la delincuencia. Esto impulsó un sistema con pretensión de corrección pedagógica, pero que en la práctica tenía como finalidad más marcada la represión de la infancia abandonada[5].

---

3 Es señalado por varios autores, entre otros, en Ignacio CAMPOY CERVERA, *La fundamentación de los derechos de los niños. Modelos de reconocimiento y protección* (Madrid: Dykinson, 2006), 60-61. y en Octavio PÉREZ VITORIA, *La minoría de edad y su tratamiento. Historia, doctrina y legislación* (Barcelona: Bosch, 1940), 14., que no se encuentra de hecho en el Código de Hammurabi, diferenciación respecto a la infancia. Aporta luz al respecto que en el mismo se encontrara catalogado el rapto de personas menores de edad como "atentados contra la propiedad", lo que responde a una concepción extremadamente cosificada de la infancia. Por su parte, MENDONZA TROCONIS diferencia tres etapas en la regulación de la minoría de edad: la irresponsabilidad absoluta, la culpabilidad condicionada por el discernimiento y la atenuación; coincidiendo con la regulación de los códigos penales de la época, desde la lógica de la Escuela Clásica, en José Rafael MENDOZA TROCONIS, *La protección y el tratamiento de los menores* (Buenos Aires, 1960), 3.

4 Teresa PICONTÓ NOVALES, «Derechos de la infancia: nuevo contexto, nuevos retos», Derechos y Libertades: revista de filosofía del derecho y derechos humanos, n.º 21 (junio de 2009): 60-61.

5 RÍOS MARTÍN realiza un minucioso recorrido histórico en Julián Carlos RÍOS MARTÍN, *El menor infractor ante la ley penal* (Granada: Comares, 1993), 89 y

No es hasta finales del siglo XIX[6] y principios del XX, coincidiendo con la eclosión de los derechos y un cambio en la concepción de la persona menor de edad, que surgen nuevas necesidades sociales. El modelo intervencionista impulsa la legitimación del Derecho penal como herramienta de protección de los derechos jurídicos por medio de la prevención.

Este periodo coincide con una concepción aun simplificada de la persona menor de edad que no presta atención al desarrollo gradual, por lo que se maneja una presunción, *iuris et de iure*, de ausencia absoluta de criminalidad por un reconocimiento de ausencia de discernimiento en los primeros años de vida. No será hasta el siglo XIX cuando pueda darse una visión más acertada de la minoría de edad

---

ss. En él resalta la figura del Padre de Huérfanos; el Rey Pedro IV que en 1337 realizaba una tarea de supervisión de las personas menores de edad infractoras. Combinaba medidas protectoras y represivas, ofreciéndoles actividades y oficios y actuando como Juez penal, imponiendo castigos corporales y penas de privación de libertad. Posteriormente, en 1725 se crearon "los Toribios", con un funcionamiento similar. Así, fueron surgiendo diferentes instituciones en las que una de las finalidades principales era ocupar a NNA y ejercer una función correccional para un mejor control social. En muchas se combinaba el carácter ocupacional con el correctivo y el religioso.

Fuera del abandono de NNA, se encontraba la denominada «justicia doméstica», común en estructuras patriarcales. Son ilustrativas las palabras de MOMMENS: "Salvo restricciones, por censurable, por perjudicial que fuese para la sociedad semejante acto, -refiriéndose a la exposición de los niños con deformidad-, el padre tenía derecho de consumarlo; era y debía ser siempre dueño absoluto de su casa. (...); tenía el derecho y el deber de ejercer la justicia entre ellos; hasta imponía si lo creía conveniente la pena capital", en Theodor MOMMSEN, *Historia de Roma.*, vol. I (Madrid: Turner, 1983), 91-92.

6 Son de relevancia los Códigos Penales del siglo XIX en España, que van a reconocer diferentes edades en exclusión de responsabilidad con franjas entre los siete y nueve años, llegando en ocasiones hasta los quince y diecisiete en los Códigos de 1822, 1848 y 1870. Se establece así un criterio biológico justificando la ausencia de discernimiento. Consultar en este sentido Rosa VENTAS SASTRE, *Estudio de la minoría de edad desde una perspectiva penal, psicológica y criminológica* (Madrid: Editoriales de Derecho Reunidas S.A., 2002), 18 y ss. Señala GUALLART Y LÓPEZ DE COICOECHEA que, pese a ciertas distinciones en los mencionados Códigos Penales, de inspiración eminentemente clásica, no van a reconocerse distinciones claras entre la persona infractora adulta y la menor de edad, en José GUALLART Y LÓPEZ GOICOECHEA, *El Derecho penal de los menores. Los Tribunales para niños* (Zaragoza: La Academia, 1925), 77-78.

desde una perspectiva científica y psicológica, lo que no supondrá en todo caso su correcta aplicación en el contexto penal aún[7].

El paso de la Escuela Positiva (centrada principalmente en el delincuente) a la Escuela Correccionalista (enfocada ya al castigo del delincuente) va a tener una importante repercusión en el tratamiento de la delincuencia infantil. Desde una visión alejada del castigo y más próxima a la reeducación, uno de los máximos exponentes de la Escuela Correccionalista, DORADO MONTERO, reconoce en "el delincuente, por el simple hecho de ser tal, (...) un estado moral débil y miserable"[8], situación en la que según él también se encuentran los locos y las personas menores de edad. En coherencia establece que "(...) el Derecho penal ha desaparecido con respecto a los niños y a los jóvenes delincuentes y se ha convertido en una obra benéfica y humanitaria, en un capítulo, si se quiere, de la pedagogía, de la psiquiatría y del arte del buen gobierno"[9]. Esto lleva a la inimputabilidad de las personas menores de edad delincuentes, considerando DORADO MONTERO que no debe hablarse de imputabilidad sino de tratamiento[10]. Este planteamiento va a estar claramente enfocado al bienestar social, de manera que la «corrección» no se hará en base a los intereses de la persona infractora sino con la finalidad de reducir los peligros hacia la sociedad, limitando la autonomía de la infancia por medio de la represión y el fortalecimiento de la «unidad familiar».

Una de las mayores críticas al sistema correccionalista es la inseguridad jurídica, dado que sus fundamentos propiciaban un arbitrio importante por parte de la judicatura[11] y, por otra parte, el cada vez mayor conocimiento en ciencias de la psicología y la pedagogía irá desmontando esta concepción de la imperfección de NNA.

---

7 PÉREZ VITORIA, *La minoría de edad y su tratamiento. Historia, doctrina y legislación*, 13.

8 Pedro DORADO MONTERO, *El derecho protector de los Criminales* (Pamplona: Anacleta, 1999), 193.

9 Pedro DORADO MONTERO, *Los peritos médicos y la Justicia Criminal* (Madrid: Hijos de Reus, 1905), 211.

10 DORADO MONTERO, *El derecho protector de los Criminales*, 226.

11 Uno de los peligros de este sistema residía en el traslado de la propia moral de la judicatura a la corrección impuesta a la persona, destacando además un "aburguesamiento", siendo la clase social de la que provenían los y las profesionales. Suponía por otra parte una ausencia total de garantías individuales.

Ya a principios del siglo XX, de la mano de las ciencias criminológicas y del control social, surgen los «tribunales especiales de menores». Con la finalidad de diferenciar el tratamiento estrictamente retributivo de personas adultas de aquellas menores de edad, nace la Ley de Tribunales Tutelares de Menores de 1918 (encontrando sus inicios en el Real Decreto de 28 de octubre de 1912), que da pie a un sistema legal imperfecto y asistemático, cuya intervención era asistencial y disciplinaria[12]. En estos, un juez único realizaba una labor de represión más moral que jurídica, atendiendo delitos y faltas cometidos por mayores de quince años. Desde un enfoque paternalista, que se desarrollaba en un proceso exento de formalidades, se imponían medidas de carácter moral, educativo y religioso.

La reforma de la Ley de Tribunales de Menores de 1925 no tuvo grandes cambios (pasando la edad de 15 a 16 años y leves modificaciones en la competencia objetiva), mientras que la de 1929 tuvo como objetivo adaptarla a las disposiciones del Código Penal de 1948. En esta modificación es quizá en la que queda más patente, por la ampliación de competencias[13], la ausencia de distinción entre quienes cometían un delito y quienes requerían protección, así como la inexistencia de garantías procesales[14]. En su vertiente «reformadora», el Tribunal Tutelar de Menores podía adoptar las siguientes medidas: "Amonestación o breve internamiento; dejar al menor en situación de libertad vigilada; colocarlo bajo la custodia de otra persona, familiar o de una sociedad tutelar, ingresarlo en un establecimiento oficial o privado de observación, de educación, de reforma, de tipo educativo

---

12 GUALLART Y LÓPEZ GOICOECHEA, *El Derecho penal de los menores. Los Tribunales para niños*, 153.

13 La Ley de vagos y maleantes de 4 de agosto de 1933 contribuyó a una grave confusión en la interpretación de la infancia desprotegida. Además de la misma se desprende el carácter aun utilitarista de la persona menor de edad y la completa ausencia de especialización en la atención de la delincuencia juvenil. En este sentido, Pedro TRINIDAD FERNÁNDEZ, «La infancia delincuente y abandonada», en *Historia de la infancia en la España contemporánea. 1834-1936*, de José María BORRÁS LLOP (Madrid: Ministerio de Trabajo y Asuntos Sociales. Fundación Germán Sánchez, 1996), 463.

14 Reflejadas en la ausencia de publicidad de las sesiones, de Fiscal o de asistencia letrada entre otras, en Eugenio CUELLO CALÓN, *Derecho penal. Confirme al código penal, texto refundido de 1944.*, vol. Tomo I (Parte general) (Barcelona: Bosch, 1960), 828-29.

o de tipo correctivo, o de semilibertad; ingresarlo en un establecimiento especial para menores anormales"[15]. En su vertiente «protectora», atendía cuestiones en las que se considerara que la persona menor de edad se encontraba en una situación de riesgo, bien por la desatención de los deberes familiares, bien por su situación de vagabundeo, lo que dio lugar a la «doctrina de la situación irregular».

Tras varias reformas del sistema tutelar, finalmente, la sentencia del Tribunal Constitucional 36/1991, de 14 de febrero declaró inconstitucional el art. 15 de la Ley de Tribunales Tutelares de Menores de 1948 por entender que vulneraban los arts. 9.3, 14 y 24 -seguridad jurídica, igualdad y garantías procesales respectivamente-, al funcionar como una jurisdicción especial, no reconociendo responsabilidad penal en la persona menor de edad y por tanto no pudiendo imponer medida represivas sobre esta. Con ello, en un contexto de urgencia, se promulgó la Ley Orgánica 4/1992, de 5 de junio, sobre la Reforma de la Ley Reguladora de la Competencia y el Procedimiento de los Juzgados de Menores, con importantes vacíos en su regulación.

Nos encontramos entonces ante una regulación que pretende solventar de manera urgente los elementos más gravosos de la anterior Ley de Tribunales tutelares de Menores de 1948, debiendo atender además a lo establecido en el Código Penal, y aunque en 1995 va a darse una reforma de este, exceptuaba la derogación de algunos artículos del anterior CP de 1973 en relación con la responsabilidad de la persona menor de edad. Su aplicación, con influencias tanto del CP de 1973 como de su antecesora LTTM de 1948, son pistas suficientes para entender la fragmentación con la que surge esta ley.

Se opta entonces por una fórmula biológica, además de reconocer una limitación desde el derecho penal de personas adultas, de manera que por debajo de los 18 años debía de atenderse de manera específica, y por debajo de los 16 años debía valorarse la responsabilidad. Esto puede reconocerse como el inicio de una Justicia Juvenil que, si bien pretende una diferenciación del Código Penal aplicado en la

15 RÍOS MARTÍN, *El menor infractor ante la ley penal*, 161.

adultez, resalta por un carácter claramente sancionador y punitivo, aunque en la terminología pretenda destacar esta diferenciación[16].

Esta pretensión educativa y la *pseudo aplicación* del sistema penal de personas adultas genera una Ley con enormes contradicciones. Algunos de los reflejos de esto pueden encontrarse, por ejemplo, en que la Ley hará comparecer hasta seis veces a la persona menor de edad[17], la dicotomía entre la labor de la defensa desde la abogacía de la persona menor de edad y su pretexto educativo, o el procedimiento de iniciación del expediente.

1.1.3 Actualidad

La LOJM de 1992 nació, como la misma establecía en su Exposición de Motivos, con "*carácter de una reforma urgente que adelanta parte de una renovada legislación sobre reforma de menores, que será objeto de medidas legislativas posteriores*", sin pretensión de ser ni definitiva ni tan completa como se deseaba, especialmente en relación con lo establecido en la CDN.

Fruto de ello es la Ley Orgánica 5/2000, de 12 de enero, reguladora de la responsabilidad penal de los menores (LORPM), desarrollada en el Real Decreto 1774/2004, de 30 de julio, en vigor en actualmente. Puede reconocerse como inicio de un planteamiento más acorde a todas las necesidades específicas de NNA, procurando además alcanzar ese complejo equilibrio entre los variados intereses que deben ponderarse en esta cuestión:

- Interés superior de la persona menor de edad
- Interés de la víctima

16 Habla así RÍOS MARTÍN de un "lenguaje camuflado", que pretende enmascarar un traslado del sistema de adultos, aplicado con ciertos -pretendidos- beneficios a la infancia, en RÍOS MARTÍN, 234.

17 Estas serán por "declaración ante la policía, declaración ante el Fiscal, estudio del Equipo Técnico, comparecencia ante el Juez de Menores, trámite de requerimiento para la asignación de letrado y traslado del escrito de Alegaciones del Fiscal y Audiencia", en RÍOS MARTÍN, 234 y 235. Ya entonces se reconocía la inadecuación el contexto físico del Juzgado para la presencia de personas menores de edad, además de redundar en una estigmatización de este que choca frontalmente con la pretensión educativa.

- Interés de la sociedad[18]

Esta ley acoge, además, de manera flexible, cuatro elementos que pueden desprenderse de lo establecido en la CDN (especialmente en sus arts. 37 y 40) tendiendo a:

- La desjudicialización
- La desintitucionalización
- La descriminalización
- El respeto del debido proceso por medio de garantías

La LORPM opta por un sistema mixto que es el señalado por la CDN, cuyo eje central sería el interés superior de la persona menor de edad, debiendo atender tanto el delito como los factores psicosociales de la persona menor de edad. La finalidad de este sistema, como recalca en su Preámbulo la ley, es atender los distintos intereses antes señalados, observándose una reacción por parte del Estado ante hechos tipificados en el Código Penal o leyes especiales[19], enfocada a la responsabilización desde una visión sancionadora-educativa, hacia las personas menores de edad comprendidas entre los catorce y dieciocho años -con una subclasificación de mayores de dieciséis y menores de dieciocho (art.10 LORPM)[20]-, por mandato del art. 19

18 Se observa, especialmente en las numerosas modificaciones de la normativa referente a la infancia infractora, una especial preocupación social por la adecuación y significado de la respuesta dada, esto intensificado en casos más mediáticos.

19 Respetando así las Directrices de Riad (directriz 56), de Naciones Unidas para la Prevención de la Delincuencia Juvenil, en «Resolución de la Asamblea General de 14 de diciembre de 1990», 1990., por la que no se recomienda que existan hechos que solamente sean tipificados cuando los cometa una persona menor de edad.

20 Se elimina por la Ley Orgánica 8/2006, de 4 de diciembre, la aplicación de la LO 5/2000 a las personas comprendidas entre los 18 y los 21 años. Este asunto tuvo un tratamiento caótico, que refleja las tensiones sociales ante la regulación. Se llegó incluso a modificar la LO 5/2000 antes de su misma entrada en vigor por la LO 9/2000, de 22 de diciembre, sobre medidas urgentes para la agilización de la Administración de Justicia, por la que se modifica la Ley Orgánica 6/1985, de 1 de julio, del Poder Judicial aplicación en lo referente a los mayores de 18 y menores de 21. Tras numerosas modificaciones que pueden analizarse en María José JIMÉNEZ DÍAZ, «Algunas reflexiones sobre la responsabilidad penal de los menores», Revista Electrónica de Ciencia Penal y Criminología, 2015, 1-36.,

del CP. Incorpora de manera clara las garantías procesales que deben acompañar a la persona menor de edad, combinada con el respeto a su interés superior, dentro de un procedimiento flexible y que reduzca costumbres formalistas a fin de facilitar sus objetivos principales, especialmente en la adopción y ejecución de medidas. Establece en esta línea que deben tenerse en cuenta los derechos reconocidos en la CE, en la LOPJM y la CDN (art.1.2 LORPM).

Supone el reconocimiento en el orden penal de un carácter diferenciado para dar respuesta a hechos tipificados, cometidos por mayores de trece años y menores de dieciocho[21]. Aunque toda la Justicia Juvenil está estructurada reconociendo una parcial responsabilidad de la sociedad -y especialmente en los responsables de la persona menor de edad- en las infracciones cometidas por personas menores de catorce años podría reconocerse como un fracaso rotundo de las medidas de

actualmente los mayores de 18 y menores de 21 años quedan al margen de la LORPM.

21 GONZÁLEZ ZORRILLA recuerda desde una interpretación no alarmista de la responsabilidad de la persona menor de edad que esta no tiene otro significado que "sus acciones les pertenecen y que están dotadas de sentido y de valor para ellos y para los demás", en Carlos GONZÁLEZ ZORRILLA, «Minoría de edad penal, imputabilidad y responsabilidad», en *Documentación jurídica*, vol. I, 37–40 (Madrid: Ministerio de Justicia, 1983), 178. SÁNCHEZ GARCÍA DE PAZ, hablando de los diferentes tramos reconocible en la infancia, aludiendo en su caso a la niñez, la adolescencia y la juventud, dejaría fuera de este sistema al primer periodo, en Isabel SÁNCHEZ GARCÍA DE PAZ, «Minoría de edad y derecho penal juvenil. Aspectos político criminales», Eguzkilore: cuaderno del Instituto Vasco de Criminología, diciembre de 1998, 69.

protección de la infancia[22], fallando por tanto el enunciado del art. 39 de la CE[23].

De esta manera, el Sistema de Justicia Juvenil tiene una estructura claramente diferenciada del sistema penal de personas adultas, siendo algunos de sus elementos distintivos los siguientes:

(i) El detallado reconocimiento de medidas específicas cuya finalidad es atender al interés superior de la persona menor de edad.

(ii) El principio de intervención mínima y la posibilidad de no incoación o sobreseimiento del expediente y reparación del daño y conciliación con la víctima.

(iii) Participación del Ministerio Fiscal, a quien corresponde la defensa de los derechos de la persona menor de edad, y del Equipo Técnico.

(i) En relación con las medidas que pudieran tomarse, estas deberán atender a diferentes elementos como son la prueba y la valoración jurídica de los hechos, y de manera especial "*la edad*[24]*, las circunstancias familiares y sociales, la personalidad y el interés del menor, puestos de manifiesto los dos últimos en los informes de los equipos técnicos y de las entidades públicas de protección y reforma de menores cuando éstas hubieran tenido conocimiento del menor por haber ejecutado una me-*

---

22 Recordemos que la infancia tiene unos derechos específicamente reconocidos para garantizar su educación y su desarrollo personal. La comisión de un hecho delictivo en edades tempranas puede reconducirse fácilmente a la ausencia de cumplimiento de los deberes correlativos a estos derechos de forma que la actuación podría entenderse no tanto -o exclusivamente- como una transgresión de la norma sino como una ausencia de reconocimiento de ciertas normas, o la ausencia de habilidades para enfrentarse a determinadas situaciones. En este mismo sentido se pronuncian, SÁNCHEZ GARCÍA DE PAZ, «Minoría de edad y derecho penal juvenil. Aspectos político criminales», 69. Por su parte, el artículo 3 de la LO 5/2000 establece que "*Cuando el autor de los hechos (...) sea menor de catorce años, no se le exigirá responsabilidad con arreglo a la presente Ley, sino que se le aplicará lo dispuesto en las normas sobre protección de menores previstas en el Código Civil y demás disposiciones vigentes*".

23 Ruperto OLAVE y Isaac RAVETLLAT BALLESTÉ, «EL principio de mínima intervención del Estado en los asuntos familiares en los sistemas normativos chileno y español», Revista de Derecho de la Pontificia Universidad Católica de Valparaíso, julio de 2015, 69-96.

24 Existe una diferenciación establecida en tramos: 14-15 años, 16-17 años.

dida cautelar o definitiva con anterioridad (...)", debiendo motivarse tanto la medida como el plazo de duración de la misma (art.7.3 de la LORPM). Además, estas medidas pretenden tener una finalidad reeducativa -siendo limitada su finalidad preventiva[25]-.

La LORPM establece un largo listado de posibles medidas[26]:

Medidas privativas de libertad (art. 7 a, b, c, d, g LORPM)	- El *internamiento* varía en su intensidad pudiendo ser cerrado, semiabierto o abierto; - Estas mismas categorías se repiten en el *internamiento de carácter terapéutico*, reservado en aquellos casos en los que se necesiten apoyos especializados por razón de alternaciones psíquicas o dependencias de sustancias; - La *permanencia de fin de semana* en el domicilio o centro designado en el horario establecido.
Medidas que suponen una restricción de la libertad (art.7. f, h, e, i LORPM)	- La asistencia a un centro de día; - La libertad vigilada; - El tratamiento ambulatorio; - La prohibición de acercarse o comunicarse con la víctima, familiares, o personas designadas por el juez.
Medidas que suponen una privación de derechos (art.7 n, ñ LORPM)	- Privación del permiso de conducir ciclomotores o vehículos a moros, o el derecho a obtenerlo, o de las licencias administrativas para caza o para uso de cualquier tipo de armas; - Inhabilitación absoluta.
Otras medidas (art.7 k, l, m LORPM)	- Prestaciones en beneficio de la comunidad; - Realización de tarea socioeducativas; - Amonestación.

Tabla 1. Medidas del art. 7 de la LORPM. Elaboración propia

Estas pueden combinarse y ser modificadas con el tiempo en función del cumplimiento y las circunstancias de la persona menor de edad (art. 13 LORPM). De acuerdo con el principio acusatorio (art. 8) la judicatura no puede imponer una medida mayor que la solicita-

25 Víctor MORENO CATENA, «Ámbito de aplicación y garantías procesales en el proceso penal de menores», en *Proceso penal de menores*, de Esther PILLADO GONZÁLEZ et al. (Valencia: Tirant lo Blanch, 2008), 27.

26 Se recurre a la categorización usada por BENÍTEZ ORTÚZAR en Ignacio F. BENÍTEZ ORTÚZAR, «Medidas susceptibles de ser impuestas a menores y reglas generales de determinación de las mismas. Alcance del artículo 7 de la LORPM», en *El menor como víctima y victimario de la violencia social (Estudio Jurídico)*, de Lorenzo MORILLAS CUEVA y José María SUÁREZ LÓPEZ (Madrid: Dykinson, 2010).

da por el Ministerio Fiscal o por la acusación particular[27]. Son estos, además de otras menciones en la ley sobre la imposición y ejecución de las medidas, instrumentos que deberían facilitar una atención más personalizada y acorde a la evolución de la persona menor de edad, obedeciendo lo establecido en la CDN[28].

(ii) El principio de intervención mínima facilita la no judicialización de algunos asuntos, como son delitos menos graves en lo que no hubiera violencia o intimidación[29], situación en la cual el Ministerio Fiscal puede desistir de la incoación del expediente (art.18 LORPM), remitiéndose a lo establecido en el art. 3, es decir, lo previsto para menores de 14 años. Esto ha sido calificado como «oportunidad reglada», en la que el Ministerio Fiscal debe valorar, en atención a los diferentes intereses en juego y las circunstancias concretas del caso, si resulta más beneficioso para la persona menor de edad no seguir adelante con el procedimiento, rigiéndose por unas normas establecidas al respecto[30]. Esto no puede aplicarse en casos de reincidencia, entendida como la comisión con anterioridad de otros hechos de la misma

---

27 La acusación particular en el sistema de justicia juvenil se introdujo por medio de la LO 15/2003, de 25 de noviembre, de modificación del CP, modificando a su vez la LORPM en sus arts. 8 y 25. Esta incorporación no fue exenta de críticas, por existir argumentos de peso que indican que podría ser contraria a la esencia del sistema de justicia juvenil, en José Alberto REVILLA GONZÁLEZ, «La víctima y el menor infractor», en *Proceso penal de menores*, de Esther PILLADO GONZÁLEZ et al. (Valencia: Tirant lo Blanch, 2008), 82-83.

28 Esther PILLADO GONZÁLEZ, «Medidas cautelares», en *Proceso penal de menores*, de Esther PILLADO GONZÁLEZ et al. (Valencia: Tirant lo Blanch, 2008), 159-202.

29 En este sentido, quedarían excluidos de la exigencia de que no haya mediado violencia o intimidación en caso de delitos leves, caso en el cual, pese a ello, el Ministerio Fiscal podrá desistir de la incoación del expediente. En este sentido, Mª Dolores FERNÁNDEZ FUSTES, «Desistimiento en supuesto de delitos leves y conformidad con manifestaciones de Justicia Terapéutica», en *Hacia un proceso penal más reparador y socializador: avances desde la justicia terapéutica*, de Esther PILLADO GONZÁLEZ y Tomás FARTO PIAY (Madrid: Dykinson, 2019), 103.

30 Mª Dolores FERNÁNDEZ FUSTES, «La mediación penal en el proceso penal de menores», en *Mediación y resolución de conflictos: técnicas y ámbitos*, de Helena SOLETO MUÑOZ, 2º (Madrid: Tecnos, 2013), 579 y ss.

naturaleza, la cual es especialmente importante en el régimen de menores y en la valoración de la adecuación de la Justicia Restaurativa[31].

Por otra parte podrá darse el sobreseimiento del expediente por conciliación o reparación entre infractor/a y víctima "*atendiendo a la gravedad y circunstancias de los hechos y del menor, de modo particular a la falta de violencia o intimidación graves en la comisión de los hechos, y a la circunstancia de que además el menor se haya conciliado con la víctima o haya asumido el compromiso de reparar el daño causado a la víctima o al perjudicado por el delito, o se haya comprometido a cumplir la actividad educativa propuesta por el equipo técnico en su informe*" según el art. 19 LORPM[32]. Se incorpora así una medida restaurativa[33] que, si bien nace con la finalidad de resultar educativa para la persona menor de edad, podría resultar

31 Se pretende beneficiar con esta medida a "infractores primarios" o cuando no haya mediado violencia o intimidación o no se trate de hechos de la misma naturaleza. En este sentido consultar «Circular 1/2000 de la Fiscalía General del Estado, de 18 de diciembre, relativa a los criterios de aplicación de la Ley Orgánica 5/2000, de 12 de enero, por la que se regula la responsabilidad penal de los menores.», 18 de diciembre de 2000, párr. VI.2.C, https://www.fiscal.es/memorias/estudio2016/CIR/CIR_01_2000.html., la «Circular 9/2011 de la Fiscalía General del Estado, de 16 de noviembre, sobre criterios para la unidad de actuación especializada del Ministerio Fiscal en materia de reforma de menores», 16 de noviembre de 2011, párr. IV.5.1, https://www.boe.es/buscar/doc.php?coleccion=fiscalia&id=FIS-C-2011-00009&tn=2., y FERNÁNDEZ FUSTES, «Desistimiento en supuesto de delitos leves y conformidad con manifestaciones de Justicia Terapéutica», 104-5.

32 No es por tanto plenamente potestativo por parte del Ministerio Fiscal, que se encontrará con los límites establecidos en el artículo 19 LORPM. Por su parte el art. 5.f del RD 1774/2004 contempla aquellas circunstancias en las que no sea posible realizar la conciliación o la reparación, matizando GARCÍA-ROSTÁN CALVÍN que el sobreseimiento, aun sin reparación directa será posible siempre que no dependa de la voluntad de la persona menor de edad infractora y no esté en contra de lo expresado por la víctima, en Gemma GARCÍA-ROSTÁN CLAVIN, *El proceso penal de los menores* (Navarra: Thomson Reuters Aranzadi S.A., 2007), 90. Véase además Andrea PLANCHADELL GARGALLO, «La intervención de la víctima en la instrucción del proceso penal de menores», en *Justicia penal de menores y jóvenes. Análisis sustantivo y procesal de la nueva regulación*, de José Luis GONZÁLEZ CUSSAC, Josep Mª TAMARIT SUMALLA, y Juan Luis GÓMEZ COLOMER (Madrid: Tirant lo Blanch, 2002), 205 y ss.

33 Ya que se mencionaba en las Reglas de BEIJING de 1985 así como en la CDN. A nivel nacional, la LO 4/1992 ya contemplaba la posibilidad de reparación del daño por parte de la persona menor de edad.

beneficiosa también para la víctima en caso de asegurar la atención de sus intereses[34].

Para que pueda reconocerse esta «conciliación», son varios los requisitos: que la persona menor de edad reconozca el daño causado, que se disculpe ante la víctima y que la víctima acepte la disculpa. Por su parte la «reparación» se daría por medio del compromiso que asuma la persona infractora hacia la víctima. Esto puede resultar en acciones no solamente enfocadas hacia la víctima sino también hacia la comunidad, así como por medio de actividades educativas. Antes del sobreseimiento y archivo de las actuaciones, deberá hacerse efectiva la reparación o producirse la conciliación, siguiendo con la tramitación del expediente si no se cumpliera con lo acordado en estas.

En este sentido, la Recomendación (2008)11 del Comité de Ministros del Consejo de Europa sobre las Reglas Europeas para Infractores Juveniles entiende que debe darse prioridad a métodos de gestión de conflictos restaurativos utilizándose solamente como último recurso los sistemas disciplinarios más formales[35]. Sin embargo, todo ello únicamente será posible por medio de una participación real de la persona infractora, lo cual en la práctica puede ser discutido[36].

(iii) La participación del Equipo Técnico resulta fundamental en esta estructura. Durante la instrucción del expediente, el Ministerio Fiscal requerirá al Equipo Técnico el informe que versa sobre "*la situación psicológica, educativa y familiar del menor, así como sobre su entorno social, y en general sobre cualquier otra circunstancia relevante*", a efectos de fijar correctamente la medida más adecuada en cada caso (art. 27 LORPM). Este informe puede contener propuestas

---

34 Esta graduación en la gravedad de los hechos obliga a acudir a los arts. 13 y 33 del Código Penal al no encontrar categorización en la LORPM, haciendo únicamente referencia el art. 19 LORPM a la ausencia de "*violencia o intimidación graves en la comisión de los hechos*". Señalar en todo caso que este tipo de limitaciones al uso de la Justicia Restaurativa resulta debatible como criterio general.

35 Susana ÁLVAREZ DE NEYRA KAPPLER y Pilar NUÑEZ-CORTÉS CONTRERAS, «El menor infractor y las claves para su tratamiento rehabilitador», Dereito, 21 (diciembre de 2012): 41.

36 En este sentido consultar Jessica JULLIEN DE ASÍS, «La reparación de las víctimas en la Justicia Juvenil», en *La víctima en el proceso penal de menores. Tratamiento procesal e intervención socioeducativa*, de Esther Pillado González (Madrid: Dykinson, 2021), 241-76.

sobre intervenciones socio-educativas o la conveniencia de facilitar una actividad reparadora o de conciliación con la víctima[37]. La consulta al Equipo Técnico pretende facilitar tanto al Ministerio Fiscal como al Juez de menores la información y consideraciones necesarias para una correcta aproximación al caso, pudiendo incluso recomendar no continuar con la tramitación del expediente[38].

Por su parte la participación del Ministerio Fiscal es llamativamente más amplia que en el proceso de personas adultas, acogiendo una doble finalidad, recogida en el art. 23 de la LORPM[39]: por una parte, debe valorar la participación de la persona en los hechos; por otra, actúa de forma sancionadora al ser responsable de proponer ciertas medidas, valorando el informe facilitado por el Equipo Técnico y especialmente en atención al interés superior de NNA.

Esto supone una participación transcendental del Ministerio Fiscal en la instrucción, encomendándole el art. 16 de la LORPM la incoación del expediente, rompiendo el principio acusatorio respondiendo a su vez a la acusación y a la instrucción[40]. Debe así remitir al Juez o Jueza de menores un escrito de alegaciones en el que conste

---

37 Helena SOLETO MUÑOZ, «Ministerio Fiscal, responsabilidad penal del menor y mediación», en *Derecho de la persona* (Barcelona: Bosch, 2011), 389-90.

38 Entiende GRANDE SAERA que serán estas últimas dos cuestiones las que sirvan de base al Ministerio Fiscal para solicitar el sobreseimiento del expediente en su caso, en Pablo GRANDE SAERA, «Incoación del expediente de reforma y fase de instrucción», en *Proceso penal de menores*, de Esther PILLADO GONZÁLEZ et al. (Valencia: Tirant lo Blanch, 2008), 156-57.

39 Hasta la modificación de la LORPM por la LO 15/2003, de 25 de noviembre, de modificación del Código Penal (afectando a los arts. 8 y 25 de la LORPM) no se permitía el ejercicio de la acusación particular en el proceso de personas menores de edad, por lo que las funciones del Ministerio Fiscal eran aún más amplias.

40 Helena SOLETO MUÑOZ, «Órganos de investigación y enjuiciamiento. La Administración y el personal colaborador», en *Proceso penal de menores*, de Esther PILLADO GONZÁLEZ et al. (Valencia: Tirant lo Blanch, 2008), 50. Al respecto considera MARTÍN PASTOR que no se trata de una participación en la instrucción como cabría entender en el proceso de personas adultas, sino más cercano a una gestión burocrática de dirección, en José MARTÍN PASTOR, «Constitución y dirección de la investigación oficial en el procesal penal por un juez o por el Ministerio Fiscal», Revista General de Derecho Procesal, 2005, 12-14. MORA ALARCÓN hace referencia a este fenómeno como "doble instrucción", en José Antonio MORA ALARCÓN, *Derecho penal y procesal de menores: doctrina, jurisprudencia y formularios* (Valencia: Tirant lo Blanch, 2002), 177.

"*la descripción de los hechos, la valoración jurídica de los mismos, el grado de participación del menor, una breve reseña de las circunstancias personales y sociales de éste, la proposición de alguna medida de las previstas en esta Ley con exposición razonada de los fundamentos jurídicos y educativos que la aconsejen, y, en su caso, la exigencia de responsabilidad civil*", según establece el art. 30 LORPM, en caso de solicitar audiencia y no sobreseimiento. Además, si lo considerara oportuno, puede proponer la participación de terceros -que podrían ser representantes de instituciones públicas y privadas-.

Asimismo, puede proponer la participación en el acto de la audiencia de aquellas personas o representantes de instituciones públicas y privadas que puedan aportar al proceso elementos valorativos del interés de la persona menor de edad y de la conveniencia o no de las medidas solicitadas. En todo caso serán llamadas al acto de audiencia las personas o instituciones perjudicadas civilmente por el delito, así como los responsables civiles.

De esta manera el Ministerio Fiscal se encuentra en una doble posición referida en el art. 6 de la LORPM correspondiéndole *"la defensa de los derechos que a los menores reconocen las leyes, así como la vigilancia de las actuaciones que deban efectuarse en su interés y la observancia de las garantías del procedimiento, para lo cual dirigirá personalmente la investigación de los hechos y ordenará que la policía judicial practique las actuaciones necesarias para la comprobación de aquéllos y de la participación del menor en los mismos, impulsando el procedimiento*".

Parte de la doctrina ha puesto en duda la adecuación de esta participación del Ministerio Fiscal en la instrucción, sin embargo, debe señalarse que respecto al Juez Instructor encuentra importantes restricciones como son por ejemplo la limitación de derechos fundamentales[41].

---

41 Por otra parte, se contempla la "duplicidad" de Fiscales en aquellos casos en los que la persona menor de edad requiera por imposibilidad de asistir los representantes a la declaración, la presencia del Ministerio Fiscal, siendo en este caso distinto al que participará en la instrucción, en SOLETO MUÑOZ, «Órganos de investigación y enjuiciamiento. La Administración y el personal colaborador», 56-57.

De manera diferenciada, para terminar, cabría mencionar brevemente dos cuestiones con una repercusión especial: la responsabilidad civil y la conformidad de la persona menor de edad.

La responsabilidad civil, se encuentra regulada en los arts. 61 a 64 LORPM, debiendo responder de manera solidaria con la persona menor de edad por daños y perjuicios causados "*(...) sus padres, tutores, acogedores y guardadores legales o de hecho, por este orden. Cuando éstos no hubieren favorecido la conducta del menor con dolo o negligencia grave, su responsabilidad podrá ser moderada por el Juez según los casos*" (art.61.3 LORPM). Con la LO 8/2006 se incorporaban modificaciones asimilándola al sistema de personas adultas, adoptando un sistema acumulativo a la pretensión penal[42].

Por otra parte, la conformidad tiene gran relevancia en la Justicia Juvenil y es regulada en la LORPM en dos momentos diferentes[43]:

- De manera previa a la audiencia (art. 32 LORPM). Si las medidas solicitadas fuesen una o algunas de las previstas en el art. 7 LORPM, exceptuando las de internamiento, y hubiera conformidad de la persona menor de edad y su letrado -y responsables civiles- se dictará sentencia sin trámite.

---

42 Víctor FAIRÉN GUILLÉN, «Acción, proceso y ayuda a las víctimas del delito», La Ley. Revista jurídica española de doctrina, jurisprudencia y bibliografía, 1991, 863. Responde a una cuestión de adecuación conjunta, según ARNAIZ SERRANO respeto a una economía procesal, mayor agilidad de cara al perjudicado y un menor riesgo de respuesta contradictorias, en Amaya ARNAIZ SERRANO, *Las partes civiles en el proceso penal* (Valencia: Tirant lo Blanch, 2006), 74-81. Además, respecto a la justificación de su evolución, consultar Vicente GUZMAN FLUJA, «La responsabilidad civil en el proceso penal de menores», en *Proceso penal de menores*, de Esther PILLADO GONZÁLEZ et al. (Valencia: Tirant lo Blanch, 2008), 285-86.

43 Dentro de la estructura del proceso de justicia juvenil, la fase de audiencia se divide en realidad en dos momentos claramente diferenciados: en la fase intermedia, se realizan aquellos actos necesarios para que el juez competente decida si hay o no apertura del juicio oral; en la segunda (audiencia) se obtiene el pronunciamiento definitivo. Así, la conformidad señalada en el art. 32 LORPM se daría en la fase intermedia mientras que la prevista en el art. 36, en la audiencia propiamente dicha. Francisco Javier GARRIDO CARRILLO, «La fase de audiencia o de juicio oral en el proceso penal de menores», en *El menor como víctima y victimario de la violencia social. Estudio jurídico*, de Lorenzo MORILLAS CUEVA y José María SUÁREZ LÓPEZ (Madrid: Dykinson, 2010), 461.

- En la vista (art. 36 LORPM). Con finalidad de celeridad, se informará a la persona menor de edad las medidas y la responsabilidad civil solicitadas por el Ministerio Fiscal y en su caso la acusación particular. Deberá darse en un lenguaje comprensible, consultando posteriormente si se declara autor/a de los hechos y si está de acuerdo con las medidas solicitadas y con la responsabilidad civil. En caso de ser así, el juez podrá dictar resolución de conformidad. Esta segunda modalidad plantea algunos debates ya que no establece límite alguno, pudiendo darse sobre medidas de internamiento.

Existen sin embargo algunas voces que alertan sobre los riesgos en el mal uso de la conformidad. En este sentido GARCÍA-ROSTÁN CALVIN resalta que "De una parte, no se puede desconocer el dato de la minoría de edad del acusado teniendo en cuenta que su actuar va a determinar una sentencia condenatoria, con todas las consecuencias peyorativas que eso supone... De otra, somos del parecer que el objetivo de reeducar y socializar al menor ha de prevalecer sobre la economía procesal"[44]. Ello, unido a la complejidad jurídica que supone un uso técnico del lenguaje, plantean serias dudas sobre el objetivo real de la conformidad en la práctica[45].

---

44 Gemma GARCÍA-ROSTÁN CALVIN, «Propuesta para una reforma del proceso de menores», Revista Poder Judicial, 2005, 258. Resultan preocupante los datos reflejados en el estudio dirigido por SOLETO MUÑOZ en el ámbito de menores infractores, en el que se observan unas cifras ampliamente mayores en el número de condenas con conformidad que sin ella, siendo en el año 2016 un 69,84% para las primeras frente a un 20,85% de las segundas, en Lucía BIELSA CASADOS, «El abogado defensor del menor ante la Justicia Restaurativa», en *Reflexiones en torno a la Justicia Restaurativa en el ámbito del menor infractor*, de Helena SOLETO MUÑOZ (Madrid: Dykinson, 2019), 86.

45 Esther FERNÁNDEZ MOLINA y Beatriz BLANCO MARTOS, «Avanzando hacia una "child-friendly justice". Un estudio sobre la accesibilidad de la justicia juvenil española», Boletín criminológico. Instituto andaluz interuniversitario de Criminología, agosto de 2015., y «Guidelines of the Committee of Ministers of the Council of Europe on child-friendly justice» (Council of Europe, 2011).

1.2 REGULACIÓN DE LA PARTICIPACIÓN DE LAS VÍCTIMAS MENORES DE EDAD EN EL SISTEMA JUDICIAL

El papel de la víctima en el proceso penal ha sufrido importantes cambios en los últimos años y el tratamiento de la infancia infractora es de enorme ayuda para comprender la situación de las víctimas menores de edad. Si en los planteamientos más antiguos se atendían ciertas víctimas menores de edad únicamente por su errónea clasificación en la atención dispensada a menores infractores, no sorprende la llamativa ausencia de especialización en este contexto, que ha pasado desde la errónea clasificación como «infancia fuera del sistema» a la figura secundaria de víctima, además tras los parámetros aplicados a las víctimas adultas.

Desde una concepción de persona incompleta, sus necesidades y muy especialmente sus intereses son fijados por terceros o atendidos bajo términos ambiguos como «interés superior del menor» que, trasladado a la víctima menor de edad, sin saber ni dónde encontrarlo ni cómo alcanzarlo, parece ser relegado a un simple anhelo de «minimizar posibles daños en la persona menor de edad». No es de extrañar que si hasta hace bien poco no surgían cuestionamientos acerca de qué es lo que desean las víctimas adultas, mucho menos se haya obtenido respuesta a «qué desean las víctimas menores de edad»[46].

La atención a la infancia victimizada surge en un primer momento por la preocupación existente en relación a las personas menores de edad que vivían en la calle, que a finales del siglo XVIII provoca una oleada de cambios: el papel de la Iglesia fue fundamental, apoyada a su vez por particulares y la creación de escuelas. Las situaciones de crisis mantenían hasta entonces a la infancia en un desamparo extremo que solamente en el siglo XIX empieza a corregirse por cuestiones principalmente económicas[47]. No es una simple puntualización

---

46 Esta peculiar situación de moverse en el vacío se refleja plenamente en el término *legal nonentitiy* utilizado por FATTAH en, Ezzat FATTAH, «From Crime Policy to Victim Policy. The Need for e Fundamental Policy Change», Annales Internationales de Criminologie, 29, n.º 112 (1991): 45.

47 PINCONTÓ NOVALES realiza un detallado estudio de esta evolución en occidente centrado especialmente en el caso español. En este refleja algunos motivos

anecdótica, sino que muestra una tendencia a atender principalmente a la infancia cuando esta tiene una repercusión negativa en otros contextos o, mejor dicho, en el contexto adulto[48]. Así lo refleja, posteriormente, la intensa preocupación por la delincuencia juvenil, para la cual existe un sistema específico en el que, si bien podemos encontrar puntos de desencuentro y mejora, no deja de ser de amplio desarrollo, con unos márgenes claramente establecidos y un procedimiento lo suficientemente estructurado para poder, al menos, valorar el nivel de respeto hacia los derechos generales y específicos de la persona menor de edad.

No sucede sin embargo lo mismo cuando la persona menor de edad es victimizada reconduciéndose, cuando la persona infractora es mayor de edad, al sistema de personas adultas, y cuando la persona infractora es menor de edad, al sistema juvenil.

No parece *a priori* muy razonable, estando ampliamente justificada la necesidad de una jurisdicción especializada para la delincuencia juvenil, que no encontremos parámetros similares en la víctima menor de edad. Sin embargo, parte de ello responde a la estructura del sistema de justicia, sobre el que se profundizará posteriormente.

La poca relevancia que se le ha dado a las víctimas hasta fechas muy recientes puede encontrarse incluso en la variedad de conceptos existentes: agraviada, perjudicada, ofendida, etc., centrándose principalmente la atención en al sujeto activo del delito[49].

---

de las altas tasas de mortalidad y también el enfoque utilitarista del interés por el bienestar de la infancia al no redundar su desamparo en ningún beneficio a nivel social, en Teresa PICONTÓ NOVALES, *La Protección de la Infancia (Aspectos sociales y jurídicos)* (Huesca: Egido, 1996), 20-45.

48 Sentenciadoras son las palabras de TRINIDAD FERNÁNDEZ al hablar de la infancia abandonada y posteriormente infractora al reconocer que "El movimiento en favor de la infancia surge de forma paralela al momento en el cual la delincuencia de los menores aumenta en toda Europa. Sólo cuando los menores se convirtieron en un problema fueron objeto de interés por la filantropía y las instancias judiciales", en TRINIDAD FERNÁNDEZ, «La infancia delincuente y abandonada», 481.

49 Xulio Xosé FERREIRO BAAMONTE, *La víctima en el proceso penal* (Madrid: La Ley-Actualidad, 2005), 115. En este mismo sentido se pronuncia DE HOYOS SANCHO recordando el "(...) equívoco empleo, y en ocasiones sin el mínimo rigor, también dentro del miso texto normativo o jurisprudencial, de las categorías siguientes: ofendido, agraviado, perjudicado, víctima, actor penal, querellante,

Sin embargo, paulatinamente se ha incorporado a debates teóricos y prácticos[50], siendo un reflejo esencial desde el que se realiza este análisis, todo el desarrollo normativo que nace desde la Decisión Marco 2001/220/JAI del Consejo, de 15 de marzo de 2001, relativa al Estatuto de la Víctima en el proceso penal.

1.2.1 Marco Internacional

Con anterioridad a esta, sí pueden detectarse referencias que señalan, aun sea de manera difusa, la gravedad de ciertas situaciones pudiendo encontrar menciones puntuales hacia las personas menores de edad. Pueden señalarse las siguientes a nivel internacional y europeo:

- Resolución (77)27, del Comité de Ministros de los Estados miembro, sobre indemnización a víctimas de delito, de 28 de septiembre de 1977.
- Convenio 116 del Consejo de Europa sobre indemnización a las víctimas de delitos violentos, de 24 de noviembre de 1983.
- Declaración de las Naciones Unidas de 1985 sobre los Principios Básicos de la Justicia para las víctimas del crimen y abuso de poder (A/RES/40/34).
- Recomendación (85)4 del Comité de Ministros de los Estados miembro, sobre la violencia dentro de la familia, de 26 de marzo de 1985.
- Recomendación Nº R (85) 11, de 28 de junio de 1985, del Comité de Ministros del Consejo de Europa a los Estados miembros, sobre posición de la víctima en el marco del derecho penal y del proceso penal.

---

parte acusadora, actor privado, actor particular, acusación pública, entre otros.", en Montserrat DE HOYOS SANCHO, «El ejercicio de la acción penal en España. Un verdadero derecho de acusar para las víctimas», en *Justicia Restaurativa: una justicia para las víctimas*, de Helena SOLETO MUÑOZ y Ana CARRASCOSA MIGUEL (Valencia: Tirant lo Blanch, 2019), 452.

50 Mª Dolores FERNÁNDEZ FUSTES, *La intervención de la víctima en el proceso penal: Especial referencia a la acción civil* (Valencia: Tirant lo Blanch, 2004), 383 y ss.

- Recomendación (85)11 del Comité de Ministros de los Estados miembro, sobre la posición de la víctima en el marco del Derecho penal, de 28 de junio de 1985. Recomienda a los Estados revisar su legislación y su práctica.
- Resolución del Parlamento Europeo de 11 de junio de 1986 sobre Agresiones a la Mujer.
- Convención de las Naciones Unidas de 10/12/1984 sobre la lucha contra la tortura y otros tratos o penas crueles, inhumanas o degradantes de 10 de diciembre de 1984, ratificada el 19 de octubre de 1987.
- Recomendación Nº R (87) 21, de 17 de septiembre de 1987, del Comité de Ministros del Consejo de Europa a los Estados miembros, sobre asistencia a las víctimas y prevención de la victimización.
- Recomendación (87)21 del Comité de Ministros de los Estados miembro, sobre asistencia a las víctimas y prevención de la victimización, de 17 de septiembre de 1987.
- Resolución de 23 de noviembre de 1995 relativa a la protección de testigos en la lucha contra la delincuencia.
- Resolución de 19/9/1996 sobre los menores víctimas de violencia, de 19 de septiembre de 1996.
- Acción Común 97/154/JAI, de 24 de febrero de 1997 adoptada por el Consejo de la Unión Europea, relativa a la lucha contra la trata de seres humanos y la explotación sexual de los niños.
- Recomendación Nº R (97) 13, de 10 de septiembre de 1997, del Comité de Ministros del Consejo de Europa a los Estados miembros, sobre la intimidación de testigos y los derechos de la defensa.
- Consejo Europeo de Tempere de 15 y 16 de octubre de 1999 (especialmente artículos 5, 19, 31 y 38).
- Protocolo Facultativo de la Convención sobre los Derechos del Niño, relativo a la venta de niños, la prostitución infantil y la

prostitución de los niños en la pornografía, de 25 de mayo de 2000[51].

- Libro verde de indemnizaciones a víctimas (2001).
- Directiva 2004/80/CE, de 19 de abril de 2004, relativa a la compensación a víctimas de delitos.
- Recomendación Nº R (2005) 9, de 20 de abril de 2005, del Comité de Ministros del Consejo de Europa a los Estados miembros, sobre la protección de testigos y colaboradoras de la justicia.
- "Pautas sobre Justicia en causas relativas a niños víctimas y testigos de delitos", aprobadas por la Resolución 2005/20 del ECOSOC (Naciones Unidas), punto núm. 14.
- Dictamen del Comité Económico y Social Europeo sobre el tema de "La violencia doméstica contra las mujeres" (2006/C 110/15).
- Resolución Nº R (2006) 8, de 14 de junio de 2006, del Comité de Ministros del Consejo de Europa a los miembros, sobre asistencia a las víctimas de delitos
- Convenio del Consejo de Europa para la protección de los niños contra la explotación y el abuso sexual, hecho en Lanzarote el 25 de octubre de 2007, ratificado por España en 2010.
- Destacar también la *Guidelines on child-friendly justice* del Comité de Ministros del Consejo de Europa a los Estados miembros, en 2010
- Directiva 2011/99/UE del Parlamento Europeo y del Consejo, de 13 de diciembre de 2011, sobre la orden europea de protección.

En el contexto de la UE, la Decisión Marco 2001/220/JAI, de 15 de marzo, relativa al estatuto de la víctima en el proceso penal[52] propone

---

51 Instrumento de Ratificación del Protocolo Facultativo de la Convención sobre los Derechos del Niño, relativo a la venta de niños, la prostitución infantil y la utilización de niños en la pornografía, hecho en Nueva York el 25 de mayo de 2000, en «BOE» núm. 27, de 31 de enero de 2002

52 Será sustituida en 2012 por la Directiva 2012/29/UE del Parlamento Europeo y del Consejo, por la que se establecen normas mínimas sobre los derechos, el apoyo y la protección de las víctimas de delitos.

una modificación de la perspectiva de la víctima, estableciendo que resulta necesario, para su protección efectiva, fijar unos parámetros comunes a nivel europeo. Supone además una visión integral de la víctima, y no, como venía siendo hasta entonces, una cuestión secundaria reglamentada de manera fragmentada en diversas normas.

Las referencias a víctimas menores de edad de manera específica son sin embargo escuetas, tomando a su vez ese rol secundario que se resaltaba de las víctimas adultas anteriormente. En cualquier caso, sí se logra cierto avance, estando reconocidas las víctimas menores de edad dentro el colectivo de las «especialmente vulnerables». Así se establece en el art.2 de la Decisión Marco resaltando en su segundo apartado que se requiere, por parte de los Estados miembros, un trato específico a este colectivo[53], buscando adecuarse a su situación concreta. En consonancia con el primer apartado del mismo artículo, se deduce la relevancia de respetar la dignidad de las víctimas durante el proceso.

Seguidamente, el art. 3 recalca la necesidad de garantizar a la víctima la posibilidad de ser oída, siendo interrogada en la medida necesaria. La relevancia y dificultad de participación de los reconocidos como «colectivos vulnerables» hubiese merecido una mención específica habida cuenta además de su importancia en el contexto de la infancia.

Por su parte, el art. 8 recalca la necesidad de adecuar la toma de declaración a las necesidades específicas de las víctimas especialmente vulnerables. Se apoya en el mismo la necesidad de normalizar el uso de alternativas tendentes a evitar la prestación de declaración en audiencia pública. Este artículo debe entenderse en coherencia con el artículo 15, relativo a adoptar medidas análogas en otras fases del proceso atendiendo tanto situaciones procesales como extraprocesales.

La última referencia específica se encuentra en el art. 14 dedicado a la formación de las personas que intervengan en las actuaciones judiciales o que tengan otro tipo de contacto con la víctima. En este

---

53 Cabe recordar sin embargo que según los Estados el concepto de persona menor de edad puede reconocerse en tramos de edades diferentes a los 18 años, aunque sea una edad reconocida mayoritariamente. En este sentido, Jenny McEWAN, «The testimony of vulnerable victims and witnesses in criminal proceeding in the European Union», Era Forum, n.º 10 (2009): 373, https://doi.org/10.1007/s12027-009-0126-3. (Último acceso: 10 de diciembre de 2021)

último caso cabría aclarar que debería hacerse extensiva a aquellos grupos profesionales que, por sus funciones, estén en contacto directo con las personas menores de edad y puedan detectar con mayor facilidad situaciones de victimización del desarrollo, cuestión que será posteriormente desarrollada en el Estatuto de la Víctima.

Existen en relación con esta Decisión Marco críticas en referencia a la ausencia de aplicación real por parte de los Estados, no referenciándose mejoras significativas[54] por la falta de incorporación vinculante, de una parte, y manteniéndose la necesidad de armonización, de otra.

Por otra parte, merece su estudio específico la Directiva 2011/36/UE del Parlamento Europeo y del Consejo, de 5 de abril de 2011, relativa a la prevención y lucha contra la trata de seres humanos y a la protección de las víctimas, por la cual se sustituye la Decisión Marco 2002/629/JAI del Consejo. Destaca en primer lugar su carácter complementario a la Decisión Marco 2001/220/JAI, señalando en el art. 12 que todas las medidas de protección presentes en éste deben aplicarse junto con los establecidos en aquella. Destaca en su apartado 4 la necesidad, por parte de los Estados miembros, de tomar las medidas oportunas para prevenir la victimización secundaria evitando algunas prácticas como las siguientes -siempre respetando los derechos de defensa y de conformidad con lo establecido en el Derecho nacional-:

- Repetir innecesariamente interrogatorios en cualquier fase del proceso.
- El contacto visual entre víctimas y demandados.
- Testificar en audiencia pública.

---

54 Sí se aprecia en todo caso, de manera puntual, una intención de incorporar lo establecido en la Decisión Marco, siendo reflejo reiterado de ello el famoso « Caso Pupino», Sentencia del Tribunal de Justicia de las Comunidades Europeas (Gran Sala), proa. C-105/2003, de 16 de junio (2005). Aunque se verá con detalle más adelante, la sentencia del Tribunal de Justicia de las Comunidades Europeas (Gran Sala), de fecha 16 de junio de 2005, estableció que el carácter vinculante de la Decisión Marco conllevaba la obligación por parte de las autoridades nacionales a interpretar conforme a normativa nacional.

- Preguntar sobre la vida privada de la víctima cuando no sea absolutamente necesario.

Igualmente reconoce la necesidad de brindar a las víctimas menores de edad asistencia, apoyo y protección interpretándose la Directiva a la luz del interés superior de la persona menor de edad como consideración primordial (art. 13). Todo ello, buscando su recuperación física y psicosocial a corto y largo plazo, atendiendo a las circunstancias específicas e individuales de cada víctima y teniendo debidamente en cuenta sus opiniones, necesidades e intereses (art.14). Resulta especialmente completo y específico el art. 15.3 que establece las siguientes medidas:

"*a) los interrogatorios del menor víctima se celebren sin demoras injustificadas tras la comunicación de los hechos a las autoridades competentes;*

b) los interrogatorios del menor víctima tengan lugar, en caso necesario, en locales asignados o adaptados a tal efecto;

c) lo interrogatorios del menor víctima estén siempre dirigidos, en caso necesario, por o a través de profesionales con formación adecuada a tal efecto;

d) las mismas personas, siempre que ello sea posible y conveniente, dirijan todos los interrogatorios del menor víctima;

e) el número de interrogatorios sea el menor posible y solo se celebren cuando sea estrictamente necesario para los fines de las investigaciones y procesos penales;

f) el menor víctima esté acompañado por su representante o, en su caso, por un adulto elegido por él, salvo que por decisión motivada se haya excluido a esta persona."

Suma a todo ello la necesidad de que los interrogatorios a testigos menores de edad sean grabados en video y que estas grabaciones sean admitidas como prueba en el proceso penal de conformidad con las normas del Derecho nacional de cada Estado (art. 15.4), que la audiencia se celebre a puerta cerrada (art. 15.5.a) y que la víctima menor de edad pueda ser oída sin estar presente en la sala, mediante la utilización de las tecnologías de la comunicación adecuadas (art. 15.5.b). Finalmente, fija como límite que los Estados miembros pongan en vigor las disposiciones legales, reglamentarias y administrativas necesarias para dar cumplimiento a lo establecido en la directiva, el 6 de abril de 2013 (art. 22).

El importante impacto de los delitos sexuales en la infancia ha propiciado normativa específica al respecto. En este sentido, encontramos la Directiva 2011/92/UE del Parlamento Europeo y del Consejo, de 13 de diciembre de 2011, relativa a la lucha contra los abusos sexuales y la explotación sexual de los menores y la pornografía infantil, que deroga la Decisión Marco 2004/68/JAI, de 22 de diciembre de 2003. Se insta en el art. 16.1 que los Estados miembros adopten las medidas necesarias para facilitar que aquellos grupos profesionales cuya tarea principal sea trabajar con personas menores de edad, den parte a los servicios responsables de la protección de menores de cualquier situación en la que sospechen una posible victimización. Resulta de especial relevancia dada la complejidad de la detección de delitos de estas características en la infancia y adolescencia. Resalta a su vez la necesidad de concienciar a aquellos grupos profesionales que tengan una mayor facilidad de descubrimiento de ciertos indicios de su responsabilidad en la detección y comunicación de sospechas en este ámbito. El mismo artículo, en su segundo apartado, hace extensiva esta responsabilidad a toda persona que pueda tener conocimiento o sospechas de esta índole.

El art. 18 recuerda por su parte la necesidad de que las víctimas menores de edad reciban asistencia, apoyo y protección[55] haciéndose extensivo a aquellas situaciones en las que se cuente con indicios razonables para pensar que puedan serlo[56].

Por su parte el art. 19 repite lo establecido ya en la Directiva 2011/36/UE en referencia a[57]:

---

55 Regulado de manera específica en el RD 1109/2015.

56 Cabe señalar que el art. 18.3 incide en que dichas medidas serán aplicables igualmente a aquellas víctimas cuya edad sea incierta o existan razones suficientes para creer que son menores -estableciendo el art. 2.a de la misma Directiva que se considerarán menores todas aquellas personas que no hayan cumplido los 18 años-.

57 Algunos de estos mecanismos son estudiados en Agustín-Jesús PÉREZ-CRUZ MARTÍN y Xulio Xosé FERREIRO BAAMONTE, «Protección de la víctima en la vista del juicio oral», en *Investigación y prueba en el proceso penal*, de Nicolás GONZÁLEZ-CUÉLLAR SERRANO (Madrid: Colex, 2006).

- La necesidad de realizar los interrogatorios sin demora una vez comunicados los hechos a las autoridades competentes;
- Que dichos interrogatorios tengan lugar, en caso necesario, en locales concebidos o adaptados a tal efecto, estando dirigidos por o a través de profesionales con formación adecuada a tal efecto y reduciendo su número lo máximo posible en todo caso;
- Que los interrogatorios sean grabados en video pudiendo ser usados en el procedimiento penal;
- Que la audiencia se celebre a puerta cerrada, y que la víctima menor de edad sea oída sin estar presente en la sala;
- Igualmente se une al derecho de la víctima menor de edad de encontrarse acompañada por su representante legal o una la persona de su elección salvo que por decisión motivada se haya excluido a esta persona.

Se encuentra por tanto una reafirmación lógica en aquellas cuestiones que indudablemente deben aplicarse a las víctimas menores de edad.

Por último, señalar la Directiva 2012/29/UE del Parlamento Europeo y del Consejo, de 25 de octubre de 2012 por la que se establecen normas mínimas sobre los derechos, el apoyo y la protección de las víctimas de delitos, y por la que se sustituye la mencionada Decisión Marco 2001/20/JAI del Consejo.

Esta Directiva nace como resultado de la Resolución de 10 de junio de 2011 sobre un plan de trabajo para reforzar los derechos y la protección de las víctimas, en concreto en el ámbito de los procesos penales ("Plan de trabajo de Budapest"), el cual fundamenta la necesidad de completar lo establecido en la Decisión Marco 2001/20/JAI a fin de obtener resultados efectivos en la práctica. Puede definirse como un compendio de normas mínimas, que pueden ser desarrolladas y ampliadas por los Estados miembros estableciendo desde un inicio que, en la aplicación de la misma, "*debe ser primordial el interés superior del menor, de conformidad con la Carta de los Derechos Fundamentales de la Unión Europea y la Convención de las Naciones Unidas sobre los Derecho del Niño adoptada el 20 de noviembre de 1989. Las víctimas menores de edad deben ser consideradas y tratadas como titulares plenos de los derechos establecidos en la presente Directiva, y deben tener la facultad de ejercitar esos derechos de una forma que tenga en cuenta su capacidad de juicio propio*" (apartado 14). Merece ser destacada dicha afirmación ya que recuerda una concepción de la persona menor de edad que deberá acompañar toda interpretación de lo establecido posteriormente, en la que debe superarse definitivamente la visión de la persona menor de edad como incapaz o como miembro *potencial* de la ciudadanía. Se trata de enfrentar las complejidades que se encuentran en la toma de decisión de las víctimas menores de edad, ponderando en cada caso, y de manera minuciosa, aquellas situaciones en las que debe buscarse el equilibrio óptimo entre la protección de la infancia y el respeto a su libre desarrollo de la personalidad. En esta dirección, establece que el derecho de las víctimas menores de edad a ser oídas en el proceso penal no deberá excluirse únicamente basándose en su edad. Dada la interpretación restrictiva que se ha dado al derecho a ser escuchada, muy especialmente en el contexto de la infancia, hubiese sido quizá acertado un pronunciamiento más contundente. Se recuerda que la escucha de NNA es una regla general, siendo su limitación una excepción, y no al revés.

Otra cuestión será el contexto en el que deba ejercerse dicho derecho. Se encuentra desde el primer artículo de la Directiva una referencia específica a la situación de las víctimas menores de edad que en su segundo apartado establece que en todo caso, primará el interés superior de la persona menor de edad, haciendo nuevamente alusión a la necesidad de atender a otras variantes además de la edad como son el grado de madurez de la persona, su opinión, sus necesidades y sus inquietudes, buscando recordar la necesidad de alcanzar una respuesta única e individualizada para cada caso.

De manera acertada el art. 3 reconoce el *derecho a entender y ser entendida*, solicitando que las comunicaciones se realicen en lenguaje sencillo y accesible, atendiendo a las características de cada víctima. Reconoce, una vez más, el derecho a ser acompañada de la persona de su confianza, sin hacer referencia explícita a víctimas menores de edad.

El art. 8 detalla de manera significativa el *derecho de acceso a los servicios de apoyo a las víctimas*, nuevamente sin hacer mención específica a la infancia. Reconoce así el acceso gratuito y confidencial a estos servicios y se destaca muy positivamente que se especifique el derecho a ello antes, durante y por un periodo de tiempo adecuado después de la conclusión del proceso penal. Se extiende este derecho a familiares el cual cobra especial sentido en el caso de la victimización del desarrollo ya con contar con una red de apoyos (probablemente fuertemente afectada en caso de que el infractor forme parte del entorno cercano) es esencial para optimizar la recuperación o reparación de la víctima en su caso.

Igualmente se añade en el punto 5 del mismo artículo una aclaración esencial, y es que "*Los Estados miembros garantizarán que el acceso a los servicios de apoyo a las víctimas no dependa de que la víctima presente una denuncia formal por una infracción penal ante una autoridad competente*", y esto motivado por la posible relación cercana entre víctima y supuesta persona infractora, la presentación de denuncia puede resultar más compleja, lo cual no debe en ningún caso privar a las víctimas del apoyo que puedan necesitar.

El art. 10 reconoce el *derecho a ser oída*, que en caso de víctimas menores de edad deberá ser en atención a su edad y madurez.

Finalmente, deben destacarse los arts. 22, 23 y 24 que hacen referencia, respectivamente, a la "*evaluación individual de las víctimas a fin de determinar sus necesidades especiales de protección*", el "*derecho a la protección de las víctimas con necesidades especiales de protección durante el proceso*" y "*el derecho a la protección de las víctimas menores de edad durante el proceso penal*". Los tres artículos recogen diferentes medidas de protección especial, relativas a la declaración, la ausencia de contacto visual con el autor del delito y que las audiencias no sean públicas.

1.2.2 Marco nacional

Al igual que sucedía a nivel internacional, a nivel nacional existían ya en España normativas referentes a las víctimas, de manera separada, aludiendo a contextos más concretos:

- Ley Orgánica 19/1994, de 23 de diciembre de protección de peritos y testigos en causas criminales[58].
- Ley 35/1995, de 11 de diciembre de ayudas y asistencia a las víctimas de delitos violentos y contra la libertad sexual (desarrollada por el Real Decreto 738/1997, de 23 de mayo). Podría considerarse el punto de arranque de una visión más completa de la víctima dentro del proceso en un rol realmente de víctima; supone un importante impulso de los derechos de información.
- Ley Orgánica 1/1996, de 15 de enero de Protección Jurídica del Menor.
- Ley Orgánica 14/1999, de 9 de junio, de modificación del Código Penal de 1995, en materia de protección a las víctimas de malos tratos y de la Ley de Enjuiciamiento Criminal, de la que cabe destacar su modificación a los artículos 448, 455, 707 y 713 de la LECrim por su especial repercusión. Ello se ve reforzado con una posterior modificación de los tres primeros por la LEVID posteriormente.
- Ley 38/2002, de 24 de octubre y la Ley Orgánica 8/2002 de 24 de octubre (complementaria de la primera), que regulan el procedimiento de enjuiciamiento rápido y la modificación del procedimiento abreviado, completando y ampliando derechos de comunicación y notificación. Ambas conllevaron modificaciones de gran relevancia en la LECrim concluyendo en un auténtico reconocimiento de la víctima, reflejado por ejemplo en el deber de información de la misma en sede tanto policial como judicial, o el deber de ser informada aun sin haberse personado en la causa y sus derechos de información. Estas modificaciones llegaron a considerarse como el germen de un estatuto de la víctima y de hecho parte de las mismas fueron recogidas y completadas por la LEVID.

---

58 En este sentido se alude a los riesgos de represalias o amenazas, pero no se advierte de la posibilidad de una victimización secundaria, del interrogatorio de víctimas menores de edad. Véase Coral ARANGÜENA FANEGO, «La reforma de la Ley de Enjuiciamiento Criminal en materia de prueba testifical y careos con menores de edad (Ley Orgánica 14/1999, de 9 de junio)», Revista de Derecho Penal, 2001, 51-53.

- Ley Orgánica 19/2003, de 3 de diciembre, de modificación de la Ley Orgánica 6/1983, de 1 de julio del Poder judicial, que modifica el art. 229.2 de la LOPJ y la Ley Orgánica 13/2003, de 24 de octubre, de reforma de la Ley de Enjuiciamiento Criminal en materia de prisión provisional, que modifica el art. 229.3 de la LOPJ incorporando el mecanismo de videoconferencia a las actuaciones judiciales, u otro sistema similar que permita una comunicación bidireccional y simultánea de la imagen y sonido, enfocado a la salvaguarda del derecho de defensa.

  Este mecanismo de videoconferencia o método análogo en las comunicaciones está recogido en el art. 325 de la LECrim en referencia a la fase de instrucción, en el art. 732 *bis,* en referencia al juicio oral (ambos acorde a la LO 13/2003) y en el art. 707 que fue modificado por la LO 8/2006 y posteriormente por la LEVID, acorde a sus arts. 19 y 25.2 apartados a y b. Encontramos en este artículo una nueva modificación acorte a la Ley Orgánica 8/2021, de 4 de junio, de protección integral a la infancia y la adolescencia frente a la violencia (LOPIVI), que debe interpretarse en coherencia con las modificaciones provocadas por la misma ley entre las que destacan la introducción de los artículos 449 *bis*, 449 *ter* y 703 *bis* relativos a la prueba preconstituida.

- Ley Orgánica 15/2003, de 25 de noviembre que modifica el art. 25 de la LO 5/2000 de responsabilidad penal del menor, en relación con los derechos de participación en la práctica de la prueba a lo largo del proceso de la acusación particular, estableciendo un carácter restrictivo de los careos.
- Ley Orgánica 27/2003, reguladora de la Orden de Protección de las víctimas de violencia doméstica, que incorpora el art. 544 ter a la LECrim.
- Ley Orgánica 1/2004, de 28 de diciembre, de Medidas de Protección Integral contra la Violencia de Género.
- Ley Orgánica 8/2006, de 4 de diciembre por la que se modifica la LORPM, afectando a los arts. 448 y 707 de la LECrim, posteriormente modificados por la LEVID, brindando un mayor

espacio a las víctimas menores de edad, y que fueron finalmente eliminados y modificados respectivamente por la LOPIVI

- Ley 29/2011, de 22 de septiembre de Reconocimiento y Protección Integral a las Víctimas del Terrorismo.

Son todas ellas leyes que dirigidas a colectivos definidos en los que, desde el prisma de la victimología, su atención puede ser más compleja. No existía sin embargo un texto normativo único que recogiera la atención especial merecida por toda víctima.

En la Decisión Marco 2001/220/JAI del Consejo, de 15 de marzo de 2001, relativa al Estatuto de la víctima en el proceso penal, se recogían diferentes derechos de las víctimas a fin de alcanzar cierta homogeneidad de tratamiento a nivel europeo. Se comprobó, sin embargo, en el Informe de la Comisión Europea de abril de 2009, que ningún Estado miembros había aprobado a nivel nacional ningún texto legal que recogiera todas estas cuestiones de manera ordenada y contundente, quedando patente la ausencia de un estándar común a nivel europeo.

En este contexto se aprueba la ya mencionada Directiva 2012/29/UE del Parlamento Europeo y del Consejo, de 25 de octubre de 2012, que sustituye la Decisión Marco 2001/220/JAI del Consejo, y recoge un catálogo de normas mínimas sobre los derechos de las víctimas de manera genérica, así como los apoyos y la protección merecidos, y fijando como fecha límite para su incorporación al derecho interno de los Estados miembros el 16 de noviembre de 2015.

Finalmente, en cumplimiento a esta Directiva, nace la Ley 4/2015, de 27 de abril del Estatuto de la víctima del delito (LEVID), junto al Real Decreto 1109/2015, de 11 de diciembre, por el que se desarrolla la LEVID y se regulan las oficinas de Asistencia a las Víctimas de Delito.

Actualmente puede considerarse una base clave para la protección efectiva y más realista de las víctimas, apostando por una visión integral y adoptando medidas tanto a nivel procesal como extraprocesal.

Esta ha servido de base para la protección de víctimas menores de edad hasta la reciente LOPIVI, destacando algunos avances claves los que se resaltan a continuación:

- «*Derecho a entender y ser entendida*», en los términos establecidos en la Directiva resaltando, en este caso sí, que la minoría de edad es una de las características que requiere una atención especializada en las comunicaciones. Igualmente amplía este derecho con relación a la Directiva estableciendo que estas se harán en presencia del representante de la persona menor de edad o de la persona que la asista o acompañe siendo además esta última reconocida de manera más amplia en el apartado c -si en la Directiva se requería que fuera necesario, en la LEVID, se reconoce como un derecho libre de justificación-. Quizá excesivamente ambigua es la afirmación acerca de que "*Si la víctima fuera menor o tuviera la capacidad judicialmente modificada, las comunicaciones se harán a su representante o a la persona que le asista*", pudiendo quedar desplazada de no realizarse una interpretación amplia.

- En relación a los «*servicios de asistencia a la víctima*», nos encontramos con una redacción en el art. 10 de la LEVID más genérica y quizá menos acertada en algunas cuestiones, siguiendo en todo caso la misma línea que lo determinado en la Directiva. Aunque sí reconoce que los servicios de asistencia a la víctima se harán extensivos a los familiares, puntualiza que se hará efectivo cuando se trate de delitos que haya causado perjuicios de especial gravedad. Aunque no especifica que dicho derecho será efectivo tanto antes, como durante y después del proceso, ni tampoco separa el mismo de la denuncia formal, sí hace mención a los hijos e hijas menores y NNA sujetos a tutela, guarda y custodia de las mujeres víctimas de violencia de género, que tendrán derecho a medidas de asistencia y protección.

Por su parte el RD 1109/2015 señala en su art. 18.2 que el personal de las Oficinas de Asistencia a las Víctimas tendrá una formación especializada para atender de manera diferenciada y adecuada a las víctimas especialmente vulnerables, entre ellas las personas menores de edad. Igualmente se destaca en el art. 28 su especial atención en la fase de intervención y valoración, poniendo de relieve el respeto de sus intereses y del interés superior en la búsqueda de sus necesidades (art.30.4).

- Respecto al «*derecho a la protección*», el art. 19 LEVID destaca el rol del Ministerio Fiscal como responsable de velar por el cumplimiento del derecho de protección y supervisar que durante el desarrollo del proceso se tomen las medidas adecuadas hacia las víctimas menores de edad para garantizar "*su integridad física y psíquica, libertad, seguridad, libertad e indemnidad sexuales, así como para proteger adecuadamente su intimidad y su dignidad, particularmente cuando se les reciba declaración o deban testificar en juicio, y para evitar el riesgo de su victimización secundaria o reiterada*".

El art. 20 reconoce el derecho a que se evite el contacto visual entre víctima e infractor y si bien no menciona de manera específica a la víctima menor de edad se entiende extensible a esta. Lo mismo sucede con el art.21 que resalta que la declaración de la víctima se tomará cuando resulte necesario y sin dilaciones injustificadas, el menor número de veces posible, acompañadas de una persona de su elección siempre que sea posible (en caso contrario deberá ser motivado). Por último, se restringirán los reconocimientos médicos al mínimo posible y siempre que resulten esenciales para el correcto desarrollo del proceso.

- El «*derecho a la protección de la intimidad*» se encuentra reconocido en el art. 22 haciendo especial mención a las víctimas menores de edad.

- Como en la Directiva 2012/29, se establecen en los artículos 23, 24 y 25 criterios específicos en referencia a la «*evaluación de necesidades especiales*», haciendo mención al nivel de madurez (criterio diferenciado de la edad) en el apartado 3 del art.23 y a la valoración específica (art.23.4) en caso de víctimas menores de edad por delitos contra la libertad o indemnidad sexual.

Mientras que el art. 25 recoge las diferentes medidas de protección, el art. 26 añade a estas un nuevo listado complementario en caso de que la víctima sea menor de edad. El primero reconoce que la declaración se realice en dependencias especiales, por profesionales con una formación específica, que se mantendrá en las posibles posteriores declaraciones. En el caso de las víctimas de delitos contra la libertad o indemnidad sexual la declaración será tomada por una persona del mismo sexo.

Interesan especialmente en el caso de las víctimas menores de edad la posibilidad de evitar el contacto visual con la persona infractora, que pueda ser oída sin estar en la sala y que la vista oral se desarrolle sin la presencia de público.

Por su parte el art. 26 suma este listado a fin de evitar la victimización secundaria:

- La grabación de las declaraciones en la fase de instrucción para poder ser reproducidas en el juicio;
- Que esta sea recibida por personas expertas;
- La designación de un/a defensor/a judicial de la víctima en determinados casos.

- En lo relativo a la *«formación especializada en la atención»*, ya en el preámbulo destaca la importancia de la formación técnica, así como la implementación de medidas de sensibilización y formación continuada no sólo al personal de la Administración de Justicia, Poder Judicial y profesionales de atención a la víctima, sino también a aquellas personas que por sus profesiones tengan especial contacto las víctimas. Esto es, si cabe, más importante en el caso de víctimas menores de edad, ya que permitirá reducir o evitar una victimización secundaria y maximizar las herramientas adecuadas para ofrecer a las víctimas una atención óptima los más pronto posible. En cualquier caso, no es hasta el artículo 25.1.b de la LEVID, referente a "medidas de protección" que puede encontrarse la primera referencia a dicha formación reflejándose la necesidad de que la declaración en fase de investigación sea atendida por profesionales que hayan recibido formación específica al respecto.

De manera específica el Capítulo II de la LEVID se dedica a la Formación, estableciendo que "*El Ministerio de Justicia, el Consejo General del Poder Judicial, la Fiscalía General del Estado y las Comunidades Autónomas en el ámbito de sus respectivas competencias, aseguran una formación general y específica, relativa a la protección de las víctimas en el proceso penal, en los cursos de formación de Jueces y Magistrados, Fiscales, Secretarios judiciales, Fuerzas y Cuerpos de Seguridad, médicos forenses, personal al servicio de la Administración de Justicia, personal de las Oficinas de Asistencia a las Víctimas y, en su caso, funcionarios de las Administración General del Estado o de las Comunidades Autónomas que desempeñen funciones en esta materia*"[59], haciendo referencia a la especial atención en esta formación de las necesidades de víctimas menores de edad. Se comprueba que esta se encuentra enfocada exclusivamente a profesionales de la Administración de Justicia o directamente ligada a la misma, lo cual la reduce a la atención a las víctimas una vez establecido el contacto con la vía judicial. Distinto es el art. 31 que responsabiliza al Gobierno y a las Comunidades Autónomas de la aprobación de Protocolos que resulten necesarios para la protección a las víctimas, siendo necesaria su integración por parte de los colegios profesionales cuya actividad se relacione con la prestación de servicios a las víctimas de delitos.

Incorpora la LEVID una mención expresa a la justicia restaurativa que, si bien no diferencia de la mediación, supone en todo caso un gran avance -no contemplado por cierto en la Directiva-. Reconoce así la posibilidad de que las víctimas acudan a estos servicios siempre que se cumplan unos requisitos:

- Que la persona infractora haya reconocido los hechos esenciales de los que deriva su responsabilidad;
- Que la víctima haya prestado su consentimiento, después de haber recibido información exhaustiva e imparcial sobre su contenido, sus posibles resultados y los procedimientos existentes para hacer efectivo su cumplimiento;
- Que la persona infractora haya prestado su consentimiento;
- Que el procedimiento de mediación no entrañe un riesgo para la seguridad de la víctima, ni exista el peligro de que su desarrollo pueda causar nuevos perjuicios materiales o morales para la víctima;
- Que no esté prohibida por ley (lo cual solo sucede actualmente con las causas de violencia de género).

Todas estas referencias deberían por supuesto interpretarse, en el caso de la infancia, a la luz de normativa específica en materia de protección y derechos de la infancia como son la Convención sobre los derechos del niño o las Reglas de Beijing entre otras.

---

59 «Ley 4/2015, de 27 de abril, del Estatuto de la víctima del delito», 2015. art. 30

Finalmente, contamos en la actualidad con la Ley Orgánica 8/2021, de 4 de junio de protección integral a la infancia y la adolescencia frente a la violencia (LOPIVI). Su reciente entrada en vigor no permite evaluar aun su impacto en la práctica, pero pueden destacarse de la misma las siguientes cuestiones:

- Debe destacarse en primer lugar su pretensión de permitir una protección integral, siendo un primer paso para corregir este sistema parcheado de protección de la infancia, si bien no se alcanza del todo por el limitado desarrollo de la Ley.
- Es una ley principalmente preventiva, centrando sus medidas en la sensibilización, prevención y detección precoz, por lo que no se encuentran numerosas modificaciones respecto al tratamiento procesal de las víctimas, pese a la relevancia de las existentes. Por otra parte, cuando lo hace -aunque puede observarse también en las medidas preventivas- recurre a conceptos especialmente ambiguos en los que se prevé una aplicación práctica desigual, siendo imprescindible para su adecuada aplicación un cambio de perspectiva, y el apoyo en guías y protocolos.
- Prevé la creación de figuras claves en la protección de la infancia (coordinadores de bienestar y delegado de protección), la creación de la Conferencia Sectorial y la creación de Registros unificados. Todo ello es especialmente importante para acercarse a la realidad que vive la infancia. En lo referente a la victimización resulta importante la creación de registros unificados para mejorar el estudio de esta y desde el mismo poder dar respuestas más adecuadas.
- Finalmente señalar la importancia dada al buen trato y el refuerzo de NNA a ser escuchadas. Esto favorece este necesario cambio de perspectiva ya que llama la atención sobre la importancia de garantizar una participación real de NNA como parte de la ciudadanía, debiendo adoptar medidas para su buen trato -y no solamente a fin de evitar su maltrato- (art. 1.2 y 1.3) y facilitando una participación real en la toma de decisiones de este colectivo -pese a que la ley queda en esta cuestión en un contexto excesivamente escueto y abstracto-.

En concordancia con lo analizado hasta ahora, merecen ser señalados algunos derechos de manera específica:

- Es una ley que resalta de manera clara de *derecho a las víctimas a ser escuchadas*. Señala así en el art. 3.e que se reforzará "*el ejercicio del derecho de los niños, niñas y adolescentes a ser oídos, escuchados y a que sus opiniones sean tenidas en cuenta debidamente en contextos de violencia contra ellos, asegurando su protección y evitando su victimización secundaria*". Esto permite recordar que, si bien es esencial que NNA conozcan sus derechos, es responsabilidad de los diferentes grupos profesionales saber escuchar a las víctimas e incorporar adecuadamente sus intereses al proceso siempre que no resulte contrario al interés superior de estas (lo que nos lleva a la importancia de la formación, como se mencionará de inmediato). Vuelve a hacerse mención explícitamente a este derecho en el art. 11 reforzando la importancia de la formación de los diferentes grupos profesionales y la importancia del apoyo en planteamientos -y herramientas- con aval científico en todo lo relativo a la participación de NNA así como en la interpretación de su situación. Este artículo menciona igualmente la accesibilidad, elemento clave para alcanzar un acceso real a la justicia por parte de la infancia.

  Con una clara vinculación, el art. 17 reconoce el derecho a víctima menores de edad a comunicar haber presenciado o ser víctima de violencia, de manera personal. Ello requiere una formación especializada especialmente de Fuerzas y Cuerpos de Seguridad del Estado (art. 49 y 50 LOPIVI) y debe a su vez entenderse en coherencia con el art. 13.1 que si bien NNA se encuentran legitimados para defender sus derechos e intereses en todos los procedimientos judiciales que traigan causa de una situación de violencia dicha defensa se realizará, con carácter general, a través de sus representantes legales o por medio del defensor/a judicial designado/a en su caso. Además, se derivará a la víctima a la Oficina de Atención a la Víctima competente en su caso.

- El *derecho de información y asesoramiento* es abordado en el art. 10 haciendo mención al derecho a contar con una persona de su confianza (derecho de acompañamiento) y a la accesibilidad de toda la información.
- El art. 12 hace referencia a la atención integral, aludiendo a medias de protección, apoyo, acogida y recuperación. Aun recalcando su carácter preventivo, hace alusión al acompañamiento y asesoramiento en procedimientos judiciales, que deben entenderse en coherencia con el resto de medidas. Así, se plasma en este artículo una cuestión clave que se recuperará más adelante y es la exigencia de coordinación entre diferentes ámbitos para dar una respuesta armoniosa e integral a las víctimas menores de edad. Esto se ve de manera más clara en lo establecido en el art. 4.2, señalando como criterio general la adopción de "*todas las medidas necesarias para promover la recuperación física, psíquica, psicológica y emocional y la inclusión social de los niños, niñas y adolescentes víctimas de violencia, así como su inclusión social*".
- Todo ello facilita el cumplimiento de lo establecido en el art. 4.1.e, que hace mención a la protección de NNA frente a la *victimización secundaria*. Para ello será también esencial la "*Individualización de las medidas teniendo en cuenta las necesidades específicas de cada niño, niña o adolescente víctima de violencia*" (ar. 4.1.h), vinculado al art. 9.2 respecto al derecho a contar con "los medios necesarios para garantizar el ejercicio efectivo de los derechos previstos en esta ley". En este sentido merece atender lo establecido en el art. 4.1 i y j, haciendo mención respectivamente a la "*Incorporación de la perspectiva de género en el diseño e implementación de cualquier medida relacionada con la violencia sobre la infancia y la adolescencia*" así como la "*Incorporación del enfoque transversal de la discapacidad al diseño e implementación de cualquier medida relacionada con la violencia sobre la infancia y la adolescencia*".
- Todo ello no es posible sin una formación especializada (art.5) de la ciudadanía en general y de los grupos profesionales en lo específico, que tengan contacto con personas menores de edad ya sea en el contexto de la prevención, ya sea en el contexto

de la atención. Incluye además numerosas medidas al refuerzo de conocimientos y habilidades de NNA para que sean parte activa en esta promoción del buen trato y en la detección y reacción ante la violencia (art. 3.d). Ello debe interpretarse en coherencia con su desarrollo progresivo y viene acompañado de otras medidas coherentes en este rol activo.

1.3 ESPECIFICIDADES DE LAS VÍCTIMAS MENORES DE EDAD DESDE EL PRISMA JURÍDICO

De esta manera, podemos destacar las siguientes características del rol de las víctimas menores de edad en el proceso:

(i) Respecto al concepto de víctima, el art. 1 de la Declaración sobre los principios fundamentales de justicia para las víctimas de delitos y de abuso de poder de 1985 establece que son víctimas de delitos "*personas que, individual o colectivamente, hayan sufrido daños, inclusive lesiones físicas o mentales, sufrimiento emocional, pérdida financiera o menoscabo sustancial de sus derechos fundamentales como consecuencia de acciones u omisiones que violen la legislación penal vigente en los Estados Miembros, incluida la que proscribe el abuso de poder*", incluyendo en su art. 2 a aquellas que hayan sufrido daños al intervenir para asistir a la víctima o prevenir la victimización (recordando fuertemente la definición que puede encontrarse en el art. 2 del Estatuto de la Víctima[60]). En relación con la Directiva 2012/29/UE, la LEVID restringe el concepto de víctima indirecta, reduciendo los miembros de la familia que pueden ser reconocidos como tal si bien incorpora la desaparición, lo que no figura en la directiva[61].

---

60 Establece que su contenido será aplicable "a) *Como víctima directa, a toda persona física que haya sufrido daños o perjuicio sobre su propia persona o patrimonio, en especial lesiones físicas o psíquicas, daños emocionales o perjuicios económicos directamente causados por la comisión de un delito; b) Como víctima indirecta, en los casos de muerte o desaparición de una persona que haya sido causada directamente por un delito, salvo que se tratare de los responsables de los hechos (...)*", indicando la relación necesaria en tal caso.

61 Coral ARANGÜENA FANEGO, «Participación de la víctima en la ejecución penal», en *La Víctima del Delito y las Últimas Reformas Procesales Penales*, de

Se hace referencia en este caso al concepto de víctima en un contexto estrictamente jurídico, siendo el objetivo en este caso analizar cuándo será tenida en cuenta la víctima menor de edad y los derechos que este reconocimiento le concede[62]. Parece así una definición excesivamente restrictiva, aún más en el caso de las personas menores de edad cuya victimización pudiera verse fuertemente afectada tanto como víctima indirecta, como también provocando su propia victimización otras víctimas indirectas aun sin darse los casos de muerte o desaparición.

DUSSICH define la diferencia entre la víctima general y la víctima de delitos siendo la primera dañada por un suceso, una organización o un fenómeno natural[63]. En el caso de la infancia, en ocasiones sí puede detectarse una victimización sin darse un hecho delictivo, encontrando esta lógica relación con las obligaciones imperfectas reconocidas por O'NEILL, quien diferencia en la infancia obligaciones por parte de terceros que si bien no suponen el reconocimiento de un derecho -obligaciones perfectas-, sí tienen un alto impacto en el bienestar de la persona menor de edad[64]. Se da en la actualidad un reconocimiento limitado de la victimización en la infancia, repercutiendo en las posibilidades de actuación al respecto.

En esta dirección pretende avanzar la LOPIVI que además de definir el maltrato en la infancia, define también en su art. 2.3 el buen trato, como "*aquel que, respetando los derechos fundamentales de los niños, niñas y adolescentes, promueve activamente los principios de respeto mutuo, dignidad del ser humano, convivencia democrática, solución pacífica de conflictos, derecho a igual protección de la ley, igualdad de oportunidades y prohibición de discriminación de los ni-*

Montserrat DE HOYOS SANCHO (Navarra: Thomson Reuters Aranzadi S.A., 2017), 208-9.

62 Es decir, supone un estudio diferenciado de la victimización infantil en cuanto a sus causas y repercusiones.

63 John DUSSICH, «Victimology–Past, Present and Future», en *131st International Senior Seminar Visiting Experts Paper*, 2006, 118, http://www.unafei.or.jp/english/pdf/RS_No70_12VE_Dussich.pdf. (Último acceso: 10 diciembre 2021)

64 Onora O'NEILL, «Los derechos de los niños y las vidas de los niños», en *Derecho de los niños. Una contribución teórica*, de Isabel FANLO CORTÉS (México: Fontamara, 2004). Serían ejemplos de estas obligaciones imperfectas tratar con amor y cariño a la persona menor de edad en el núcleo familiar.

ños, niñas y adolescentes". En esta línea, aunque de manera tímida, establece en su art. 3.2 que se entiende por violencia "*toda acción, omisión o trato negligente que priva a las personas menores de edad de sus derechos y bienestar, que amenaza o interfiere su ordenado desarrollo físico, psíquico o social, con independencia de su forma y medio de comisión, incluida la realizada a través de las tecnologías de la información y la comunicación, especialmente la violencia digital*"[65].

En cualquier caso, se debe resaltar la existencia de varias víctimas y no solamente "el tradicional sujeto pasivo o el perjudicado del delito"[66], asumiendo un concepto más amplio. DE HOYOS SANCHO realiza una diferenciación clarificadora entendiendo "(...) por *ofendido o agraviado*, el sujeto pasivo del hecho delictivo, el titular del bien jurídico protegido en la norma penal infringida, es decir, el que sufre de manera directa las consecuencias del mismo; por *perjudicado*, el que no es sujeto pasivo del delito, pero le afectan sus consecuencias de modo indirecto, patrimonial y/o de otro tipo; el concepto de *víctima* sería más amplio, y englobaría las categorías de ofendido y perjudicado, pudiendo ejercitar la acción penal si está legitimado en el caso concreto según la norma procesal aplicable"[67].

(ii) Esta definición y categorización va a tener una repercusión directa sobre las posibilidades existentes de ejercer la acción penal, que según la LECrim es pública (art. 101) y podrá ser además ejercida junto con la acción civil derivada del delito (art.100, debiéndose interpretar de manera conjunta con lo establecido en los arts. 108 y 112). El rol de Fiscalía será de gran relevancia pudiendo denunciar si

---

65 Establece además que "*En cualquier caso, se entenderá por violencia el maltrato físico, psicológico o emocional, los castigos físicos, humillantes o denigrantes, el descuido o trato negligente, las amenazas, injurias y calumnias, la explotación, incluyendo la violencia sexual, la corrupción, la pornografía infantil, la prostitución, el acoso escolar, el acoso sexual, el ciberacoso, la violencia de género, la mutilación genital, la trata de seres humanos con cualquier fin, el matrimonio forzado, el matrimonio infantil, el acceso no solicitado a pornografía, la extorsión sexual, la difusión pública de datos privados así como la presencia de cualquier comportamiento violento en su ámbito familiar*" (Art. 2.2 LOPIVI).

66 Antonio BERISTAIN IPIÑA, *Protagonismo de las víctimas de hoy y mañana (Evolución en el campo jurídico penal, prisional y ético)* (Valencia: Tirant lo Blanch, 2004), 114.

67 DE HOYOS SANCHO, «El ejercicio de la acción penal en España. Un verdadero derecho de acusar para las víctimas», 454.

la persona agraviada fuera menor de edad (art.105.2), compensando así lo establecido en el art. 102.1, excluyendo de poder ejercitar la acción penal a quien no goce de la plenitud de sus derechos civiles (a la luz del art. 322 y 1263 del CC). Además, tendrá la obligación de ejercitar la acción penal en caso de la comisión de delitos públicos y semipúblicos. Ejercita por tanto la *acusación pública*.

La acusación particular se encuentra regulada tanto en el sistema de personas adultas como en el sistema de justicia juvenil, teniendo unas repercusiones diferentes, siendo en ambos casos reconocida para los representantes de la persona menor de edad -salvo cuando fueran los victimarios-. Establece sin embargo la LOPIVI importantes matices en esta cuestión:

- El art. 14.6 establece que "*Las personas menores de edad víctimas de violencia podrán personarse como acusación particular en cualquier momento del procedimiento si bien ello no permitirá retrotraer ni reiterar las actuaciones ya practicadas antes de su personación, ni podrá suponer una merma del derecho de defensa del acusado*"[68].
- Respecto a la acusación particular, se establecen 2 modificaciones de la en la LECrim, recogiendo lo que la actual jurisdicción permitía, que la personación de las víctimas (art. 109 bis1, párr. 1°) y de las personas perjudicadas (art. 110), una vez haya transcurrido el término para formular el escrito de acusación, siempre que se adhieran al escrito de acusación formulado por Fiscalía o por el resto de las acusaciones personadas.

(ii) Con una especial protección, pero sin una regulación integral hasta la LOPIVI, la participación de la víctima menor de edad se ha regulado por medio de «parches» o arreglos puntuales. Pese a que puede observarse una mejoría significativa gracias a la LOPIVI, que viene a dar coherencia a gran parte de estas medidas parcheadas, pue-

---

[68] En coherencia con ello el apartado 4 del mismo artículo establece que "*Los Colegios de Procuradores adoptarán las medidas necesarias para la designación urgente de procurador o procuradora en los procedimientos que se sigan por violencia contra menores de edad cuando la víctima desee personarse como acusación particular*".

de afirmarse que en la actualidad la puesta en práctica de muchas de las medidas sigue siendo un reto tanto por la ausencia de formación especializada como por la inercia seguida hasta ahora, que sigue sin adaptarse cómodamente a esta atención integral exigida por la ausencia de perspectiva de infancia.

1.3.1 *Capacidad para declarar desde la protección de derechos específicos*

Desde su estudio como víctima, la capacidad de declarar y, posteriormente, el alcance que se dé a esta declaración resulta clave para valorar el rol de NNA en el proceso, así como el respeto de sus derechos e intereses. Su situación en esta cuestión recoge diferentes dificultades:

- La concepción actualmente manejada de NNA les reconoce como personas con una limitación total o parcial de capacidades. Esto provoca que su participación en el proceso sea compleja y ambigua dado que las capacidades valoradas se adquieren de manera progresiva, por lo que la respuesta no puede darse de manera general.
- Como colectivo reconocido merecedor de una especial protección a sus derechos específicos, existe un complejo engranaje que pretende proteger de manera primordial el «interés superior» de NNA[69]. Esto supone que en ocasiones habrá que valorar, independientemente del reconocimiento de ciertas capacidades, si estas favorecen a su interés superior.
- A esta situación de especial protección, debería sumarse su vulnerabilidad añadida como víctima, que supone un mayor desequilibrio dentro del proceso y por ende una protección es-

[69] Sentencia del Tribunal Constitucional 214/2006, de 3 de julio, BOE núm. 185, de 4 de agosto de 2007 (2006). Analiza la sentencia respecto a un caso de discriminación por razón de género que las medidas de discriminación positiva deben aplicarse con el propósito de compensar aquellos desequilibrios iniciales desde los que parten las personas afectadas (FJ6), pudiendo aplicarse con análogo razonamiento en el caso de la infancia. Esto se encuentra respaldado por lo establecido en los arts. 9 y 14 de la CE.

pecífica añadida. Todo ello encontrando el adecuado equilibrio con los derechos e intereses de terceros[70].

Además, los delitos cometidos contra la infancia generan un intenso malestar social, siendo importante no caer en un paternalismo alejado de los derechos de la infancia, que lleve a tomar un control absoluto de la situación sin ponderar los intereses de las víctimas.

Como en todos los casos, la declaración de la víctima como testigo resulta esencial para valorar los hechos y, en el caso de la infancia, en ocasiones será una de las pocas pruebas con las que se pueda contar, si no la única; de ahí su enorme relevancia.

En referencia a la capacidad de NNA en las declaraciones como testigos, debe acudirse primero al art. 361.2 de la Ley de Enjuiciamiento Civil (en adelante LEC) que reconoce como testigos todas aquellas personas que no se hallen privadas de la razón o del uno de alguno de los sentidos requeridos para tener conocimiento de los hechos, reconociendo por tanto situaciones excluyentes a una regla general. Añade además que "*Los menores de catorce años podrán declarar como testigos si, a juicio del tribunal, poseen el discernimiento necesario para conocer y para declarar verazmente*". No se encuentra por lo contrario una limitación en este sentido en el ámbito penal indicando únicamente, en referencia a sus capacidades, que no podrán ser obligadas a declarar aquellas personas con algún impedimento físico o moral (art.417.3° LECrim).

Encontramos por otra parte, en el art. 433 de esta misma Ley, modificada por la LEVID una apreciación en cuanto a los testigos, estableciendo que aquellos "*mayores de edad penal prestarán juramento o promesa de decir todo lo que supieren respeto a lo que les fuere preguntando, estando el Juez obligado a informarles, en un lenguaje claro y comprensible, de la obligación que tienen de ser veraces y de la posibilidad de incurrir en un delito de falso testimonio en causa criminal*". Diferencia así la mayoría de edad genérica de la mayoría de edad penal -de responsabilidad penal- reconocida en los 14 años en el

---

70 Si bien el interés superior de la persona menor de edad es primordial, no es absoluto.

art.1 de la LORPM[71]. La no exigencia de veracidad en testigos menores de 14 años de la LECrim debe sin embargo diferenciarse de la valoración que haga el Juez o Jueza sentenciador/a de dicha declaración.

Hasta la LOPIVI, el art. 433 de la LECrim establecía a continuación unos criterios generales que aplicar en caso de ser los testigos menores de edad o personas con la capacidad judicialmente modificada en vista de su falta de madurez, facilitando ese trámite por medio de la intervención de expertos y con intervención del Ministerio Fiscal en estas actuaciones. Aunque se mantiene la mención referente a que la grabación de esta declaración será ordenada por el Juez o la Jueza, el 4º párrafo fue eliminado regulándose la práctica de la declaración de testigos como prueba preconstituida en los artículos 449 bis y ter[72].

Sigue por su parte recogiéndose de manera específica en el art. 433 de la LECrim, en coherencia con el art. 21.c de la LEVID, el derecho de la víctima a ser acompañada por su representante o una persona de su elección durante las mencionadas diligencias.

Para terminar, y en relación con la exención o dispensa de declarar, les serían aplicables las mismas que en el caso de las personas adultas, recogidas en los arts. 417 y 418 LECrim habiendo sido modificado el art. 416 siendo especialmente gravosa para las víctimas menores de edad su redacción anterior.

La declaración de la víctima menor de edad es, desde tiempo antes de la promulgación de la LEVID, objeto de debate por las complejidades prácticas y procesales que la acompañan. Aunque *a priori* la declaración se tomará como posible elemento perturbador para la víctima, y la protección de esta tenderá siempre a reducir su número y poder realizarla en un contexto adaptado a sus necesidades, debe recordarse que la misma es también manifestación del derecho a ser oída, reconocido en el art. 12 de la CDN. Es además parte fundamen-

---

71 Aplicándose lo establecido en la misma a las personas de entre catorce y dieciocho años, "*por la comisión de hechos tipificados como delitos o faltas en el Código Penal o las leyes penales especiales.*"

72 Sobre las consecuencias de su regulación previa, consultar Rosa ARROM LOSCOS, «La declaración del menor víctima en el proceso penal; en especial el menor víctima de delito sexual. La relevancia del nuevo artículo 433 de la Ley de Enjuiciamiento criminal», Revista Internacional de Estudios de Derecho Procesal y Arbitraje, n.º 3 (2015): 18.

tal, cuando no única, para poder demostrar los hechos acaecidos. Se presenta por tanto como un elemento complejo sobre el que la respuesta debe atender a diferentes intereses. La complejidad reside en encontrar el justo equilibrio entre los diferentes intereses atendiendo a sus repercusiones jurídicas y el bienestar de la persona menor de edad -siendo este último el que deberá siempre primar-.

Uno de los elementos claves en este debate pasa por la comprensión de lo que representa la declaración en el proceso dentro del ejercicio de contradicción[73] siendo este último una garantía innegociable del derecho a la defensa[74]. Es en este punto en el que la protección del derecho de defensa puede chocar con las necesidades y los derechos específicos de las víctimas menores de edad en caso de no articularse adecuadamente.

La Circular 3/2009, de 10 de noviembre sobre protección de los menores víctimas y testigos reconoce que "*la intervención de un niño en un juicio es vivida generalmente como una experiencia estresante potencialmente provocadora de efectos a largo plazo. Los menores pueden padecer una gran ansiedad antes, durante e incluso después de la celebración del acto procesal en el que se ha interesado su declaración*"[75] a lo que debe añadirse el contexto confrontativo, las preguntas invasivas y/o agresivas en su formulación y la falta de confianza ante un público adulto desconocido. La preocupación por el impacto de la victimización infantil, el proceso y más concretamente de la declaración en la víctima menor de edad se refleja en las nume-

---

73 O más concretamente la posibilidad de contradicción, véanse, SSTC 93/2005 de 18 de abril, 12/2006 de 16 de enero o 128/1996, de 9 de julio.

74 Y según la STC 154/2000 de 12 de junio "*(...) adquiere singular importancia el deber de los órganos judiciales de posibilitar la actuación de las partes a través de los actos de comunicación establecidos en la Ley, correspondiendo a los órganos judiciales procurar que en el proceso se dé la necesaria contradicción entre las partes así como que posean idénticas posibilidades de alegar o probar y, en definitiva, de ejercer su derecho de defensa en cada una de las instancias que lo componen*", con lo que devuelve a la estructura misma del proceso la protección de esta parcela. Sentencia del Tribunal Constitucional 154/2000, de 12 de junio (2000) FFJJ. 2. ECLI:ES:TC:2000:154

75 «Circular 3/2009 de la Fiscalía General del Estado, de 10 de noviembre, sobre protección de los menores víctimas y testigos», 10 de noviembre de 2009.

rosas referencias normativas a nivel nacional e internacional como las señaladas previamente[76].

Todas ellas hacen referencia, a modo de resumen, a las siguientes cuestiones:

- La necesidad de adecuar el entorno y contexto en el que vaya a declarar la víctima, así como fomentar servicios dirigidos a víctimas en situación de especial vulnerabilidad;
- La información facilitada a la víctima sobre sus derechos, el proceso, las fechas relevantes y el alcance de lo que suceda en el mismo;
- La formación especializada de los y las profesionales que realicen estas intervenciones;
- El respeto a la situación personal de la víctima y su dignidad, recibiendo un trato individualizado que responda a su situación particular;
- La necesidad de estar asistidas por padres, madres, tutores/as, representantes o personas cualificadas -teniendo en este caso

76 Como ejemplos pueden señalarse las siguientes: La Recomendación (85) 4, adoptada por el Comité de Ministros del Consejo de Europa el 26 de marzo de 1985, sobre la violencia dentro de la familia, se interesa de los miembros; la Recomendación (85)11, adoptada por el Comité de Ministros del Consejo de Europa el 28 de junio de 1985, sobre la posición de la víctima en el marco del derecho penal y del proceso penal, en su apartado 8ª; la Recomendación (87)21, adoptada por el Comité de Ministros del Consejo de Europa el 17 de septiembre de 1987, sobre la asistencia a las víctimas y la prevención de la victimización, resalta la necesidad de fomentar servicios especializados en atención a víctimas vulnerables; la Acción Común 97/154/JAI, de 24 de febrero de 1997, adoptada por el Consejo de la Unión Europea, relativa a la lucha contra la trata de seres humanos y la explotación sexual de los niños; el Protocolo Facultativo de la Convención sobre los Derechos del Niño, en su artículo 8, relativo a la venta de niños, la prostitución infantil y la utilización de niños en la pornografía (Nueva York, 25 de mayo de 2000), establece un extenso listado cuestiones especialmente delicadas a tener en cuenta; la Decisión marco 2001/220/JAI del Consejo de la Unión Europea de 15 de marzo de 2001, relativa al Estatuto de la víctima en el proceso penal; los puntos 14 y 23 de las Pautas sobre Justicia en causas relativas a niños víctimas y testigos de delitos, aprobadas por la Resolución 2005/20 del ECOSOC (Naciones Unidas); el Decimoséptimo Congreso Mundial de la Asociación Internacional de Jueces y Magistrados para la Juventud y la Familia (Belfast, 2006) – conclusión 14-.

especial importancia el derecho de acompañamiento, por la persona de confianza de la víctima-;

- La necesidad de prevenir cualquier tipo de presión, prestando especial atención a aquellas situaciones en las que la violencia o hecho delictivo se haya desarrollado en el contexto familiar;
- La toma en consideración las necesidades, intereses y preocupaciones de las víctimas;
- La debida protección de la intimidad e identidad;
- La protección frente a intimidaciones y represalias;
- La ausencia de demoras innecesarias en el proceso y en la ejecución de las resoluciones;
- El uso de un lenguaje que la víctima utilice y comprenda;
- La atención a la edad y madurez intelectual y capacidad actual de la víctima;
- La atención específica a la situación de mayor vulnerabilidad de la víctima.

Uno de los asuntos que mayor preocupación genera es el correcto aprovechamiento que se haga en la práctica de lo que la norma exige y permite. Si bien la LO 8/2021 aporta una significativa mejora, no está exenta de dudas, que se abordarán más adelante.

1.3.2 La declaración de la persona menor de edad como prueba.

La complejidad de la declaración de la persona menor de edad no se resuelve únicamente en la respuesta a su capacidad o no declarar sino también con la valoración que se haga de esta.

Aun ante el innegable avance de la legislación en protección de las víctimas, la estructura del proceso sigue estando configurada desde el prisma de la defensa de la persona acusada, incorporándose paulatinamente las modificaciones necesarias en base a ese redescubrimiento de las víctimas. Además, la dificultad de incorporar e interpretar de manera integral los derechos de la infancia se ve acentuada en el caso de las víctimas en contacto con el proceso judicial.

Acorde al derecho a la presunción de inocencia corresponde a la acusación presentar prueba de cargo. Habida cuenta que, como asume la jurisprudencia, una de las características especiales que suele acompañar los delitos cometidos contra NNA es que tienden a cometerse en un marco en el que solamente la víctima está presente, no es extraño que su testimonio se convierta en la única prueba existente. En este sentido se pronuncia la STS 938/2016, de 15 de diciembre estableciendo que la declaración de la víctima *"puede ser considerada prueba de cargo suficiente para enervar la presunción de inocencia, incluso aunque fuese la única prueba disponible, lo que es frecuente que suceda en casos de delitos contra la libertad sexual, porque al producirse generalmente los hechos delictivos en un lugar oculto, se dificulta la concurrencia de otra prueba diferenciada"*[77] y, si bien hace referencia expresa a delitos contra la libertad sexual, sería fácilmente trasladable a una parte importante de los delitos cometidos hacia la infancia.

Se parte aquí de la base de que la prueba siempre ha de ser lícitamente obtenida y aportada al proceso, debe ser suficiente para justificar la condena, y con carácter general -desde la perspectiva procesal- debe ser practicada en juicio oral a fin de poder cumplir con los principios de inmediación, contradicción, oralidad, publicidad y concentración[78], siendo excepción de ello la prueba preconstituida. Estas exigencias tienen en todo caso una interconexión por lo que no puede alcanzarse respuesta completa en ninguna de ellas sin incluir lo expuesto en las otras.

---

77 Sentencia del Tribunal Supremo 938/2016, de 15 de diciembre (2016) FFJJ 3. ECLI: ES:TS:2016:5494
En la misma línea se expresan las siguientes sentencias; STC 229/1991, de 28 de noviembre; STC 64/1994, de 28 de febrero; STC 195/2002, de 28 de octubre; STS 39/2007, de 30 de abril, STS 187/2012, de 20 de marzo. Igualmente destacar esta característica de los delitos cometidos contra la infancia ARROM LOSCOS, «La declaración del menor víctima en el proceso penal; en especial el menor víctima de delito sexual. La relevancia del nuevo artículo 433 de la Ley de Enjuiciamiento criminal», 20.

78 Ágata Mª SÁNZ HERMIDA, «La declaración de los menores víctimas y/o testigos: Derecho de defensa, protección del interés del menor y eficacia de la justicia», en *La víctima menor de edad. Un estudio comparado Europa-América*, ed. Teresa ARMENTA DEU y Susana OROMÍ VALL-LLOVERA (Madrid: Colex, 2010), 127.

A) Validez de la prueba en cuanto a su contenido

La declaración tiene relevancia en la instrucción, como medio de conocimiento e investigación de un supuesto hecho delictivo, y posteriormente en la fase oral, ya como prueba[79].

La claridad en el cumplimiento de los requisitos procesales permite a los órganos jurisdiccionales efectuar una valoración debidamente motivada y esto tendrá mayor relevancia cuando la declaración se presente como prueba única–lo que conllevaría que fuera capaz, por sí misma, de destruir la presunción de inocencia-.

Dada la complejidad y la repercusión directa que puede tener la valoración de la declaración en el proceso, el Tribunal Supremo ha establecido unos parámetros a fin de poder valorar la validez de la prueba en cuanto a su contenido. Si bien no pueden presentarse formalmente como criterios necesarios de manera sumatoria para la validez del testimonio, sí facilitan una valoración positiva del mismo, afirmando que "*la lógica, la ciencia y la experiencia nos indican que la ausencia de estos requisitos determina la insuficiencia probatoria del testimonio, privándole de la aptitud necesaria para generar certidumbre*"[80]. Así, la ausencia de alguno de ellos no invalida la declaración pudiéndose encontrar una fuerza tal en otro que el equilibrio sea suficiente para descartar toda incertidumbre racional. Pese a ello, solamente en caso de que la misma sea prueba única, una deficiencia en alguno de

---

79 Encontramos sin embargo en la jurisprudencia un incorrecto manejo de esta prueba en ambas fases, lo cual ha llevado en ocasiones no poder dotar de suficiente fuerza la misma independientemente de la realidad vivida por la víctima. Véase por ejemplo la Sentencia del Tribunal Supremo 1251/2009, de 10 de diciembre (2009). ECLI: ES:TS:2009:7247, apoyada en extensa jurisprudencia, que estudia un caso de abusos sexuales continuados iniciados en el momento en que la menor de edad tenía 3 años, por parte de la pareja sentimental de la madre de la niña. En este caso se absuelve al acusado por vulneración del art. 24 CE fundamentado en que la declaración realizada por judicatura se hizo sin intervención del abogado del acusado. Además, no se propuso como prueba la reproducción de dicha declaración posteriormente, aportando además informes médicos forenses y psicológicos que no advertía de manera clara de los riesgos emocionales que podría provocar en la menor volver a declarar.

80 Sentencia del Tribunal Supremo 938/2016, de 15 de diciembre FJ.3. ECLI: ES:TS:2016:5494.

los tres parámetros podría motivar la insuficiencia de esta para desvirtuar el principio de inocencia.

Estos parámetros se encuentran ampliamente desarrolladas en la STS 229/2000, de 19 de febrero de 2000[81] catalogándose en tres:

- Ausencia de incredibilidad subjetiva: Esta valoración se hace atendiendo a las características de la persona que emite la declaración o por sus circunstancias personales. Por una parte, se atendería a las características físicas o psico-orgánicas analizadas a la luz de su grado de madurez y desarrollo o ante el reconocimiento de algunos trastornos mentales o enfermedades de dependencia a ciertas sustancias. Por otra parte, la relación entre acusado y víctima puede revelar móviles de odio o resentimiento, venganza o enemistad, si bien no anulan la credibilidad de la declaración. Es importante separar claramente estos elementos del deseo de justicia de la víctima -pudiendo incluir en la misma la condena del acusado-.
- Ausencia de incredibilidad objetiva o verosimilitud: Debe estar basada en la lógica de la declaración (coherencia interna) y el suplementario apoyo de datos objetivos de corroboración de carácter periférico (coherencia externa).
- La primera requiere que la declaración sea lógica en sí misma, que no resulte objetivamente inverosímil en su propio contenido. La segunda requiere que afín a la declaración se encuentren corroboraciones periféricas de carácter objetivo, lo que supone que el propio hecho de la existencia del delito esté apoyado en algún dato añadido a la pura manifestación subjetiva de la víctima. Debe tenerse presente que numerosos delitos no conllevan obligatoriamente vestigios materiales de su perpetración y la ausencia de estos no invalida o desvirtúa por sí misma el testimonio de la víctima. Por ello estos datos objetivos pueden ser muy diversos: desde las lesiones en los delitos que pueda generarlas hasta manifestaciones de otras personas sobre datos que, sin ser propiamente del hecho delictivo, aportan informa-

81 Sentencia del Tribunal Supremo 229/2000, de 19 de febrero (2000) FJ.3. ECLI: ES:TS:2000:1246

ción sobre un aspecto fáctico que contribuye a la verosimilitud del relato de la víctima.

- Persistencia de la incriminación: Se entiende que la incriminación debe mantenerse en el tiempo, careciendo de ambigüedades y contradicciones. Puede analizarse en tres elementos: la ausencia de modificaciones en las sucesivas declaraciones prestadas por la víctima, lo que no requiere una repetición fiel y mecánica del relato sino simplemente una coherencia en las diferentes formas de relatarlo sin desdecirse; se espera una declaración completa, sin ambigüedades, brindando todas las peculiaridades y destalles que cualquier persona en sus mismas circunstancias sería capaz de relatar; y que exista coherencia y una conexión lógica entre las diferentes partes del relato.

Estos parámetros se aceptan con carácter general para dar validez a una declaración. Ello lleva ineludiblemente a plantearse si estas exigencias pueden y deben ser las mismas en el caso víctimas menores de edad, pudiendo afirmarse con rotundidad que no. No solamente por las especificidades de la victimización infantil, sino también por el impacto que puede tener el trauma en numerosos de los elementos mencionados. Así, jugará un papel fundamental la participación de personas expertas para tomar y analizar estos relatos.

B) Validez de la prueba en atención a los principios de la prueba

Estos parámetros permiten valorar la credibilidad y veracidad de la declaración, pudiendo incluso llegar a hacer caer la presunción de inocencia por sí misma. Sin embargo, esta debe darse respetando los principios ya mencionados: el principio de contradicción, el de inmediación, el de oralidad, el de publicidad y el de concentración.

Con carácter general las pruebas de cargo deben ser practicadas en el acto de juicio oral a efectos de enervar la presunción de inocencia, dando cumplimiento al principio de contradicción -y a su vez al resto de principios mencionados-. Se protege así el derecho de defensa, permitiendo participar activamente en la declaración del testigo o víctima, pudiendo introducir las preguntas que considere necesarias para su defensa. Ello no ofrece mayor problemática cuando la víctima o testigo puede declarar en fase de instrucción y acudir al juicio oral, respondiendo a las preguntas oportunas. Sin embargo, la doctrina y jurisprudencia observan ciertas excepciones en las que es posible reconocer el ejercicio de contradicción sin que sea necesaria la presencia de la víctima en sala en el juicio oral.

Así, la STS 220/2013 de 21 de marzo[82], considera que es conforme a la Constitución integrar en la valoración probatoria el resultado de las diligencias sumariales de investigación, solamente en determinados supuestos, y siempre que permita el ejercicio de contradicción. Para ello, la STS 3916/2014 reconoce cuatro requisitos que de cumplirse, justificarían la validez de la declaración como prueba preconstituida lo que permitiría no repetirse en juicio oral: "*a) Materiales: que exista una causa legítima que impida reproducir la declaración en el juicio oral; b) Subjetivos: la necesaria intervención del Juez de Instrucción; c) Objetivos: que se garantice la posibilidad de contradicción, para lo cual ha de haber sido convocado el Abogado del imputado, a fin de que pueda participar en el interrogatorio sumarial del testigo; y d) Formales: la introducción del contenido de la declaración sumarial a través de la lectura del acta en que se documenta, conforme a lo ordenado por el art. 730 LECrim*[83]*, o a través de los interrogatorio lo que posibilita que su contenido acceda al debate procesal público y se someta a confrontación con las demás declaraciones de quienes sí intervinieron en el juicio oral*"[84].

La LO 8/2021 ha permitido clarificar parte de estas cuestiones, por lo que se pasará de manera somera por estos requisitos señalando brevemente algunos elementos que explican "el pasado" del tratamiento procesal a las víctimas menores de edad:

- Requisitos materiales. Imposibilidad de la víctima de declarar en juicio oral.

---

82 Sentencia del Tribunal Supremo 220/2013, 21 de marzo (2013) FFJJ 4 y 5. ECLI: ES:TS:2013:1279

83 Incorpora la LOPIVI un segundo apartado al art. 730 de la LECrim haciendo mención específica a la reproducción de la grabación de la declaración de la víctima o testigo como prueba preconstituida.

84 Sentencia del Tribunal Supremo 3916/2014 de 14 de octubre (2014) FJ. 3. ECLI:ES:TS:2014:3916

Hasta la LO 8/2021, se recurría a lo establecido en los antiguos artículos 433 párr. 4° y 448 párr. 3° pudiendo preconstituir la prueba y evitando la confrontación visual con la persona infractora. Acorde a ello, correspondía al juez o jueza de instrucción acordarla en caso de ser necesario, lo cual suponía en la práctica una aplicación muy dispar (y un bajo uso de la misma[85])[86]. Lo que permite la actual redacción de a LECrim es evitar esta valoración, reconociéndose el uso de la prueba preconstituida en todo caso, para algunos delitos, para víctimas menores de 14 años, quedando fuera de esta adaptación todas aquellas víctimas de entre 14 y 18 años.

El derecho de NNA a una especial protección para asegurar su correcto desarrollo lleva ya tiempo consolidándose, ofreciendo bases suficientes sobre el equilibrio entre estos y los derechos de defensa[87].

---

85 Señala en su estudio Save the Children que solamente fue usada en el 14% de los casos analizados, en Liliana MARCOS et al., «Ojos que no quieren ver. Los abusos sexuales a niños y niñas en España y los fallos del sistema» (Save the Children, 2017), 124, https://www.savethechildren.es/sites/default/files/imce/docs/ojos_que_no_quieren_ver_12092017_web.pdf. (Último acceso: 3 de enero de 2022)

86 El art. 448 LECrim ya fue modificado por la LEVID, sin dar plenamente respuesta a su art. 19 que establece el deber de las autoridades y funcionarios encargados de la investigación, persecución y enjuiciamiento de los delitos, de adoptar las medidas oportunas para garantizar no solo la vida de la víctima y de sus familiares sino también su integridad física y psíquica, libertad, seguridad, libertad e indemnidad sexuales, junto con una adecuada protección de su intimidad y su dignidad, haciendo además hincapié en esta especial atención cuando se les reciba declaración o deban testificar en juicio.

87 Véase, Ferran ARMENGOL, «Testimonio de menores y aplicación de los convenios internacionales sobre Derechos Humanos: SAP Guipúzcoa núm. 88/2003, sección primera, de 27 de mayo», Revista General de Derecho Europeo, n.° 3 (enero de 2004). Revisa el autor algunas sentencias del TEDH de las cuales destacamos el Asunto Delta c. Francia (Sentencia Tribunal de Europeo de Derechos Humanos 1990\30 de 19 de diciembre de 1990)., en el que establece el Tribunal que "*Los elementos de prueba deben ser normalmente presentados ante el acusado en vista pública con el fin de que exista un debate contradictorio. Esto no implica que la declaración de un testigo deba tener lugar siempre en la sala de audiencias y en público para poder servir de prueba; así pues, utilizar las declaraciones que se remontan a la fase de la instrucción preparatoria no vulnera el artículo 6.3.d) y 6.1, siempre que se respeten los derechos de la defensa*", haciendo referencia el art. 6 del CEDH al derecho a un proceso equitativo. Por su parte, en el Asunto Doorson c. Países Bajos (Sentencia del Tribunal Europeo de Derechos Humanos 1996\20, de 26 de marzo de 1996)., el TEDH resalta la importancia

La LOPJM, que es fruto tanto del art. 39.4 CE como de la CDN, plasma en su art.11.2 como principios rectores de las actuaciones de los poderes públicos la supremacía de interés superior de NNA (apartado a) y la prevención y detección precoz de situaciones que pueda perjudicar su desarrollo personal (apartado d). El art. 17.2 de la misma ley refuerza estos principios indicando que será la administración pública la competente para garantizar los derechos de NNA, orientando sus actuaciones en disminuir los indicadores de riesgo. Finalmente, el art. 3.1 de la CDN no deja lugar a dudas estableciendo que "*en todas las medidas concernientes a los niños que tomen las instituciones públicas o privadas de bienestar social, los tribunales, las autoridades administrativas o los órganos legislativos, una consideración primordial a que se atenderá será el interés superior del niño*".

La STS 96/2009 de 10 de marzo de 2009 ya se ocupó de analizar pormenorizadamente el ámbito y alcance de esta imposibilidad basando parte de su motivación en el "*Caso Pupino*"[88], que motiva la necesidad de autorizar, por parte del órgano jurisprudencial nacional, "*que niños de corta edad que aleguen haber sido víctima de malos tratos presten declaración según unas formas que garanticen a dichos niños un nivel adecuado de protección, por ejemplo, fuera de la audiencia pública y antes de la celebración de ésta*"[89], haciendo en estas fechas uso de lo establecido en la Decisión Marco 2001/220/JAI. En esta misma línea establece la LEVID que "*Las autoridades y funcionarios encargados de la investigación penal velarán por que, en la medida que ello no perjudique la eficacia del proceso: a) Se reciba declaración a las víctimas, cuando resulte necesario, sin dilaciones injustificadas; b) Se reciba declaración a las víctimas el menor número de veces posible, y únicamente cuando resulte estrictamente necesario para los fines de la investigación penal (...).*"[90], y reconoce en su art. 23 la necesidad de evaluar de manera individual cada víctima a fin de

---

de equilibrio entre los derechos de defensa y los derechos de los testigos preservando su derecho a la libertad y a la seguridad (art. 8 CEDH).

88 « Caso Pupino», Sentencia del Tribunal de Justicia de las Comunidades Europeas (Gran Sala), proa. C-105/2003, de 16 de junio.

89 «Sentencia del Tribunal Supremo 96/2009, de 10 de marzo», 2009. ECLI: ES:TS:2009:1804

90 «Ley 4/2015, de 27 de abril, del Estatuto de la víctima del delito»., art.21

poder determinar cuáles son sus necesidades específicas y qué medidas permiten una mayor protección, recordando en su 2° apartado la especialidad de las víctimas menores de edad, no debiendo atenderse exclusivamente a la naturaleza del delito y gravedad de los hechos (art.23.2.2°.b LEVID). Esta individualización de las medidas teniendo en cuenta las necesidades de cada NNA víctima de violencia se destaca en el art. 4.4.h de la LOPIVI, en coherencia con el apartado e, relativo a su protección frente a la victimización secundaria.

No termina de entenderse que la LOPIVI excluya de esta adaptación a las víctimas de entre 14 y 18 años, reflejando una discriminación por cuestión de edad. Podría aludirse sin embargo a esta evaluación caso a caso para poder justificar la necesidad de preconstituir la prueba también en algunos casos siendo la víctima mayor de 13 años. Se prevé sin embargo cierta resistencia como se ha venido observando en los últimos años por parte de la Judicatura, incentivado además por la limitación que recoge ahora la propia LOPIVI. Aunque se tratará el debate sobre la edad más adelante, señalar desde un inicio que es fuertemente desaconsejable fijar criterios estrictos de capacidad de NNA en declarar en base exclusivamente a su edad.

Finalmente, esta capacidad de declarar, y en concreto la recomendación de que la víctima no declare en juicio oral debe evaluarse desde la perspectiva de la infancia y los actuales conocimientos sobre la victimización. Estos debates tienes una íntima relación con la victimización secundaria. En este sentido la Jurisprudencia ha tenido oportunidad de recordar que no debe reconocerse el estado de la víctima como un estado invariable a efectos de valorar esta capacidad de declarar o no en juicio[91].

---

[91] No debe por otra parte limitarse esta valoración a la posibilidad de "extraer" una narrativa de la víctima, sin atender a las consecuencias que esto tenga en ella -lo que reflejaría una clara instrumentalización de la víctima y un menosprecio a los derechos específicos de la infancia-. En este sentido se expresa la STS 96/2009 de 10 de marzo, recordando que "*Es cierto que al tiempo de hacerse la prueba preconstituida la perito psicóloga expresó que la niña no tenía conciencia sobre el significado y connotación sexual de los hechos, no estaba afectada emocionalmente y no presentaba secuelas significativas asociadas a los hechos. Pero tal opinión estaba referida al momento en que se emitió, el informe muy anterior al Juicio Oral. Y con ser la pericia elemento relevante en la formación del criterio judicial, no lo condiciona necesariamente. Además, sin necesidad de*

Se trata por tanto de huir de las respuestas automatizadas en el caso de la infancia victimizada, atendiendo a su situación particular, única perspectiva desde la cual las medidas de protección pueden aplicarse de manera correcta.

– Requisitos objetivos. Garantía del principio de contradicción.

Enlazando con lo previamente establecido, se exige preservar el derecho de contradicción, que en este caso se va a materializar en la presencia del letrado/a de la acusación durante esta declaración pudiendo introducir las cuestiones que considere de relevancia. Contrariamente a la redacción previa, las modificaciones introducidas por la LOPIVI no dejan lugar a dudas estableciendo en el art. 449 bis LECrim que "*(...) La autoridad judicial garantizará el principio de contradicción en la práctica de la declaración. La ausencia de la persona investigada debidamente citada no impedirá la práctica de la prueba preconstituida, si bien su defensa letrada, en todo caso, deberá estar presente. En caso de incomparecencia injustificada del defensor de la persona investigada o cuando haya razones de urgencia para proceder inmediatamente, el acto se sustanciará con el abogado de oficio expresamente designado al efecto*".

En este sentido se expresa el TEDH advirtiendo que "*Si el acusado ha dispuesto de una ocasión adecuada y suficiente para responder a dichas declaraciones, en el momento de ser efectuadas o más tarde, su utilización no vulnera en sí misma los artículos 6.1 y 6.3 d)*"[92] por el que se reconoce el principio de contradicción.

---

pericia, es evidente y propio de la más común experiencia, que, pasado un tiempo no necesariamente dilatado, la menor adquiriría progresivamente por su misma evolución alguna conciencia del significado negativo de los actos sexuales a que fue sometida. Por ello es razonable pensar que la ignorancia que presentaba en los momentos iniciales por su misma ingenuidad infantil, pudiera en algo disminuir con el tiempo y aumentar por consiguiente el riesgo de sufrir negativas consecuencias por la repetición de su testimonio en tiempo posterior.". Sentencia del Tribunal Supremo 96/2009, 1 de marzo (2009) FJ. 4.

92 Sentencia Tribunal Europeo de Derechos Humanos de Estrasburgo 96/2001, (Sección 1), de 27 de febrero de 2001. Lucà contra Italia (2001).

Debe así aclararse que en caso de estar ausente el acusado, esta omisión formal no desvirtuaría el ejercicio de contradicción, tal y como viene adecuadamente recogido en el art. 449 bis.

Sigue el art. 449 bis LECrim estableciendo que "*La autoridad judicial asegurará la documentación de la declaración en soporte apto para la grabación del sonido y la imagen, (...). Se acompañará acta sucinta autorizada por el Letrado de la Administración de Justicia, que contendrá la identificación y firma de todas las personas intervinientes en la prueba preconstituida. Para la valoración de la prueba preconstituida obtenida conforme a lo previsto en los párrafos anteriores, se estará a lo dispuesto en el artículo 730.2.*". Este art. 730.2, incorporado por la LO 8/2021, establece que "*A instancia de cualquiera de las partes, se podrá reproducir la grabación audiovisual de la declaración de la víctima o testigo practicada como prueba preconstituida durante la fase de instrucción conforme a lo dispuesto en el artículo 449 bis*".

- Requisitos formales. Introducción de la declaración sumarial en juicio oral.

La declaración sumarial debe ser introducida en juicio oral para responder a dos principios: el de publicidad y el de inmediación.

El de publicidad, reconocido en el art. 680 de la LECrim, establece que los debates del juicio oral serán públicos, bajo pena de nulidad. Sin embargo, el art. 681.1 LECrim dispone que el Juez o Tribunal puede acordar, de oficio o a instancia de cualquiera de las partes, previa audiencia a las mismas, que todos o alguno de los actos o las sesiones del juicio se celebren a puerta cerrada. Esto se permitirá cuando existan fundadas razones entre las cuales se encuentran la adecuada protección de los derechos fundamentales de los intervinientes y en particular, el derecho a la intimidad de la víctima (art. 22 LEVID), el respeto debido a la misma o a su familia. Igualmente se reconoce como causa justificada, que esta publicidad pueda provocar perjuicios relevantes a las víctimas teniendo especial relevancia en aquellos procesos en los que la víctima sea menor de edad, y más si cabe cuando se trate de delitos sexuales, siendo además plenamente coherente con el art.19 LEVID[93]. Cabe resaltar que la exclusión antes mencionada no afecta al Ministerio Fiscal, a las personas lesionadas por el delito, a los procesados, al acusador privado, al actor civil y a los respectivos defensores.

Por otra parte, la incorporación de la prueba sumarial en juicio oral permite dar cumplimiento al principio de inmediación, y se encuentra reconocida en el art. 730.2 LECrim.

El principio de inmediación pretende permitir un contacto directo con los sujetos, en este caso entre Juez o Jueza y víctima o testigo, a fin de garantizar el acierto en la actividad jurisdiccional. Basándose en lo establecido en la STS 1251/2009, corresponde al tribunal sentenciador valorar la validez de la prueba más allá de que haya sido practicada en un momento previo o apoye su argumentación de manera complementaria en el informe pericial.

La jurisprudencia[94] entiende que este proceder no excluye de manera total la inmediación, permitiendo que las leves desventajas de no realizarse la declaración de manera directa en juicio oral se ven ampliamente compensadas al proteger así el correcto desarrollo de la

---

93 Véase Andrea PLANCHADELL GARGALLO, «Publicidad del proceso e intimidad de la víctima: una aproximación desde el Estatuto de la víctima», Teoría y derecho: revista de pensamiento jurídico, 2018, 150-78.

94 Establece al respecto la jurisprudencia que *"(...) al analizar los requisitos constitucionales de validez de las pruebas capaces de desvirtuar la presunción de inocencia, este Tribunal ha establecido reiteradamente una regla general conforme a la cual 'únicamente pueden considerarse auténticas pruebas que vinculen a los órganos de la justicia penal en el momento de dictar Sentencia las practicadas en el juicio oral, pues el procedimiento probatorio ha de tener lugar precisamente en el debate contradictorio que, en forma oral, se desarrolla ante el mismo Juez o Tribunal que ha de dictar Sentencia, de suerte que la convicción de éste sobre los hechos enjuiciados se alcance en contacto directo con los medios aportados a tal fin por las partes' (STC 161/1990,de 19 de octubre, FJ 2)."* Sentencia del Tribunal Constitucional 174/2003, de 29 de septiembre, BOE núm 254, de 23 de octubre de 2003 (2003). ECLI:ES:TC:2003:174. Véase además: Sentencia del Tribunal Supremo 96/2009, 1 de marzo. ECLI: ES:TS:2009:1804. En todo caso, insistir en que *"(...) toda prueba de cargo (máxime cuando ésta consiste en la única existente, cual es la identificación del acusado por el también testigo único) ha de ser necesariamente reproducida en el juicio oral, y con ello reiterada y ratificada ante el órgano decisor, para poder destruir el principio de presunción de inocencia"*, Sentencia del Tribunal Constitucional 64/1994, 28 de febrero (1994). ECLI:ES:TC:1994:64

víctima menor de edad. Si bien la prueba preconstituida tiene como objetivo evitar la victimización secundaria, encuentra igualmente su motivación en una adecuada preservación de la prueba, lo que se vería afectado tanto por la ausencia de especialización desde la Judicatura para recoger este testimonio (hablando ahora del juicio oral) como, muy especialmente, por el tiempo transcurrido entre los hechos y la fase del juicio oral (junto a todas las intervenciones asistenciales y no asistenciales que en su caso hubiera requerido y/o recibido la víctima).

- Requisitos subjetivos: Intervención del Juez de Instrucción.

Finalmente, la intervención del Juez de Instrucción debe entenderse como una garantía de esta inmediación que se reconocía en segundo grado, ya que sin este se perdería en su totalidad la inmediación. En todo caso, reiterando lo ya expuesto, la introducción de una grabación -teniendo relevancia en este caso la calidad de esta- en el juicio oral por medio del art. 730.2 LECrim permitiría resolver o completar el principio de inmediación así como el de concentración.

1.3.3 Otros elementos de prueba en la victimización infantil

Merecen ser abordados brevemente los informes periciales y la participación de testigos de referencia.

1.3.3.1 Informe pericial

El informe pericial en el ámbito penal se encuentra regulado en los arts. 456-485 (en fase de instrucción), 661-663 y 723-725 LECrim (juicio oral). Conlleva la aportación de una valoración técnica compleja que deberá ser valorada posteriormente por el Juez o la Jueza, siendo en este caso una de las más relevantes aquella sobre la credibilidad de la declaración de la persona menor de edad y sobre las consecuencias psicológicas derivadas de la vivencia de la víctima.

A diferencia de lo que sucede en el caso de las víctimas adultas, los informes de credibilidad son más comúnmente solicitados cuando participan víctimas menores de edad y deben diferenciarse de la entrevista forense como tal. Esto es especialmente importante para que cada una de las intervenciones de la víctima menor de edad tenga un objetivo claro, tanto para la persona experta que realizará dicha pericial, como para quien utilizará la información aportada.

Así, en la práctica la entrevista forense, aun utilizada como prueba preconstituida, no irá acompañada de un informe de la misma, salvo que así lo solicite el juez o la jueza. En este sentido, establece el art.449 ter LECrim que "*La declaración siempre será grabada y el Juez, previa audiencia de las partes, podrá recabar del perito un informe dando cuenta del desarrollo y resultado de la audiencia del meno*r".

Esto admite cierto debate ya que si bien la entrevista forense con la participación de una persona experta pretende suplir los conocimientos técnicos de otros operadores jurídicos en la intervención -permitiendo por tanto obtener de manera adecuada el testimonio de la víctima[95]-, si no se acompaña de una valoración de esta intervención podría plantearse que el simple visionado de esta grabación, sin conocimientos específicos, podría dar lugar a ciertas lagunas en la interpretación por parte de la judicatura. Podría ser razonable exigir en todo caso un breve informe del desarrollo de la entrevista forense -elementos que permitan contextualizar la entrevista- sin entrar en una valoración de la credibilidad de la víctima[96].

Claramente diferenciado de este informe se encontraría esta valoración de credibilidad, que tendrá que ser solicitada por parte de la judicatura y para la cual las personas expertas seguirán herramientas específicas, sobre las que se volverá de inmediato.

La entrevista forense y el informe de credibilidad no se hacen de manera conjunta, respondiendo cada actuación a unos objetivos dife-

---

95 Como se analizará más adelante, se requieren complejos protocolos para poder recoger de manera adecuada el relato de víctimas menores de edad. Más allá de las tan debatidas preguntas sugestivas, podríamos hablar de un ritual en el que se pretende crear el contexto idóneo para que NNA puedan participar de manera eficiente y segura. Este protocolo no se encuentra únicamente focalizado al momento exacto de recoger información sobre el posible hecho delictivo, sino que asegura una "apertura" y un "cierre" de este encuentro o intervención que facilite un correcto desarrollo de la entrevista, preservando a su vez el bienestar psicológico de la víctima.

96 Sobre buenas prácticas en la realización de la entrevista forense, consultar Margarita DIGES JUNCO y Nieves PÉREZ-MATA, «La entrevista forense de investigación a niños supuestas víctimas de delitos sexuales: guía de buenas prácticas (I)», Diario LA LEY, n.º 8919 (2017).

renciados. Sin embargo, una parte de la psicología forense considera que el informe de credibilidad puede realizarse sobre la grabación de la entrevista forense -siento relevante realizar la entrevista teniendo en cuenta su posible uso para el informe de credibilidad-. Así, no sería necesaria una nueva intervención de la víctima, siempre que se tenga un contenido suficiente en la entrevista grabada.

Respecto al informe de credibilidad encontramos en España importante tensiones, dado que las herramientas utilizadas no son uniformes y se ha señalado un posible mal uso de las mismas[97].

Entre las diferentes herramientas que puede ser utilizadas, destaca como técnica psicológica de referencia el Statement Validity Analysis (SVA)[98], que define los pasos a dar en la implementación de la técnica, criterios de Validez de la Declaración, y criterios de contenido de la declaración, Criteria Based Content Analysis (CBCA), para estimar la credibilidad del testimonio basado en los criterios de realidad[99]. Así, el SVA está formado por tres elementos que son dependientes entre sí: la entrevista estructurada a la víctima, el análisis de Contenidos de la entrevista, Basado en Criterios (CBCA)[100] y la integración del

97 «Actuación en la atención a menores víctimas en los Institutos de Medicina Legal y Ciencias Forenses» (Ministerio de Justicia, 2018), 15 y ss.

98 Encontramos nuevamente en el uso específico de esta herramienta autores que alertan sobre el mal uso de la mismo y por tanto resultados con una fiabilidad insuficiente. Günter KÖHNKEN, Antonio L. MANZANERO, y M.Teresa SCOTT, «Análisis de la validez de las declaraciones: mitos y limitaciones», Anuario de Psicología Jurídica, n.º 25 (2015): 14. El SVA no puede sin embargo aplicarse en todos los casos, pudiendo alcanzar conclusiones erróneas, de ahí la importancia de una adecuada especialización de aquellas personas expertas que vayan a hacer uso de este.

99 «Actuación en la atención a menores víctimas en los Institutos de Medicina Legal y Ciencias Forenses», 15.

100 El CBCA consta de cinco categorías principales con 19 criterios a evaluar: Características generales (estructura lógica, elaboración estructurada, cantidad de detalles), contenidos específicos (engranaje contextual, descripción de interacciones, reproducción de la conversación, complicaciones inesperadas durante el incidente), peculiaridades del contenido (detalles inusuales, detalles superfluos, incomprensión de detalles relatados con precisión, asociaciones externas relacionadas, alusiones al estado mental subjetivo, atribución del estado mental del autor del delito), contenidos referentes a la motivación (correcciones espontáneas, admitir fallos de memoria, plantear dudas sobre el testimonio, auto-desaprobación, perdón del autor del delito) y elementos específicos de la ofensa (detalles

CBCA con la información de una "Lista de Validez" (preguntas que combinan información relevante de la declaración e información relacionada con el caso).

Es por ello por lo que la entrevista precede a este análisis de la credibilidad, y a fin de no repetir intervenciones con la víctima favorece informar de la posibilidad de solicitar dicha pericial.

Sin entrar en profundidad en esta cuestión, debe mencionarse que contamos en la actualidad con importantes debates sobre el uso de estas herramientas, no encontrando consenso sobre la adecuación del uso de una u otra herramienta, detectándose importantes carencias especialmente en las adaptaciones a cada caso y a la formación especializada[101]. Señalan MANZANERO y GONZÁLEZ que "el mero análisis de la presencia de los denominados criterios de credibilidad no es suficiente para discriminar las declaraciones reales de las que no lo son"[102], proponiendo un modelo Holístico de Evaluación de la Prueba Testifical (HELPT), que incluye otros elementos de evaluación, destacando la evaluación de la competencia para testificar, que aporta información sobre los factores de influencia del testigo.

Sin llegar a conclusiones rotunda sobre esta cuestión, es indiscutible que los debates abiertos -y su reflejo en la práctica- requieren una profunda revisión y justificación de las herramientas que sean usadas en estos casos.

Cabe señalar además que el uso de estos informes de credibilidad encuentra una justificación distinta a su uso, actualmente muy reducido, en personas adultas. Esto debe servir para llamar la atención sobre la valoración de su justificación en determinados casos.

La Circular 3/2009 sobre protección de los menores víctimas y testigos recoge la relevancia de la psicología del testimonio apuntando que si bien en el caso de las personas adultas la credibilidad deberá ser valorada, salvo excepciones, únicamente por el Juez, en

---

específicos de la ofensa). Véase Verónica GODOY-CERVERA y Lorenzo HIGUERAS, «El análisis de contenido basado en criterios (CBCA) en la evaluación de la credibilidad del testimonio.», Papeles del Psicólogo, 26 (2005): 93.

101 Cuestión que ha sido llamativamente poco abordada en la LOPIVI.

102 Antonio L. MANZANERO y José L. GONZÁLEZ, «Modelo holístico de evaluación de la prueba testifical (HELPT). A holistic model for the evaluation of the testimony (HELPT)», Papeles del Psicólogo, 36, n.º 2 (2015): 126.

el caso de NNA esta puede ser recomendada[103], resaltando el indudable espacio de la psicología jurídica en el contexto de la victimización de la infancia.

En este sentido se pronuncia la STS 1251/2009, de 10 de diciembre de 2009, estableciendo que la apreciación de la probatoria en cuanto a su validez y fuerza en el proceso corresponde al Tribunal sentenciador (art.741 LECrim y art. 117 CE); sin embargo, "*cuando se trata de declaraciones o testimonios de menores de edad, con desarrollo aún inmaduro de su personalidad, (...), que pueden incidir en su manera de narrar aquello que han presenciado, de manera que puedan incurrir en fabulaciones o inexactitudes, la prueba pericial psicológica, practicada con todas las garantías (entre ellas, la imparcialidad y la fiabilidad derivada de sus conocimientos), rindiendo su informe ante el Tribunal enjuiciador, en contradicción procesal, y aplicando dichos conocimientos científicos a verificar el grado de verosimilitud del menor, conforme a métodos profesionales de reconocido prestigio en su círculo del saber, se revela como una fuente probatoria de indiscutible valor para apreciar el testimonio de un menor, víctima de un delito de naturaleza sexual*"[104]. Merece ser matizado que las carencias no se encuentran en las capacidades de NNA sino en el o la profesional que, sin una formación especializada, no podrían recoger adecuadamente el relato o podrían alcanzar conclusiones erróneas.

---

103 «Circular 3/2009 de la Fiscalía General del Estado, de 10 de noviembre, sobre protección de los menores víctimas y testigos». Presenta además unos parámetros orientativos basados en la edad de la víctima acorde a la psicología del testimonio: "Por debajo de los tres años de edad: se reconocería una muy reducida capacidad cognitiva-léxica, cobrando en estos casos especial importancia la pericial psicológica y la testifical de referencia. Víctimas de entre dos o tres años y seis o siete años: entiende la Circular que se presentan claras limitaciones como testigos siendo necesario restringir drásticamente la extensión de las actuaciones procesales sobre ellos. Víctimas de entre seis o siete años y diez u once años: se les reconocería un desarrollo relativo de sus aspectos cognitivos. Víctimas adolescentes hasta los 16 años: se les reconoce una capacidad verbal y un desarrollo cognitivo que permite una valoración de su testimonio similar al de una persona adulta, si bien puede verse afectado por la victimización (pudiendo tener una repercusión más elevada que la que tendría en un adulto) o por las consecuencias lógicas del proceso evolutivo de la personalidad."

104 Sentencia del Tribunal Supremo 1251/2009, de 10 de diciembre. ECLI: ES:TS:2009:7247

Advierte QUEREJETA que, aun siendo una herramienta de inmedible valor, no podrá en todos los casos aportar una respuesta certera, además de ser necesario descartar falsos mitos entre los que se encuentra la creencia de que las personas menores de edad son sugestionables como regla general. Entre otras podrían señalarse también una supuesta tendencia a mentir, una menor resistencia a la manipulación, una repercusión relevante de la conocida como "falsa memoria"[105] o una mayor tendencia a incorporar elementos fantasiosos. En cualquier caso, corresponde al tribunal sentenciador la valoración global centrada en las pruebas, sin negar que se servirá de la pericial que arroja datos no alcanzables por una persona no especializada[106].

Finalmente, otra pericial diferenciada sería la detección o no de daños o secuelas psíquicas, conceptos que tienen "una base empírica, mesurable y objetivable"[107] que no podría ser valorada de otra forma por la judicatura y que se distingue del daño moral, que quedaría fuera de la intervención pericial.

De las consecuencias psicológicas, que se señalarán con más detalle en el siguiente Capítulo, adelantar que existen en la actualidad numerosos estudios sobre estas en el ámbito de la infancia, pudiendo observar características especiales diferenciadas de la victimización en la etapa adulta. Los tiempos, el significado atribuido a lo sucedido, la relación con la persona infractora y la forma de tratamiento desde los hechos, entre otros elementos, pueden tener importantes repercusiones en los síntomas que puedan observarse en la víctima.

---

105 Término introducido y trabajado por Elizabeth F. LOFTUS, David G. MILLER, y Helen J. BURNS, «Semantic Integration of Verbal Information into a Visual Memory», Journal of Experimental Psychology, 1978, 19-31.

106 Establece la STS 1251/2009, 10 de diciembre que "*en ocasiones, la sala de instancia justifica el anómalo hecho basándose en que la declaración del menor fue desaconsejada por los profesionales que lo trataban bajo pena de agravar las secuelas derivadas de su condición de víctima, y en resultar ello de los principios básicos recogidos en la Exposición de Motivos de la LO 1/1996 de 15 de enero de Protección Jurídica del Menor, y en el art. 3 de la Convención de derechos del Niño de Naciones Unidas, ratificada por España el 30-11-90*"

107 José Manuel MUÑOZ, «La evaluación psicológica forense del daño psíquico: propuesta de un protocolo de actuación pericial», Anuario de Psicología Jurídica, 2013, 62.

Interesa por todo ello la intervención de personas expertas en la fase de instrucción respecto a la declaración, así como complementar su valoración con otras intervenciones -tanto dentro como fuera del proceso-[108], siendo imprescindible la colaboración entre Derecho y Psicología. Sin embargo, en la práctica esta colaboración no está exenta de tensiones. SUBIJANA ZUNZUNEGUI y ECHEBURÚA hablan de la facilidad de contaminar el testimonio de la víctima -de abusos sexuales- "por razón de su edad, capacidad intelectual o equilibrio emocional"[109]. Así, QUEREJETA indica que la declaración "(...) depende de la memoria, entendida actualmente como una estructura cibernética de captación, almacenamiento y recuperación de información"[110] siendo sin embargo los factores que inciden en esta, variables[111], alejándose de la antigua creencia de que la memoria funciona de manera mecánica, grabando los diferentes sucesos con precisión y de manera ordenada. Entre estas variables se reconoce no

---

108 José Manuel MUÑOZ et al., «Psicología Jurídica en España: delimitación conceptual, campos de investigación e intervención y propuestas formativas dentro de la Enseñanza Oficial», Anuario de Psicología Jurídica, n.º 21 (2011): 7, https://doi.org/10.5093/jr2011v21a1. En este sentido, "el psicólogo forense enriquece la exploración pericial de la esfera psíquica contribuyendo a la individualización de la resolución judicial al ofrecer la posibilidad de realizar un análisis global e integral de la realidad psicológica del ser humano (...)", en José Luis DÍEZ RIPOLLÉS, *Los elementos subjetivos del delito: bases metodológicas* (Valencia: Tirant lo Blanch, 1990).

109 Ignacio José SUBIJANA ZUNZUNEGUI y Enrique ECHEBURÚA, «Los menores víctimas de abuso sexual en el proceso judicial: el control de la victimización secundaria y las garantías jurídicas de los acusados», Anuario de Psicología Jurídica, 2018, 22, https://doi.org/10.5093/apj2018a1. (Último acceso: 16 abril de 2020). Véase también Antonio Lucas MANZANERO PUEBLA, «Evaluando el testimonio de menores testigos y víctimas de abuso sexual», Anuario de Psicología Jurídica, 6, n.º 1 (1996): 3-4, https://journals.copmadrid.org/apj/art/fb60d411a5c5b72b2e7d3527cfc84fd0. (Último acceso: 16 de abril de 2020).

110 Luis Miguel QUEREJETA, «Validez y credibilidad del testimonio. La psicología forense experimental», n.º 13 (1999): 161-62, https://www.ehu.eus/documents/1736829/3343253/Eguzkilore%2B13-12.%2BQuerejeta.pdf. (Último acceso: 15 septiembre 2021)

111 Helena SOLETO MUÑOZ, «Testigos y prueba científica para la identificación del acusado: problemática, creencia y práctica», en *Derecho, justicia, universidad: liber amicorum de Adrés de la Oliva Santos. Tomo II.*, de Ignacio DÍEZ-PICAZO JIMENEZ y Jaime VEGAS TORRES (Madrid: Editorial Universitaria Ramón Areces, 2016), 3037-38.

solamente la edad, sino también la violencia en los hechos, diferentes variables cognitivas y la forma de evaluar dicha declaración.

1.3.3.2 Los testigos de referencia

Los testigos de referencia son aquellos que sin haber percibido los hechos de manera directa tienen conocimiento de estos por referencia de un tercero, generalmente la víctima. Se reconocen en el art.710 LECrim estableciendo que "*Los testigos expresarán la razón de su dicho y, si fueren de referencia, precisarán el origen de la noticia, designando con su nombre y apellido, o con las señas con que fuere conocida, a la persona que se la hubiere comunicado.*".

Desde la perspectiva del derecho a la presunción de inocencia, que sólo puede entenderse desvirtuada mediante una prueba de cargo apreciada por el Tribunal competente en el acto del juicio oral y, por tanto, en condiciones de inmediación, el testimonio de referencia tropieza con la lógica dificultad que supone para el Tribunal formar juicio no sólo sobre la veracidad del testigo de referencia sino sobre la del testigo presencial en cuyo lugar aquél se subroga.

Tanto el TS[112] como el TC[113] muestran su recelo al uso de estos testigos, reconociéndolo, sin embargo, cuando respete todas las garantías procesales, como medio de prueba válido.

Debe recordarse además que pueden reconocerse diferentes grados en la testifical de referencia, valorándose de manera diferente el relato de un testigo que expone lo que él mismo percibió o escuchó -*audito propio*- de aquel que reproduce lo que una tercera persona le relató -*audito alieno*- (STC 217/1989 de 21 de diciembre).

---

112 La STS 429/2002, de 8 de marzo, fundamentando la innecesaria declaración de la víctima, valiéndose en su lugar de los testimonios de referencia como sustitutivos de los directos, recuerda en todo caso que esta decisión es "*(...) resultado del difícil equilibrio que los tribunales deben procurar entre la necesaria protección de los derechos del menor, la efectividad de los derechos fundamentales del acusado en el proceso penal y el interés público en que no queden impunes determinados hechos especialmente reprobables*" Sentencia del Tribunal Supremo 429/2002, de 8 de marzo (2002). Sirve de ejemplo lo establecido en la Sentencia del Tribunal Supremo 697/2006, de 26 de junio (2006) FJ. 1., que reconoce que "*Se trataba de una niña, de unos tres años cuando ocurren los hechos y de unos cinco en el momento del juicio. El intento de exploración en el juicio oral fracasó ante su negativa a relatar lo sucedido y a realizar cualquier clase de manifestación, tal como consta en el acta y se refiere en la sentencia. Es claro que la menor era inmune a una eventual coacción legítima derivada de la obligación de declarar (artículo 420 de la LECrim), dado que su edad la imposibilitaba para entender la obligación o la conveniencia de declarar sobre lo sucedido y las eventuales consecuencias de todo tipo de su actitud. De otro lado, las necesidades derivadas de la protección de la menor tampoco aconsejaban acudir a cualquier clase de maniobra para modificar su voluntad ya expuesta con claridad en contra de realizar alguna manifestación sobre los hechos. Por lo tanto, puede afirmarse que en esas condiciones era imposible o al menos extremadamente dificultoso obtener su testimonio. Siendo así, nada impide que se acuda al testimonio de referencia*".

113 Por su parte el Tribunal Constitucional, precisa que "(...) *el testimonio de referencia puede ser uno de los actos de prueba en los que fundar una decisión condenatoria. Pero, (...) se trata de un medio que puede despertar importantes recelos o reservas para su aceptación sin más como medio apto para desvirtuar la presunción de inocencia. Partiendo de esta base (...) la validez probatoria del testigo de referencia se halla condicionada por la plenitud del derecho de defensa, de modo que, en la medida en que el recurso al testigo de referencia impidiese el examen contradictorio del testigo directo, resultaría constitucionalmente inadmisible, (...).*", en Sentencia del Tribunal Constitucional 146/2003 de 14 de julio (2003) FJ. 6.

Cabe concluir en todo caso que es posible que se valore la imposibilidad de declarar por parte de la víctima[114], incluso en fase de instrucción. Esta imposibilidad no debe sin embargo dejar en situación de indefensión a la víctima estableciendo la STC 1/2017 de 12 de enero que es posible recurrir a la testifical de referencia de manera subsidiaria a la directa[115]. En todo caso, resulta necesaria una valoración adecuada y proporcional de los intereses inmersos en cada caso y, en caso de no ser posible satisfacerlos todos, tendrá que recordarse la primacía del interés superior de la persona menor de edad reconocida en el art. 2.4 LOPJM (respetando siempre las garantías procesales, art. 2.5 LOPJM)[116].

1.3.4 La víctima menor de edad en el sistema de justicia de personas adultas y en el sistema de justicia juvenil

En base a lo expuesto previamente pueden extraerse breves conclusiones acerca del rol de la víctima menor de edad en función del sistema de justicia en el que deba participar.

1.3.4.1 La víctima menor de edad en el sistema de justicia de personas adultas

Existen en la atención de NNA en su tratamiento jurídico tres elementos esenciales que se diferencian del tratamiento jurídico de la persona adulta y afectan a su rol dentro del proceso.

---

114 Lorenzo BUJOSA VADELL, «La prueba de referencia en el sistema penal acusatorio», Pensamiento Jurídico, enero de 2008, 78.,

115 María José RÚA PORTU, «Bases jurídicas sobre la presencia de menores en los procedimientos judiciales: el interés superior del menor», en *Niñas y niños víctimas y testigos en los procedimientos judiciales: implicaciones desde la psicología forense* (Vitoria: Eusko Jaurlaritzaren Argitalpen Zerbitzu Nagusia, 2016), 37, http://www.ogasun.ejgv.euskadi.eus/r51-catpub/es/k75aWebPublicacionesWar/k75aObtenerPublicacionDigitalServlet?R01HNoPortal=true&N_LIBR=051840&N_EDIC=0001&C_IDIOM=es&FORMATO=.pdf. (Último acceso: 18 febrero de 2018)

116 SUBIJANA ZUNZUNEGUI y ECHEBURÚA, «Los menores víctimas de abuso sexual en el proceso judicial: el control de la victimización secundaria y las garantías jurídicas de los acusados», 23.

(i) En primer lugar, el interés superior de NNA, que figura como interés primordial en las actuaciones, toma de decisiones e interpretación de las normas aplicables al caso concreto. La complejidad va a residir por tanto en la determinación de este, que provendrá generalmente de los responsables de la persona menor de edad[117]. Si bien la LOPIVI resalta la importancia de NNA a ser oída, no recoge herramientas que faciliten su puesta en práctica a lo largo del proceso judicial, especialmente cuando participan como víctimas.

(ii) Aunque se han propuesto como ejemplos casos de extrema complejidad, para poder dar una respuesta viable desde estos, cabe señalar que cuanto menor sea el riesgo de perjuicios psicológicos y mayor sea la autonomía de la víctima menor de edad, más sencilla resultará su participación en el proceso, y menos complejo resultará analizar esta cuestión desde el respeto a su derecho de participación (art.12 CDN).

Se hace necesaria para ello la aplicación de una interpretación amplia del mismo, debiendo ser reconocidas las necesidades específicas de NNA y sus intereses, ponderando cada actuación bajo los criterios fijados para la determinación del interés superior de la persona menor de edad y la valoración de medidas paternalistas. Debe así promocionarse la participación y autonomía de NNA como mecanismo de defensa de sus propios derechos.

(iii) Por otra parte, e íntimamente ligada a la cuestión anterior influye fuertemente la dimensión pública de protección de la persona menor de edad reconocida en el art. 39 de la CE y 3, 4 y 29 de la CDN. Así, el Estado tiene el deber de proteger y adoptar aquellas medidas necesarias para garantizar el bienestar de la infancia. Esto puede

---

117 Tanto el TC como el TEDH se han pronunciado en numerosas ocasiones sobre la determinación del interés superior de NNA, especialmente en los casos intrafamiliares. En estos, pueden existir intereses contrarios entre los de la persona menor de edad y los de los progenitores, caso en el cual, de poder afectar al correcto desarrollo de la persona menor de edad deberán ceder los de los segundos. El TC va más allá en su STC 221/2002 (FJ4), exponiendo que "*(...) cuando lo que está en juego es la integridad psíquica del menor no deviene necesario que se acredite consumada la lesión para poder limitar los derechos de los progenitores, sino que basta con la existencia de un riesgo relevante de que la lesión pueda llegar a producirse*".

llegar a motivar determinadas medidas paternalistas, lo que tenderá a alejar a la persona de un rol activo dentro del proceso.

Puede concluirse que la mayor complejidad que existe en este sistema en relación con la víctima menor de edad se encuentra en su total inadecuación a sus necesidades específicas, permitiéndole un sistema de «vías de escape», cuando el procedimiento se reconozca como especialmente perjudicial para la persona. Su aplicación práctica es por otra parte compleja al estar articuladas estas medidas de protección como excepciones, por lo que exige a los operadores jurídicos una continua adecuación del proceso. Esta complejidad tiene, como se ha visto en la breve recopilación jurisprudencial, devastadoras consecuencias para la víctima menor de edad. Si bien la LOPIVI ha pretendido paliar estas situaciones, la ausencia de concienciación, formación especializada, recursos y protocolos unificados y ágiles hacen temer una tortuosa aplicación práctica al menos por unos años más.

1.3.1.2 La víctima menor de edad en el sistema de justicia juvenil

La participación de la víctima menor de edad en el sistema de justicia juvenil se encuentra afectada por la estructura misma de este, volcado hacia la protección de necesidades de la persona menor de edad infractora. Ni el desarrollo del proceso, ni las aspiraciones que pudiera tener la víctima en este son equiparables a las del sistema de personas adultas dado que la valoración de los hechos se realiza junto con la situación personal de la persona menor de edad infractora.

Lo que interesa en este caso es saber si esta especial atención y especialización en la infancia afecta a la protección de los derechos e intereses de la víctima menor de edad.

El art. 4 de la LORPM hace mención a los derechos de las víctimas y los perjudicados, delegando en el Ministerio Fiscal y en el Juez de Menores la responsabilidad de velar por estos derechos, sin establecer sin embargo ninguna diferenciación en caso de ser menor de edad. Tampoco ha incluido ninguna mención a ello la modificación de este mismo artículo por la LOPIVI, relativa a la notificación a las víctimas de las medidas cautelares de protección en casos de violencia de género, así como la información relativa a las permisos y salidas del presunto agresor. Sí se introduce en el 2° párrafo del artículo la mención a que "*De manera inmediata se les instruirá de las medidas de asistencia a las víctimas que prevé la legislación vigente, debiendo el Letrado de la Administración de Justicia derivar a la víctima de violencia a la Oficina de Atención a la Víctima competente*". Si bien es una medida muy acertada, tiene en la práctica un impacto relativo dado el deficiente desarrollo de las OAV.

Como ya se ha expuesto, tendrán derecho a personarse en los términos expuestos en los arts. 109 y 110 LECrim, teniendo desde entonces conocimiento de lo actuado y pudiendo instar la práctica de diligencias cuando corresponda. Aun sin personarse, deberán ser informadas de las resoluciones adoptadas por el Ministerio Fiscal por el Juez de Menores, recalcando que, en caso de desistir Fiscalía de la incoación del expediente, deberán ser informadas de las acciones civiles que pudieran ejercitar (completando el art. 25 LORPM relativo a la acusación particular). La LOPIVI incorpora una modificación ampliando este artículo, estableciendo que "*(...) Si se personasen una vez transcurrido el término para formular escrito de acusación podrán ejercitar la acción penal hasta el inicio del juicio oral adhiriéndose al escrito de acusación formulado por el Ministerio Fiscal o del resto de las acusaciones personadas*". Dado que la víctima menor de edad se encontrará representada por sus responsables, y no existe mayor puntualización sobre esta cuestión, se observa una total invisibilidad de la víctima como parte activa del proceso.

En la LORPM, la reforma la LO 15/2003, de 25 de noviembre, de reforma del CP al proceso juvenil la acusación particular sin límites en relación con el tipo de hecho o la edad de la persona infractora (art. 25 LORPM). En caso de ser la víctima menor de edad, ésta será ejercitada por sus representantes legales. Esta reforma generó cierto debate[118] por considerar algunos que podría chocar con la finalidad educativa del proceso, dado el carácter confrontativo de la acusación particular, e incluso vindicativo, dificultando además el aprovechamiento del principio de intervención mínima[119]. Dentro del debate de

118 Teresa ARMENTA DEU, «El estatuto del menor víctima como parte en el proceso», en *La víctima menor de edad. Un estudio comparado Europa-América* (Madrid: Colex, 2010), 71-72.

119 Miguel Ángel CANO PAÑOS, «La acusación particular en el proceso penal de menores. ¿La represión como alternativa?», Revista Poder Judicial, 2004, 283-

una posible lesión del art. 24 de la CE aludida por los defensores de la incorporación de la acusación particular en este sentido, PÉREZ MACHÍO apunta que no existe lesión de este artículo, siento el art. 125 de la CE el encargado de recoger este derecho, estableciendo que "Los ciudadanos podrán ejercer la acción popular y participar en la Administración de Justicia mediante la institución del Jurado, en la forma y con respecto a aquellos procesos penales que la ley determine, así como en los Tribunales consuetudinarios y tradicionales", considerando la redacción del mismo adecuada para deducir que la jurisdicción específica de la justicia juvenil es suficiente para descartar dicha acusación particular[120]. Aunque la redacción del art. 125 CE podría ser suficiente para no reconocer la posibilidad de acusación particular en el sistema de justicia juvenil, resulta excesivamente tajante la separación que establece PÉREZ MACHÍO respecto del art. 24 CE en ese sentido. El acceso a la justicia integral pasa por este último artículo, siendo el art. 125 una parcela más, que debe entenderse de manera complementaria, teniendo el sistema de justicia juvenil suficientes herramientas para poder encajar la acusación particular de manera respetuosa con su finalidad educativa[121].

Sin embargo, teniendo el sistema de justicia juvenil una estructura marcada por la atención primordial al interés superior de la persona

---

319. De hecho se puede apreciar en la «Circular 1/2007 de la Fiscalía General del Estado sobre criterios interpretativos tras la reforma de la legislación penal de menores de 2006», 23 de noviembre de 2006., una tendencia a recalcar los intereses de la víctima frente al interés superior de la persona menor de edad estableciendo que "Las últimas reformas colocan en un primer plano los intereses de las víctimas, quizá hasta ahora preteridas o eclipsadas por el papel estelar que el interés superior del menor se reconoce en la jurisdicción especializada" haciendo referencia a la LO 8/2006 de 4 de diciembre de 2006, por la que se modifica la LORPM.

120 Ana Isabel PÉREZ MACHÍO, «Aproximación crítica a la intervención de la acusación particular en el proceso de menores», Eguzkilore: cuaderno del Instituto Vasco de Criminología, diciembre de 2009, 305.

121 Como ejemplo puede destacarse que la misma LO 15/2003, modificó el art. 25 de la LORPM con relación a los derechos de participación en la práctica de la prueba a lo largo del proceso de la acusación particular, estableciendo un carácter restrictivo de los careos. En este sentido establece REVILLA GONZÁLEZ que las medidas, que son reflejo esencial de ese carácter educativo, serán las mismas independientemente de quien las solicite, en REVILLA GONZÁLEZ, «La víctima y el menor infractor», 85.

menor de edad, priorizando su correcto desarrollo frente al castigo, en caso de que la víctima sea menor de edad, pueden surgir debates de armonización de estos intereses superiores tanto por parte de la víctima como por parte del ofensor. Existe quizá una inadecuada regulación de la acusación particular en el contexto de la infancia, equiparándola al sistema de personas adultas, de manera que en algunos elementos puede resultar contradictoria, materialmente, con la esencia del sistema juvenil de justicia[122].

Distinto análisis tiene la repercusión del sobreseimiento del expediente por conciliación o reparación. En el apartado 6 del art. 19 LORPM se hace mención expresamente a aquellas situaciones en las que la víctima sea menor de edad, estableciendo que en tal caso el compromiso de la conciliación o la reparación habrá de ser asumido por el representante legal de la misma, con la aprobación de Judicatura. En este caso sí se reconocería una doble intencionalidad positiva como medida reeducadora del infractor y la posibilidad de reparación de la víctima, sin embargo, cabría nuevamente realizar un estudio pormenorizado del interés superior de la persona menor de edad en su participación en estas herramientas o el desarrollo de las mismas por medio de sus representantes.

---

122 Ejemplo de ello es el art. 25.d LORPM en el que se reconoce la facultad por parte de la acusación particular de "*Proponer pruebas que versen sobre el hecho delictivo y las circunstancias de su comisión salvo en lo referente a la situación psicológica, educativa, familiar y social del menor*", pudiendo ser totalmente incoherentes con lo propuesto por el Equipo Técnico. Esta cuestión es analizada por diversos autores: José Miguel DE LA ROSA CORTINA, «La acusación particular en el proceso penal de menores: primeras reflexiones tras la reforma 15/2003», Actualidad Jurídica Aranzadi, 2004, 1-8., Carlos MARTÍN BRAÑAS, «La incorporación de la acusación particular al proceso de menores», La Ley Penal. Revista de Derecho Penal, Procesal y Penitenciario, 2004, 50-57., María Luisa MINGO BASAÍL, «Posición de las víctimas en el proceso penal de menores. De la prohibición a la aceptación de la acusación particular», La Ley, n.º 4 (2004): 1885-98.

CAPÍTULO II
ESPECIALIDADES EN LA VICTIMIZACIÓN

A continuación, se presenta una panorámica general de algunas cuestiones relevantes en la victimización del desarrollo. Dada su complejidad no pretende, ser un estudio completo de sus características y consecuencias, procurando únicamente llamar la atención sobre algunas cuestiones relevantes en las reflexiones posteriores sobre su acceso a la justicia.

Además, resulta imprescindible destacar algunas cuestiones que afectan fuertemente tanto a la victimización como al acceso a la justicia de la infancia victimizada. Por una parte, se encuentra la repercusión de cuestiones de género y de discapacidad, que no deberían analizarse solamente de manera complementaria, sino que deberían empapar todo el estudio de la participación de la infancia. Por otra, por el impacto que tiene la propia estructura se requiere una mención especial a la violencia intrafamiliar y aquella que se da en la infancia institucionalizada.

Para terminar, también requiere una mención diferenciada la situación que muchas personas menores de edad viven, siendo, tras padecer algún tipo de victimización, victimarias.

Por su complejidad podría señalarse como situación especial la violencia sexual en la infancia, sin embargo, su especial afectación a todas las cuestiones que se tratan en esta investigación exigen una aclaración continuada en cada uno de los apartados que se traten.

2.1 SITUACIÓN DE ESPECIAL VULNERABILIDAD FRENTE A LA VIOLENCIA

El creciente interés por la víctima en los últimos años choca con la tradicional preocupación garantista que ha centrado su enfoque en los derechos de la persona infractora, contra quien el sistema funciona a fin de salvaguardar la paz social. Son numerosos los estudios relativos al derecho de defensa y las garantías de la parte acusada, y en ese clima de preocupación por evitar una vulneración de sus derechos quedó en la sombra la víctima. Esto pone de relieve el olvido de la víctima en general, y en concreto su olvido desde el Derecho -penal-[1], que se ha topado en los últimos años con las consecuencias de no atender suficientemente a la cuestión victimológica en su estructura. Aunque cabe destacar, por la especialidad de esta situación en el Derecho comparado, el reconocimiento de la víctima como parte del proceso en el sistema penal español por medio de la figura de la acusación particular, esta deja de lado algunas cuestiones que sí son relevantes desde la victimología de carácter individual y social[2].

Algunos autores como LANDROVE DÍAZ van a acuñar el concepto de "*neutralización de la víctima*" como consecuencia del funcionamiento del proceso penal, que en su monopolio del *ius puniendi* despoja a la víctima de todo poder frente al hecho delictivo[3]. Ante esta situación van a tener cada vez mayor relevancia los estudios de victimología y la justicia victimal sin quedar libres de numerosos detractores.

Esta se presenta como oportunidad para dar espacio suficiente a la comprensión más humana del conflicto y sus consecuencias reales para la víctima, y es en este espacio en el que van a surgir importantes debates que van a arrojar algo de luz sobre la vivencia de las víctimas ayudando a entender por qué, en ocasiones, el sistema de justicia procesal convencional no resulta suficiente.

---

1 Referencias a esta cuestión pueden encontrarse en la reflexión de Josep Mª TAMARIT SUMALLA, «¿Hasta que punto cabe pensar victimológicamente el sistema penal?», en *Estudios de Victimología. Actas del I Congreso español de victimología*, de Josep Mª TAMARIT SUMALLA (Valencia: Tirant lo Blanch, 2005).

2 Gonzalo QUINTERO OLIVARES, «La víctima y el Derecho Penal», en *Estudios de Victimología. Actas del I Congreso español de victimología* (Valencia: Tirant lo Blanch, 2005), 16.

3 Gerardo LANDROVE DÍAZ, «Las víctimas ante el derecho español», Estudios Penales y Criminológicos, XXI, n.º 113 (1998): 171, https://minerva.usc.es/xmlui/handle/10347/4106. Así, en contraposición a la Ley del Talión, el rol de la víctima y su poder de exigir al infractor por los daños causado va disminuyendo hasta desaparecer por completo quedando en manos del Estado. No será hasta el s. XX e incluso XXI cuando se dé este redescubrimiento de la víctima por HASSEMER, VON HENTIG o MANDELSOHN, en los que el autor centra su atención como base de la victimología.

2.1.1 Concepto de especial vulnerabilidad

El concepto de especial vulnerabilidad o grupos especialmente vulnerables es utilizado comúnmente para señalar aquellos colectivos que por causas diversas requieren de una protección especial[4]. Si acudimos a la Real Academia Española, se entiende por vulnerable aquella persona "que puede ser herida o recibir lesión física o moralmente"[5], aludiendo a cierta fragilidad en esta[6]. Cuando se habla de victimización, adquiere un matiz diferente en cuanto actúa -aunque puede darse también por omisión- un tercero que victimiza. Conviene así distinguir claramente dos facetas de vulnerabilidad:

- Como sujeto cuya *situación* le hace -más- vulnerable, en cuanto reúne unas características que son aprovechadas por un tercero para victimizarle.
- Como *sujeto* vulnerable, en cuanto ante un mismo hecho es más propenso a sufrir un daño.

En el caso de la infancia, son relevantes ambas facetas, aunque en el primero de los casos, la responsabilidad se encuentra plenamente en quien victimiza, de forma que la atención no debe centrarse tanto en las características que reúne la víctima sino en aquellas que son aprovechadas por la persona infractora[7].

---

4 Virginia MAYORDOMO RODRIGO, «La protección de los colectivos vulnerables en la normativa internacional y española», en *Nuevos desarrollos en el Derecho Internacional de los Derechos Humanos: los derechos de las víctimas*, de Carlos FERNÁNDEZ DE CASADEVANTE ROMANI (Pamplona: Thomson Reuters Aranzadi S.A., 2014), 221 y ss.

5 «Real Academia Española», 2020, https://www.rae.es/.

6 Lydia FEITO GRANDE, «Vulnerabilidad», Anales del Sistema Sanitario de Navarra, 30, n.º 3 (2007), http://scielo.isciii.es/scielo.php?script=sci_arttext&pid=S1137-66272007000600002&lng=en&tlng=en. (Último acceso: 28 de diciembre de 2021)

7 Patricia LAURENZO COPELLO, «¿Vulnerables o vulnerados? Las paradojas de la tutela penal de los inmigrantes», en *Garantías y derechos de las víctimas especialmente vulnerables en el marco jurídico de la Unión Europea*, de Montserrat DE HOYOS SANCHO (Valencia: Tirant lo Blanch, 2013)., nos recuerda que la puede hacer vulnerable, o más vulnerable, a un colectivo que no reúne, *a priori*, dichas características. En este mismo sentido, una misma persona puede reunir varios factores que la catalogan en situación de especial vulnerabilidad siendo algunos posibles de eliminar y otros no.

Para PEREDA BELTRÁN "(...) el menor sería, lo que podría denominarse, una víctima totalmente inocente o ideal, caracterizada por su elevada vulnerabilidad personal, sus altos o absolutos niveles de inconsciencia respecto a la victimización (...), lo que tendrá importantes implicaciones en las consecuencias psicológicas que puedan derivarse de ésta"[8], combinando ambas perspectivas, aunque sin diferenciarlas.

Aquí, para la primera de las facetas se va a utilizar la terminología de «situación de especial vulnerabilidad» y solamente se hablará de vulnerabilidad de la persona en relación con las consecuencias de la victimización. Así, la situación de especial vulnerabilidad de NNA se encuentra principalmente:

- En su situación de dependencia;
- En su dificultad de reconocer la victimización como tal en algunas ocasiones o asignarle un significado no ajustado a sus derechos y necesidades;
- En su dificultad de ofrecer resistencia -suficiente o efectiva- como defensa;
- En su dificultad de transmitir lo sucedido. Esto puede darse por la imposibilidad o dificultad de expresarse, por la complejidad de nombrar aquello que ha sucedido o por la mayor facilidad de coacción.

Por otra parte, estudios internacionales señalan algunos factores que provocan una mayor vulnerabilidad al abuso[9]:

---

8 Noemí PEREDA BELTRÁN, «Nuevas formas de justicia para menores: procesos restaurativos», en *La justicia restaurativa: desarrollo y aplicaciones*, de Josep Mª TAMARIT SUMALLA (Granada: Comares, 2012), 132. Aclarar en este sentido que el concepto de víctima ideal de CHRISTIE no encajaría en todos los casos aun siendo la persona menor de edad pese a la definición dad por PEREDA BELTRÁN. Myriam HERRERA MORENO, «¿Quién teme a la victimidad? El debate identitario en victimología», *3o Época*, Revista de Derecho Penal y Criminología, nº 12 (julio de 2014): 363, http://e-spacio.uned.es/fez/eserv/bibliuned:revistaDerechoPenalyCriminologia-2014-12-5035/Quien_teme_victimidad.pdf. (Último acceso: 15 marzo 2021)

9 María RECIO ZAPATA et al., *Abuso y discapacidad intelectual. Orientaciones para la prevención y la actuación*, Fundación Carmen Pardo-Valcarce, 2013, 21. Los factores señalados en este sentido son resultado de una revisión de diferentes estudios a nivel internacional.

- Tener alguna discapacidad, incrementándose cuando esta es intelectual;
- Ser mujer;
- Encontrarse en una situación de dependencia de cualquier tipo;
- Tener un nivel de recursos económicos bajo;
- Dificultad para expresar los deseos y necesidades;
- Falta de formación y de acceso a la información;
- Haber vivido episodios de victimización previamente, especialmente en el contexto familiar;
- Falta de intimidad;
- Aislamiento o nivel bajo de relaciones sociales.

Aunque algunos de estos factores pueden reconocerse como propios del periodo de la infancia -como puede ser la relación de dependencia-, otros podrían encontrarse de manera combinada. Además, la situación de especial vulnerabilidad de NNA es en ocasiones provocada por la misma sociedad, que crea barreras -o no realiza la adaptaciones necesarias- de forma que su situación de dependencia es mayor y su capacidad de defensa se ve reducida[10]. Es por lo que se tratará, primeramente, algunas repercusiones de la victimización infantil, para posteriormente pasar al estudio de algunas categorías que reúnen una diferenciación suficiente para ser señaladas.

2.1.2 Tipos de violencia en la infancia

La existencia de necesidades específicas de la infancia que, muy especialmente en los primeros años, van a tener que ser satisfechas por otra persona, la sitúa en una situación de especial vulnerabilidad.

---

10 La falta de adecuación del sistema judicial dificulta su accesibilidad. Por otra parte, una falta de enfoque educativo en el desarrollo de ciertas habilidades sociales, así como en derechos y valores no hace más que debilitar la situación de la infancia. En este sentido, Jorge CARDONA LLORENS, «La ausencia de un buen sistema de datos desagregados es un problema diagnosticado por la ONU para conocer la realidad de la infancia», Revista de Estadística y Sociedad, n.º 63 (abril de 2015): 9, http://www.revistaindice.com/numero63/p9.pdf. (Último acceso: 1 de julio de 2021)

Tiene sentido volver a traer a colación la diferencia entre víctima de un delito y víctima general, ya que serán muchas las ocasiones en las que, desde una concepción amplia de victimización, la infancia puede considerarse victimizada.

OCHAÍTA ALDERETE y ESPINOSA BAYAL diferencian dos grandes categorías de necesidades básicas: la *salud física* y la *autonomía*. Desde estas establecen un listado de satisfactores que permiten preservar las dos primeras. Aunque los satisfactores universales se influencian unos a otros, son catalogables de manera general en estas dos grandes necesidades a excepción de las necesidades sexuales que se encuentran repartidas entre ambas[11]. Siguiendo esta lógica, podría afirmarse que la satisfacción de estas necesidades lleva a una ausencia de victimización en la infancia.

Sin embargo, la violencia puede adoptar formas muy diferentes, independientemente de la intencionalidad de las acciones que lleven a su victimización[12]. En este sentido Save the Children entiende que "Debe ser considerada como tal toda acción u omisión que afecte de manera dañina al normal desarrollo del niño y a su bienestar físico y psicológico. Poco importa si las acciones que causan el daño a los niños y las niñas constituyen delito o conllevan consecuencias o sanciones legales. La aceptación social de las mismas, por razones culturales, de tradición o religiosas es igualmente irrelevante. En la definición amplia de violencia contra la infancia que propone Naciones Unidas y que defiende Save the Children, la frecuencia, la gravedad del daño, la intencionalidad o la aceptación social no son elementos determinantes para definir una situación como violencia contra los niños y

---

11 OCHAÍTA ALDERETE y ESPINOSA BAYAL, *Hacia una teoría de las necesidades infantiles y adolescentes*, 286-87. Una correcta satisfacción de algunas de estas necesidades resulta esencial para la prevención de la victimización. Por ejemplo, atender correctamente las necesidades relativas a la autonomía y las necesidades sexuales permite NNA acceder más fácilmente a herramientas de protección por medio del reconocimiento de su cuerpo, de sus preferencias y expresarlo más fácilmente.

12 Esto incluye también la negligencia o las omisiones y dejaría fuera aquellas victimizaciones que no provienen de terceros las cuales, como es obvio, también pueden darse en la infancia.

las niñas"[13]. Diferente sería el maltrato, en el que sí se detectaría una intencionalidad en el daño provocado.

Así, se opta por tener en cuenta tanto la violencia de manera general como el maltrato dado que si bien, atendiendo al acceso a la justicia, tendrán especial relevancia aquellas acciones que sí tengas consecuencias jurídicas -maltrato-, su concepción amplia y su alcance integral requiere de la atención a la violencia contra la infancia de manera general.

Aunque pueden seguirse diferentes formas de catalogar el maltrato[14], se recurre a una clasificación general, haciendo uso de las definiciones de ARRUABARRENA y DE PAÚL[15]:

(i) *Negligencia física*: Se puede definir como aquella situación en la que las necesidades físicas y cognitivas de NNA no se encuentran satisfechas por ninguna de las personas con las que conviven (de manera temporal o permanente). Supone por tanto la ausencia de ayuda y supervisión de NNA en cuestiones como la higiene, la alimentación, la vestimenta o los cuidados médicos. Igualmente incluye la ausencia de colaboración en satisfacer las necesidades cognitivas de la persona impidiendo su correcto desarrollo a medio y largo plazo. También incluiría, por último, la ausencia de supervisión ante situaciones de riesgo. Reviste de especial importancia en este tipo de maltrato la responsabilidad de quien victimiza[16].

---

13 Yolanda ROMÁN et al., «Más allá de los golpes: ¿por qué es necesaria una ley? Informe sobre la violencia contra los niños y las niñas» (Save the Children, mayo de 2012), 9.

14 Consultar al respecto Luis Miguel QUEREJETA, «Estructura de la personalidad del menor víctima de maltrato: daños psicológicos y lesiones físicas», Eguzkilore: cuaderno del Instituto Vasco de Criminología, n.° 13 (diciembre de 1999): 53-65., y Noemí PEREDA BELTRÁN, Judit ABAD GIL, y Georgina GUILERA FERRÉ, «Victimología del desarrollo. Incidencia y repercusiones de la victimización y la polivictimización en jóvenes catalanes» (Àmbit social i criminològic. Centre d'Estudis Jurídics i Formació Especialitzada, 2012), http://www.ub.edu/grevia/assets/victimologia_desenvolupament_cast.pdf., (Último acceso: 1 julio 2021)

15 Mª Ignacia ARRUABARRENA y Joaquín DE PAÚL, *Maltrato a los niños en la familia: evaluación y tratamiento* (Madrid: Pirámide, 1999), 29-36.

16 Son numerosas alusiones del Comité de los Derechos del Niño en relación con las posibilidades de cada país, no siendo en ocasiones estos satisfactores cubiertos por causas ajenas a la voluntad y cuidado de los responsables.

(ii) Maltrato físico: Sería toda aquella acción voluntaria o no accidental que cause daños físicos en la persona. Dentro de esta forma de maltrato debe mencionarse de manera específica:

- El *Síndrome del niño sacudido o zarandeado*. Se produce por la sacudida brusca de la víctima, más comúnmente en los primeros meses de vida, que conlleva una serie de lesiones que pueden derivar en daños cerebrales y lesiones del sistema nervioso central de gravedad. Aunque no se conoce con exactitud su frecuencia en países occidentales, algunos estudios indican que "la tasa anual de incidencia se encuentra entre 11 y 24 de casos por cada 100.000 niños por debajo del año de edad"[17].
- El *Síndrome de Münchhausen por poderes*. Es un tipo de maltrato por el cual las personas cuidadoras -normalmente progenitores y encontrando mayor prevalencia en madres-, provocan a NNA a su cargo los síntomas de enfermedades por medio de la simulación de estas. Pueden utilizar fármacos u objetos de forma que provocan una atención médica previamente innecesaria que suele ser invasiva y costosa. Aunque se suele destacar por la gravedad de sus consecuencias pudiendo llevar a la víctima a la muerte por la dificultad de tratamiento por la simulación de los síntomas, ha sido numerosas veces descrito como un tipo de maltrato raro (algunos estudios señalan la importancia de seguir investigando este complejo síndrome considerando que las cifras computadas no coinciden con la realidad debido a la dificultad de su diagnóstico[18]).

---

17 Miguel RUFO CAMPOS, «El síndrome del niño sacudido», Cuadernos de Medicina Forense, 12, n.º 43-44 (abril de 2006): 40, http://scielo.isciii.es/pdf/cmf/n43-44/03.pdf. (Último acceso: 5 de marzo de 2021)

18 Véase Francisco DE LA CERDA OJEDA, Tomás GOÑO GONZÁLEZ, y Ignacio GÓMEZ TERREROS, «Síndrome de Munchausen por poderes», Cuadernos de Medicina Forense, 12, n.º 43-44 (abril de 2006): 47-55, http://scielo.isciii.es/pdf/cmf/n43-44/04.pdf. (Último acceso: 5 de marzo de 2021). Pese a que encontramos en España numerosos estudios de casos de maltrato por Síndrome de Munchaussen, resulta extremadamente complicado fijar una cifra de incidencia a nivel nacional, por lo que son numerosos los autores españoles que toman como referencia los estudios de llevados a cabo en otros países europeos, como Reino Unido o Irlanda. En el primero, se establece una incidencia de 2,8 casos por 100000 en menores de 1 año y 0,5 en mayores de 16 años, en Ernesto LANDA-

Para terminar, debe señalarse el *maltrato prenatal* que, si bien puede darse por maltrato, se dará también por negligencias físicas ocasionadas durante el embarazo que afecten al feto.

(iii) *Negligencia emocional*: Es quizá una de las formas de maltrato más complejas de definir y a su vez de detectar, sin perjuicio de las graves repercusiones que puede provocar en NNA. Supondría la ausencia persistente de respuesta ante señales comunicativas de la persona menor de edad, así como la falta de iniciativa para ofrecerlas.

(iv) Maltrato emocional: A diferencia del caso anterior, supone una actitud más activa por parte de quien maltrata, generando una situación de hostilidad crónica. Por medio de este se provoca voluntariamente situaciones incómodas, violentas o denigrantes para la persona menor de edad. Ejemplos de ello pueden ser el desprecio, el insulto, la ridiculización en privado o en público, el aislamiento de la víctima o la amenaza de abandono.

(v) Abuso sexual: Incluiría todas aquellas acciones dirigidas a utilizar o a involucrar a NNA en un contexto o una actividad de índole sexual o que pueda poner en riesgo su libertad e indemnidad sexual. Puede darse con o sin contacto físico; con o sin fuerza sobre la víctima; de manera obligada o inducida. Cabría incluir en este tipo de maltrato los matrimonios forzados e infantiles, la mutilación genital, la trata de NNA, entre otros. Según la forma de este tipo de maltrato, podría catalogarse como formas de explotación sexual[19]. Son por otra parte numerosas las entidades que reconocen la no aceptación de la identidad u orientación sexual de NNA como forma de maltrato catalogado dentro de la violencia relacionada con las necesidades

---

CONTRERAS, María P. ALVITES-AHUMADA, y José L. FORTES-ÁLVAREZ, «Síndrome de Munchaussen por poderes: presentación de un caso y revisión de la literatura», Revista de la Asociación Española de Neuropsiquiatría, 34, n.º 124 (2014): 793, https://doi.org/10.4321/S0211-57352014000400011. (Último acceso: 5 de marzo de 2021)

19 Núria TORRES ROSELL, «El matrimonio infantil como atentado a la dignidad e indemnidad de los menores», en *Delitos contra la libertad e indemnidad sexual de los menores. Adecuación del Derecho español a las demandas normativas supranacionales de protección* (Navarra: Thomson Reuters Aranzadi S.A., 2015), 394.

sexuales, pudiendo estar relacionado con otras formas de maltrato y catalogado de distintas maneras[20].

El más habitual se da en el contexto intrafamiliar (incesto)[21].

Por último, aunque sin ser esta una lista cerrada, cabría señalar la irrupción de las nuevas tecnologías en otras formas de victimización afectando especialmente a NNA en delitos contra la indemnidad sexual -junto al acoso-.

Gran parte de esta victimización provendrá del contexto más cercano a la víctima, incluyendo a la familia. El contexto escolar ha mostrado también poder resultar un entorno de especial conflictividad y de escaso control. Cabría señalar, junto a estos dos contextos, el institucional. Muchas NNA podrán encontrarse institucionalizadas por diferentes motivos, pudiendo catalogarse en tres grandes grupos: internamiento, protección y salud. Cuanto mayor sea el tiempo que pase la persona en el centro de atención especializada, más se acercará ésta al rol que correspondería a la familia -asemejándose en características a la violencia intrafamiliar-.

---

20 MARCOS et al., «Ojos que no quieren ver. Los abusos sexuales a niños y niñas en España y los fallos del sistema», 39-40. (Último acceso: 14 de septiembre de 2021). Véase también Donna Andrea ROSENBERG, «Munchausen Syndrome by Proxy: medical diagnostic criteria», Child Abuse & Neglect, 27, n.º 4 (abril de 2003): 421-30, https://doi.org/10.1016/S0145-2134(03)00029-2. (Último acceso: 15 de enero de 2021), RJ. McCLURE et al., «Epidemiology of Munchaussen syndrome by proxy, non-accidental poisoning, and non-accidental suffocation», Arch Dis Child, 75, n.º 1 (julio de 1996): 57-61, https://www.ncbi.nlm.nih.gov/pubmed/8813872. (Último acceso: 9 de enero de 2021), o Mary S. SHERIDAN, «The deceit continues: an updated literature review of Munchausen Syndrome by Proxy», Child Abuse & Neglect, 27, n.º 4 (abril de 2003): 431-51, https://doi.org/10.1016/S0145-2134(03)00030-9. (Último acceso: 9 de diciembre de 2021)

21 Carme PANCHÓN IGLESIAS, «Maltrato infantil», en *Derecho de la persona* (Barcelona: Bosch, 2011), 284.

<table>
<tr><th colspan="5">CONTEXTO/ORIGEN DE LA VIOLENCIA</th></tr>
<tr><td colspan="2">INTRAFAMILIAR
Familiares/análogos</td><td>INSTITUCIONAL
Cuidadores/as y compañeras/os</td><td>ESCOLAR
Compañeras/os y Cuidadores/as</td><td>SOCIAL</td></tr>
<tr><td colspan="5"></td></tr>
<tr><th colspan="5">FORMA DE VIOLENCIA</th></tr>
<tr><td rowspan="2">FÍSICA</td><td colspan="2">NEGLIGENCIA</td><td colspan="2">Negligencia en alimentación, vestimenta, cuidados médicos, etc.; Negligencia prenatal; etc.</td></tr>
<tr><td colspan="2">MALTRATO</td><td colspan="2">Castigo corporal; Síndrome del niño sacudido; Síndrome de Münchhausen; Maltrato prenatal; etc.</td></tr>
<tr><td rowspan="2">EMOCIONAL</td><td colspan="2">NEGLIGENCIA</td><td colspan="2">Ausencia persistente de respuesta comunicativa; Falta de iniciativa de comunicación; etc.</td></tr>
<tr><td colspan="2">MALTRATO</td><td colspan="2">Desprecio; Insultos; Ridiculización; etc.</td></tr>
<tr><td rowspan="2">SEXUAL</td><td colspan="2">ABUSO (con o sin contacto)</td><td colspan="2">Intrafamiliar / extrafamiliar; Agresiones sexuales con/sin penetración; Corrupción de menores; etc.</td></tr>
<tr><td colspan="2">EXPLOTACIÓN</td><td colspan="2">Pornografía; Prostitución; Turismo sexual; Matrimonios forzosos; Etc.</td></tr>
<tr><td rowspan="4">OTROS</td><td colspan="2">VIOLENCIA DE GÉNERO</td><td colspan="2">De manera directa; Como parte de la violencia contra la madre</td></tr>
<tr><td colspan="2">TIC</td><td colspan="2">Acoso -sexual-; Grooming[22]: Ciberbullying: Etc.</td></tr>
<tr><td colspan="2">EXPOSICIÓN A LA VIOLENCIA</td><td colspan="2">Exposición violencia familiar y comunitaria; Niñas/os soldado; Niñas/os refugiadas o desplazadas; Etc.</td></tr>
<tr><td colspan="2">OTROS DELITOS</td><td colspan="2">Amenazas, agresiones, hurtos/robos, etc.</td></tr>
</table>

Tabla 2. Clasificación de la victimización infantil por forma y proveniencia. Elaboración propia

[22] Sobre la dificultad de su definición véase Carolina VILLACAMPA ESTIARTE, «El delito de online child grooming o propuesta sexual telemática a menores», en *Delitos contra la libertad e indemnidad sexual de los menores. Adecuación del Derecho español a las demandas normativas supranacionales de protección* (Navarra: Thomson Reuters Aranzadi S.A., 2015), 139 y ss.

2.2 IMPACTO DE LA VIOLENCIA EN LA INFANCIA Y VICTIMIZACIÓN SECUNDARIA

La violencia en la infancia, como sucede en la edad adulta, provoca un sufrimiento en la víctima cuya intensidad, duración y consecuencias dependerá de numerosos factores. A este sufrimiento debe sumarse aquel que puede suponer el proceso, la modificación de relación de la víctima con su entorno o el proceso interno que lleve la víctima con el significado atribuido del hecho delictivo en su desarrollo vital.

Aunque algunas de las consecuencias inmediatas de la victimización en la infancia pueden encontrar similitudes con la victimización en la edad adulta, interesa atender de manera específica las repercusiones físicas y psicosociales en el primer contexto dado que por su situación de desarrollo tiene un impacto diferenciado. Atender a estas resulta también necesario para poder interpretar adecuadamente el estado real de la víctima, ya que son justamente algunas de estas repercusiones las que pueden dificultar una correcta interpretación por parte de terceros.

2.2.1 Repercusiones físicas y psicosociales

Partiendo de la base que las consecuencias psicológicas de cualquier victimización dependen de una gran variedad de factores (personales, sociales, ambientales, etc.), la victimización sufrida en la infancia conlleva unos elementos diferenciadores o añadidos a los que podríamos observar en la sufrida en la edad adulta.

Existen numerosos estudios que permiten detectar unas necesidades específicas a lo largo de la infancia que deben ser debidamente satisfechas para el correcto desarrollo de la persona. La satisfacción de todas estas supone una ausencia de victimización -hablando en este caso en sentido amplio, de manera que se entendería que tampoco se ha vulnerado ninguna de estas por medio del incumplimiento de obligaciones informales-. Cuando una o varias de estas necesidades no son satisfechas puede observarse una repercusión negativa en la persona, lo cual se da de manera más o menos severa en la victimización, teniendo un impacto relevante la atención dada tras la detección de dicha insatisfacción.

Los riesgos de repercusiones psicológicas se encuentran tanto en personas adultas como en menores de edad tras las vivencias de un hecho traumático de manera puntual o continuada. Sin embargo, en el caso de las repercusiones en NNA, es justamente el encontrarse en fase de desarrollo, lo que puede provocar consecuencias especialmente gravosas[23]. Las características específicas de la persona, de la vivencia, su duración e intensidad, la atención y apoyo recibidos desde su entorno o la madurez de su sistema nervioso y neuroendocrino son solamente algunas de las variables que influirán en las consecuencias[24]. Se ha detectado sin embargo un alto riesgo en la infancia maltratada de problemas de personalidad y adaptación.

El estudio de esta victimización plantea diferentes dificultades, siendo la primera que existen numerosos debates sobre la adecuación del diagnóstico de ciertas psicopatologías, dificultando un consenso acerca de las consecuencias de esta victimización. Por otra parte, la ausencia de un patrón fijo o estable de síntomas que puedan experimentar las víctimas menores de edad de manera general[25]. Finalmente, es posible que se dé una ausencia de síntomas, un desarrollo de

---

23 Respecto a la afectación del trauma y el estrés en el periodo de desarrollo, véase David FREIDES, *Trastornos del desarrollo. Un enfoque neuropsicológico*, 2° (Barcelona: Ariel, 2007), 107-8.

24 En relación al abuso sexual infantil, el impacto emocional de la victimización puede variar en función de cuatro variables: "el perfil individual de la víctima (estabilidad psicológica, edad, sexo y contexto familiar); las características del acto abusivo (frecuencia, severidad, existencia de violencia o de amenazas, cronicidad, etc.); la relación existente con el abusador; y, por último, las consecuencias asociadas al descubrimiento del abuso", en Enrique ECHEBURÚA y Paz DE CORRAL, «Secuelas emocionales en víctimas de abuso sexual en la infancia», Cuadernos de Medicina Forense, 12, n.° 43-44 (2006): 80, http://scielo.isciii.es/scielo.php?script=sci_arttext&pid=S1135-76062006000100006. (Último acceso: 15 de mayo de 2021).

25 Esto se ve acentuado en el caso de las victimizaciones de tipo sexual en la que la sintomatología puede resultar muy similar a la de otro tipo de victimización, en Noemí PEREDA BELTRÁN y Irene MONTIEL JUAN, «Victimización sexual de menores: aproximación teórica y estado actual de la investigación», en *La victimización sexual de menores de edad y la respuesta del sistema de justicia penal*, de Josep Mª TAMARIT SUMALLA (Buenos Aires: BdeF, 2017), 8.

estos de manera inmediata o a corto plazo, o un desarrollo de estos a largo plazo[26].

Todo ello provoca que resulte extremadamente complicado presentar un esquema general y válido de manera unánime para definir adecuadamente las repercusiones psicológicas que tiene la victimización infantil, más aún cuando los estudios realizados suelen centrarse en un tipo concreto de victimización pudiendo tener cada una de ellas -y la combinación de varias de estas-, consecuencias diferentes.

Pese a ello van a señalarse a continuación, de manera superficial, algunas de las conclusiones que se han ido extrayendo de diferentes estudios, no pudiendo generalizarse a toda la infancia victimizada ni reconocerse como únicas.

De manera introductoria, es posible destacar algunas características específicas que influirán en sus consecuencias[27]:

- El hecho de que sea una *persona* la que victimice a la persona menor de edad, a diferencia de que la victimización sea de *origen natural* (por ejemplo una inundación), aumenta la gravedad y la complejidad de las repercusiones psicológicas de la víctima. Esto se verá intensificado cuando el victimario sea una persona cercana o con quien le una un lazo afectivo. Esto se encuentra por otro parte estrechamente vinculado al apoyo que pueda recibir de su entorno y de la estabilidad que pueda o no mantener en el hogar. Tanto el apoyo como la reacción del entorno ante el descubrimiento de la victimización pueden marcar significativamente la evolución de la víctima[28].

---

26 Tomará relevancia el *significado* atribuido al hecho delictivo o determinadas sintomatologías como la disociación que conllevan un desarrollo de otros síntomas o trastornos en un periodo más distante. A ello se suma la dificultad en ocasiones de clarificar si esta sintomatología a largo plazo se debe al hecho delictivo o a otros sucesos tanto relacionados como aislados.

27 Concepción LÓPEZ-SOLER, «Las reacciones postraumáticas en la infancia y adolescencia maltratada: el trauma complejo», Revista de Psicopatologías y Psicología Clínica, 13, n.º 3 (2008): 160-61., y ECHEBURÚA y DE CORRAL, «Secuelas emocionales en víctimas de abuso sexual en la infancia», 79.

28 Mª Rosario CORTÉS ARBOLEDA, David CANTÓN-CORTÉS, y José CANTÓN DUARTE, «Consecuencias a largo plazo del abusos sexual infantil: papel de la naturaleza y continuidad del abuso y del ambiente familiar», Psicología conductual, 19, n.º 1 (2011): 44., Noemí PEREDA BELTRÁN y Mila ARCH

- Afecta además de manera significativamente mayor aquella vivencia traumática continuada o incorporada a la vida cotidiana de NNA frente a los hechos puntuales, así como la existencia de una mayor violencia por medio de la fuerza o de amenazas.

Las consecuencias del maltrato pueden tener reflejos físicos como psíquicos. Por otra parte, debe diferenciarse la sintomatología internalizante, de la externalizante. Esta última es referida a síntomas relacionados con un control deficiente de las emociones, dificultad en el respeto a las normas establecidas, así como en las relaciones interpersonales. Puede ser ejemplos de ello la rabia, el odio la agresividad o la irritabilidad. Por su parte la sintomatología internalizante puede resultar más compleja y se encuentra relacionada con somatizaciones, miedos, fobias, tristeza, ansiedad, etc.

Como se ha señalado anteriormente, aunque puede hablarse de repercusiones de manera inmediata y a corto plazo en un porcentaje elevado de las víctimas, también es posible que algunas permanezcan asintomáticas no descartando ello posibles consecuencias en el futuro

Si bien es posible que una víctima menor de edad no desarrolle síntomas, estos parecen afectar a un porcentaje elevado de manera inmediata y a corto plazo. Estos suelen ser más contundentes con una relación más clara con la situación de victimización. Las consecuencias a largo plazo son menos comunes y más difusas siendo por tanto también más complejas de atribuir a un hecho concreto o a una victimización determinada[29].

MARIN, «Evaluación e intervención con víctimas menores de edad desde la perspectiva de la Justicia Terapéutica. Especial referencia a las víctimas de abusos sexual infantil», en *Hacia un proceso penal más reparador y socializador: avances desde la justicia terapéutica*, de Esther PILLADO GONZÁLEZ y Tomás FARTO PIAY (Madrid: Dykinson, 2019), 251.

29 Se hablaría entonces de los llamados efectos latentes, que aparecen solamente pasado un tiempo después de la victimización, analizando en este caso PEREDA BELTRÁN los casos de abusos sexuales, en Noemí PEREDA BELTRÁN, «Consecuencias psicológicas iniciales del abuso sexual infantil», Papeles del Psicólogo, 30, n.º 2 (2009): 135, http://www.papelesdelpsicologo.es/pdf/1702.pdf.
Los resultados varían según los estudios y la tipología del maltrato pero en aquellos dirigidos al abuso sexual, existe cierto concuerdo en que los síntomas a corto plazo afectan a más del 50% de las víctimas pudiendo alcanzar hasta el 80%; solamente el 20-30% se mantendría estable emocionalmente tras una victimi-

A continuación, se presenta, de manera general, posibles consecuencias por diferentes formas de maltrato. Se habla en este caso de síntomas, signos, secuelas y consecuencias que no son sin embargo sinónimos; teniendo como única pretensión brindar un acercamiento general a juristas en este ámbito.

Algunos se dan, por lo general, solamente a corto plazo, otros a largo y otros pueden darse en ambos.

SÍNTOMAS, SIGNOS Y SECUELAS DEL MALTRATO INFANTIL	
CONSECUENCIAS O SIGNOS FÍSICOS	Hematomas Cortes Fracturas óseas Hemorragias Quemaduras Lesiones cerebrales Lesiones abdominales Lesiones oftalmológicas y otorrinolaringológicas Alopecia traumática Dolores crónicos generales Propensión a largo plazo de artritis, asma, úlceras, etc. Dolor, sangrado o secreción genital o anal inexplicable o persistente Enfermedades de transmisión sexual *Síndrome del niño sacudido* (vómito, dolor al respirar, convulsiones, conmoción cerebral, etc. Puede llegar a la muerte) *Síndrome de Munchhausen*

zación y aproximadamente el 30% tendría síntomas a largo plazo, en Enrique ECHEBURÚA y Cristina GUERRICAECHEVARRÍA, *Abuso sexual en la infancia: víctimas y agresores. Un enfoque clínico*, 2º (Barcelona: Ariel, 2005), 50.

SÍNTOMAS Y/O SECUELAS EMOCIONALES	Rabia Baja autoestima Sentimiento de culpa, vergüenza y estigmatización Miedos y fobias y/o miedo generalizado Síntomas depresivos Alexitimia Ideación y conducta suicida Rechazo al propio cuerpo Conductas autodestructivas y autolesiones Ansiedad Disociación Trastorno bipolar y depresivo Trastornos de ansiedad Trastornos psicosomáticos Trastorno por estrés postraumático Trastorno límite de la personalidad
SÍNTOMAS Y/O SECUELAS COGNITIVAS	Conductas hiperactivas Problemas de atención y concentración Trastorno por déficit de atención
PROBLEMAS DE CONDUCTA Y/O ADAPTACIÓN SOCIAL	Hostilidad Aislamiento general o en relación con iguales Miedo Comportamiento inusual en relación a la vestimenta (duerme vestida/o, o con varias capas de ropa) Pseudomaduración o regresión Huida del hogar Ansiedad social Desconfianza y rechazo hacia personas adultas y/o a los hombres Dificultades en la relación de pareja Dificultades en la educación de los hijos e hijas Trastorno de conducta Conducta disruptiva y disocial Conformidad compulsiva

SÍNTOMAS Y/O SECUELAS FUNCIONALES	Problemas de sueño (pesadillas) Pérdida de control de los esfínteres Crisis convulsivas no epilépticas Dolores físicos Abuso de sustancias Desórdenes ginecológicos Trastornos disociativos[30] Trastornos de la conducta alimentaria Trastornos de conversión Trastorno de somatización
SÍNTOMAS Y/O SECUELAS RELACIONADAS CON LA SEXUALIDAD	Conducta sexualizada, inapropiada o precoz en relación a la edad (incluyendo juegos) Masturbación compulsiva Conductas exhibicionistas Problemas de identidad sexual Sexualidad insatisfactoria y disfuncional Conductas de riesgo sexual Maternidad temprana Prostitución Revictimización

Tabla 3. Posibles consecuencias del maltrato infantil.
Elaboración propia a partir de las conclusiones extraídas de diferentes estudios especializados según la tipología del maltrato[31]

---

30 Los trastornos disociativos serán mencionados numerosas veces por su impacto una correcta evaluación de la víctima y su relato. Nuevamente, se encuentran menos estudios de la disociación en el contexto infantil, generalmente ligados a casos de abusos sexuales. Afectan a corto y largo plazo, teniendo repercusiones diferentes. Mientras que a corto plazo funciona como un mecanismo de supervivencia, de forma que la víctima "desconecta" las emociones asociadas a la experiencia negativa, a largo plazo puede llegar a desarrollan amnesia disociativa, trastornos psicológicos graves, sintomatología psicosomática o alteraciones de la personalidad entre otros. Pueden revivirse los episodios por medio de flashbacks o pasar por periodos de estados de trance. Tiene por tanto una fuerte vinculación con la memoria, la comprensión de la vivencia, la conciencia, la identidad propia y la relación con el entorno a corto y largo plazo. Algunos estudios confirman la relación entre la disociación y el trauma, apelando a la necesidad de no vincularlo exclusivamente con el *gran trauma*. Véase Beatriz RODRÍGUEZ VEGA, Alberto FERNÁNDEZ LIRA, y Carmen BAYÓN PÉREZ, «Trauma, disociación y somatización», Anuario de Psicología Clínica y de la Salud, n.º 1 (2005): 27-38, http://institucionales.us.es/apcs/doc/APCS_1_esp_27-38.pdf., Belén MARTÍNEZ ALONSO et al., «La disociación en niños y adolescentes: la variabilidad en la expresión clínica a propósito de dos casos», Revista de Psiquiatría infanto-juvenil, n.º 1 (marzo de 2017): 31-37.

31 QUEREJETA, «Estructura de la personalidad del menor víctima de maltrato: daños psicológicos y lesiones físicas»., PEREDA BELTRÁN, «Consecuencias

Para finalizar, debe llamarse la atención sobre las siguientes cuestiones:

(i) En primer lugar, la necesidad de seguir investigando las consecuencias de la victimización infantil incorporando todos aquellos factores que afectan de manera directa a esta, de forma que pueda facilitarse un mejor diagnóstico en la infancia[32].

(ii) La importancia de respetar los tiempos de la persona menor de edad victimizada. Como se ha constatado, la ausencia de

psicológicas iniciales del abuso sexual infantil»., Noemí PEREDA BELTRÁN, «Consecuencias psicológicas a largo plazo del abuso sexual infantil», Papeles del Psicólogo, 31, n.º 2 (2010): 191-201, http://www.papelesdelpsicologo.es/pdf/1846.pdf., ECHEBURÚA y GUERRICAECHEVARRÍA, *Abuso sexual en la infancia: víctimas y agresores. Un enfoque clínico*, 44-50., MARCOS et al., «Ojos que no quieren ver. Los abusos sexuales a niños y niñas en España y los fallos del sistema», 14-15. entre otros.

32 A modo de ejemplo, puede mencionarse que el Trastorno del Estrés Postraumático tiene una evolución diferente según la persona, los acontecimientos y la edad. No es hasta los años 1977 que fue reconocida por la Organización Mundial de la Salud (OMS) en la Clasificación Internacional de Enfermedades (CIE), por lo que podemos considerar que los estudios son relativamente recientes, no encontrando investigaciones suficientes en los tramos más bajos de edad como para poder ofrecer datos contundentes. Los síntomas característicos detectados en personas adultas (re-experimentación, evitación, embotamiento afectivo, incremento de la activación, etc.) pueden ser diferentes en las personas menores de edad dándose por ejemplo comportamiento desestructurado o síntomas físicos; conductas repetitivas, juegos simbólicos, retraimiento afectivo, inquietud, etc., en LÓPEZ-SOLER, «Las reacciones postraumáticas en la infancia y adolescencia maltratada: el trauma complejo», 162. En este mismo sentido ECHEBURÚA y GUERRICAECHEVARRÍA, *Abuso sexual en la infancia: víctimas y agresores. Un enfoque clínico*, 42-44., señalan que en el caso de las personas menores de edad este cuadro adopta formas distintas como síntomas físicos, comportamiento desestructurado, sueños terroríficos, manifestándose "si el trauma permanece en la memoria activa del niño, en función de un inadecuado procesamiento de la información, y no se utilizan mecanismos cognitivos para superarlo". Son numerosos los estudios que destacan la necesidad de profundizar en el estudio de esta cuestión en el contexto de la infancia, en Noemí PEREDA BELTRÁN, «Menores víctimas del terrorismo: una aproximación desde la Victimología del desarrollo», Anuario de Psicología Jurídica, 22, n.º 1 (2012): 15, https://doi.org/10.5093/aj2012a2. (Último acceso: 8 junio de 2020). En el caso de las personas con discapacidad intelectual, esta problemática en el correcto diagnóstico se ve aumentada, en RECIO ZAPATA et al., *Abuso y discapacidad intelectual. Orientaciones para la prevención y la actuación*, 31.

síntomas a corto plazo no exime de su desarrollo a largo plazo, los cuales deben reconocerse adecuadamente y formar parte de las consecuencias de esa victimización. Tiene además especial relevancia en el significado atribuido al hecho delictivo por la víctima lo cual puede desembocar en diferentes necesidades e intereses que deben ser tenidos en cuenta (variando de los inicialmente definidos).

(iii) Por último, dotar de la merecida relevancia el impacto vital que puede suponer dicha victimización en la infancia. El aprendizaje de la persona en sus primeros años de vida y la concepción que va a tener de lo que es la vida en sociedad responderá en gran parte a sus vivencias de manera global. Se habla así del concepto de "la creencia del mundo justo", teniendo enorme relevancia en relación con el desarrollo de la persona: será habitual que lo que viva la persona en la infancia sea concebido como «lo que *es* el mundo», de forma que tanto el significado atribuido a las vivencias como su relación con los demás se encontrará marcado por ello[33]. Puede tener un impacto tanto hacia una transmisión intergeneracional de la violencia que se encuentra comúnmente en la violencia intrafamiliar y la violencia de género, o en la propia concepción de vulnerabilidad que tenga la persona de sí misma, ya que "(...) tras una experiencia traumática se produce una pérdida del sentimiento de invulnerabilidad, sentimiento bajo el cual funcionan la mayoría de los individuos y que constituye un componente de vital importancia para evitar que las personas se consuman y paralicen con el miedo de su propia vulnerabilidad"[34]. Además, esta idea del "mundo justo" puede provocar que se *justifique* la situación de victimización pensando que esto solamente sucede a quien lo

---

[33] Ronnie JANOFF-BULMAN y Irene HANSON FRIEZE, «A Theoretical Perspective for Understanding Reactions to Victimization», Journal of Social Issue, n.º 39 (1983): 1-17., y Linda S. PERLOFF, «Perceptions of Vulnerability to Victimization», Journal of Social Issue, n.º 39 (1983): 41-61.

[34] Rosa PATRÓ HERNÁNDEZ y Rosa LIMIÑANA GRAS, «Víctimas de violencia familiar: Consecuencias psicológicas en hijos de mujeres maltratadas», Anales de la Psicología, 21, n.º 1 (2005): 12.

merece, siendo sus propios actos los únicos que pueden revertir esta situación[35].

Tanto el tardío interés por la infancia victimizada como la complejidad de su estudio ha provocado, como ya se ha señalado, que se realicen mayormente estudios centrados en un tipo de maltrato y/o violencia. Esto se debe también a que, efectivamente, las consecuencias de un tipo u otro pueden ser muy diferentes lo que exige una atención diferenciada. Se encuentra sin embargo un importante obstáculo que muy pocos estudios incorporan y es la *polivictimización*. Esta supone una suma de diferentes tipos de victimizaciones sobre una misma persona que pueden coincidir o no en el tiempo[36], pudiendo no solamente empeorar los síntomas y las secuelas de la victimización sufrida, sino también favorecer o cronificar la situación de victimización. Existen pocos estudios que puedan arrojar datos contundentes, pero invitan a dotar de la debida seriedad las repercusiones de la polivictimización, planteando algunos de ellos que pueda existir una relación entre la polivictimización y la victimización de por vida y el suicidio o esta primera y el trastorno de estrés postraumático[37].

---

35 Melvin J. LERNER, *The belief in a just world* (New York: Plenum Publishing Corporation, 1980).

36 David FINKELHOR, Richard K. ORMROD, y Heather TURNER, «Poly-victimization: A neglected component in child victimization», Child Abuse & Neglect, n.º 31 (2007): 15 y ss, https://doi.org/10.1016/j.chiabu.2006.06.008. (Último acceso: 8 de julio de 2020). Hacen referencia los autores en su investigación a unos porcentajes de polivictimización del 71%, dándose una victimización diferente en el último año en el 69% de las personas encuestadas.

37 Un estudio sobre una muestra de 227 personas de entre 12 y 17 años habiendo sufrido al menos un tipo de victimización, arrojaron como resultados que un 61,7% tendía a una victimización de por vida, un 20,6% había pensado en el suicidio y un 33,3% había tenido un comportamiento autolesivo en los últimos 6 meses., en Elizabeth SUÁREZ-SOTO, Georgina GUILERA FERRÉ, y Noemí PEREDA BELTRÁN, «Victimization and suicidality among adolescents in child and youth-serving systems in Spain», Children and Youth Services Review, 91 (agosto de 2018): 383-89, https://doi.org/10.1016/j.childyouth.2018.06.037. (Último acceso: 1 noviembre de 2020). Sin aportar datos concluyentes, requiere en todo caso de una mayor investigación al respecto.
Por otra parte, destacan de diferentes estudios que, de entre los encuestados, entre un 60,6% y un 67% fueron victimizados en el último año registrándose un 20% de victimización en otros estudios centrados en formas de maltrato y abuso sexual graves, en Noemí PEREDA BELTRÁN, Georgina GUILERA FERRÉ, y Judit

2.2.2 *¿Cuál es la relevancia de estas cuestiones en el contexto jurídico?*

La adecuación del Derecho aplicable en la infancia pasa irremediablemente por atender las bases fijadas en las diferentes investigaciones realizadas en el ámbito del desarrollo cognitivo. La justificación se encuentra en que el Derecho, como herramienta de gestión de conflictos, no puede desentenderse de las consecuencias que en ocasiones su propia aplicación puede provocar en la víctima, ni tampoco podrá atender correctamente el conflicto si no es desde su comprensión real. Así parece que la "unión entre ciencia biomédica y ciencia jurídica resulta imprescindible"[38].

Una de las críticas a las que ha tenido que hacer frente la victimología ha sido el peligro de deformar su objetivo inclinando la balanza hacia las «necesidades» de la víctima de manera excesiva, siendo uno de los objetivos de los estudios victimológicos entender la realidad de la víctima de manera tal que el sistema sea capaz de articular las herramientas necesarias para su reinserción en la sociedad. En el caso de la infancia, las repercusiones psicológicas señaladas son más que suficientes para considerar que este tipo de victimización suponen un problema de salud pública[39]. Esta afirmación se encuentra actualmente respaldada por estudios suficientes para afirmar con rotundidad que existe, efectivamente, una relación entre la victimización infantil y la revictimización en etapas posteriores de la misma persona,

---

ABAD GIL, «Victimización infanto-juvenil en España: una revisión sistemática de estudios epidemiológicos», Papeles del Psicólogo, 35, n.º 1 (2014): 66., reflejando la importancia de esta variante en la victimización infantil, señalando que los estudios revisados se realizaban en base a una tipología concreta de delitos.

38 Agustín LOZANO-VICENTE, «Los derechos del niño: cuestiones sobre su fundamentación», Revista Latinoamericana de Ciencias Sociales, Niñez y Juventud, n.º 14 (1) (2016): 74.

39 Josep Mª TAMARIT SUMALLA, «Respuestas restaurativas al abuso sexual infantil», en *Justicia Restaurativa: Una justicia para las víctimas*, de Helena SOLETO MUÑOZ y Ana CARRASCOSA MIGUEL (Valencia: Tirant lo Blanch, 2019), 599. Véase también Belén GUTIÉRREZ-BERMEJO, «Víctimas invisibles. Análisis de un caso de maltrato desde la perspectiva de la víctima con discapacidad intelectual», Siglo Cero, 48 (1), n.º 261 (2017): 14 y ss, http://dx.doi.org/10.14201/scero2017481921. (Último acceso: 4 agosto de 2020)

detectándose igualmente una mayor tendencia a que sea esta quien victimice a otras personas[40].

La necesidad de incorporar esta perspectiva victimológica en la gestión de los conflictos resueltos por medio del proceso judicial se fundamentará con mayor detalle más adelante. Sin embargo, por ahora basta adelantar que es justamente la atención temprana y adecuada la que puede minimizar estos daños. Esto supone necesariamente una comprensión de la victimización y tener en cuenta elementos como son la victimización secundaria, que puede empeorar el estado de la víctima, o la polivictimización que requerirá de una atención determinada.

Esto, que tiene pleno sentido en relación con el bienestar de la víctima tiene además positivas repercusiones en el proceso judicial ya que el trato inadecuado -o no especializado- a la víctima no permite, en ocasiones, que el proceso alcance su objetivo (perdiendo principalmente el elemento de la prueba, que será en este caso el relato de la víctima).

Por su parte, la victimología y los estudios realizados e incorporados desde la psicología permiten afirmar que el desarrollo de los síntomas y su evolución, así como la revictimización puede prevenirse o reducirse desde una adecuación de la respuesta dada a la víctima ante el conflicto. Esto incluye por supuesto el contexto familiar pero también la vivencia del proceso judicial y las medidas de protección y reparación.

En este punto tiene especial relevancia el factor del tiempo y, parcialmente, el *procesamiento* individual[41] del hecho delictivo. Así recuerda TAMARIT SUMALLA que la ausencia de síntomas en el mo-

---

40 Jane A. SIEGEL y Linda M. WILLIAMS, «The relationship between child sexual abuse and female delinquency and crime: a prospective study», Journal os Research in Crime and Delinquency, 40, n.º 1 (febrero de 2003): 71-94, https://doi.org/10.1177/0022427802239254. (Último acceso: 16 noviembre de 2020). Resulta así lógico hablar de una cuestión de salud pública, en PEREDA BELTRÁN, «Menores víctimas del terrorismo: una aproximación desde la Victimología del desarrollo», 13.

41 Aunque se irá desarrollando con mayor destalle en las siguientes páginas, las fases por las que pasa este procesamiento del conflicto con complejas y en ocasiones largas. Se hace referencia a la *asimilación* y *acomodación* de nuevos sucesos, que tienen un gran impacto sobre el significado atribuido por la propia víctima al hecho delictivo, su vivencia y su propia identidad.

mento en que los hechos son procesados judicialmente, o la dificultad de definirlos con claridad no debe obviar los resultados de numerosos estudios que señalan la posibilidad no residual de desarrollar síntomas a largo plazo[42]. Habla en este caso el autor, de manera concreta, de los abusos sexuales en los que además afecta especialmente al significado atribuido al hecho delictivo el cual puede darse mayormente a medio o largo plazo, más allá de los posibles síntomas disociativos, entre otros, que podrían retrasar otros síntomas.

Por ello la relevancia de estas cuestiones en el contexto jurídico puede justificarse desde diferentes perspectivas todas ellas complementarias las unas de las otras:

- En primer lugar, la incorporación de estos estudios y muy especialmente de profesionales especializados para su correcta interpretación permite en ocasiones detectar situaciones de maltrato y aumentar en cantidad y calidad la información que lleve al esclarecimiento de los hechos.
- Por otra parte, un mayor conocimiento de las repercusiones psicológicas y la posible evolución de la víctima permite adecuar el tratamiento de esta tanto en el proceso como en el tratamiento asistencial que pueda requerir en su caso.
- Finalmente, permite incorporar al proceso una imagen más clara y real del impacto del delito en la víctima, lo cual podría ser incorporado para la valoración jurídica del hecho y no solamente como sistema de detección de necesidades que deberán ser atendidas por las Oficinas de Atención a la Víctima. Esto ha sido ampliamente debatido ya que puede llegar a chocar con el correcto funcionamiento del sistema judicial, incorporando a la valoración elementos distintos a la culpabilidad de los hechos[43]. En lo que sí puede encontrarse una relación indudable sería en su

42 Josep Mª TAMARIT SUMALLA, «La valoración judicial del impacto del delito en la víctima en casos de abuso sexual infantil», Revista de Victimología, n.º 6 (2017): 35, https://doi.org/10.128227/RVJ.6.02. (Último acceso: 8 de enero de 2021)

43 TAMARIT SUMALLA, 35 y ss. El riesgo se encuentra en que además podría llegar a incorporar a la valoración elementos referentes la víctima como su situación de especial vulnerabilidad entre otros. Es decir, podría llegar a valorarse igualmente la actitud de la víctima en relación con su situación previa a la victimización como factor de riego de esta.

impacto en la justificación de una determinada indemnización. Así analiza TAMARIT SUMALLA el esfuerzo realizado en los últimos años por diferenciar el daño psíquico del daño moral, siendo este último especialmente complejo en su valoración y cuantificación. Para el reconocimiento del segundo no sería necesario apreciar una sintomatología psíquica entendiendo de la extensa jurisprudencia analizada que corresponde reconocerse en atención, principalmente a la dignidad de la persona en la perpetración de tales actos. Por su parte, las complejidades que apreciamos en la primera es la relevancia de poder ser constatado un trastorno psíquico en la persona que como se ha señalado resulta en ocasiones extremadamente complejo[44].

2.2.3 Atención a víctimas menores de edad y victimización secundaria

Aunque el rol de la víctima ha pasado desapercibido durante mucho tiempo, como se ha podido comprobar en la revisión normativa, a partir de la Decisión Marco 2002/220/JAI se ha procurado, cada vez más, otorgar un lugar adecuado para las víctimas.

Se constató así que la vivencia del proceso suponía en no pocas ocasiones una nueva victimización que se denominó "victimización secundaria"[45] que es señalada en su considerando 5 así como en su art.15. Su posterior desarrollo ha centrado sus esfuerzos en reducir los perjuicios provocados como consecuencia del contacto -inadecuado- con el sistema judicial, incluyendo el policial[46].

---

44 TAMARIT SUMALLA, «La valoración judicial del impacto del delito en la víctima en casos de abuso sexual infantil».

45 Debe diferenciarse de lo que denominamos aquí re-victimización, concepto más amplio que si bien podría referirse a la victimización secundaria podría igualmente hacer alusión a una nueva victimización ajena al proceso judicial.

46 Juan Luis GÓMEZ COLOMER, *Estatuto Jurídico de la Víctima del Delito. La posición jurídica de la víctima del delito ante la Justicia Penal. Un análisis basado en el Derecho Comparado y en la Ley 4/2015, de 27 de abril del Estatuto de la Víctima*, 2° (Pamplona: Thomson Reuters Aranzadi S.A., 2015), 220.; Winfried HASSEMER y Francisco MUÑOZ CONDE, *Introducción a la Criminología y al Derecho Penal* (Valencia: Tirant lo Blanch, 1989), 184-85.

Si bien en muchas el contacto de la víctima menor de edad con el proceso será reconocido como estructura fundamental para la protección de sus derechos y el restablecimiento de una situación adecuada para la víctima, el objetivo del proceso judicial puede no encajar plenamente con sus necesidades e intereses. En muchas ocasiones, el contexto y proceder del proceso judicial va a suponer una instrumentalización de la persona menor de edad[47], como elemento indispensable para conocer los hechos[48]. Y es que la propia dinámica del proceso va a colocar a la víctima en una situación de cuestionamiento que resulta no solamente difícil de interpretar para esta, sino que también va a favorecer los sentimientos de culpa[49] y en ocasiones entorpecer una posible restauración.

Uno de los aspectos ampliamente estudiados no solamente en NNA, sino también en adultas, es la consecuencia en la víctima de todo lo derivado del proceso desde su inicio hasta el final, lo que englobaría desde una perspectiva amplia desde el momento posterior a la comisión de un delito hasta la reparación efectiva de la víctima (y esto incluye tanto la ejecución de lo juzgado como todas aquellas medidas que se acuerden dentro de la reparación).

Interesa en este punto destacar que la victimización secundaria en el caso de la infancia debe atenderse desde dos perspectivas íntimamente relacionadas:

- Al igual que cualquier víctima adulta, la atención a los intereses de esta durante el proceso se ha señalado en los últimos años como insuficiente. Ni la respuesta ni la vivencia del proceso alcanzan en muchas ocasiones las expectativas de la víctima. Esto se ve intensificado en el caso de la víctima menor de edad que

---

47 Carolina VILLACAMPA ESTIARTE, «Víctima menor de edad y proceso penal: especialidades en la declaración testifical de menores-víctimas», Revista de Derecho Penal y Criminología, 2° Época, n.° 16 (2005): 1.

48 Mercedes SERRANO MASIP, «La incorporación al proceso penal español de la normativa UE sobre el interrogatorio o la explotación de la víctima menor de edad», en *Delitos contra la libertad e indemnidad secual de los menores. Adecuación del Derecho español a las demandas normativas supranacionales de protección* (Navarra: Thomson Reuters Aranzadi S.A., 2015), 518-19.

49 PEREDA BELTRÁN y ARCH MARIN, «Evaluación e intervención con víctimas menores de edad desde la perspectiva de la Justicia Terapéutica. Especial referencia a las víctimas de abusos sexual infantil», 255.

va a verse envuelta en un proceso que no se encuentra estructurado en atención a sus necesidades específicas, de forma que va a sufrir más veces y de manera más intensa esta distancia en relación con sus intereses y necesidades.

- Por otra parte, la posibilidad de darse intereses en conflicto entre la víctima y sus representantes puede suponer un auténtico calvario para la víctima si no se detecta a tiempo y se ponen las medidas necesarias. En caso contrario, la víctima sufriría no solamente la desatención de sus intereses y necesidades por parte del sistema sino, además, un manejo inadecuado -e incluso perjudicial- de su situación por parte de sus responsables, priorizando los suyos frente a los de la víctima. La situación de dependencia de la persona menor de edad debe tenerse así muy presente cuando se valora las adaptaciones necesarias para su correcta participación en el proceso.

Conscientes de ello, se han tomado algunas medidas ya revisadas previamente, especialmente desde la LEVID y su RD de desarrollo, y la LOPIVI teniendo un rol especial las valoraciones y medidas que puedan tomarse desde las Oficinas de Atención a la Víctima y determinadas medidas de adecuación[50]. Sin embargo, es importante llamar la atención, sobre las medidas de protección que puedan darse de manera solapada. Dándose en muchas ocasiones la victimización en el contexto familiar, no resulta extraño que su detección lleve aparejadas medidas de protección. En estos casos, debe tomarse consciencia de la vivencia de la víctima. La tajante línea que parece existir entre los estudios sobre la victimización y sobre los de protección parecen analizar dos momentos o fases diferentes que no encuentran importantes confluencias entre ellos, pudiendo dificultar la reparación de las víctimas.

---

50 En consonancia con la Directiva 2012/29/UE (art.23), el art. 4.1.h LOPIVI establece la "*individualización de las medidas teniendo en cuentas las necesidades específicas de cada NNA víctima de violencia*". Para ello se apoya en las OAV en su art. 9.4, estableciendo que actuarán como mecanismo de coordinación con el resto de recursos y servicios de protección de NNA, para garantizar el ejercicio de sus derechos.

2.3 CIFRAS DE LA VICTIMIZACIÓN EN LA INFANCIA

Aunque la irrupción de la victimología propició una gran avalancha de datos empíricos, la recogida de estos sobre la victimización de NNA es una cuestión extremadamente preocupante. Esta problemática puede agruparse en dos grandes cuestiones, desde las que deben interpretarse algunos de los datos que se presentan a continuación[51]. En primer lugar, la situación de dependencia de NNA dificulta la detección de situaciones de victimización. Por otra parte, la formación en detección de la victimización en la infancia debe ser exigida y contrastada en todos aquellos profesionales que tengan de manera continuada contacto con NNA -colegios, salud pública y privada, etc.-. Dadas las carencias actuales en ambas cuestiones, la información que pueda manejarse resulta sesgada e incompleta, dejando al margen un porcentaje importante que correspondería a la victimización que no llega a ser denunciada.

Otro de los problemas más importantes, destacado de manera continuada por el Consejo de Europa, es la necesidad de centralizar y unificar la forma de recogida y plasmación de estos datos. Si bien existen cada vez más investigaciones, ni son uniformes ni resultan lo suficientemente homogéneas para poder encontrar una panorámica completa de esta forma de violencia[52].

Esta problemática ha sido abordada en la LOPIVI en sus arts. 44, 52 y 56. El art. 44.2 establece así la sustitución del RUMI (Registro Unificado de Maltrato Infantil) previsto en el art. 22 ter de la LOPJM por el Registro Unificado de Servicios Sociales sobre Violencia contra la Infancia (RUSSVI). Se trata de un registro estatal que incluirá la información estadística de casos de violencia contra NNA procedente de los servicios sociales de atención primaria, debiendo constar "*las*

---

51 Algunas de las siguientes cuestiones son trabajadas de manera detallada en PEREDA BELTRÁN, GUILERA FERRÉ, y ABAD GIL, «Victimización infanto-juvenil en España: una revisión sistemática de estudios epidemiológicos».

52 «Conclusiones del Foro de sensibilización sobre la violencia contra la infancia» (Ministerio de Justicia, 2013), 7-8, http://www.ijjo.org/es/docs/informes/conclusiones-del-foro-de-sensibilizacion-sobre-la-violencia-contra-la-infancia.(Último acceso: 21 de marzo de 2021). Y CARDONA LLORENS, «La ausencia de un buen sistema de datos desagregados es un problema diagnosticado por la ONU para conocer la realidad de la infancia».

notificaciones y comunicaciones recibidas, los casos confirmados y las distintas medidas puestas en marcha en relación con la intervención de dichos servicios sociales" (art. 44.1 LOPIVI). Establece el art. 56 LOPIVI, de manera complementaria, la creación por Real Decreto del Registro Central de información sobre la violencia contra la infancia y la adolescencia "*así como la información concreta y el procedimiento a través del cual el Consejo General del Poder Judicial, las Fuerzas y Cuerpos de Seguridad, el RUSSVI y las distintas administraciones públicas deben suministrar los datos requeridos al registro*". Aunque será el Real Decreto el que señale la información que deberá ser facilitada, deberá comprender, como mínimo, los siguientes aspectos: "*a) Con respecto a las víctimas: edad, sexo, tipo de violencia, gravedad, nacionalidad y, en su caso, discapacidad. b) Con respecto a las personas agresoras: edad, sexo y relación con la víctima. c) Información policial (denuncias, victimizaciones, etc.) y judicial. d) Medidas puestas en marcha, frente a la violencia sobre la infancia y adolescencia*".

2.3.1 Una panorámica general

Encontramos cifras escalofriantes de victimización de la infancia en las reflejadas por el Ministerio del Interior[53], en las que se aprecia que los delitos sufridos en este periodo son más graves y más violentos, lo que supondrá una mayor repercusión sobre la persona a nivel personal, social y relacional[54], además del impacto diferenciado por darse en un periodo de desarrollo de la persona. Se extraen algunas conclusiones en referencia a los datos del año 2020[55]:

---

[53] Aclarar que "El concepto de victimización viene referido al número de hechos denunciados por personas en los cuales manifiestan ser víctimas o perjudicados por alguna infracción penal. Se diferencia del concepto de «víctima», ya que éste se refiere a personas individuales. En una denuncia pueden darse varios hechos conjuntamente, e incluso pueden existir varias víctimas o perjudicados, siendo las victimizaciones el término que engloba a los diferentes hechos que afectan a una determinada víctima". Para una consulta más detallada de los datos reflejados véase: https://estadisticasdecriminalidad.ses.mir.es/GuiasyAyudas/04_Victimizaciones.pdf

[54] Clara MARTÍNEZ GARCÍA, «Violencia contra la infancia. Hacia una estrategia integral» (España: Save the Children, mayo de 2015), 6.

[55] Datos referidos al año 2020 con un desglose en atención al sexo en apartados posteriores.

	0-13 años	14-17 años	Total NNA	Total adultas
1. CONTRA LAS PERSONAS	**4730**	**8.057**	**12.787**	**137.662**
1.1. Homicidios dolosos/asesinatos	23	22	45	956
1.1.1. Homicidios dolosos/asesinatos consumados	*14*	*2*	*16*	*233*
1.2. Lesiones	2.237	5.335	7.572	67.819
1.3. Malos tratos ámbito familiar	2.283	2.508	4.791	65.982
1.4. Otros contra las personas	187	192	379	2.905
2. CONTRA LA LIBERTAD	**2.402**	**4.032**	**6.434**	**106.637**
2.1.-Malos tratos habituales en el ámbito familiar	597	463	1.060	12.742
2.2.-Otros contra la libertad	1.805	3.569	5.374	94.165
3. LIBERTAD SEXUAL	**2.683**	**3.002**	**5.685**	**5.457**
3.1.-Agresión sexual	158	328	486	960
3.2.-Agresión sexual con penetración	115	259	374	892
3.3.-Corrupción de menores o incapacitados	133	206	339	29
3.4.-Pornografía de menores	86	60	146	7
3.5.-Otros contra la libertad e indemnidad sexual	2.191	2.149	4.340	3.569
4. RELACIONES FAMILIARES	**1.067**	**334**	**1.401**	**4.692**
5. PATRIMONIO	**1.270**	**6.956**	**8.226**	**668.944**
5.1.-Hurtos	526	3.504	4.030	211.949
5.2.-Robos con fuerza en las cosas	18	76	94	94.394
5.2.1.-Robos con fuerza en las cosas en el interior de vehículos	*4*	*18*	*22*	*39.310*
5.2.2.-Robos con fuerza en viviendas	*6*	*24*	*30*	*28.074*
5.2.3.-Robos con fuerza en establecimientos	3	1	4	14.473
5.3.-Robos con violencia o intimidación	536	2.601	3.137	25.875
5.3.1.-Robos con violencia en vía pública	*396*	*1.946*	*2.342*	*15.848*
5.3.2.-Robos con violencia en viviendas	*21*	*50*	*71*	*2.415*
5.3.3.-Robos con violencia en establecimientos	*16*	*67*	*83*	*4569*
5.4.-Sustracción de vehículos	6	53	59	14.560
5.5.-Estafas	74	391	465	215.291
5.5.1.-Estafas bancarias	4	10	14	8.787

5.6.-Daños	51	78	129	85.418
5.9.-Otros contra el patrimonio	48	277	325	22.897
6. SEGURIDAD COLECTIVA	**34**	**50**	**84**	**1.107**
7. FALSEDADES	**61**	**142**	**203**	**11.637**
8. ADMÓN. PÚBLICA	**5**	**10**	**15**	**87**
9. ADMÓN. JUSTICIA	**154**	**473**	**627**	**20.231**
10. ORDEN PÚBLICO	**56**	**10**	**66**	**6.911**
12. OTRAS INFRACCIONES PENALES	**79**	**171**	**250**	**6.229**

Tabla 4. Comparativa total de victimizaciones en el año 2020: infancia vs. adultez.

Elaboración propia a parte de los datos extraídos del Ministerio del Interior

a) Victimización en la infancia vs. victimización en la adultez:

Se aprecia un porcentaje llamativo, respecto al resto de categorías, en los delitos en relaciones familiares en el que un 23% son cometidos contra personas menores de edad, seguido de los delitos contra las personas con un 8,5% y los delitos contra la libertad en que el porcentaje supone un 5,7% (catalogándose la mayoría de estas como "otros delitos contra la libertad").

Aunque los delitos contra el patrimonio suponen un porcentaje anecdótico frente a los cometidos contra las personas adultas (1,2%), llama la atención que las cifras más elevadas se obtienen en los robos con violencia e intimidación (estos últimos mayormente en la vía pública, representando el 12,9% de estos robos).

Drásticamente mayor es el porcentaje que se aprecia en los delitos contra la libertad sexual en el que el 51% de estos son cometidos contra personas menores de edad destacando significativamente las cifras registradas en "otros contra la libertad e indemnidad sexual" (54,9%), seguido de las agresiones sexuales sin penetración (33,6%) y posteriormente aquellas con penetración (29,5 %).

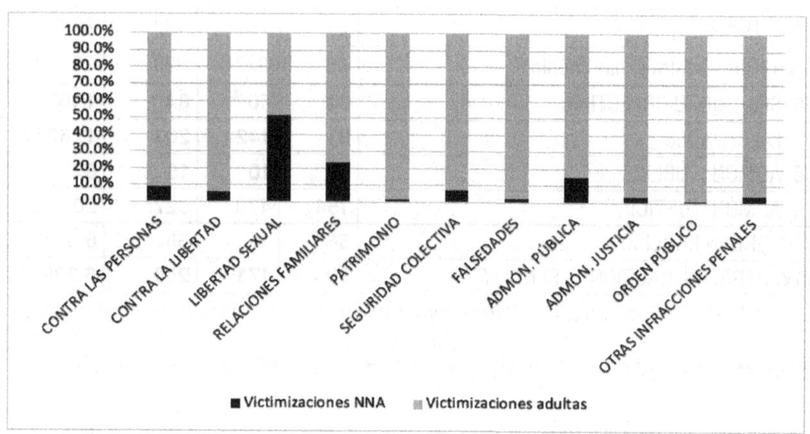

Gráfica 1. Comparativa victimizaciones según el tipo delictivo en el año 2020: infancia vs. adultez.
Elaboración propia a partir de los datos extraídos del Ministerio del Interior

Se concluye así que, si bien las proporciones guardan entre las diferentes categorías ciertas semejanzas, en las victimizaciones en la infancia, destacan claramente los delitos contra la libertad e indemnidad sexual, superando el 50%[56].

b) Victimización en la infancia en atención a la edad

En el año 2020 se aprecia en los "delitos contra las personas", unas cifras más altas en "lesiones" (con un total de 7.572 victimizaciones) y en "malos tratos en el ámbito familiar" (con un total de 4.791 victimizaciones), elevándose significativamente las lesiones en el tramo superior (14-17 años) respecto al inferior (0-13 años), con 5.335 víctimas frente a 2.237 respectivamente. De manera inversa hay que lamentar 14 homicidios dolosos consumados en personas menores de 13 años frente a 2 en el tramo superior[57]. Se aprecia también una

[56] En relación a los delitos contra la Administración Pública de aprecia un porcentaje elevado respecto al resto de asuntos no siendo significativo por la baja cifra total tanto en personas menores de edad como en adultas.

[57] Señala la OMS que "los niños menores de un año de edad tienen el triple de riesgo de ser víctimas de homicidio que los niños de uno a cuatro años, y el doble

diferencia significativa en los delitos contra la libertad, concretamente en la categoría de "otros contra la libertad" con 3.569 víctimas en el tramo superior frente a 1.805 en el inferior. Por último, encontramos diferencias significativas en los delitos sobre el patrimonio donde como es lógico predominan en el tramo superior.

c) Evolución de los delitos con víctimas menores de edad

Si atendemos a la evolución de los tipos delictivos con cifras más elevadas, se observa entre los años 2015 y 2020 un aumento en los delitos contra la libertad y la libertad e indemnidad sexual, mientras que los delitos contra las personas, contra el patrimonio y en las relaciones familiares parecen mantener una constante. Se observa una disminución de las victimizaciones en el año 2020 que podrían reflejar las consecuencias de la crisis sanitaria provocada por la COVID-19, lo que no significa en su caso que las victimizaciones reales hayan descendido (siendo estos datos un reflejo de las victimizaciones registradas).

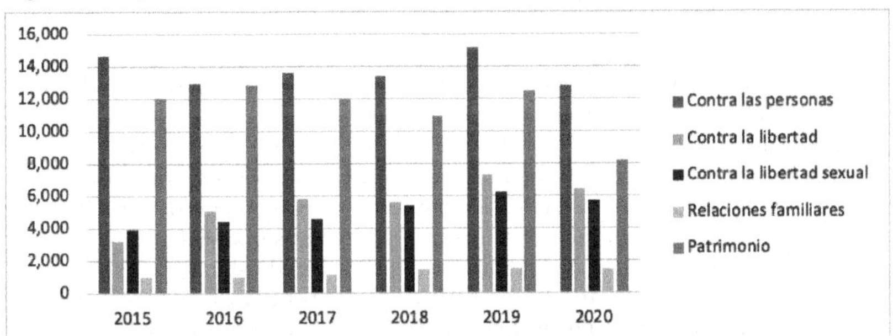

Gráfica 2. Evolución victimizaciones en la infancia según el tipo delictivo. Años 2015-2020.
Elaboración propia a partir de los datos extraídos del Ministerio del Interior

que los niños de cinco a catorce años", en «El desarrollo del niño en la primera infancia y la discapacidad: un documento de debate» (Malta: Organización Mundial de la Salud y Unicef, 2013), 16, www.who.int.

2.3.2 Especial atención a los delitos cometidos contra la libertad e indemnidad sexual de NNA

Merece especial atención la victimización sexual contra la infancia no solamente por su incidencia, sino también por la dificultad que entraña su respuesta desde el sistema de justicia.

Los últimos estudios constatan que entre el 10% y el 20% de la población ha sufrido abusos sexuales en la infancia, siendo mayormente abusada por personas de su entorno, y esto con mayor intensidad en las personas menores de edad de entre 7 y 9 años[58]. El Consejo de Europa, usando las estadísticas publicadas por UNICEF y por la Organización Internacional del Trabajo y la Organización Mundial de la Salud concluye que 1 de cada 5 personas menores de edad sufren abusos sexuales antes de cumplir los 13 años[59], mientras que la FRA calcula que entre el 45% y el 55% de las mujeres de la Unión Europea han sufrido acoso sexual desde los 15 años[60].

En el año 2020, el 51% de los delitos contra la libertad e indemnidad sexual fueron perpetrados contra personas menores de edad[61],

---

58 «Ulls que no volen veure. Els abusos sexuals a nens i nenes i els errors del sistema», septiembre de 2017, 9. Aunque esto responde parcialmente a una limitación de las relaciones sociales en este periodo, este patrón se mantiene de manera clara, aunque menos intensa, en etapas posteriores. Esto permite concluir que no solamente se encuentra ligado a este factor, sino también a otros como puede ser la situación de dependencia prolongada o las relaciones sistémicas que se dan en el contexto familiar disfuncional, lo cual perdura más allá de las edades más bajas.

59 Estos datos dieron lugar a la compaña de "Uno de cada cinco" que puede consultarse en Council of Europe, «ONE in FIVE Campaign», 2010, https://www.coe.int/en/web/children/campaign-materials1. (Último acceso: 7 septiembre de 2020). Para mayor detalle véase Noemí PEREDA BELTRÁN, «¿Uno de cada cinco? Victimización sexual infantil en España», Papeles del Psicólogo, 37, n.º 2 (2016): 126-33., MARCOS et al., «Ojos que no quieren ver. Los abusos sexuales a niños y niñas en España y los fallos del sistema», 47., Kevin LALOR y Rosaleen McELVANEY, «Overview of the nature and extent ofchild sexual abuse in Europe», en *Protecting children from sexual violence–A comprehensive approach*, ed. Council of Europe (Strasbourg: Council of Europe, 2010), https://arrow.tudublin.ie/cgi/viewcontent.cgi?article=1003&context=aaschsslbk. (Último acceso: 2 de agosto de 2020)

60 «Violencia de género contra las mujeres: una encuesta a escala de la UE» (Fundamental Rights Agency, 2014).

61 «Portal estadístico», Ministerio del Interior, 2021, https://estadisticasdecriminalidad.ses.

observándose entre los años 2011 y 2020 un aumento en el número de victimizaciones conocidas recogidas por el Ministerio del Interior[62].

Si los datos a los que finalmente se tiene acceso, aun incompletos resultan abrumadores, tomar conciencia de la envergadura de la cifra negra en este ámbito resulta simplemente desolador.

A ello deben sumarse nuevas formas de victimización, por la eclosión en los últimos años de la cibercriminalidad.

Los siguientes datos presentan los porcentajes que corresponden a la victimización contra la infancia, respecto a los cometidos contra personas mayores de edad:

Superior a 80%	Provocación sexual: 86,7% Delito de contacto mediante tecnología con menor de 16 años con fines sexuales (grooming): 98,4% Exhibicionismo: 98% Abuso sexual: 83,7% Corrupción de menores/con discapacidad/diversidad funcional: 93,2%[63] Pornografía de menores: 82,8%
Entre 30 y 80%	Acoso sexual: 32,3%
Por debajo de 30%[64]	Descubrimiento/revelación de secretos (13,3%); coacciones (8,6%); amenazas (8,1%); injurias (7,1%); acceso ilegal informático (4,3%); usurpación de estado civil (3,4%); calumnias (1,9%); ataque informático (1%).

Tabla 5. Proporción de cibercriminalidad contra la infancia. Años 2020. Elaboración propia a partir de los datos extraídos del Ministerio del Interior

Se observa que, cuando estos delitos tienen un componente sexual, tienen como víctimas principalmente a NNA (debiéndose en algunos casos el alto porcentaje a que la tipología exige en sí misma la participación de estas para su reconocimiento). En todo caso no hace más que reflejar nuevas vías de victimización de la infancia.

---

62 Este aumento se encuentra de manera proporcional en victimizaciones hacia personas adultas.

63 Correspondiendo 206 casos a víctimas menores de edad y 15 a personas adultas.

64 No se observan victimizaciones contra la infancia en delitos contra la propiedad industrial; estafa bancaria; estafas con tarjetas de crédito, débito y cheques de viaje; falsificación de moneda, sellos y efectos timbrados; etc.

Una vez más, la forma dispar de recogida de datos, así como la dificultad de definir en ocasiones el tipo de victimización provoca una ausencia de resultados claros y uniformes. PEREDA BELTRÁN[65] señala la necesidad de consultar directamente a NNA sobre esta cuestión aplicando por supuesto una metodología adaptada que permita obtener unos datos fiables y una atención adecuada a la persona.

OCHAÍTA y ESPINOSA, señalan la exigencia de la satisfacción de las necesidades sexuales desde las edades más tempranas, por medio de las cuales también se alcanzaría una mayor claridad sobre posibles intereses relacionados. Así, desde el nacimiento hasta los 2-3 años, destacan la importancia de permitir el autoconocimiento y el aprendizaje espontáneo, incidiendo sobre el reconocimiento del cuerpo como propio y poder nombrar sus partes. El periodo desde los 2 o 3 años hasta los 6 años destaca como un periodo de gran curiosidad y autoconocimiento siendo esencial el rol de la familia y educadores escolares para facilitar una información adecuada a la edad, completa y clara que permita una mejor detección de aquellas situaciones que para NNA pueden suponer un riesgo. Siendo variadas las formas de recibir esta educación, es esencial fomentar herramientas que ayuden a educadores y miembros de la familia a trasladar esta información de una manera positiva y adecuada[66].

El Comité de los Derechos del Niño en 2011, en su Observación General nº 13 sobre el "Derecho del niño a no ser objeto de ninguna forma de violencia", destaca la insuficiencia de mecanismos de prevención y detección, con medidas más enfocadas a las consecuencias de la victimización. Son así de rotundas sus palabras: "Las medidas adoptadas tienen efectos limitados debido a la falta de conocimientos, datos y comprensión sobre la violencia contra los niños y sus causas fundamentales, a las respuestas más centradas en los síntomas y las consecuencias que en las causas, y a las estrategias más fragmentadas que integradas"[67].

---

65 PEREDA BELTRÁN, «¿Uno de cada cinco? Victimización sexual infantil en España», 131.

66 OCHAÍTA ALDERETE y ESPINOSA BAYAL, *Hacia una teoría de las necesidades infantiles y adolescentes*, 270-96.

67 Comité de los derechos del niño, «Observación general Nº13 (2013). Derecho del niño a no ser objeto de ninguna forma de violencia» (Naciones Unidas,

Existe en la actualidad, aun con un número creciente de estudios, una grave ausencia de sensibilización social y un importante desconocimiento en este tipo de victimización. El Informe "Ojos que no quieren ver" de Save the Children[68] señala algunos de los elementos claves:

- Este tipo de abusos no se detectan fácilmente. Las consecuencias en el desarrollo de la persona no siempre son obvias ni inmediatas, lo que no supone que sean de extrema gravedad.
- No son perpetrados por personas que reúnan características uniformes ni tampoco que tengan actitudes anormales distintivas en el día a día (no hay un perfil de abusador, respondiendo como veremos a un ejercicio del poder sobre las víctimas, debiendo remitirnos a elementos estructurales en su comprensión). Resaltan ECHEBURÚA y GUERRICAECHEVARRÍA la importancia de diferenciar la pedofilia del abuso sexual infantil ya que no siempre van a darse a la vez. Así, señalan que algunos abusadores no sienten atracción sexual por NNA, siendo el ejercicio del poder sobre la víctima el elemento clave. Recogiendo los datos presentados por la Fundación ANAR en 1999, señalan que en el 32% de los casos son los padres, en el 36% familiares y el 28% personas del entorno cercano[69].
- No suelen ser actos violentos puntuales sino abusos progresivos llegando solamente algunos a la agresión sexual con penetración. Se estipula una media de 4 años de abusos entre las personas menores de edad que los sufren[70].

2013), párr. 12.

68 MARCOS et al., «Ojos que no quieren ver. Los abusos sexuales a niños y niñas en España y los fallos del sistema», 12-13.

69 ECHEBURÚA y GUERRICAECHEVARRÍA, *Abuso sexual en la infancia: víctimas y agresores. Un enfoque clínico*, 80-81.

70 MARCOS et al., «Ojos que no quieren ver. Los abusos sexuales a niños y niñas en España y los fallos del sistema», 16.

2.4 SITUACIONES ESPECIALES

A continuación, se señalan algunos contextos en los que la victimización tiene características distintivas suficientes como para requerir una breve reflexión diferenciada.

2.4.1 *La victimización intrafamiliar*

Una de las cuestiones recurrentes en la atención a la infancia victimizada es el rol de la familia y la relación establecida entre esta y la persona menor de edad. Siendo la familia, según el artículo 39 CE, una de las responsables del correcto desarrollo de la persona a lo largo de su infancia y adolescencia, junto con las Instituciones públicas en caso de fracaso de la primera, es innegable la relevancia de su impacto en esta cuestión. Debe además tenerse presente la notabilidad de la institución de la familia en la sociedad, que surge a partir de la Edad Media tras cambios en la estructura social. Su aparición impactó fuertemente en el tratamiento de NNA pasando de ser «parte de la sociedad» a «parte de su familia o extensión de sus progenitores». En una estructura patriarcal, la persona menor de edad -así como la mujer- se ve relegada a la esfera privada, bajo la dominación del *padre de familia.* Reconocida en todo caso como contexto de cuidado y seguridad de NNA, resulta complejo, aún en la actualidad, que sea reconocida como contexto que puede ser extremadamente dañino para la persona menor de edad[71]- esto potenciado además por la falsa creencia de que los avances en los derechos de la infancia y de la mujer son suficientes para eliminar estas situaciones de extrema discriminación-.

Los datos sobre esta son alarmantes estipulando la Fundación ANAR que la "(...) agresión violenta proviene en la mayoría de los casos del entorno más cercano: en el 58,6 por 100 de los casos de alguno de los progenitores y en un 66,4 por 100 de los casos se trata de violencia en el seno familiar. (...), solo expresó deseo de denunciar el 14 por 100 de las víctimas, de las que únicamente el 7,0 por 100

[71] TAMARIT SUMALLA, «Respuestas restaurativas al abuso sexual infantil», 598.

lo hizo finalmente"[72]. Además del elevado número de violencia perpetrada por la familia o el entorno más cercano, resulta especialmente alarmante la barrera presente a la hora de denunciar. En este sentido, debe cuestionarse si se reduce exclusivamente a una cuestión de vínculos con la persona agresora o si el funcionamiento del sistema influye en esta cifra.

La violencia familiar es considerada generalmente como aquella en la que se detecta un abuso de poder en las relaciones familiares de cualquier tipo (físico, psicológico o sexual, junto con situaciones de negligencia). Sin embargo, conviene diferenciar dos perspectivas:

- Situación de maltrato o negligencia directa hacia NNA en el núcleo familiar pudiendo ser esta victimización activa o pasiva (esta última dándose cuando no se proteja a la persona menor de edad de una situación de abuso o negligencia).
- Victimización indirecta de NNA por encontrarse en un contexto de violencia, dirigida de manera directa a otros miembros de la familia -siendo el caso de la violencia de género[73], la vio-

---

72 «Dictamen Sobre el Anteproyecto de la Ley Orgánica de Protección integral a la infancia y la adolescencia frente a la violencia», Dictamen 1. (Pleno del Consejo Económico y Social, febrero de 2019), 8, http://www.ces.es/documents/10180/5210145/Dic012019.pdf. Estos datos son extraídos del Estudio realizado por Fundación ANAR, «Evolución de la violencia a la infancia en España según las víctimas (2009-2016)» (Fundación ANAR, 2016), https://www.observatoriodelainfancia.es/ficherosoia/documentos/5545_d_Estudio_Evoluci%C3%B3n-de-la-Violencia-a-la-Infancia-en-Espa%C3%B1a-seg%C3%BAn-las-V%C3%ADctimas.pdf.

73 PATRÓ HERNÁNDEZ y LIMIÑANA GRAS, «Víctimas de violencia familiar: Consecuencias psicológicas en hijos de mujeres maltratadas», 11. GAL atiende esta cuestión en la valoración de la participación de NNA en prácticas restaurativas, entendiendo que en ocasiones deberán perjudicarse levemente los intereses de la persona menor de edad en beneficio de garantizar los de la persona que se encuentra a su cuidado para, posteriormente, y en un momento que garantice la seguridad de ambos, retomar la persona menor de edad contacto con el progenitor abusivo, en Tali GAL, «Justicia Restaurativa inclusiva con menores: heurística para profesionales», en *Justicia Restaurativa: una justicia para las víctimas*, de Helena SOLETO MUÑOZ y Ana CARRASCOSA MIGUEL (Valencia: Tirant lo Blanch, 2019), 564. Debe quedar claro en todo caso que choca frontalmente con el bienestar de NNA desarrollarse en un contexto violento así como mantener relación con un progenitor violento.

lencia contra hermanas y hermanos[74] o violencia doméstica de manera general[75]-.

En cualquiera de estos casos, las repercusiones psicológicas sobre NNA se verán intensificadas por darse en un contexto del que se espera protección y seguridad, siendo el sentimiento de vulnerabilidad y desamparo mayor. En caso, además, de que la violencia sea ejercida por un referente para la persona menor de edad -como pueden ser progenitores, hermanos/as mayores, abuelos/as, etc.-, estas consecuencias se verán, nuevamente intensificadas. Se habla así de «trauma complejo del desarrollo» cuando la situación de maltrato se cronifica o se repite en diferentes momentos vitales de manera que la víctima adopta mecanismos de defensa que pueden a su vez cronificar tanto la sintomatología como la victimización[76]. En el caso de la infancia, al darse esta en un momento en el que deberían desarrollarse ciertas habilidades, por medio de la adecuada atención desde su entorno más cercano, al no ver satisfechas estas necesidades -e incluso contribuyendo activamente a su no satisfacción-, estas habilidades no son adquiridas de manera total o parcial, o son adquiridas de manera disfuncional, lo que puede llegar a afectar gravemente a su desarrollo cerebral y neuronal[77].

---

74 Se refleja en el estudio de PEREDA Y ALMIRALL 2004 que el 18% de los hermanos o hermanas no recibirían un maltrato físico aun en casos de que éste sí se detecte en el resto de los hermanos y hermanas.

75 Judit ABAD GIL, Noemí PEREDA BELTRÁN, y Georgina GUILERA FERRÉ, «La exposición de los menores españoles a la violencia familiar», Boletín criminológico. Instituto andaluz interuniversitario de Criminología, n.º 131 (2011): 1.

76 No son puntuales la referencias de la Fundación ANAR a situaciones de violencia en el ámbito familiar perpetrada por uno de los progenitores, con la omisión de socorro del otro progenitor y responsable de la persona menor de edad, llegando incluso a colaborar o justificar el maltrato, en «Memoria Fundación ANAR 2017» (España: Fundación ANAR, 2018), 23, https://www.anar.org/wp-content/uploads/2019/01/Memoria-Fundaci%C3%B3n-ANAR-2017.pdf., o «Memoria Fundación ANAR 2018» (España: Fundación ANAR, 2019), 22, https://www.anar.org/wp-content/uploads/2019/12/Memoria-ANAR-2018.pdf.

77 Esta cuestión es trabajada con detalle por LÓPEZ-SOLER, «Las reacciones postraumáticas en la infancia y adolescencia maltratada: el trauma complejo». De manera complementaria puede consultarse Isabel NIETO MARTÍNEZ y Concepción LÓPEZ CASARES, «Abordaje integral de la clínica del trauma complejo», Clínica Contemporánea, 7, n.º 2 (2016): 87-104, http://dx.doi.org/10.5093/

En este tipo de victimización resulta especialmente compleja para la víctima, no solamente por la vivencia de su victimización, sino en ocasiones también por las medidas de protección que serán necesarias para su bienestar pero que tendrán un gran impacto en esta por la ruptura de los vínculos familiares. Así, parte de la doctrina habla de la paradoja existente entre la protección y la ruptura de vínculos. En la mayoría de las ocasiones las medidas de protección pueden resultar en sí mismas traumáticas. La búsqueda de la satisfacción de la necesidad -o interés en algunos casos- de protección que busca la persona menor de edad en la figura familiar puede chocar -cuando el contexto familiar no es adecuado o suficiente- con unas motivaciones que buscan satisfacer otras necesidades esenciales como sería la autoconservación o la autoestima[78]. De esta manera, el apego familiar entraría en conflicto con la medida de protección.

2.4.2 La victimización infantil desde una perspectiva de género

Dentro de la victimización de NNA debe realizarse también un acercamiento desde la perspectiva de género para su adecuada comprensión, la cual no se ha visto suficientemente atendida hasta fechas muy recientes[79] encontrándose aun cierta confusión en su clasificación. No es un tema baladí ya que puede llevar a datos erróneos tanto cuando se analiza de manera exclusiva desde la perspectiva de género, como cuando se analiza únicamente desde la perspectiva de la infancia. La dificultad que existe aún en la actualidad en reconocer esta perspectiva de género en la infancia supone que de manera general se difumine la victimización por cuestión de género en la estadística de la victimización infantil sin ser diferenciada.

---

cc2016a7. (Último acceso: 24 de agosto de 2021), que analiza el trauma complejo en la edad adulta.

78 Antonio GALÁN RODRÍGUEZ, «El lugar de la víctima en los Sistema de Protección a la Infancia: compartiendo inquietudes», en *La víctima menor de edad. Un estudio comparado Europa-América*, de Teresa ARMENTA DEU y Susana OROMÍ VALL-LLOVERA (Madrid: Colex, 2010), 52-53.

79 Sí se encuentran contempladas ayudas para hijos e hijas de mujeres víctimas de violencias de género en el art 8.3 RD 1109/2015, y es señalada de manera expresa en la LOPIVI (art. 4.1.i).

Cuando se incorpora la variante del sexo en las victimizaciones hacia personas menores de edad se obtienen, en base a los datos de 2020, los siguientes resultados[80]:

	0-13 años		14-17 años		% Femenino
	Masculino	Femenino	Masculino	Femenino	
CONTRA LAS PERSONAS	**2.744**	**1.982**	**4.233**	**3.822**	**45%**
Homicidios dolosos/asesinatos	12	11	19	3	31%
Lesiones	1.431	806	3.428	1.906	36%
Malos tratos ámbito familiar	1.188	1.092	686	1.821	61%
Otros contra las personas	113	73	100	92	44%
CONTRA LA LIBERTAD	**1.150**	**1.250**	**1.764**	**2.268**	**55%**
Malos tratos habituales en el ámbito familiar	283	313	130	333	61%
Otros contra la libertad	867	937	1.634	1.935	53%
LIBERTAD SEXUAL	**663**	**2.019**	**555**	**2.444**	**79%**
Agresión sexual	33	125	32	296	87%
Agresión sexual con penetración	16	99	21	238	90%
Corrupción de menores o incapacitados	35	98	78	126	66%
Pornografía de menores	33	53	17	43	66%
Otros contra la libertad e indemnidad sexual	546	1.644	407	1.741	78%
PATRIMONIO	**930**	**340**	**4.463**	**2.491**	**34%**
Hurtos	339	187	1.794	1.710	47%
Robos con fuerza en las cosas	15	3	63	13	17%
Robos con violencia o intimidación	455	81	2.169	430	16%
Sustracción de vehículos	5	1	45	8	15%
Estafas	42	32	203	188	47%
Daños	42	9	45	33	33%
Otros contra el patrimonio	32	27	144	108	43%
TOTAL INFRACCIONES PENALES	**6.285**	**6.247**	**11.394**	**11.836**	**51%**

Tabla 6. Comparativa total de victimizaciones según el sexo de la víctima. Año 2020.
Elaboración propia en base a los datos extraídos del Ministerio del Interior

80 Se resaltan diferencias porcentuales significativas únicamente en aquellas categorías que superan 1000 victimizaciones, eliminándose los datos relativos a delitos contra la propiedad intelectual e industrial y el blanqueo de capitales en los que hay una única víctima.

Así, mientras que en las victimizaciones totales, salvo excepciones, se observa un reparto equitativo, llaman la atención algunos datos. En los delitos contra las personas, sube la victimización tanto para niños como para niñas en el tramo superior. Sin embargo, en referencia a los "malos tratos en el ámbito familiar", observamos que en el caso de los niños baja significativamente en el tramo superior mientras que aumenta en el caso de las niñas. Por su parte, en el número total de victimizaciones respecto al patrimonio, estas van dirigidas principalmente a niños y adolescentes (66%).

Sin embargo, es en los delitos contra la libertad e indemnidad sexual en los que va a encontrarse una diferencia abrumadora: en el 79% del total de estos delitos, la víctima es una niña o una adolescente, subiendo hasta el 90% en el caso de las agresiones sexuales con penetración. En general, mientras que las cifras bajan o se mantienen en el tramo superior para los niños (salvo en agresión sexual y corrupción de menores donde sube levemente), todas las victimizaciones de esta categoría aumentan en el caso de las niñas (salvo en pornografía infantil en la que baja levemente).

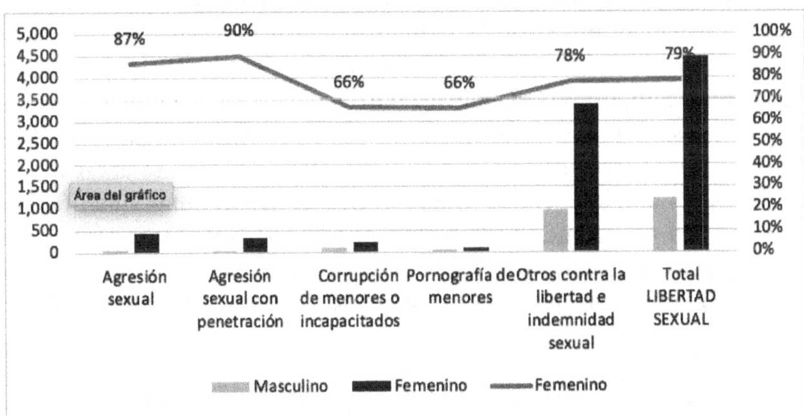

Gráfica 3. Proporción delitos sexuales en la infancia en base al sexo de la víctima. Año 2020.

Elaboración propia en base a los datos extraídos del Ministerio del Interior

Cuando hablamos de violencia de género, existe una dificultad añadida en el estudio de su impacto en la infancia y es que las víctimas de esta violencia incluyen también a menores varones, consecuencia de la violencia dirigida a la madre, instrumentalizando a los hijos e hijas para violentarla. Además, contrariamente a lo establecido en el Convenio de Estambul, en España no se reconoce la violencia sexual como violencia de género salvo que se encuentre en el contexto de la violencia entre parejas o exparejas (IPV, *intimate parner violence*), lo que conlleva una recogida de datos y una interpretación de este tipo de violencia muy sesgada y que mantiene vivos ciertos mitos.

Así, las cifras recogidas en la actualidad solamente podrían hacerse en base a:

- La violencia sufrida por niñas y jóvenes mujeres menores de edad por cuestión de género en sus relaciones de pareja, en la que se observa un descenso preocupante en la edad de las personas involucradas[81].
- Violencia sufrida en la infancia por cuestiones de género de manera indirecta y por instrumentalización de las personas menores de edad.

En relación con la violencia sufrida de manera indirecta (a consecuencia de la victimización de la madre) y directa (como instrumentalización dentro de la violencia de género), no es hasta 2013 cuando se empezaron a incluir en los datos relativos a la violencia de género, lo que demuestra una invisibilización de esta problemática hasta fechas llamativamente recientes. Pese a ello, los datos que facilita el Observatorio contra la Violencia de Género señalan las víctimas que quedan en situación de orfandad, de forma que se encuentra una laguna en el cómputo de aquellos casos en los que no exista víctima mortal, así como víctimas mortales menores de edad.

---

81 Enrique ECHEBURÚA y Paz DE CORRAL, «El homicidio en las relaciones de pareja: un análisis psicológico», Eguzkilore: cuaderno del Instituto Vasco de Criminología, n.º 23 (diciembre de 2009): 141. Esta violencia no se refleja de manera tan significativa en los registros de mujeres asesinadas por violencia de género entre los años 2009 y 2019. Se observa un repunte en los años 2012 y 2013 en la edad de jóvenes asesinadas, dos de ellas siendo menores de 16 años.

Atendiendo a los datos que figuran en el Portal estadístico de la Delegación del Gobierno para la Violencia de Género[82], predomina la convivencia con el agresor siendo en la mayoría de los casos el padre de las víctimas, lo que recuerda la importancia de adecuar las medidas de protección en estos casos.

Se recoge de manera separada cuando la violencia inicial es ejercida contra una mujer menor de edad, diferenciando dos tramos de edad de mujeres víctimas mortales (menores de 15 años y entre 16 y 17 años). En este sentido llamar la atención sobre la edad de los agresores, que se mueven entre los 18 y 40 años.

En los casos de supervivencia de personas menores de edad que sufran de manera directa, indirecta o instrumental la violencia de género, resaltar las graves consecuencias de la presencia de NNA en situaciones de maltrato a su madre. Así, "(...) los niños que crecen en hogares violentos aprenden e interiorizan una serie de creencias y valores negativos sobre las relaciones con los otros y, especialmente, sobre las relaciones familiares y sobre la legitimidad del uso de la violencia como método válido para la resolución de conflictos, fruto todo ello de la interacción tanto de factores culturales y sociales (socialización diferencial de género y aceptación social del uso de la violencia) como situacionales (historia de violencia intrafamiliar)"[83]. Algunos estudios arrojan resultados extremadamente alarmantes indicando que "(...) sobre una muestra de mujeres maltratadas residentes en centros de acogida, el 85% de los hijos fueron testigos de la violencia ejercida sobre sus madres y en un 66,6% de los casos también ellos fueron maltratados, mayoritariamente de manera física y psicológica"[84].

Las consecuencias psicológicas que pueden observarse en NNA que presencien situaciones de maltrato se asemeja a las ya observadas

---

82 «Datos estadísticos de violencia de género», Portal de la Delegación del Gobierno para a Violencia de Género, 2020, http://estadisticasviolenciagenero.igualdad.mpr.gob.es/. (Último acceso: 24 de diciembre de 2020)

83 PATRÓ HERNÁNDEZ y LIMIÑANA GRAS, «Víctimas de violencia familiar: Consecuencias psicológicas en hijos de mujeres maltratadas», 15.

84 PATRÓ HERNÁNDEZ y LIMIÑANA GRAS, 11.

previamente en el maltrato directo a la persona menor de edad, destacando algunos estudios las siguientes[85]:

- Conductas agresivas y antisociales
- Conductas de inhibición y miedo
- Menor competencia social y rendimiento académico
- Mayor ansiedad, depresión y síntomas traumáticos

Existe mayor tendencia a cronificar algunas de estas consecuencias al darse en el contexto familiar, tal y como se ha expuesta ya al darse a edades tempranas, pudiendo "provocar daños permanentes en las estructuras neuronales y en el funcionamiento de un cerebro aun en desarrollo"[86]. Se detectan también consecuencias a largo plazo, reconociendo conductas violencias dentro del aprendizaje, incorporando estas formas de relación a sus propias relaciones personales. Se aprecian también conductas de anticipación del rechazo y una forma coercitiva de resolución de conflictos (especialmente en estructuras familiares en las que ha habido violencia o estilos fuertemente punitivos).

Debe destacarse en este contexto las modificaciones del CC por la LOPIVI, incorporando el apartado 6º en el art. 158 reconociendo "La suspensión cautelar en el ejercicio de la patria potestad y/o en el ejercicio de la guarda y custodia, la suspensión cautelar del régimen de visitas y comunicaciones establecidos en resolución judicial o convenio judicialmente aprobado" a fin de apartar a la persona menor de

---

85 PATRÓ HERNÁNDEZ y LIMIÑANA GRAS, 13-14. Estos datos coinciden de manera general con otros estudios realizados con muestras no superiores a 100 personas menores de edad y en las que se han estudiado las consecuencias de la violencia en el contexto familiar, incluyendo investigaciones centradas en las consecuencias de convivir en un domicilio en el que se presencia violencia de género en la infancia. En el caso de estas últimas se ven intensificadas algunas de las consecuencias psicológicas. Las consecuencias son tan graves que algunos estudios comparan las consecuencias de este tipo de maltrato en el desarrollo de la infancia a aquellas observadas en la infancia que vive en "zona de guerra", en Mª Vicenta ALCÁNTARA et al., «Alteraciones psicológicas en menores expuestos a violencia de género: Prevalencia y diferencias de género y edad», Anales de la Psicología, 29, n.º 3 (octubre de 2013): 476.

86 ABAD GIL, PEREDA BELTRÁN, y GUILERA FERRÉ, «La exposición de los menores españoles a la violencia familiar», 1.

edad de un peligro o de evitarle perjuicios en su entorno familiar o frente a terceras personas.

2.4.3 La victimización de personas menores de edad con discapacidad

La situación de la infancia con discapacidad es frecuentemente olvidada[87]. Se trata no solamente de una cuestión de especialización sino, en muchas ocasiones de discriminación, aumentando la vulnerabilidad de estas víctimas. En este sentido habla GANZENMÜLLER ROIG de víctimas con una doble discriminación, haciendo referencia a las víctimas menores de edad con discapacidad -habla de manera separada de las víctimas siendo mujeres y jóvenes con discapacidad-[88].

Debe prestarse especial atención a este colectivo en diferentes momentos, encontrando una complejidad añadida a lo expuesto hasta ahora: su situación de especial vulnerabilidad lo que se traduce en una victimización mayor[89]; la dificultad añadida en la detección del maltrato; y, finalmente su acceso a la justicia.

El Real Decreto Legislativo 1/2013, de 29 de noviembre, por el que se aprueba el Texto Refundido de la Ley General de derechos de las personas con discapacidad y de su inclusión social reconoce ya en su preámbulo una situación de mayor vulnerabilidad de las personas con discapacidad, "*debido al modo en que se estructura la sociedad y su funcionamiento*" recordando lo ya expuesto sobre situaciones de vul-

---

87 Pese a que la OMS señala que "ciertas investigaciones muestran que los niños con discapacidad tienen de tres a cuatro veces más probabilidades de padecer violencia que los niños sin discapacidad", en «El desarrollo del niño en la primera infancia y la discapacidad: un documento de debate», 16.

88 Carlos GANZEMÜLLER ROIG, «Las personas con discapacidad como víctimas especialmente vulnerables», en *Garantías y derechos de las víctimas especialmente vulnerables en el marco jurídico de la Unión Europea*, de Montserrat DE HOYOS SANCHO (Valencia: Tirant lo Blanch, 2013), 436. Cabría sumar en este sentido los diferentes factores que pueden coincidir en una misma persona, como podría ser el caso de las mujeres menores de edad, con discapacidad e institucionalizadas.

89 Recordar, como se señalaba en el apartado relativo a las consecuencias de la violencia en la infancia, a discapacidad se reconoce como como factor de mayor vulnerabilidad, pero también como consecuencia del maltrato en la infancia.

nerabilidad provocadas por el contexto social. De la misma manera que sucede con la infancia, los derechos de las personas con discapacidad tienen un reconocimiento tardío, que retrasa tanto su adecuada protección como la puesta en marcha de herramientas que faciliten una correcta atención y unos mecanismos de participación efectivos[90].

Si resulta complejo encontrar estudios unánimes sobre las necesidades de NNA, atendiendo a su desarrollo progresivo, resultará aún más complejo en el caso de la infancia y adolescencia con discapacidad que recoge, según el tipo de discapacidad, junto con el nivel de desarrollo de la persona, unas necesidades específicas que deberán adecuarse a cada caso.

Esto se refleja el informe del Centro Reina Sofía sobre el maltrato infantil en la familia en España, del año 2011 que destaca que "Las personas con discapacidad presentan mayores tasas de maltrato (23,08 por 100) que el resto (3,87 por 100), concluyendo dicho Informe que la discapacidad es un factor que incrementa el riesgo de maltrato"[91]. Son numerosos los estudios que respaldan estos datos, señalando que la victimización infantil es mayor cuando la víctima tiene alguna discapacidad -aumentando exponencialmente cuando reúne más de una discapacidad, así como el en caso de la discapacidad intelectual-. En relación al abuso sexual y físico, se estima que es hasta 10 veces más frecuente que en cualquier otro colectivo[92].

De la misma manera que sucede en la infancia victimizada, potenciándose en algunos casos en este contexto, la detección por parte de la propia víctima de su situación de victimización puede resultar ex-

---

90 Reflejo de estas carencias ha sido la necesaria Ley 8/2021, de 2 de junio, por la que se reforma la legislación civil y procesal para el apoyo a las personas con discapacidad en su capacidad jurídica.

91 «Dictamen Sobre el Anteproyecto de la Ley Orgánica de Protección integral a la infancia y la adolescencia frente a la violencia», 9. En este mismo sentido, Ana BERÁSTEGUI PEDR-VIEJO, «Los menores con discapacidad como víctimas de maltrato infantil: una revisión», Psychosocial Intervention, 5, n.º 3 (2006), http://scielo.isciii.es/scielo.php?script=sci_arttext&pid=S1132-05592006000300004. (Último acceso: 2 de enero de 2020)

92 RECIO ZAPATA et al., *Abuso y discapacidad intelectual. Orientaciones para la prevención y la actuación*, 9.

tremadamente compleja -situación que se dificulta además por contar con una red social generalmente más reducida-[93].

Así, la fuerte discriminación existente en la actualidad hacia las personas con discapacidad aumenta su situación de vulnerabilidad a lo ya expuesto hasta el momento en relación con la infancia. Y es que, respecto a la definición de víctima, de manera general en el caso de la infancia, vuelve a tener relevancia en este contexto atender su contenido de manera más sutil, dado que conductas que pueden resultar menos llamativas o violentas a ojos de terceros, pueden suponer pese ello un importante menoscabo en la persona por su especial situación de dependencia, no permitiendo la satisfacción de sus necesidades.

Por otra parte, las personas menores de edad con discapacidad intelectual van a encontrar barrera añadidas a la hora de participar en el proceso, pese al reconocimiento del derecho a la igualdad y no discriminación con relación a la discapacidad (art. 5 CDPD).

Sumadas a las dificultades que pueden surgir a la hora de valorar la toma de decisiones, la ausencia de apoyos adecuados limita el ejercicio de sus derechos de manera general. DE ARAOZ SÁNCHEZ-DOPICO señala que algunas conductas no reconocidas culturalmente como normales pueden generar inquietud en aquellas personas que deban tratar con la víctima. Aunque en el caso de NNA se presupone que se encontrarán generalmente acompañadas de las personas responsables, merece ser señalada esta cuestión de manera distintiva ya que la forma de comunicarse o de dirigirse a la persona menor de edad puede afectar a la comprensión de todos los interlocutores. Señala así el impacto que pueden tener los prejuicios y estereotipos en el trato con la persona con discapacidad y es que "Cuando la creencia sobre la persona es que no puede, no debe, no es capaz, estas creencias orientan nuestra manera de actuar y de relacionarnos con las

---

93 El Comité sobre los Derechos de las Personas con Discapacidad reflejó esta situación en su Observación General Nº6 señalando que "Las personas con discapacidad pueden verse afectadas de manera desproporcionada por la violencia, los malos tratos y otros castigos crueles y degradantes, que pueden ser en forma de medidas de contención o segregación, así como de agresiones violentas.", en Comité sobre los Derechos de las Personas con Discapacidad, «Observación general Nº6 (2018) sobre la igualdad y la no discriminación» (Naciones Unidas, abril de 2018), párr. 56.

personas con discapacidad intelectual, eso determina que hagamos las cosas por ellas, con lo que les negamos o disminuimos sus posibilidades de participación en el proceso. Eso tiene un efecto perverso en la persona que pasa a ser el sujeto pasivo del proceso, sin desempeñar un papel activo (...) lo que a su vez influye en el rol que asumen los profesionales, de poder y control"[94]. El art. 8 CDPD alude a la exigencia de que los Estados tomen las medidas oportunas para facilitar la "toma de conciencia" en diferentes ámbitos, y de la necesidad de articular medidas inclusivas, alejadas de estereotipos y prejuicios. Por su parte, el art. 7 de la CDPD que "*Los Estados Partes tomarán todas las medidas necesarias para asegurar que todos los niños y las niñas con discapacidad gocen plenamente de todos los derechos humanos y libertades fundamentales en igualdad de condiciones con los demás niños y niñas.*". Se destaca en este la misma consideración primordial al interés superior de NNA alcanzando de la misma manera a ser escuchada y a dar su opinión en aquellas cuestiones que le afecten, teniendo derecho a "*recibir asistencia apropiada con arreglo a su discapacidad y edad para poder ejercer ese derecho.*" (art. 7.3 CDPD). Esto fue recalcado por el Comité de los Derechos de las personas con Discapacidad en 2018 recordando que el interés superior de la persona menor de edad debe utilizarse "*para asegurar que los niños y las niñas con discapacidad sean informados, consultados y escuchados en todos los procesos de adopción de decisiones relacionadas con su situación*"[95], y no para impedir su participación. Para ello se hace indispensable articular herramientas adecuadas y brindar apoyos suficientes[96] a las víctimas menores de edad con discapacidad para permitir una atención respetuosa con ellas y con sus derechos, acorde a sus necesidades e intereses.

---

94 Inés DE ARAOZ SÁNCHEZ-DOPICO, «Acceso a la justicia: ajustes de procedimiento para personas con discapacidad intelectual y del desarrollo» (Plena Inclusión, 2019), 32, https://www.plenainclusion.org/sites/default/files/acceso_a_la_justicia_web.pdf. (Último acceso: 14 de enero de 2021)

95 Comité sobre los Derechos de las Personas con Discapacidad, «Observación general N°6 (2018) sobre la igualdad y la no discriminación», párr. 38.

96 En este sentido, consiste en dar cumplimiento al art. 9 de la CDPD en relación a la accesibilidad.

Así, pueden señalarse como dificultades del sistema para adaptarse a las necesidades específicas de la persona una vez se incorpora al sistema de justicia[97]:

- Inadecuación de instrumentos, entrevistas y procedimientos para detectar el abuso. Ni se denuncia ni se detecta adecuadamente[98].
- Falta de formación especializada del personal que entra en contacto con la víctima (policía, personal de la administración de justicia, personal sanitario, etc.)[99].
- Nuevamente, se da una menor credibilidad al relato de la persona con discapacidad intelectual que al del de la persona sin esta[100].

2.4.4 *La victimización de personas menores de edad en instituciones*

Esta situación puede darse por una vulneración de las normas por parte de una persona menor de edad siendo impuestas medidas que suponen alguna de las modalidades de internamiento, o bien por una medida de protección[101].

---

97 RECIO ZAPATA et al., *Abuso y discapacidad intelectual. Orientaciones para la prevención y la actuación*, 22.

98 BERÁSTEGUI PEDR-VIEJO, «Los menores con discapacidad como víctimas de maltrato infantil: una revisión».

99 Que es señalada expresamente por el Comité sobre los Derechos de las Personas con Discapacidad, «Observación general N°6 (2018) sobre la igualdad y la no discriminación», párr. 51 y 55., así como en el art. 13 CDPD.

100 En este sentido debe señalarse que la forma de comunicarse de la persona con discapacidad puede ser distinta a la de una persona sin discapacidad, por lo que en ocasiones el problema se encuentra no en la ausencia de exactitud o validez de la declaración sino en la ausencia de conocimiento especializado del entrevistador para interpretar adecuadamente el relato, en Antonio Lucas MANZANERO PUEBLA et al., «Evaluación de la credibilidad de la prueba testifical en víctimas con discapacidad intelectual», Siglo Cero, 48 (1), n.° 261 (2017): 23-36, http://dx.doi.org/10.14201/scero20174812336. (Último acceso: 24 de diciembre de 2021)

101 También cabría contemplar en este caso la institucionalización de personas con discapacidad que son internadas con finalidad de cuidados especializados. En este sentido el Comité sobre derechos de las Personas con Discapacidad se ha pronunciado recientemente recordando que "(...) los Estados partes deberían poner fin a los actos de violencia y las medidas de institucionalización contra los niños y las niñas con discapacidad, a los que se niega el derecho a crecer

Debe partirse de la premisa que la institucionalización de personas en fase de desarrollo debe ser siempre la última opción, entendiéndose que deberá darse prioridad en todo caso a aquellas medidas que permitan una infancia plena en un contexto familiar. Debemos ser plenamente conscientes que el desarrollo óptimo de NNA en institución siempre se va a ver sacrificado en mayor o menor medida. Esto se acentuará cuanto menor sea la persona o cuantas más necesidades específicas requiera -entendido esto en equilibrio con la finalidad de su institucionalización-[102]. Esta posición es la seguida por la LOPJM que establece en su art. 2.2.c que "*c) La conveniencia de que su vida y desarrollo tenga lugar en un entorno familiar adecuado y libre de violencia. Se priorizará la permanencia en su familia de origen y se preservará el mantenimiento de sus relaciones familiares, siempre que sea posible y positivo para el menor. En caso de acordarse una medida de protección, se priorizará el acogimiento familiar frente al residencial. Cuando el menor hubiera sido separado de su núcleo familiar, se valorarán las posibilidades y conveniencia de su retorno, teniendo en cuenta la evolución de la familia desde que se adoptó la medida protectora y primando siempre el interés y las necesidades del menor sobre las de la familia*". Es aún más detallada en referencia a situaciones de acogimiento residencial cuando sea necesario en edades inferiores a los seis años (art. 21.3) estableciendo que:

- Prevalecerá el acogimiento familiar sobre el residencial, en cualquier caso, y especialmente para menores de seis años. En este sentido la LO 8/2021 añade en el art. 20.1, relativo al aco-

---

en el seno de su familia como forma de discriminación. Los Estados partes deben implementar estrategias de desinstitucionalización que ayuden a los niños a vivir con sus familias o en formas alternativas de acogimiento familiar en la comunidad. También deben adoptar medidas de apoyo a fin de que todos los niños con discapacidad puedan ejercer su derecho a ser escuchados en todos los procedimientos que los afectan, incluso en los parlamentos, comités y órganos de adopción de decisiones políticas", en Comité sobre los Derechos de las Personas con Discapacidad, «Observación general Nº6 (2018) sobre la igualdad y la no discriminación», párr. 38.

102 Respecto a la repercusión del nivel de estimulación en los primeros años de vida y su relación con el contexto familiar, véase FREIDES, *Trastornos del desarrollo. Un enfoque neuropsicológico*, 109-10.

gimiento familiar, que este se dará "*cuando no sea posible la permanencia en el entorno familiar de origen*".

- No se acordará acogimiento residencial para menores de tres años salvo imposibilidad de ofrecer otra medida y debiendo quedar debidamente acreditado.
- Además, para aquellas acogidas residenciales de menores de seis años se limita la duración de este a tres meses.
- Por último, en los casos de guarda voluntaria, la duración no podrá ser superior a los dos años (art. 18.2.b LOPJM) y en cualquier caso deberá justificarse ante el Ministerio Fiscal que una medida de acogimiento residencial o acogimiento familiar temporal se exceda de dos años, sin haber recurrido a una medida más estable (art. 12.6 LOPJM).

Aunque una correcta estructura de estas podrá permitir unos niveles aceptables de la satisfacción de sus necesidades, no es comparable en ningún caso con el contexto familiar sano y se detectan algunas tensiones entre estas y los recursos que pueden encontrarse en los diferentes centros de protección, hablando incluso algunos autores de situaciones de revictimización ante la imposibilidad de satisfacer adecuadamente ciertos derechos[103].

Pese a ello, en ocasiones se considerará que esta medida es la menos lesiva y por tanto la más adecuada para el bienestar de la persona menor de edad.

En este sentido, hay que destacar brevemente algunas de las pautas recogidas en la LOPJM. En esta se establece una diferenciación entre el maltrato leve y moderado del grave, que supondrá una distinción en las medidas de protección que deban tomarse clasificándose la si-

---

103 Resulta especialmente interesante el aviso que realiza DELGADO MAGRO, señalando la importancia del derecho a la pertenencia y las dificultades que puede encontrar la infancia institucionalizada en este sentido en Lorena DELGADO MAGRO, «Derechos de la infancia en situación de protección en España», Revista de Educación Social, n.º 20 (enero de 2015): 120, http://www.eduso.net/res/winarcdoc.php?id=557. (Último acceso: 21 de junio de 2021)

tuación de la persona menor de edad como en riesgo (art. 17[104]) en desamparo (art. 18).

Mientras que las situaciones de riesgo supondrán unas medidas de prevención, detención y reparación de estas "*(...) con el establecimiento de los servicios y recursos adecuados para tal fin, el ejercicio de la guarda*" (art.12.1 LOPJM), las de desamparo suponen la asunción de la tutela por entidades públicas. Establece como señalábamos que "*En las actuaciones de protección deberán primar, en todo caso, las medidas familiares frente a las residenciales, las estables frente a las temporales y las consensuadas frente a las impuestas.*" (art. 12.1).

Estas clasificaciones permiten mantener un mayor y mejor control de la situación particular de la persona, permitiendo medidas de protección dentro del contexto familiar y optando, en caso de no ser posible, por medidas que permitan una mayor estabilidad a la persona[105].

En cualquier caso, todas las medidas de institucionalización de personas menores de edad (como resultado de medidas de protección, por salud mental o como medida impuesta por el sistema de justicia), las sitúan en un contexto ajeno en el que no deben disminuirse los planes o protocolos de detección de maltrato y seguimiento para asegurar un buen trato. Bien al contrario, deben extremarse dado que se repiten unos patrones de vulnerabilidad similares a los señalados en el contexto familiar (destacando la situación de dependencia y la presunción de buen trato desde las personas responsables), a lo que debe sumarse una menor estabilidad de redes de apoyo externas.

Por otra parte, cuanto más extrema haya sido la situación de desamparo de la persona menor de edad previamente a su ingreso, más

---

[104] La LO 8/2021 incorpora importantes modificaciones en el art. 17.2 e introduce el art. 17 bis relativo al plan de seguimiento de personas menores de edad en conflicto con la ley.

[105] Para mayor detalle sobre la protección jurisdiccional de menores en situación de riesgo o desamparo, consultar Mercedes SERRANO MASIP, «Protección jurisdiccional de menores en situación de riesgo y desamparo. Iniciativas del Consejo de Europa y de la Unión Europea en orden a una justicia adaptada a los menores», en *Garantías y derechos de las víctimas especialmente vulnerables en el marco jurídico de la Unión Europea*, de Montserrat DE HOYOS SANCHO (Valencia: Tirant lo Blanch, 2013).

fuertes pueden ser los lazos y los sentimientos mal entendidos de lealtad hacia cuidadores, ocultando situaciones de victimización[106].

2.4.5 *La persona menor de edad infractora como víctima*

Cuando se habla de «menor infractor», se está haciendo referencia a aquella persona de entre 14 y 18 años que trasgrede las normas establecidas, incurriendo en conductas tipificadas y por tanto teniendo estas una repercusión penal.

Como se ha señalado, la LORPM fue modificada antes de entrar en vigor, y sufrió posteriormente numerosas modificaciones[107], algunas de ellas contradictorias y reflejando poca madurez en el debate teórico. En estos cambios tuvo importancia la alarma social que aun en la actualidad generan algunos casos de gran repercusión mediática, protagonizada por menores en la participación de delitos graves e incluso la de menores de 14 años[108]. Ello provoca que, de manera casi cíclica, se replantee tanto la edad mínima de responsabilidad penal, como las medidas adecuadas cuando no se alcance esta edad y la dureza de las medidas impuestas en cada caso. Ejemplo de ello fue la reforma de la LORPM sufrida por la LO 8/2006, de 6 de diciembre

---

106 Encontramos relatos reales en ese sentido en MARCOS et al., «Ojos que no quieren ver. Los abusos sexuales a niños y niñas en España y los fallos del sistema», 30-31.

107 Son ejemplos de ello la Ley Orgánica 7/2000, la Ley Orgánica 15/2003 y la Ley Orgánica 8/2006. Se da como última modificación las incorporadas por medio de la LOPIVI, destacando a efectos de esta reflexión las del art. 59 LORPM referente a las medidas de contención mecánica.
José Eduardo SÁINZ-CANTERO CAPARRÓS, «Sobre las medidas no privativas de libertad en la Ley española de Responsabilidad Penal de los Menores», en *El menor como víctima y victimario de la violencia social (Estudio Jurídico)*, de Lorenzo MORILLAS CUEVA y José María SUÁREZ LÓPEZ (Madrid: Dykinson, 2010), 244 y ss.
María José BERNUZ BENEITEZ, «Justicia de menores española y nuevas tendencias penales. La regulación del núcleo duro de la delincuencia juvenil», Revista Electrónica de Ciencia Penal y Criminología, 2005, http://criminet.ugr.es/recpc/07/recpc07-12.pdf. (Último acceso: 10 de mayo de 2021).

108 Ejemplos de estos son el conocido como "asesino de la catana", en el que un menor asesinó a sus padres y a su hermana en 2000; el caso conocido como "asesinas de San Fernando" en el mismo año en el que varias jóvenes asesinaron a una compañera con 32 puñaladas; o el "caso de Sandra Palo" en 2003.

que, sin cambiar el trato a la persona menor infractora, sí pretendía incorporar una mayor "proporcionalidad" entre la infracción penal y la respuesta punitiva, así como una mayor participación de la víctima. En otras palabras, esta reforma pretendía incorporar medidas que permitieran un mayor equilibrio entre el interés superior de la persona menor de edad y otras finalidades del proceso penal. No es sorprendente que la propia Exposición de motivos de la ley señalara ya el posible debate afirmando que "*el interés superior del menor, que va a seguir primando en la ley, es perfectamente compatible con el objetivo de pretender una mayor proporcionalidad entre la respuesta sancionadora y la gravedad de los hechos (...)*".

Antes de esta, también puede señalarse la Ley Orgánica 7/2000, de 22 de diciembre, de modificación de la Ley Orgánica 10/1995, de 23 de noviembre, del Código Penal, y de la Ley Orgánica 5/2000, de 12 de enero, reguladora de la Responsabilidad Penal de los Menores, en relación con los delitos de terrorismo. Aunque su Exposición de Motivos, nuevamente adelantándose, aclara que no se trata de modificar la aplicación de la LORPM sino de ofrecer una modulación para casos específicos, como son los de terrorismo, por la trascendencia que estos tienen en la sociedad, esta es fuertemente criticada por BERNUZ BENEITEZ, quien considera que "el articulado muestra cómo la gravedad del delito fomenta, en realidad, una excepción al régimen propuesto por la LO 5/2000 para la delincuencia 'común' de menores, así como a los principios que según la Convención sobre los Derechos de los Niños deben inspirar el funcionamiento de la justicia de menores"[109]. Así señala la autora que esto responde a una tendencia, que no ha reculado en los últimos años, y es la demanda creciente de seguridad. Uno de los obstáculos se encuentra en la aceptación de una jurisdicción especializada en menores que coincida sin tensiones con el deseo de seguridad de la sociedad con los casos de delitos graves perpetrados por personas menores de edad[110].

---

109 BERNUZ BENEITEZ, «Justicia de menores española y nuevas tendencias penales. La regulación del núcleo duro de la delincuencia juvenil», 7.

110 Referencias similares se encuentras en otros autores respecto a esta Ley que la consideran prematura en el contexto de menores y que responde principalmente a una alarma social no por una evolución confirmada sino por el escándalo de acontecimientos concretos. Esther GIMÉNEZ-SALINAS COLOMER, *Justicia de*

Reflejo de esta situación es la Recomendación del Consejo de Europa (2003)20, que resalta la relevancia de reflexionar sobre la respuesta que se da a la delincuencia juvenil, ante la preocupación social sobre esta cuestión. De lo expuesto en la Recomendación parece existir una generalización de lo que se entiende por delincuencia juvenil, por los casos más graves que son, sin embargo, una minoría. Más recientemente, el Dictamen del Comité Económico y Social Europeo sobre "La prevención de la delincuencia juvenil, los modos de tratamiento de la delincuencia juvenil y el papel de la justicia del menor en la Unión Europea" (2006/C 110/13), recordaba en una línea similar a la anterior Recomendación de 2003 que "Conviene no obstante señalar que las conductas protagonizadas por los jóvenes obtienen, con frecuencia, una relevancia social mayor que las realizadas por los adultos, especialmente si son de carácter negativo, generándose así una percepción social especialmente adversa respecto de los menores infractores. Es, igualmente, oportuno señalar que en muchos casos suelen ser los propios jóvenes las víctimas de la delincuencia juvenil. En este sentido, la importancia que la sociedad europea otorga al fenómeno de la delincuencia juvenil requiere que se desarrollen respuestas efectivas que habrán de construirse, principalmente, sobre tres pilares o líneas de acción: prevención, medidas sancionadoras-educativas, e integración y reinserción social de los menores y jóvenes infractores"[111]. Sin negar que exista un auge de conductas violentas en la infancia, no son los casos más graves los más comunes, siendo más habitual una delincuencia menos grave, de carácter temporal y que puede solventarse por medio

---

menores: una justicia mayor. Comentarios a la Ley Reguladora de la Responsabilidad Penal de los Menores (Madrid: Consejo General del Poder Judicial, 2000), 540-43. En una línea similar se pronuncia CUELLO CONTRERAS que sin hacer en su caso referencia a la LO 7/2000, considera que la victoria de elevar la mayoría de edad a los 18 años respecto al límite anterior fijado en los 16, tuvo un alto coste que fue el reconocimiento de la responsabilidad penal a partir de los 14 años, que encuentra su justificación en un aumento de la criminalidad juvenil, en Joaquín CUELLO CONTRERAS, «El nuevo derecho penal español de menores a la luz de las tendencias del Derecho Penal y en la Criminología», Modernas Tendencias en la Ciencia del Derecho Penal y en la Criminología, 2001, 205-6.

111 «Dictamen del Comité Económico y Social Europeo sobre "La prevención de la delincuencia juvenil, los modos de tratamiento de la delincuencia juvenil y el papel de la justicia del menor en la Unión Europea" (2006/C 110/13)» (2006), párr. 1.1.

de herramientas extrajudiciales que han mostrados buenos resultados tanto en la responsabilización por parte de la persona infractora, como en relación con la duración y los costes[112].

En cualquier caso, preocupa especialmente las consecuencias de esta tendencia, que conlleva no solamente al debate de la necesidad de bajar la edad de responsabilidad penal, o aplicar respuestas más severas, sino también el aumento de personas menor de edad que se encuentran privadas de libertad[113].

No es ajeno a ningún estudio sociológico ni criminológico que un elevado porcentaje de personas menores de edad infractoras, podría serlo también como víctimas tanto en el momento de cometer los hechos como en un periodo previo en el que, por insatisfacción de sus necesidades, fuera más complejo trazar proyectos de vida diferentes[114]. Se reconocen como causas de delincuencia juvenil, la ines-

---

112 BERNUZ BENEITEZ, «Justicia de menores española y nuevas tendencias penales. La regulación del núcleo duro de la delincuencia juvenil», 8-9. Debemos partir de la apreciación que la realidad no coincidirá siempre con la evolución registrada estadísticamente, dado que debe existir conocimiento del hecho delictivo, por medio de la denuncia lo cual, por diferentes motivos, no siempre se da (como puede ser un claro ejemplo de ello a violencia intrafamiliar). Puede afectar también en algunas estadísticas la no incoación que como hemos visto es una posibilidad dentro del proceso de menores. Pese a ello, se observa en la mayoría de los informes realizados por distintos sectores que, si bien se observa un aumento de conductas delictivas en la infancia, estás son efectivamente de tipo transitorio y menos grave. Esto puede observarse en el estudio realizado por ÁLVAREZ DE NEYRA KAPPLER y NUÑEZ-CORTÉS CONTRERAS, «El menor infractor y las claves para su tratamiento rehabilitador», 49-58.
Resulta llamativo atender a una reflexión muy similar de DIEGO ESPUNY en el año 2000, resaltando las mismas preocupaciones y conclusiones que estudios más recientes: aunque los delitos cometidos por menores infractores sueles ser de poca gravedad, estos generan una alarma social tal que puede tender a presionar a política criminal, en Federico DIEGO ESPUNY, «La intervención con menores infractores», en *Justicia con menores. Menores infractores y menores víctimas*, de Mª Teresa MARTÍN LÓPEZ (Cuenca: Colección Estudios, 2000), 67.

113 «Promover la justicia restaurativa para las niñas, niños y adolescentes» (New York: Oficina del Representante Especial del Secretario General sobre la Violencia de los Niños, 2013), 4.

114 RÍOS MARTÍN, *El menor infractor ante la ley penal*, 15. Lorenzo MORILLAS CUEVA, «La política criminal del menor como expresión de una continua contradicción», en *El Derecho penal de menores a debate. I Congreso Nacional sobre Justicia Penal Juvenil*, de Ignacio F. BENÍTEZ ORTÚZAR y María José

tabilidad familiar, la marginación socioeconómica, el absentismo y/o fracaso escolar, el desempleo en el caso de los jóvenes, la transmisión de actitudes e imágenes violentan en medios de comunicación y ocio, el consumo de drogas o sustancias tóxicas y los trastornos de la personalidad y del comportamiento[115] . La delincuencia en la infancia ha sido estudiada desde diferentes perspectivas, coincidiendo la mayoría de los estudios en la posibilidad de disminuirla por medio de una adecuada atención. Al observar estas medidas de atención, difícilmente puede entenderse desde una perspectiva alejada de los derechos específicos de la infancia de manera que podría afirmarse que parte del problema se encuentra en la ausencia de una protección integral[116]. Habla así GALÁN RODRÍGUEZ dc "victiagrcsor"[117] apclando a la necesidad de atender la doble vertiente de a persona menor de edad por parte de las instituciones.

Por otra parte, la criminalidad de las personas menores de edad se diferencia de la de las mayores de edad hablándose en el caso de la primera de una criminalidad «simbólica» frente a la de las adultas que se enfoca con mayor tendencia a la utilidad de la acción llevada a cabo[118]. Dicha criminalidad simbólica no tiene por qué afectar a la gravedad de los hechos sino resalta la tendencia a transmitir un mensaje con la misma. Podría de ello extraerse, al menos en una parte de la delincuencia infantil, la confluencia de un factor clave: la ausencia de satisfacción de algunas necesidades. En este sentido tiene impor-

CRUZ BLANCA (Madrid: Dykinson, 2010), 17. Daniel GOLMAN, *Inteligencia emocional* (Barcelona: Kairós, 2000).

115 Dictamen del Comité Económico y Social Europeo sobre «La prevención de la delincuencia juvenil, los modos de tratamiento de la delincuencia juvenil y el papel de la justicia del menor en la Unión Europea» (2006/C 110/13), sec. 2.1.

116 Federico Diego ESPUNY, «Jóvenes en dificultad: tolerar e intervenir», Añil Cuadernos de Castilla-La Mancha, 1999, 5., hablaba de las 5-A como plan de actuación hacia la infancia como forma de prevención de las dificultades: anticipación, acogimiento, adopción, aprendizaje prosocial y autonomía personal.

117 GALÁN RODRÍGUEZ, «El lugar de la víctima en los Sistema de Protección a la Infancia: compartiendo inquietudes», 53.

118 Mª Teresa MARTÍN LÓPEZ, Mª Teresa´, «Consideraciones sobre la delincuencia de menores», en *Justicia con menores. Menores infractores y menores víctimas*, de Mª Teresa MARTÍN LÓPEZ (Cuenca: Colección Estudios, 2000), 105.

tancia la criminalización de la pobreza, creando dinámicas de difícil salida para un sector importante de la infancia[119].

Desde la asumida preocupación social por los delitos cometidos por NNA, cabría cuestionarse si esta se debe a la gravedad de los hechos o a un juicio moral. Quizá por esta imagen de la persona menor de edad como ser «inocente», genere mayor estupor su capacidad de cometer determinados actos moralmente reprochables; como un desajuste entre lo que se espera de una persona menor de edad y lo que nos muestra la realidad.

Esta disonancia se observa en la tendencia de endurecer la respuesta penal, difuminándose la especial protección de la infancia cuando los hechos son graves. Esta podría traducirse en una nueva concepción de la persona menor de edad cuando transgrede de forma especialmente brutal las normas, no haciéndola merecedora de esta especial protección. Hablaríamos entonces de una selección dentro de las víctimas, que CHRISTIE refleja en la idea de la "víctima ideal", que es aquella que reúne características suficientes para ser considerada «digna» de protección ya que su victimización resulta del todo *inmerecida*[120]. Ello redunda en efectos devastadores para la persona menor de edad de una manera individual y en relación con la sociedad.

---

119 Antonio BERISTAIN IPIÑA, *Victimología. Nueve palabras clave.* (Valencia: Tirant lo Blanch, 2000), 382.
Aunque la pobreza es uno de los ítems reflejados de manera más clara no es el único. Advertía DIEGO ESPUNY que "La ley que regula la responsabilidad penal de los menores tiene que ser escrupulosamente respetuosa con el precepto constitucional de igualdad ante la ley y, por ello, evitar que se produzca un efecto de criminalización de la miseria y de la pobreza. (...) Sería por lo demás, una perversión pretender que con la sanción vamos a otorgar a un menor aquello a lo que tiene derecho con independencia de si ha cometido o no un delito", en DIEGO ESPUNY, «La intervención con menores infractores», 64.

120 Nils CHRISTIE, «The Ideal Victim», en *From Crime Policy to Victim Policy: Reorienting the Justice System*, de Ezzat FATTAH (New York: Palgrave Macmillan, 1986), 18 y ss. VARONA MARTÍNEZ resume en cuatro los criterios que hacen de la víctima, una "víctima ideal": la vulnerabilidad, la inocencia, la respetabilidad y la ausencia de relación previa con el infractor, en Gema VARONA MARTÍNEZ, «Los adultos víctimas de abusos sexuales en el seno de la Iglesia: ¿construcción de la memoria como forma de Justicia Restaurativa?», en *Justicia Restaurativa: una justicia para las víctimas*, de Helena SOLETO MUÑOZ y Ana CARRASCOSA MIGUEL (Valencia: Tirant lo Blanch, 2019), 623.

Parte de este discurso tiene que ver con el respeto de los derechos específicos de la persona menor de edad, pero también con un problema de estigmatización que si bien sucede igualmente cuando una persona adulta transgrede las normas, parece afectar de manera diferenciada a la persona menor de edad. No solamente por transcurrir los hechos en una etapa temprana de su vida, en la que los obstáculos a cuestiones como la inserción laboral o lazos sociales firmes puede resultar más complejo, sino también como ya se señalaba por un juicio generalmente duro de la sociedad hacia las personas menores de edad infractoras. Esto se encuentra reflejado como una importante preocupación del Comité de los Derechos del Niño en su Observación General Nº10 de 2007[121].

121 Comité de los derechos del niño, «Observación General Nº10 (2007). Los derechos del niño en la justicia de menores» (Naciones Unidas, 2007), párr. 7.

PARTE II:
MARCO DE PROTECCIÓN DE LOS INTERESES DE LA VÍCTIMA MENOR DE EDAD

CAPÍTULO III

RECONOCIMIENTO Y PROTECCIÓN DE LOS DERECHOS DE LA INFANCIA Y LA ADOLESCENCIA

La persona menor de edad ha sido clasificada como colectivo que a lo largo de la historia ha sido definido, con más o menos fortuna, como grupo especialmente vulnerable pasando por distintos sistemas de protección. Estos han limitado, con diferente intensidad, el ejercicio de sus derechos, por un reconocimiento y una interpretación distinta de estos derechos.

Se analiza a continuación el sistema de reconocimiento y protección de los derechos de la infancia buscando en su evolución las causas de las limitaciones actuales y ofreciendo finalmente una reinterpretación que permita desbloquear la señalada ausencia de participación de la infancia en los asuntos que le atañen, entendiendo mejor de dónde proceden la concepción manejada actualmente de este colectivo.

3.1 EVOLUCIÓN HACIA LA PROTECCIÓN DE LA INFANCIA

Para conocer la evolución de la protección de la infancia resulta necesario mencionar brevemente tanto los distintos modelos de protección que han ido sucediéndose como, posteriormente, la normativa que progresivamente ha ido reconociéndose especialmente a nivel internacional, siendo en el caso de la infancia un punto de partida fundamental en el reconocimiento de sus derechos.

3.1.1 Modelos protección de la infancia

En la evolución de la atención a la infancia pueden observarse cambios sustanciales desde el periodo previo a la Edad Media hasta nuestros días, concentrándose los más significativos en periodos cercanos.

Conviene diferenciar dos conceptos habituales en estos debates: protección y reconocimiento de derechos, encontrando discordancias entre la protección, el reconocimiento y el ejercicio de los derechos.

3.1.1.1 La Prehistoria de los derechos de la infancia

Podemos situar un primer periodo desde la antigüedad hasta el siglo XVII en el que, si bien no podemos hablar de derechos, es posible hacer alguna mención al trato que recibía la infancia. Una de las complejidades de este periodo reside en la ausencia de interés por la situación específica de este colectivo, siendo muy limitadas las referencias tratadas como una cuestión accesoria, generalmente del estudio de la persona adulta.

La situación jurídica otorgada a NNA responde a su generalizada concepción negativa, señalándose las características propias de la infancia como carencias, teniendo una repercusión directa sobre el valor otorgado a la persona.

Una idea central será la imperfección de la persona en sus primeros años de vida, desde tres vertientes: física, intelectual y moral. Autores como PLATÓN, ARISTÓTELES o PLUTARCO abordan esta cuestión reconociéndose la infancia como una fase molesta y vergonzosa que solamente ofrece compensación tras su desarrollo al alcanzar el estado de perfección: la adultez[1]. Desde la concepción cristiana, que tendrá relevancia más adelante, SAN AGUSTÍN añade a estas tres vertientes la imperfección emocional que responde nuevamente a la ausencia de autocontrol[2]. Una forma de entender, como punto en común de todos estos autores, la imperfección del ser humano en su infancia, es desde la comprensión de aquellas características que definen la perfección en la edad adulta[3].

---

1 PLATÓN, *Las leyes*, trad. José Manuel José Manuel Pabón y Manuel Fernández Galiano, bilingüe (Madrid: Consejo General del Poder Judicial, 1983), sec. 664e, 672c., y PLATÓN, *La República* (Madrid: Alianza, 1989), sec. 431c. En la misma situación reconoce el autor a las mujeres.

2 SAN AGUSTÍN, *Confesiones*, trad. Pedro RODRÍGUEZ DE SANTIDRIÁN (Madrid: Alianza (Clásicos), 1994), 32-33.

3 Todas aquellas que disten de esta definición serán entendidas como indeseables. Para muchos autores, como pueden ser SAN AGUSTÍN o SANTO TOMÁS DE AQUINO, la máxima perfección se alcanza a los treinta años. Esto puede ayudar

Otra idea central para comprender la concepción de NNA será la ausencia de valor, que solamente se llegaría a otorgar si la persona llegase a desterrar todas sus imperfecciones en la edad adulta. Esto no siempre será posible, ya que acorde al modelo de prescindencia[4] dentro del ámbito de la discapacidad, se defendía que la detección de diversidades funcionales congénitas lo hacía inviable. La suma de ambos modelos -infancia y ámbito de la discapacidad-, llevaba inevitablemente a un alto nivel de infanticidio.

Existen además dos cuestiones estructurales importantes: el poder y el trabajo. Habida cuenta de la ausencia de valor y capacidades en la infancia, se justifica su control por terceros, siendo una de las primeras referencias a este colectivo en clave de «propiedad», tanto de sus progenitores como de terceros que por situaciones específicas hayan podido adquirir poder sobre la misma[5]. Esta desvalorización progresa paulatinamente pasando de una cosificación absoluta[6], a una «extensión» de sus padres. Especialmente con la aparición del cristianismo, esta crudeza va suavizándose manteniéndose un altísimo nivel de infanticidio[7] y una atención altamente deficitaria.

Por otra parte, el cambio en la estructura social a partir de la Edad media va a incorporar a la infancia en la vida laboral a edades muy tempranas, alcanzando un valor[8].

---

a entender cuan imperfecto puede ser considerada la persona en sus primeros años de vida. SAN AGUSTÍN, *La ciudad de Dios*, trad. José Cayetano DÍAZ BAYRAL, 3º (Madrid: Apostolado de la Prensa, 1941), cap. 14 y 15, Libro XXII.

4 Agustina PALACIOS, *El modelo social de discapacidad: orígenes, caracterización y plasmación en la Convención Internacional sobre los Derechos de las Personas con Discapacidad*, Colecciones CERMI 36 (Madrid: Cinca, 2008), 37-66.

5 CAMPOY CERVERA, *La fundamentación de los derechos de los niños. Modelos de reconocimiento y protección*, 42.

6 ARISTÓTELES, *Ética a Nicómaco*, trad. María ARAUJO y Julián MARÍAS, 8º (Madrid: Centro de Estudios Políticos y Constitucionales, 2002), sec. 1097b15-17, 1177ª77-1177b1 y 1134b9-13.

7 Philippe ARÌES, «La infancia», Revista de Educación, 1986 de 1979, 8-9.

8 CAMPOY CERVERA, *La fundamentación de los derechos de los niños. Modelos de reconocimiento y protección*, 75.

3.1.1.2 El Modelo Proteccionista Tradicional

El modelo proteccionista surge en el S. XVII y se mantiene hasta nuestros días, incorporando diferentes corrientes. Se empiezan a atisbar las primeras pinceladas de preocupación por su bienestar señalando NOVALES que nace principalmente de particulares -no del Estado-[9], y no como un despertar moral *casual*, sino como consecuencia de la pésima situación de la población menor de edad lo que daba como consecuencia problemas de salud, también a nivel comunitario.

Se observan cambios en las tres vertientes previamente analizadas: física, intelectual y moral-. El sentimiento de vergüenza hacia las características físicas de la persona menor de edad, como ser imperfecto desaparecen[10], pero no se reconocen suficientes capacidades intelectuales para discernir correctamente ante cualquier decisión de manera racional, sin reconocer tampoco un desarrollo progresivo. Al igual que con las características físicas, se entiende que no tiene cualidades morales. Se impone así el pensamiento del ser inocente lo que, de alguna manera, le va a anular moralmente.

Tiene relevancia en este periodo la familia como nueva organización social, que traslada la vida de NNA al ámbito privado, desde el cual se debe proteger a la persona de posibles ataques que frustren este proyecto creado en el núcleo familiar.

Es en el modelo proteccionista en el que cobra sentido hablar de interés superior de la persona menor de edad sin embargo, a la luz de la concepción manejada, este será fijado por aquellas personas que tengan la responsabilidad de protección hacia la persona menor de edad, es decir, los progenitores o cuidadores o el Estado, independientemente de lo expresado por la persona menor de edad[11].

---

9 PICONTÓ NOVALES, «Derechos de la infancia: nuevo contexto, nuevos retos».

10 Aunque con el tiempo surge una necesidad de protección específicamente por estas características, se prolonga el uso de menores de edad para algunos trabajos, justificando que sus características físicas las hacen idóneas para estos. Posteriormente se prohibirá por perjudicar su correcto desarrollo.

11 Debe diferenciarse cuando este conflicto se dé entre infancia y progenitores y entre infancia y Estado, estando más justificado el sacrificio del interés de la persona menor de edad en el primer caso que en el segundo. Ello podría ser fruto, del pensamiento político liberal que reconoce la conquista de libertades frente

3.1.1.3 El Modelo Liberacionista

Este es el único modelo que se presenta con una estructura suficiente para confrontar las ideas del modelo proteccionista en esta época. Puede situarse a finales del siglo XX en el contexto inglés y estadounidense y pese a no sostenerse hasta la actualidad, es de utilidad en cuanto logra poner de manifiesto carencias importantes del modelo proteccionista tradicional, permitiendo el paso al renovado.

Se puede destacar como uno de sus objetivos principales, el demostrar que la concepción manejada hasta el momento de NNA respondía no solamente a un planteamiento erróneo de las capacidades y desarrollo de estas, sino que ocultaba un deseo de mantener este colectivo oprimido, usándolo para su propio beneficio. Hace así hincapié en la personalidad única de cada ser en cualquier etapa y defiende la necesidad de superar el "*double standard*", por el que se reconocen hasta el momento derechos y poder de ejercicio diferentes en la infancia y en la edad adulta. Este puede considerarse como uno de los primeros reflejos de lo que los liberacionistas denominan "construcción artificial"[12].

Esta nueva concepción acarrea una inevitable revisión de sus capacidades, incorporando el concepto de libertad en el discurso de la infancia ya que solamente por medio de esta, va a ser viable el correcto desarrollo de las capacidades de la persona.

Las diferentes corrientes alcanzan una conclusión similar, que es la necesidad de reconocer la capacidad que tiene toda persona de tomar decisiones y dirigir su vida, de forma que el proteccionismo defendido hasta el momento no solamente es innecesario, sino que además perjudica el correcto desarrollo de la persona que es privada de ejercer y mejorar correctamente sus capacidades por culpa de un *sobreproteccionismo*. Ello afecta de manera lógica al interés superior de la perso-

al Estado, en CAMPOY CERVERA, *La fundamentación de los derechos de los niños. Modelos de reconocimiento y protección*, 481.

12 Philippe ARIÉS, *El niño y la vida familiar en el Antiguo Régimen*, trad. Naty García Guadilla, Ensayistas (Madrid: Taurus, 1987), 33-56.

na menor de edad entendiendo que si ella no logra definirlo, no hay indicios que hagan pensar que un tercero sí podría hacerlo[13].

Todas estas son cuestiones que brindan importantes reflexiones para la evolución del reconocimiento de derechos en la infancia, pero quedan en la práctica sin sustento suficiente para poder solventar algunas problemáticas. Una de ellas es que deja sin resolver a partir de qué momento la persona es realmente capaz de alcanzar ese conocimiento.

Este planteamiento repercute seriamente en otro elemento hasta ahora fundamental en el proteccionismo tradicional y es que son estos mismos terceros, previamente reconocidos como responsables del bienestar de las personas menores de edad, los que son puestos en el punto de mira como opresores. Acorde a la idea de *sobreproteccionismo*, se hace referencia a la asfixia del correcto desarrollo de la persona por medio del mismo, como instrumento de opresión a fin de beneficiar su deseo utilitarista hacia NNA. Ello permite reconocer el núcleo familiar como posible contexto de maltrato cobrando relevancia la existencia de controversias entre los derechos de los niños y niñas y los derechos y libertades de los progenitores.

Más que los cambios que consigue el movimiento liberacionista interesan los cuestionamientos que logra sacar a la luz, permitiendo una verdadera revolución en la fundamentación de ciertas creencias o corrientes hasta ahora dadas por válidas. Así, no solamente aboga por el reconocimiento de derechos, sino por su titularidad y ejercicio. Desde su enfoque «liberador», centra su atención en el trato recibido en el núcleo familiar, la estructura del sistema educativo y el sistema de justicia[14]. Pretende así alcanzar una protección de derechos, frente a la idea de protección de la infancia.

Para terminar, tienen una repercusión transcendental en este modelo, por lo que no puede entenderse si no es a la luz de estos, el

---

13 Howard COHEN, *Equal rights for children* (Totowa, N.J.: Adams & Co., 1980), 10-12.

14 Respecto a esta última cuestión, incluso la creación de un sistema de justicia especializado en la infancia va a recibir importantes críticas desde los liberacionistas.

proceso de positivación de los derechos y el de sistematización de los derechos de la infancia.

3.1.1.4 Modelo Proteccionista Renovado

Este modelo supone una mejora significativa de las carencias del proteccionismo tradicional, gracias a las denuncias realizadas desde el liberalismo.

En referencia al estudio de las características físicas, intelectuales y morales en la infancia, se nutre de otras ciencias (psicología, pedagogía, etc.) dando valor al trabajo interdisciplinar y permitiendo desde este una mayor adecuación.

Si en el proteccionismo tradicional se encontraba una subordinación absoluta del interés de la persona menor de edad a sus progenitores o terceros que tuvieran obligaciones respecto a estos, en el proteccionismo renovado se observa un claro cambio en esta interpretación.

Reconociéndose valor en sí misma a la persona a lo largo de su infancia y por tanto también la existencia de necesidades específicas se atiende finalmente a su desarrollo progresivo. Desde este se contempla por fin un interés superior de la persona menor de edad ligado a los derechos relacionados su participación.

La toma de decisiones no se centra tanto en decidir por la persona menor de edad sino tomar un conjunto de decisiones que faciliten que sea esta quien desarrolle adecuadamente aquellas facultades que le permitan la toma de decisiones por sí misma. Supone incorporar a la concepción manejada la existencia de un plan de vida propio que es necesario respetar como parte de su correcto desarrollo.

Esto se ve además fuertemente afectado por el reconocimiento progresivo de capacidades, facultades y experiencia, trasladándose en los mismos términos a la toma de decisiones. Así "(...) el respeto a la libre voluntad del menor forma parte de lo que hay que entender que es su mejor interés"[15], incorporándose la voluntad de la persona dentro del mismo concepto.

---

15 CAMPOY CERVERA, *La fundamentación de los derechos de los niños. Modelos de reconocimiento y protección*, 499.

Sin embargo, el poder de determinarlo se mantiene en la práctica en los responsables de NNA por lo que se trata en realidad de una especie de ficción en la que se reconoce la voluntad de la persona hasta su plasmación en la realidad práctica, momento en que el control es retomado por terceros.

El reto en este modelo se encuentra por tanto en encontrar un equilibrio entre la libertad y la protección, pareciendo que sigue en este caso como modelo proteccionista, prevaleciendo la segunda. Todo ello conlleva a una falta de reconocimiento de voluntariedad jurídica por lo que se mantiene en realidad la voluntad de NNA en un plano teórico.

Es por ello por lo que parece indispensable defender un *nuevo paradigma,* que permita un espacio suficiente en el que desarrollar estas capacidades, asegurando en todo caso una protección de derechos específicos. Se permitiría así un espacio real y adecuado para la persona en el que pueda reflexionar y tenga a su disposición apoyos suficientes en la toma progresiva de decisiones, actuando los responsables únicamente de manera activa o invasiva cuando exista un riesgo real y de relevancia.

Según este modelo, cobra importancia la participación en el ejercicio de sus derechos, ya que, si se hablara de vinculación jurídica directa de la voluntad expresada, se estaría negando la protección especial de este colectivo. Resulta en todo caso relevante enfocarlo desde la adecuada participación, que merece una valoración de medidas de protección, y no desde la articulación de la primera desde la segunda.

3.1.2 Sobre los derechos de niños, niñas y adolescentes

El estudio de la positivización de los derechos de la infancia permite completar la comprensión de su evolución. Esta no supone su culmen, la victoria de su protección. Contrariamente, la titularidad de estos derechos queda en entredicho, lo que aleja a la infancia del ejercicio de sus derechos, y, en parte, de un reconocimiento pleno.

3.1.2.1 Los derechos de la infancia y su relación con el reconocimiento de otros derechos

El avance de los derechos se ha clasificado en diferentes generaciones y cuando se habla de derechos de la infancia, se tienden a reconocer dentro de la denominada tercera generación.

De los derechos de primera generación (derechos civiles y políticos), que se sitúan históricamente a finales del siglo XVIII y surgen principalmente como respuesta al régimen absolutista merece ser destacada por su repercusión en el discurso de los derechos de la infancia la relevancia del concepto de titularidad individual en el reconocimiento de estos derechos.

Los derechos de segunda generación (derechos económicos, sociales y culturales), a finales del siglo XIX y principios del siglo XX, marcan el paso del Estado liberal al Estado social.

Los derechos de tercera generación surgen en la década de los años 70, siendo esencial el concepto de solidaridad. Se habla de derechos específicos, por razón del sujeto o del objeto, así como de "intereses difusos". Aunque existe cierto debate en este sentido, vamos a encontrar el reconocimiento de derechos solidarios[16], el derecho a la paz, el derecho al desarrollo, derechos ecológicos, etc.

Finalmente, los derechos de cuarta generación se encuentran íntimamente relacionados con el avance tecnológico y el impacto que tiene sobre los derechos humanos.

La dificultad en reconocer los derechos de la infancia en alguna de estas categorías reside en que en las dos primeras generaciones tienen un peso importante dos cuestiones que alejan a la infancia del disfrute de este reconocimiento: la capacidad de obrar y el peso de la autonomía de la voluntad. Afirma HIERRO que "Por eso la Historia de los Derechos Humanos en los dos últimos siglos es, en gran medida, la historia de la extensión del sujeto: de los derechos de los trabajadores,

---

16 Clotilde VÁZQUEZ RODRÍGUEZ, «Derechos de los pueblos, ambientales o derechos difusos», Documentos de Trabajo. Seminario Permanente de Ciencias Sociales, enero de 2014, 7-8.

de los derechos de las mujeres y de los derechos de los niños"[17]. No se trata por tanto de excluir los derechos de la infancia de las dos primeras generaciones sino más bien que su inclusión como titulares de derechos va a ir de la mano de algunos debates que van a tener más peso en la tercera generación.

Si atendemos por otra parte a los procesos de evolución de los derechos fundamentales[18], se tiende a reconocer los derechos de la infancia, en el proceso de especificación, diferenciándose de otros tres: positivación, generalización e internacionalización[19].

La *positivización* (s.XXI) supone llevar los derechos del ámbito abstracto o de las ideas, al Derecho escrito. Tiene gran repercusión en la garantía judicial de los derechos y a medida que va consolidándose, resulta un proceso esencial en el reconocimiento mismo de derechos que, sin ser positivizados, permanecen como derechos morales. La positivización de derechos de la infancia será tardía y más que un reconocimiento, se mantiene como una declaración de intenciones.

La *generalización* se da de la mano de la democracia y el Estado de Derecho que se instalan entre las corrientes socialistas y liberales y favorece este proceso que pretende suprimir las contradicciones existentes en el proceso de positivación, que favoreció un reconocimiento de derechos a la burguesía pese a ser el punto de partida la igualdad natural -modelo americano y modelo francés-[20]. Interesan en este caso la configuración de derechos potenciando los valores de solidaridad e igualdad, lo que debe afectar inevitablemente a los derechos de la in-

---

17 Liborio L. HIERRO SÁNCHEZ-PESCADOR, «Los derechos humanos del niño», en *Derechos humanos del niño, de los trabajadores, de las minorías y complejidad del sujeto*, ed. Antonio MARZAL (Zaragoza: J.M BOSH, 1999), 19.

18 Debe señalarse una diferenciación conceptual relevante entre los términos "derechos fundamentales" y "derechos humanos", que puede revisarse ampliamente en María Del Carmen BARRANCO AVILÉS, *El discurso de los derechos. Del problema terminológico al debate conceptual*, Cuadernos «Bartolomé de las Casas» 1 (Madrid: Dykinson, 1996).

19 Francisco Javier ANSUÁTEGUI ROIG, en *Diccionario crítico de los Derechos Humanos*, de Ramón SORIANO DÍAZ, Carlos ALARCÓN CABRERA, y Juan MORA MOLINA, 1º (España: Universidad Internacional de Andalucía, 2000), 73-77.

20 Gregorio PECES-BARBA MARTÍNEZ, *Lecciones de Derechos Fundamentales*, Colección Derechos Humanos y Filosofía del Derecho (Madrid: Dykinson, 2004), 113-14.

fancia[21]. En la actualidad, no puede decirse que se trate de un proceso cerrado, abriéndose ahora a nuevos contextos.

El proceso de *internacionalización* ha ido asentándose y tomando mayor relevancia con el paso del tiempo ya que actualmente no sería posible entender los derechos sin su dimensión internacional. Puede situarse históricamente en el siglo XX, tras la Segunda Guerra Mundial, surgiendo en un contexto de cooperación. Los numerosos tratados y convenios fruto de este proceso van a tener una gran repercusión sobre el colectivo de la infancia, poniendo en evidencia su situación de desatención hasta el momento.

Finalmente, se da el proceso de *especificación* que es, sin lugar a duda, el más notorio en el reconocimiento de los derechos específicos de la infancia[22]. Supone un cambio transcendental y una ruptura con la línea que seguían los procesos anteriores. En este, el punto de mira va a centrarse en la titularidad y en el contenido de algunos derechos.

Tiene un componente claramente histórico y va a confrontar algunos reconocimientos hechos hasta el momento. Se cuestiona el reconocimiento que se otorgaba de manera genérica al «hombre» y posteriormente al «ciudadano», defendiendo que dentro de este existen -nuevos- titulares que requieren derechos específicos por diferentes motivos, coincidiendo en una situación de especial vulnerabilidad. Pueden encontrarse los motivos en una condición social o cultural -como podría ser el caso de la mujer o los emigrantes-, en relaciones sociales -siendo el ejemplo más claro el de los consumidores- y por la condición física y/o psicológica, en la que se encontrarían las personas menores de edad. En esta última clasificación conviene diferenciar dos subgrupos: las condiciones relevantes generales, y condiciones relevantes específicas. Las primeras serían aquellas que afectan a todo el mundo durante un periodo de su vida, siendo por tanto el caso de la

---

21 Rafael DE ASÍS ROIG, «La protección de los grupos vulnerables», en *Los desafíos de los derechos humanos*, de Rafael DE ASÍS ROIG, Elena ZORRILLA, y David BONDÍA GARCÍA (Madrid: Dykinson, 2007), 206.

22 Deben entenderse en concordancia con los derechos reconocidos por el proceso de generalización. De hecho, no resulta erróneo afirmar que no pueden entenderse los derechos específicos son los derechos reconocidos a la infancia por medio del proceso de generalización.

infancia, y las segundas aquellas que afectan a algunas personas, que sería el caso de las personas con discapacidad[23].

Es interesante rescatar de ello, que la situación de especial vulnerabilidad de la infancia se distingue claramente de otros colectivos con los que comúnmente se suele confundir dentro del gran conjunto de «colectivos oprimidos». Y es que, si bien se encuentran dentro del mismo proceso, el de especificación, dado que el reconocimiento especial se hace en base a la titularidad, la fundamentación de este es totalmente distinta -si bien coinciden en periodos históricos similares y bajo corrientes con bases análogas en ocasiones-. Esto supone que los valores sobre los que se apoya su fundamentación pueden ser distintos y la repercusión de ello relevante -esto se aprecia claramente si pretendemos fundamentar los derechos de las mujeres y de las personas menores de edad en base exclusivamente al valor de igualdad-.

3.1.2.2 La evolución de los derechos de la infancia hasta la Convención

Al igual que resulta posible observar las modificaciones en los modelos de protección de la infancia, pueden verse reflejados los cambios en la concepción de la persona menor de edad y su importancia en la sociedad occidental por medio del reconocimiento de derechos en diferentes instrumentos hasta la Convención sobre los Derechos del Niño entre los que destacan:

- La Declaración de los derechos del Niño de 1924, que tras la I Guerra Mundial refleja una ausencia absoluta de profundidad y especialización en el reconocimiento de derechos de NNA, siendo simplemente un contexto histórico en el que se hace más patente la vulnerabilidad de este colectivo. Fue adoptada por la Asamblea de la Sociedad de Naciones, con carácter no convencional y sin tener mecanismos de control.–La Carta de las Naciones Unidas de 1945 no hace mención expresa a la infancia, pero, aun en términos generales, le permite serle reconocida su dignidad y su

23 Gregorio PECES-BARBA MARTÍNEZ, *Curso de Derechos Fundamentales. Teoría general* (Madrid: Colección Cursos, 1999), 180-83.

valor como persona, no pudiendo ser objeto de discriminación por razón de su raza, sexo, idioma o religión (art. 1.3).

- La Declaración Universal de los Derechos Humanos de 1948 establece una serie de derechos que deben ser respetados a toda persona sin discriminación por motivos de "*raza, color, sexo, idioma, religión, opinión política o de cualquier índole, origen nacional o social, posición económica, nacimiento o cualquier otra condición*" (art.2). Esto incluye a las personas menores de edad, viéndose reforzado en el art. 25.2 en el que se establece que "*la infancia tiene derecho a cuidados y asistencias especiales*". Por su parte, el art. 16.3 establece la necesidad de proteger la familia y el 26.3 la educación.
- El Convenio de Ginebra de 1949 concreta algunos derechos de asistencia y cuidados especiales mencionados previamente en la Declaración Universal de los Derechos Humanos de 1948, en referencia a la protección de las personas civiles en tiempo de conflicto armado (IV Convenio), haciendo referencias expresas aplicables a menores de 15 años cuando sean víctimas de conflictos armados (en los arts. 23, 24, 38.5 y 50).
- En 1959 nace la nueva Declaración de los Derechos del Niño (documento totalmente nuevo), como consecuencia de la II Guerra Mundial. Aunque supone un avance significativo en la especialización en los derechos de la infancia, además de definir de manera más concreta los responsables de supervisar o hacer efectivos los derechos reconocidos (los padres y en general todos los hombres y mujeres, los gobiernos, las autoridades y las organizaciones particulares), sigue siendo un instrumento claramente insuficiente, que nuevamente supone una declaración de intenciones. Además, el concepto de niño manejado en las dos Declaraciones de los Derechos del Niño (1924 y 1959) resulta extremadamente primario en cuando a la protección real de la infancia. Se refieren a ellos en cuanto persona en especial situación de indefensión, enfocando los esfuerzos de protección de estos en su conservación, sin tener sin embargo ningún reconocimiento de participación en sus derechos.
- En 1966, el Pacto Internacional de Derechos Civiles y Políticos y el Pacto Internacional de Derechos Económicos, Sociales y

Culturales reconociendo el primero, derechos a toda persona bajo la jurisdicción de los Estados partes, con independencia de su nacionalidad, estatuto o condición (art. 2.2). Interesa resaltar el art. 10.2.b que establece que "*Los menores procesados estarán separados de los adultos y deberán ser llevados ante los tribunales de justicia con la mayor celeridad posible para su enjuiciamiento*". Por su parte el art. 24 reconoce el derecho a NNA a ser protegidas de manera especial por su condición de persona menor de edad, sin discriminación alguna. Menciona como responsables de esta protección a la familia, la sociedad y el Estado. Del Pacto Internacional de Derechos Económicos, Sociales y Culturales, recalcar el art. 10 que establece nuevamente el derecho a la familia y su responsabilidad en el cuidado de sus hijos e hijas (art.10.1)[24] y la necesidad de adoptar medidas de protección especial a la infancia sin discriminación, poniendo especial atención a su protección contra la explotación económica y social (art.10.3). El art. 11.1 hace mención al derecho a un nivel de vida adecuado, haciendo referencia específica a la familia -destacándose la relevancia de la familia por encima de las características específicas de la persona menor de edad- y por último el art. 13 hace referencia a la educación.

A partir de ahí, puede encontrarse un extenso elenco de referencias específicas la infancia:

- Resolución (66) 25, de 30 de abril de 1966, sobre tratamiento de corta duración de los jóvenes delincuentes menores de 21 años (*Short-term Treatment of Young Offenders of less than 21 years*), del Consejo de Europa, recomendando medidas de corta duración hacia jóvenes infractores y sin contacto, cuando fuera posible, con reclusos adultos.
- Resolución (67) 13, de 29 de junio de 1967, relativa a la prensa y la protección de la juventud (*On the Press and the Protection of Youth*) del Consejo de Europa, enfocada a la relevancia de

---

24 El art. 10.2 reconoce la necesidad de especial protección a la madre tanto antes como después del parto lo que, por su localización dentro de este mismo artículo conlleva un claro enfoque hacia la atención al recién nacido.

la educación como prevención de la delincuencia juvenil. La Resolución (69) 6, de 7 de marzo de 1969 (*On the Cinema and the Protection of Youth*) extendió lo expuesto previamente con relación a los medios de comunicación al cine.

- Resolución (78) 62, de 29 de noviembre de 1978, sobre delincuencia juvenil y transformación social (*Juvenile Delinquency and Social Change*), que resaltó la importancia de medidas de carácter social como prevención alcanzando el ámbito familiar y escolar.
- Recomendación (87) 20, de 17 de septiembre, sobre reacciones sociales ante la delincuencia juvenil (*Rec. on Social reactions to juvenile delinquency*). Atendiendo a las Reglas de Beijing, recalcó la importancia de la educación y reinserción como respuesta ante la justifica juvenil, las cuales debía incorporarse en los sistemas penales juveniles.
- Recomendación (88) 6, de 18 de abril, sobre reacciones sociales ante el comportamiento delictivo de los jóvenes procedentes de familias de emigrantes (*Rec. On social reactions to juvenile delinquency among young people coming from migrant families*). Ponía en este caso el foco de atención en la integración en la sociedad, por lo que era necesario proponer medidas de asistencia y sensibilización de entidades públicas.

Por último, cabe destacar:

- En 1973, la Organización Internacional del Trabajo aprueba el Convenio No. 138 sobre la edad mínima de admisión al empleo, que establece los 18 años como la edad mínima para realizar todo trabajo que pueda ser peligroso para la salud, la seguridad o la moral de un individuo.
- En 1979, la Asamblea General de las Naciones Unidas aprueba la Convención sobre la eliminación de todas las formas de discriminación contra la mujer, que protege los derechos humanos de las niñas y las mujeres. También declara el año 1979 como el Año Internacional del Niño, una medida que pone en marcha el grupo de trabajo para redactar una Convención sobre los Derechos del Niño jurídicamente vinculante.

- Son esenciales también las Reglas mínimas de las Naciones Unidas para la Administración de la Justicia de Menores, conocidas como las "Reglas de Beijing", adoptadas por la Asamblea General de la ONU por la Resolución 40/33, 29 de noviembre de 1985.

3.1.2.3 Repercusiones de la Convención en el reconocimiento y protección de la infancia

La CDN supone un cambio transcendental, surgiendo en un contexto histórico estable y respondiendo al auge del reconocimiento de derechos humanos.

A) Contenido y elementos reseñables de la CDN

Contiene un catálogo de derechos, repartidos en un Preámbulo y 54 artículos, especialmente apoyados en los reconocimientos previos desde la Declaración de Ginebra de 1924. Su carácter universal supone el compromiso de todos los Estados Parte e incluye además un mecanismo de control. Se da sin embargo una importante carencia, y es que la Convención no *reconoce* todos los derechos mencionados, sino solamente parte de ellos, trasladando la responsabilidad de reconocerlos a los Estados Parte. Esta distinción llama la atención diferenciando en dos niveles ciertos derechos, habiendo sido quizá más acertado seguir la forma utilizada en la Declaración Universal de Derechos Humanos, descargando en los Estados únicamente las obligaciones para el cumplimiento de los derechos reconocidos[25].

En todo caso, merecen especial atención los siguientes artículos:

- El art. 1 reconoce que "*se entiende por niño todo ser humano menor de dieciocho años de edad, salvo que, en virtud de la ley que le sea aplicable, haya alcanzado antes la mayoría de edad*", lo que facilita, a diferencia de los textos previos, una definición

---

[25] Ignacio CAMPOY CERVERA, «Notas sobre la evolución en el reconocimiento y la protección internacional de los derechos de los niños», *Derechos y Libertades: revista del Instituto Bartolomé de las Casas*, III (6), febrero de 1998, 288.

de persona menor de edad que, sin embargo, no es absoluta, permitiendo una reducción de esta protección a nivel nacional.

- El art. 2 establece que "*Los Estados Parte respetarán los derechos enunciados en la presente Convención y asegurarán su aplicación a cada niño sujeto a su jurisdicción, sin distinción alguna, independientemente de la raza, el color, el sexo, el idioma, la religión, la opinión política o de otra índole, el origen nacional étnico o social, la posición económica, los impedimentos físicos, el nacimiento o cualquier otra condición del niño, de sus padres o de sus representantes legales.*" Resulta de especial interés la obligación contraída por los Estados parte para tomar aquellas medidas necesarias para que se puedan ver cumplidos los enunciados, que viene reforzado por el art. 4 en el que se establece que para ello "*adoptarán todas las medidas administrativas, legislativas y de otra índole*".
- Se reconoce en el artículo 3 el complejo «interés superior de la persona menor de edad», a la luz del cual deben interpretarse todos los enunciados. De manera contradictoria a este reconocimiento general, la Convención vuelve a mencionar de manera específica esta aplicación en algunos artículos como son el 9.1, 21 o 37.1.c
- El art. 12 establece que "*Los Estados Partes garantizarán al niño que esté en condiciones de formarse un juicio propio el derecho de expresar su opinión libremente en todos los asuntos que afectan al niño, teniéndose debidamente en cuentas las opiniones del niño, en función de la edad y madurez del niño. Con tal fin, se dará en particular al niño oportunidad de ser escuchado en todo procedimiento judicial o administrativo que afecte al niño, ya sea directamente o por medio de un representante o de un órgano apropiado, en consonancia con las normas de procedimiento de la ley nacional*". Ello conlleva la obligación de articular las medidas oportunas en esos procedimientos para que esta participación del menor se dé en un contexto apropiado. Más compleja es la valoración del primero de los enunciados en referencia a las condiciones para formarse un juicio propio sobre un hecho concreto por parte de NNA.

- En su art. 19 establece que "*1. Los Estados Partes adoptarán todas las medidas legislativas, administrativas, sociales y educativas apropiadas para proteger al niño contra toda forma de perjuicio o abuso físico o mental, descuido o trato negligente, malos tratos o explotación, incluido el abuso sexual, mientras el niño se encuentre bajo la custodia de los padres, de un representante legal o de cualquier otra persona que lo tenga a su cargo. 2. Esas medidas de protección deberían comprender, según corresponda, procedimientos eficaces para el establecimiento de programa sociales con objeto de proporcionar asistencia necesaria a niño y a quienes cuidan de él, así como para otras formas de prevención y para la identificación, notificación, remisión a una institución, investigación, tratamiento y observación ulterior de los casos antes descritos de malos tratos al niño y, según corresponda, la intervención judicial*". Este artículo resulta clave para la detección de numerosos elementos indispensables para una adecuada protección de víctimas menores de edad y deja patente la obligación contraída a nivel nacional.
- El art. 14, que regula la libertad de pensamiento, conciencia y religión del niño establece que "*Los Estados Parte respetarán los derechos y deberes de los padres y, en su caso, de los representantes legales, de guiar al niño en el ejercicio de su derecho de modo conforme a la evolución de sus facultades*". Interesa en este caso la implicación reconocida a por progenitores o representantes legales para guiar a NNA en el ejercicio de sus derechos, lo cual puede resultar de interés cuando existan posibles desavenencias.
- Interesa en relación con la correcta protección, y ligado a la relevancia de la protección de la víctima menor de edad en el proceso, el art. 16, que establece que "*ningún niño será objeto de injerencia arbitrarias o ilegales en su vida privada, su familia, su domicilio o su correspondencia ni de ataques ilegales a su honra y a su reputación*".
- El apartado 2 del art. 18 establece que "*(...) los Estados Partes prestarán la asistencia apropiada a los padres y a los representantes legales para el desempeño de sus funciones en lo que respecta a la crianza del niño y velarán por la creación de insti-*

tuciones, instalaciones y servicios para el cuidado de los niños". Se destaca así el impacto de la familia en el correcto desarrollo de la persona, asumiendo que estas funciones de protección no siempre serán óptimas. Resulta especialmente interesante tanto como medida de prevención, como supervisión de situaciones que, aun sin estar tipificadas, puede temer un impacto negativo en la persona menor de edad.

- Uno de los atributos más destacados de la Convención es que incluye un mecanismo de control, inexistentes en los textos anteriores. Supone un cambio significativo, aunque poco eficaz en la práctica. Este mecanismo de control se realiza por medio de informes periódicos y se encuentra en el art. 44, estableciendo que los Estados no solamente se contraen la obligación de informar sobre las medidas tomadas, sino es necesario incluir la repercusión de estas, lo cual obligaría, en principio, a su estudio detallado en la práctica. Estos informes deberán presentarse cada 5 años (siendo el primero en el plazo de dos años), indicando las circunstancias o dificultades que pudieran afectar al cumplimiento de lo establecido en la CDN, de manera que facilite al Comité una visión lo suficientemente detallada para poder valorar la situación del Estado. El Comité podrá, cuando lo considere oportuno, solicitar más informes al Estado, y podrá contar además con la colaboración de organismos especializados y demás órganos de las Naciones Unidas, tanto para presentar informes sobre aquellas disposiciones de la CDN que les incumba como para que ejerzan su derecho a estar representados en el examen de la aplicación de aquellas disposiciones de la presente Convención comprendidas en el ámbito de su mandato (art. 45). Por su parte, el Comité podrá formular sugerencias y recomendaciones generales, que deberán transmitirse a los Estados Partes y notificarse a la Asamblea General junto con los comentarios de los Estados Partes en su caso (art. 45 d). En todo caso, presentará cada dos años a la Asamblea General de las Naciones Unidas, informes sobre sus actividades.

Este mecanismo de control pone el peso sobre el mismo Estado, lo cual supone, para un funcionamiento correcto y efectivo, un nivel de transparencia y especialización complejo de alcanzar en un grado satisfactorio.

Pese a la positiva acogida de la Convención los resultados reflejan una compleja paradoja entre la dificultad de negar la debida protección la infancia y el desinterés en llevarlo a la práctica. Resalta COTS que "(...) no estaremos seguros de la voluntad sincera del cumplimiento, por parte de los países ratificantes, de nuestra Convención, hasta que estos mismos países hayan ratificado los demás convenios de derechos humanos. (...) ¿a qué se debe esta proliferación de ratificaciones en tan poco tiempo? La impresión es que, en muchos casos, se ha obrado a la ligera, y en otros quizá porque la falta de ratificación podría no ser bien vista"[26]. Suma a ello la falta de colaboración de algunos Estados en los informes periódicos, siendo clara la molestia por las consideraciones del Comité en algunas cuestiones que podrían considerarse internas.

Debe tenerse presente que, pese a todo ello, en la CE apenas hay mención específica a la infancia, aplicándose por norma general los derechos pensados y diseñados para la vida adulta.

B) Algunos de los instrumentos relevantes a partir de la CDN

A partir de la CDN surgen otros muchos textos más o menos especializados que realizan una interpretación de la correspondiente temática a la luz de las bases sentadas por la CDN, que reflejamos en orden cronológico:

- Las Reglas de las NNUU para la protección de los menores privados de libertad ("Reglas de la Habana") de 1990.
- Las Directrices de las NNUU para la prevención de la delincuencia juvenil (Directrices de Riad), adoptadas y proclamadas

---

26 Jordi COTS I MONER, «Los derechos humanos del niño. Contraponencia», en *Derechos humanos del niño, de los trabajadores, de las minorías y complejidad del sujeto* (Zaragoza: J.M BOSH, 1999), 39. El objetivo reconocimiento de la falta de cumplimiento de la CDN es destacada de manera casi unánime por numerosos autores; entre otros: Carlos VILLAGRASA ALCAIDE, «Los derechos de la infancia y de la adolescencia. La participación social de la infancia y la adolescencia, por su incorporación a la ciudadanía activa», Enrahonar, n.º 40/41 (2008): 142-43.

por la Asamblea General (Resolución 45/112, de 14 de diciembre de 1990.

- El Convenio de la Haya de 29 de mayo de 1993, relativo a la Protección del Niño y a la Cooperación en materia de Adopción Internacional.
- Los "Principios de París", de octubre de 1991, fueron adoptados por la Comisión de DDHH de las NNUU con la Resolución 1992/54 y reafirmados por la Asamblea General por medio de la Resolución 48/134 de 1993. Son principios relativos al papel y funcionamiento de instituciones nacionales de promoción y protección de los DDHH.
- El Convenio de la Haya de 19 de octubre de 1996, relativo a la competencia de ley aplicable, reconocimiento, la ejecución y la cooperación en materia de responsabilidad parental y de medidas de protección de los niños.
- La Recomendación (20), de 6 de octubre de 2000, del Comité de Ministros del Consejo de Europa sobre el papel de una intervención psicosocial temprana para prevenir la criminalidad *(Rec. on the role of early psychosocial intervention in the prevention of criminality*).
- La Decisión 2001/427/JAI27 del Consejo, de 28 de mayo de 2001, creó la Red Europea de Prevención de la Delincuencia (REPD) 28 (*European Crime Prevention Network)*. Fue derogada por la Decisión del Consejo 2009/902/JAI, de 30 de noviembre.
- La Recomendación (2003) 20, de 24 de septiembre de 2003, del Comité de Ministros del Consejo de Europa, sobre nuevas formas de tratamiento de la delincuencia juvenil y el papel de la justicia de juvenil (*new ways of dealing with juvenile delinquency and the role of juvenile justice*). Supone una reflexión sobre la adecuación de los sistemas de justicia juvenil hasta el momento, reafirmando la relevancia del contexto más cercano a la persona menor de edad tanto para la prevención de la delincuencia como para la reeducación y reinserción.
- Las Directrices de NNUU sobre la Justicia en asuntos concernientes a los niños y las niñas víctimas y testigos de delitos de 2005.

- El Dictamen del CESE sobre la prevención de la delincuencia juvenil, los modos de tratamiento de la delincuencia juvenil y el papel de la justicia del menor en la Unión Europea, de 15 de marzo de 2006.
- La nota orientativa del Secretario General sobre la aproximación de las Naciones Unidas a la Justicia para los niños y las niñas de 2008.
- La Recomendación CM/Rec (2008) 11, con las extensas Reglas europeas para infractores menores de edad sometidos a sanciones o medidas (*European Rules for juvenile offenders subject to sanctions or measures*), de 5 de noviembre de 2008. Se centra en el respecto a los derechos de la infancia y la seguridad en el cumplimiento de medidas impuestas.

Son además especialmente importantes las Observaciones Generales del Comité de los Derechos del Niño que van a poner de relieve cuestiones más complejas o en las que se aprecia una falta de cumplimiento por diferentes cuestiones:

- 2001. "Observación General 1: Propósitos de la educación"
- 2002. "Observación General 2: El papel de las instituciones nacionales independientes de derechos humanos en la promoción y protección de los derechos del niño"
- 2003. "Observación General 3: El VIH/SIDA y los derechos del niño"
- 2003. "Observación General 4: La salud y el desarrollo de los adolescentes en el contexto de la Convención sobre los Derechos del Niño"
- 2003. "Observación General 5: Medidas generales de aplicación de la Convención sobre los Derechos del Niño (arts. 4 y 42 y párrafo 6 del art. 44)"
- 2005. "Observación General 6: Trato de los menores no acompañados y separados de su familia fuera de su país de origen"
- 2005. "Observación General 7: Realización de los derechos del niño en la primera infancia"
- 2008. "Observación General 8: El derecho del niño a la protección contra los castigos corporales y otras formas de castigo

crueles o degradantes (art. 19, párrafo 2 del art. 28 y art. 37, entre otros)"
- 2006. "Observación General 9: Los derechos de los niños con discapacidad"
- 2007. "Observación General 10: Los derechos del niño en la justicia de menores"
- 2009. "Observación General 11: Los niños indígenas y sus derechos en virtud de la Convención"
- 2009. "Observación General 12: El derecho del niño a ser escuchado"
- 2001. "Observación General 13: Derecho del niño a no ser objeto de ninguna forma de violencia"
- 2013. "Observación General 14: El principio del interés superior"
- 2013. "Observación General 15: El derecho del niño al disfrute del más alto nivel posible de salud (art. 24)"
- 2013. "Observación General 16: Obligaciones del Estado en relación con el impacto del sector empresarial en los derechos del niño"
- 2013. "Observación General 17: El derecho del niño al descanso, el esparcimiento, el juego, las actividades recreativas, la vida cultural y las artes (art. 31)"
- 2014. "Observación General 18: Prácticas nocivas, adoptadas de manera conjunta por el Comité para la Eliminación de la Discriminación contra la Mujer (observación número 31) y el Comité de los Derechos del Niño (observación general número 18)"
- 2016. "Observación General 19: Presupuestos públicos para hacer efectivos los derechos del niño (art. 4)"
- 216. "Observación General 20: La aplicación de los derechos del niño y niña durante la adolescencia"
- 2017. "Observación General 21: Sobre los niños en situación de calle".

Para terminar, conviene señalar los siguientes instrumentos:

- La aprobación la Declaración mundial sobre la supervivencia, la protección y el desarrollo del niño, junto a un plan de acción para ponerla en práctica en el decenio de 1990, por la Cumbre Mundial en favor de la Infancia en esta misma fecha.

- La aprobación del Convenio núm. 182 sobre la prohibición de las peores formas de trabajo infantil y la acción inmediata para su eliminación por la Organización Internacional del Trabajo en 1999.
- En el año 2000, la Asamblea General de las Naciones Unidas aprobó dos Protocolos Facultativos de la Convención sobre los Derechos del Niño: uno sobre la participación de los niños en los conflictos armados y el otro sobre la venta de niños, la prostitución infantil y la utilización de niños en la pornografía.
- En el año 2002, la Asamblea General de las Naciones Unidas celebró la primera Sesión Especial en favor de la Infancia, en la que participaron numerosas personas menores de edad como miembros de las delegaciones oficiales. Resultado de ello nace el pacto sobre los derechos de la infancia, denominado "Un mundo apropiado para los niños".
- En el año 2007, se realizó un seguimiento de la mencionada Sesión Especial de la Asamblea General de las Naciones Unidas en favor de la Infancia, fruto del cual, se aprobó una Declaración por más de 140 gobiernos, que reconoce los progresos alcanzados y los desafíos que quedan aún por cumplir.

3.2. HACIA UN NUEVO MODELO DE PROTECCIÓN DE LOS DERECHOS DE LA INFANCIA Y LA ADOLESCENCIA

En la actualidad los derechos de la infancia siguen en movimiento, manteniendo rasgos fuertemente enraizados de ese pasado inmediato: el proteccionismo renovado. Nos vamos a centrar por ello en aquellos debates que tienen una repercusión más directa en las víctimas menores de edad y su relación con el proceso judicial y la justicia restaurativa, es decir, centrándose en los derechos que afecten a su participación y la toma de decisiones.

Se parte de la conciencia que fijar un modelo teórico, que pretenda resolver la problemática práctica resulta extremadamente complejo, ya que hasta ahora no se ha alcanzado un consenso ni suficiente ni satisfactorio en ninguno de los planos[27]. Sin embargo, cuanto mayor sustento se obtenga en la fundamentación, más sencillo se espera que resulte su aplicación práctica.

3.2.1 La titularidad de los derechos en la infancia

El debate de la titularidad de los derechos en la infancia supone un auténtico reto, ya que exige adentrarse no solamente en conceptos ambiguos y con alta carga emocional, sino que requiere una toma de posición previa no menos compleja en debates relativos a la Teoría de los derechos.

3.2.1.1 La titularidad de los derechos de la infancia, ¿un simple debate conceptual?

Cuando se cuestiona si las personas menores de edad tienen o no derechos, el primer impulso puede ser afirmar rotundamente que sí. Acudiendo además a la CDN, parece algo indiscutible[28]. Sin embargo, esta afirmación encierra numerosos interrogantes. Se trata de ir más allá de exigir su reconocimiento en base a la existencia de disposiciones jurídicas, resolviendo si existe algún argumento para el reconocimiento de derechos y su consiguiente codificación[29] lo cual además permite una correcta interpretación de estos.

---

27 Así afirma PICONTÓ NOVALES que "(...) si los teóricos no han encontrado respuestas claras, los prácticos no deberían contar con ellas", siendo sin embargo necesario ofrecer unas bases suficientes para que la aplicación de los derechos no se realice de una manera meramente intuitiva, en Teresa PICONTÓ NOVALES, *En las fronteras del Derecho. Estudio de casos y reflexiones generales* (Madrid: Dykinson, 2000), 21.

28 La CDN, reconoce a las personas menores de edad como sujeto de derechos morales, realizando un extenso reconocimiento no solo de derechos pasivos, sino también activos como la libertad de expresión o de conciencia.

29 Apunta FANLO CORTÉS que "a pesar de que existe cierto acuerdo al considerar los derechos conferidos por normas jurídicas (derechos jurídicos) a los niños como la positivización y al mismo tiempo la especificación de algunos derechos morales fundamentales, las más amplias disonancias se registran sobre

Para ello no resulta suficiente seguir la evolución de las líneas previamente mencionadas ya que no se trata solamente de reflejar los derechos reconocido a la infancia, sino saber lo que realmente supone en nuestro ordenamiento y lo que puede esperarse -y lo que no- de tales reconocimientos, afectando de manera directa al ejercicio de estos. PECES-BARBA señala que "(...) la adecuada aproximación a estos derechos habría de hacerse, antes que por una consideración vinculada a su aparición histórica -como derechos cuyo reconocimiento estaba pensado para el ciudadano autónomo-, por su consideración de contenidos básicos de Justicia, vinculados, pues, a los cuatro valores superiores, que a través de una intervención del Poder se articulan en el Derecho, primeramente como derechos fundamentales y como principios de organización"[30]. Para poder realizar una aproximación completa de los derechos de la infancia, debe existir una reflexión previa de qué se entiende por derechos. Como señala DE ASÍS ROIG "(...) todo concepto de los derechos presupone una toma de postura sobre su justificación; por su parte, toda justificación parte de un concepto previo de los derechos"[31].

Se realiza aquí una aproximación desde el modelo dualista[32] en el que el concepto de derecho debe entenderse desde tres ámbitos:

---

la definición de «derecho subjetivo», así como sobre su relación con la definición de «deber».", en Isabel FANLO CORTÉS, «Los derechos de los niños ante las teorías de los derechos: notas introductorias», en *Derecho de los niños. Una contribución teórica* (México: Fontamara, 2004), 21.

30 Gregorio PECES-BARBA MARTÍNEZ, *Ética, Poder y Derecho. Reflexiones ante el fin de siglo*, Cuadernos y Debates (Centro de Estudios Constitucionales, 1995), 82. Para DE ASÍS ROIG, podemos diferenciar entre metaconcepto de derecho y concepto de derecho, siendo el primero el ámbito conceptual abstracto y el segundo concreto y material Se traza así una línea permeable entre la moral y el derecho, diferenciando aquello que está detrás de los derechos, su fundamentación -alejada de cualquier situación histórica-, los valores que impulsan esos derechos que se encuentran reconocidos jurídicamente, en Rafael DE ASÍS ROIG, *Sobre el concepto y el fundamento de los Derechos: Una aproximación dualista*, Cuadernos «Bartolomé de las Casas» 17 (Madrid: Dykinson, 2001), 25.

31 DE ASÍS ROIG, *Sobre el concepto y el fundamento de los Derechos: Una aproximación dualista*, 5.

32 Siendo GREGORIO PECES-BARBA el principal exponente de este modelo, cabe señalar que sus estudios han ido variando con el tiempo surgiendo un modelo que podría denominarse modelo trialista. En todo caso, no interesa en este caso profundizar sobre esta cuestión sino reconocer aquellos elementos que van a

ético, jurídico y social. Según este modelo, solamente podrían surgir derechos desde la existencia de «pretensiones morales» justificadas en el contexto ético. Además, deberán ser incorporadas al Derecho -contexto jurídico- y deberán tener pretensión de ser aplicables efectivamente, atendiendo a la realidad social. Considera PECES-BARBA que los derechos se encuentran en el ámbito de la ética pública, siendo instrumentos procedimentales para favorecer que las personas puedan desarrollar sus planes de vida[33]- lo cual tiene una relación directa con la dignidad de la persona-. En este sentido, CAMPOY CERVERA apunta que "(...) estos cuatro valores [libertad, igualdad, seguridad y solidaridad] que conforman la ética pública, (...) nos dan los contenidos de moralidad que justifican para todas las personas las pretensiones morales que pueden articularse como derechos morales y, posteriormente, como derechos fundamentales en los ordenamientos jurídicos"[34], de manera que su aplicación sería idéntica tanto en personas adultas como en personas menores de edad.

Tal es la complejidad que reviste reconocer el lugar de los derechos de la infancia en estas reflexiones que han sido numerosas los estudios que presentan auténticos cuestionamientos sobre si, lo que reconocemos como derechos de la infancia, pueden ser catalogados teóricamente como derechos humanos[35]. Para algunos, se trata de un

---

resultar esclarecedores para justificar la titularidad de derechos por parte de la infancia.

33 DE ASÍS ROIG, *Sobre el concepto y el fundamento de los Derechos: Una aproximación dualista*, 11-13.

34 CAMPOY CERVERA, *La fundamentación de los derechos de los niños. Modelos de reconocimiento y protección*, 980.

35 Resultan especialmente ilustrativas las obras de algunos autores como Philippe ARÌES, *El niño y la vida familiar en el Antiguo Régimen*, trad. Naty GARCÍA GUADILLA (Madrid: Taurus, 1987); Neil MAcCORMICK, «Los derechos de los niños: un test para las teorías de los derechos», en *Derecho de los niños. Una contribución teórica*, de Isabel FANLO CORTÉS (México: Fontamara, 2004); Liborio L. HIERRO SÁNCHEZ-PESCADOR, «¿Tienen los niños derechos? Comentario a la Convención sobre los Derechos del Niño», Revista de Educación, n.º 294 (1991): 221-33. Todas ellas, si bien con enfoques claramente diferenciados, ponen de relevancia que el reconocimiento y evolución de los derechos de la infancia no encaja de manera tan sencilla en lo que llamamos derechos humanos, pareciendo una especie de subproducto de características muy específicas.
En este caso voy a utilizar de manera indistinta los conceptos de «derechos fundamentales» y «derechos humanos» aun siendo consciente de las importantes

debate estrictamente lingüístico, pero aquí se defiende que va más allá, ya que reconocerlos como tal vuelve nuevamente a definir, por una parte, la concepción que se está manejando de «persona menor de edad» y, por otra, tiene importantes repercusiones prácticas en la libertad de la infancia y las garantías que puedan llegar a señalarse sobre esta. Dentro de los inacabables debates en torno a la teoría de los derechos, parece que al trasladarlas a los derechos de la infancia algunas ideas esenciales de estas no logran mantenerse en pie o suponen el no reconocimiento de los derechos -o al menos parcialmente- de la infancia. Sin desviarse del debate que aquí interesa, que es poder distinguir cuáles son los elementos de las teorías de los derechos que nos permiten afirmar que NNA son titulares de derechos, tiene importancia descubrir en base a qué se otorgan derechos a las personas. Parte de la solución parece encontrarse en las teorías del interés y de la voluntad, aunque nuevamente, al trasladarlo al ámbito de la infancia, no permite una respuesta concluyente[36]. Son las dos grandes teorías que han estado confrontándose en la cuestión de la naturaleza de los derechos o, dicho de otra manera, en base a qué se reconocen derechos a un sujeto o sujetos.

En referencia a las *teorías de la voluntad*, autores como SAVIGNY o WINDSCHEID van a defender que el derecho subjetivo es aquel que otorga a su titular, por medio del reconocimiento de una voluntad jurídica protegida, el poder de exigir una acción u omisión a aquel que se encuentre frente a ese derecho del titular. Supone que esta voluntad "origina el nacimiento, extinción o modificación de derechos o facultades"[37]. Son varias las teorías existentes, siendo en cualquier caso más cercanas a la lógica del modelo liberal, de manera que se reconocen estos derechos como instrumentos que permiten proteger al individuo de posibles intromisiones tanto de terceros como del Estado. El poder de «activar» el derecho reside en el detentador, que no

diferencias que pueden consultarse en BARRANCO AVILÉS, *El discurso de los derechos. Del problema terminológico al debate conceptual*.

36 FANLO CORTÉS, «Los derechos de los niños ante las teorías de los derechos: notas introductorias», 21.

37 José María SAUCA, «Los conceptos jurídicos fundamentales (II)», en *Curso de Teoría del Derecho*, de Gregorio PECES-BARBA MARTÍNEZ, Eusebio FERNÁNDEZ, y Rafael DE ASÍS ROIG, Segunda (Madrid: Marcial Pons, 2000), 278.

solamente puede reclamar o pedir, sino también renunciar a hacerlo -resultando complejo su aplicación en la infancia-. Se trata de una teoría íntimamente ligada a la capacidad de elección y la racionalidad.

Esta teoría ha sido fuertemente criticada por la imposibilidad de reconocer derechos a sujetos cuya voluntad se encontrase alterada o disminuida[38].

Frente a las teorías de la voluntad se encuentran las *teorías del interés*, que surgen como respuesta a las primeras; no reconocen el derecho subjetivo como voluntad sino como interés jurídico protegido. Pasarían por tanto a cobrar importancia las necesidades de las personas y si estas deben ser cubiertas -jurídicamente-, ya que el concepto de necesidades es mucho más amplio que el de derecho, por lo que debería lograr definirse de qué necesidades surgen derechos. Estos intereses no tienen por qué ser resultado de ciertas capacidades racionales, si bien, en ocasiones, lo son.

Estas dos teorías son básicas en la comprensión de los derechos de la infancia, ya que permiten, como punto de partida, poder dar una respuesta acerca de si es posible justificar la existencia de derechos en la infancia.

Desde la teoría de la voluntad se encuentran severos obstáculos desde un inicio, dado que el reconocimiento de un derecho no requiere capacidades simples de comprensión de este, sino otras bastante más profundas en las que valorar también las repercusiones y la relación con terceros en relación con su reclamación -o incluso su renuncia-. A ellos debe sumarse que algunos derechos reconocidos a la infancia surgen desde una necesidad de protección vital en los primeros años de vida en los que este reconocimiento de capacidades volitivas no es posible. Para WELLMAN, dado que el reconocimiento de un derecho conlleva la libertad de actuar en base a este, "(...) sólo seres capaces de actuar, de actuar en el sentido moralmente relevante de llevar a cabo de manera intencionada elecciones morales, son capaces de poseer un derecho"[39]. Sin capacidad de actuar racionalmente -no siendo así

38 Algunos hablan en este contexto de "voluntad abstracta contenida en las normas jurídicas" SAUCA, 278.

39 Carl WELLMAN, «El crecimiento de los derechos de los niños», en *Derecho de los niños. Una contribución teórica*, de Isabel FANLO CORTÉS (México: Fon-

reconocibles como agentes morales- no puede afirmarse que se tengan derechos. Cuanta menos capacidad, menos derechos, asumiendo que los derechos van aumentando -tanto en número como en parcelas de estos- gradualmente, de manera proporcional al aumento de las capacidades.

El autor, en uno de sus escritos en 1984 pone a prueba su hipótesis contrastándola con dos derechos: el derecho a la libertad de movimiento y el derecho a la seguridad[40] -este último especialmente vinculado a los deberes parentales-. Como varios autores, recurre a la positivación de ciertos derechos que, en este caso, será la Declaración Universal de los Derechos Humanos, en la que se realizan reconocimientos de derechos de manera genérica utilizando la terminología de "todos tienen derecho a..." que, al no realizar ninguna restricción específica, incluye igualmente a NNA. En ambos ejemplos surgen com-

---

tamara, 2004), 39-40.

40 En el caso de la libertad de movimiento, establece que la persona adquirirá ciertas libertades acorde a sus capacidades, careciendo de sentido reconocer esta libertad a quien tiene incapacidad para moverse. Suma a ello un conocimiento, aunque sea reducido, de las consecuencias de moverse o no -entendiendo esta libertad como bilateral-. Suma a ello los deberes que surgen al tener reconocidas ciertas libertades. Por otra parte, habla WELLMAN del derecho a la especial protección. En este sentido, surge un deber moral parental de proteger en sentido amplio a la persona menor de edad a su cargo, teniendo a su vez un poder ético de exigirlo. Nuevamente, no es posible articular este último por parte de aquellas personas que no tengan la capacidad de reconocer esa relación paternofilial, ni mucho menos las obligaciones derivadas de esta. Diferencia así : el deber *respecto* al niño y el deber *hacia* el niño, surgiendo este último solamente cuando la persona menor de edad puede tener ese poder, afirmando que todo ello conllevaría también el poder de renuncia por parte de la persona menor de edad a esa especial protección, en WELLMAN, 40-57.
MACCORMICK responde a ello que, si bien es posible que terceros sean los encargados de compensar la ausencia de cuidados, esta no es tomada como una renuncia sino como una negligencia con posibles consecuencias penales, de manera que la ausencia de cumplimiento del deber correlativo no supone que el derecho siga intacto, ni que dependa de la voluntad de detentor. Llevándolo al extremo, afirma que "Los niños no siempre son, ni siquiera normalmente, los mejores jueces de lo que es bueno para ellos, tanto es así que incluso, usualmente perciben los derechos más importantes para su adecuado desarrollo a largo plazo, como del derecho a una disciplina o el derecho a un medio ambiente seguro, como lo opuesto a derechos o ventajas", en MAcCORMICK, «Los derechos de los niños: un test para las teorías de los derechos», 75-76.

plicaciones en cuanto el ejercicio mismo del derecho -en la libertad de movimiento, la capacidad misma de movimiento y la comprensión de su repercusión- y el reconocimiento de los deberes correlativos -tanto en su exigencia como en su renuncia, especialmente claro en el ejemplo del derecho a la seguridad-. Así afirma que "para ser un agente moral en este sentido uno debe ser capaz de entender las razones prácticas y controlar los propios actos a través de restricciones morales. Esto es así porque la fuerza vinculante de la obligación morales está en las razones por las que uno debe o no debe realizar cierta acción"[41], de manera que existe un vínculo indisoluble entre derecho y deber. Todo ello lleva finalmente a que WELLMAN concluya que "no es verdad que «Todos los seres humanos nacen libres e iguales en dignidad y derechos». El infante no tiene derechos humanos o morales en absoluto porque faltándole la capacidad para cualquier tipo de acción voluntaria, no es el tipo de ser de quien se puede decir con sentido que posea libertad o poder, ambos ingredientes esenciales de los derechos"[42].

Si se busca la articulación de la titularidad de derechos por parte de la infancia, la teoría del interés puede resultar acertada[43]. Si el obstáculo en la teoría previa era la voluntad, en la teoría del interés resulta complejo negar que cualquier persona, independientemente de la edad, tenga intereses. La complejidad radica en distinguir qué intereses generan derechos y, en el caso específico de NNA, si existen intereses propios de este colectivo que den lugar a derechos específicos. Cobran relevancia los derechos morales, que van a entenderse como derechos que impulsan los derechos positivos, que se encuentran por tanto especialmente conectados con la ética y que por el contexto social.

MACCORMICK parte de la afirmación de que las personas, en los años posteriores a su nacimiento, tienen el derecho de recibir los

41 WELLMAN, «El crecimiento de los derechos de los niños», 43.

42 WELLMAN, 57.

43 FANLO CORTES afirma que este análisis puede reconocerse como una "contribución de los niños a los derechos de los adultos" ya que desde este prisma se ha permitido una revisión de aquellos derechos que no encajaban plenamente en la teoría de la voluntad -como podrían ser los derechos sociales-. FANLO CORTÉS, «Los derechos de los niños ante las teorías de los derechos: notas introductorias», 26.

cuidados mínimos para su supervivencia y correcto desarrollo, entendiendo que se parte por tanto de un derecho moral[44]. Los deberes morales nacerían como consecuencia de la existencia previa de los derechos morales. El autor confunde en este caso el concepto de derecho moral con el de pretensión moral, que es efectivamente previo a los deberes morales. Lo dota de especial importancia porque resultaría ser, además, una pretensión moral justificada. Esto es aclarado siguiendo a CAMPBELL que expone que "(...) los derechos morales puedes ser contemplados como aquellos intereses de los que se cree que tienen tal importancia para la vida de los seres humanos que se les debe dar prioridad en la organización de la existencia social en la medida de lo posible"[45], de manera que se articulan como fundamento de los derechos positivos. En este mismo sentido se pronuncia CAMPOY CERVERA al aclarar respecto a las «pretensiones morales», que pueden reconocerse, por ahora, en los «intereses» de CAMPBELL[46] que "(...) si hemos de dar sentido a su «transformación» en derecho moral tendremos que satisfacer las exigencias propias de las técnicas normativas. La incorporación de la pretensión moral justificada en un sistema normativo moral exigirá su articulación como derecho moral, para lo que será necesario considerar la existencia de un correlativo deber moral"[47]. Esto no supone que toda pretensión moral se incorpore al sistema normativo moral, sino solamente aquellas que tengan una fuerza o relevancia especial. Enlaza además esta cuestión con los

---

44 Añade así que "Si alguien no reconociera que cada niño tiene ese derecho lo consideraría un simple caso de ceguera moral". Su famosa afirmación "O bien nos abstenemos de atribuir a los niños un derecho al cuidado y alimentación, o bien abandonamos la teoría de la voluntad", junto con algunas confusiones en la articulación de la teoría permiten más fácilmente desmontar la teoría de la capacidad que articular una teoría de interés completa. MAcCORMICK, «Los derechos de los niños: un test para las teorías de los derechos», 62 y 66.

45 Tom D. CAMPBELL, «Los derechos del menor en tanto que persona, niño, joven y futuro adulto», en *Derecho de los niños. Una contribución teórica*, de Isabel FANLO CORTÉS (México: Fontamara, 2004), 119.

46 Así establece CAMPBELL que "*Grosso modo* los derechos morales puedes ser contemplados como aquellos intereses de los que se cree que tienen tal importancia para la vida de los seres humanos que se les debe dar prioridad en la organización de la existencia social en la medida de lo posible." en, CAMPBELL, 119.

47 CAMPOY CERVERA, *La fundamentación de los derechos de los niños. Modelos de reconocimiento y protección*, 978.

cuatro valores que constituyen el sistema normativo moral: libertad, igualdad, seguridad y solidaridad; a la luz de los cuales no resulta complejo encontrar en las sociedades occidentales actuales pretensiones morales desde la infancia, con una importancia tal y claros deberes correlativos tanto de progenitores como de terceros y otras entidades o instituciones públicas, que permitan articular efectivamente derechos morales de la infancia, lo que permite reconocerlos como titulares de derechos.

Para terminar, mencionar brevemente la posición de O'NIELL[48], que realiza una detallada reflexión sobre obligaciones respecto a los derechos de NNA[49] haciendo hincapié en la relevancia de reconocer cuáles son aquellas que permiten un correcto disfrute de los derechos, pretendiendo que efectivamente estos tengan repercusión práctica y no se limiten a una declaración de buenas intenciones. De esta manera afirma que "La mera insistencia en que ciertos ideales u objetivos son derechos no los convierte en derechos; pero, una retórica anticipada de los derechos puede resultar políticamente útil para conseguir establecer instituciones que aseguren derechos positivos que constituyan una (posible) realización de las obligaciones fundamentales imperfectas"[50]. O'NEILL no comparte que los derechos positivos reconocidos a la infancia provengan de derechos morales -usando el término de derecho fundamental-, volcando la atención en algo ajeno al interés del detentor del derecho: los deberes correlativos.

---

48 Es de hecho un planteamiento muy criticado por FREEMAN que lo cataloga de "deficitario convencional" en Michael D.A. FREEMAN, «Los derechos del niño como derechos humanos», en *Los desafíos de los derechos humanos hoy*, de Rafael DE ASÍS ROIG, Elena ZORRILLA, y David BONDÍA GARCÍA (Madrid: Dykinson, 2007), 245.

49 Destaca la importancia que da a diferenciar las obligaciones perfectas de las imperfectas en el ámbito de la infancia, idea que puede consultarse en O'NEILL, «Los derechos de los niños y las vidas de los niños», 80-87. Se diferenciarían las obligaciones *perfectas*, mediante las cuales se especifica quién está sujeto a la obligación y quién es el destinatario, de las *imperfectas*, que no tienen un correspondiente correlato pero que son de vital importancia para el bienestar de la infancia. Abarca así aquellas situaciones en las que, sin atentar directamente contra un derecho, el incumplimiento de ciertas obligaciones imperfectas, pueden tener una repercusión relevante en el correcto desarrollo de la persona menor de edad.

50 O'NEILL, 101.

Aunque las obligaciones suponen un elemento esencial en el que falta una concreción teórica y práctica en el contexto de la infancia, consideramos que en el debate de la titularidad conviene no abandonar la importancia de fondo que se pretende aquí destacar. Y es que, sin un reconocimiento de la titularidad de los derechos de la infancia, siguiendo la misma lógica que la aplicada en las personas adultas, se mantienen los patrones tradicionales que reconocen a la persona menor de edad como ser imperfecto, con un valor reconocido distinto al genérico «persona» y lleva a la peligrosa conclusión de que son una categoría diferente de «ser humano» con todas las consecuencias que esto supone[51].

3.2.1.2 Aproximación a una Teoría de los derechos de la infancia desde la Teoría de los Derechos Humanos

Para gran parte de la doctrina, el objetivo en estos debates va a ser el de "contribuir a la elaboración de una teoría normativa de los derechos del niño capaz de legitimar su *status* y al mismo tiempo constituir un punto de referencia en las elecciones legislativas y en las intervenciones de políticas sociales"[52], siendo partidaria de la necesidad de establecer una teoría de derechos de la infancia estable que repercuta en el estatuto moral de la persona menor de edad.

---

51 No deja de sorprender la contradicción en la que parece costar menos exigir responsabilidad criminal a las personas menores de edad que reconocerles derechos. Encontramos una reflexión sobre ello de FREEMAN, «Los derechos del niño como derechos humanos», 245. Según HOLLINGSWORTH, para poder hablar de responsabilidad penal es necesario hablar de autonomía -la capacidad y la libertad de actuar-, en Kathryn HOLLINGSWRTH, «Theorizing Children's Rights in Youth Justice: The significance of autonomy and foundational rights"», 6, The Modern Law Review, n.º 76 (2013): 1051.
Resulta significativo que no existan, a nivel europeo, grandes discordancias en el umbral superior cuando se habla de responsabilidad penal, estando fijado en los 18 o 21 años. Sin embargo, sí existen grandes diferencias en el límite inferior. A modo de ejemplo, puede señalarse: la edad mínima de 7 años en Irlanda; 8 en Escocia y Grecia; 10 en Francia, Inglaterra y Suiza; 12 en Países Bajos y Turquía; 13 en Polonia; 14 en Alemania, Austria, Italia, Bulgaria o España; 15 en Finlandia, Noruega o Suecia y 16 en Bélgica o Portugal, en Carlos PÉREZ VAQUERO, «La Justicia Juvenil en el Derecho Europeo», Derecho y cambio social, 2014, 18.

52 FANLO CORTÉS, «Los derechos de los niños ante las teorías de los derechos: notas introductorias», 29.

Aquí se opta por defender una Teoría de los derechos de la infancia desde la Teoría de los Derechos Humanos, como impulso hacia una concepción realmente respetuosa de la persona menor de edad y reconociéndola como requisito indispensable para evitar bloqueos e incoherencias en el ejercicio de estos derechos. Se retoma por tanto la idea de PECES-BARBA, quien señalaba la necesidad de reconocer los derechos de la infancia vinculados a los cuatro valores superiores: libertad, igualdad, solidaridad y seguridad. En base a ellos encontraremos la justificación de las pretensiones morales de las personas.

Si entendemos que "(...) el desarrollo de los distintos planes de vida al máximo nivel posible, supone un fin para todas las personas, para adultos e igualmente para los niños; y, del mismo modo que toda restricción en la libertad que esté justificada conforme a alguno de los anteriores valores lo habrá de ser igualmente para los adultos que para los niños"[53], estaríamos superando el "*doble standart*" que señalaban los liberacionistas, de manera que no existiría fundamentación para negar derechos humanos a las personas menores de edad, ni para que la limitación de estos fuera distinta que la de las adultas.

Además, no solamente deben reconocerse derechos específicos de las personas menores de edad, sino que todos los derechos humanos tienen como titulares a NNA que, de manera complementaria, tienen también reconocidos derechos específicos[54]. Así, cuando buscamos la

---

53 CAMPOY CERVERA, *La fundamentación de los derechos de los niños. Modelos de reconocimiento y protección*, 981.

54 "En lo referente a la autonomía de los menores y sus límites, habría que empezar por reconocer su integridad moral. Lo que significa, entre otras cosas, que debemos tratarlos como personas porque tienen derecho a una igual consideración y respeto, así como a que les sea salvaguardad su presente autonomía y capacidad, con las miras también puestas en la autonomía que adquirirán en el futuro", en PICONTÓ NOVALES, *En las fronteras del Derecho. Estudio de casos y reflexiones generales*, 31-32.
Dentro de esta teoría de los derechos de la infancia, sí tendrían cabida medidas paternalistas, sin embargo, "La única limitación legítima de los derechos del menor debe provenir, pues, de su propio interés, además, claro está como ocurre respeto del adulto, del respeto a los derechos de los demás", en Mª Isabel GONZALEZ TAPIA, «Consideraciones en torno a la protección penal del menor en el Código Penal», en *El menor como víctima y victimario de la violencia social*, de Lorenzo MORILLAS CUEVA, José María SUÁREZ LÓPEZ, y Otros (Madrid: Dykinson, 2010), 714.

base de esta articulación, volviendo a los valores superiores de Justicia, debe partirse del de libertad[55], pese a que el proceso de especificación, en el que hemos situado los derechos específicos de la infancia, se encuentre mayormente relacionado con el de solidaridad. Es importante diferenciar la articulación de derechos, de manera general, de aquellos derechos específicos que solamente corresponderían a las personas menores de edad[56]. En referencia a los primeros -que sirven para fundamentar que las personas menores de edad son titulares de derechos humanos- esta libertad, al igual que sucede en las adultas, solamente podrá limitarse cuando exista un criterio justificante que predomine sobre el principio de libertad. Esta teoría encaja además plenamente con lo expuesto en el Preámbulo de la LOPJM, que establece que "*Este enfoque reformula la estructura del derecho a la protección de la infancia vigente en España y en la mayoría de los países desarrollados desde finales del siglo XX, y consiste fundamentalmente en el reconocimiento pleno de la titularidad de derechos en los menores de edad y de una capacidad progresiva para ejercerlos*". Así, la «infancia» no supone un periodo limitativo de derechos sino de una protección jurídica especial, que puede redundar en un apoyo en el ejercicio de los derechos[57]. En referencia a este apoyo, establece

55 CAMPOY CERVERA, *La fundamentación de los derechos de los niños. Modelos de reconocimiento y protección*, 982.

56 Establece PECES-BARBA que en la justificación de unos derechos específicos como es el caso de los menores, se parte de "(...) una supuesta debilidad que el Derecho intenta paliar o corregir (...). Se parte de una desigualdad que se considera relevante, porque dificulta o impide el pleno desarrollo moral de las personas, fin último de los derechos, se interviene para alcanzar la satisfacción de estas necesidades que impiden la igualdad mínima. Para ello se utiliza la técnica de la igualdad con diferenciación, considerándose titulares sólo a quienes tienen la carencia y no a todos, (a diferencia de los cásicos derechos del hombre y del ciudadano que pares de la igualdad como equiparación y son de todos). En este caso la equiparación es una meta y la diferenciación una técnica para alcanzar esta equiparación", en PECES-BARBA MARTÍNEZ, *Curso de Derechos Fundamentales. Teoría general*, 182.

57 GONZALEZ TAPIA, «Consideraciones en torno a la protección penal del menor en el Código Penal», 702. En este mismo sentido se pronuncia el Tribunal Constitucional que establece que "Desde la perspectiva del art. 16 CE los menores de edad son titulares plenos de sus derechos fundamentales (...), sin que el ejercicio de los mismos y la facultad de disponer sobre ellos se abandonen por entero a lo que al respecto puedan decidir aquellos que tengan atribuida su

GONZÁLEZ TAPIA que "(...) no se hace desde la órbita de la prohibición o restricción de sus posibilidades de actuación sino desde el paradigma de la protección dirigida a salvaguardar el proceso que le habrá de conducir hacia su total autonomía, razón por la cual, las posibles limitaciones de su capacidad que puedan establecerse no se establece a favor o como poderes de otros, ni siquiera de sus padres, sino como salvaguardia de sus intereses en tanto que ello sea necesario."[58]; esto llevaría a poder afirmar por lo tanto que siempre que los derechos de la persona menor de edad se vean afectados, deberá hacerse un ejercicio de valoración de su participación y no al revés. Esto debería suponer un cambio de «será oído el menor cuando tenga capacidad suficiente» a «serán oídos los representantes de la persona menor de edad cuando esta requiera de una intervención para garantizar su bienestar».

Para HIERRO SÁNCHEZ-PESCADOR, "No se podemos establecer los derechos de los niños como si se tratara de un grupo marginal de la sociedad humana. Se trata, por lo contrario, de *tomarse en serio que los niños son seres humanos*"[59], siendo esta afirmación extremadamente reveladora dado que pone de manifiesto que, de lo contrario, seguiríamos manejando una concepción tradicional de la infancia, que imposibilitaría formar parte del grupo beneficiario de los Derecho Humanos[60]. Se trata de reconocer los derechos de la infancia como derechos con una base sólida y no como un subproducto de otros reconocimientos.

---

guarda y custodia o,(...), su patria potestad, cuya incidencia sobre el disfrute del menor de sus derechos fundamentales se modulará en función de la madurez del niño y los distintos estadios en que la legislación gradúa su capacidad de obrar (...)", en la Sentencia del Tribunal Constitucional 141/2000, de 29 de mayo (2000) FJ.5.

58 GONZÁLEZ TAPIA, «Consideraciones en torno a la protección penal del menor en el Código Penal», 713.

59 HIERRO SÁNCHEZ-PESCADOR, «¿Tienen los niños derechos? Comentario a la Convención sobre los Derechos del Niño», 228.

60 En este mismo sentido recuerda FEEMAN que "Reconocer que los derechos humanos de los niños son derechos humanos es reconocer que los niños son humanos, que no son animales u objetos de propiedad. Pero esto no significa que tengamos que olvidar el hecho de que también son niños y como tales vulnerables", en FREEMAN, «Los derechos del niño como derechos humanos», 252.

El equilibrio entre estos derechos generales y específicos es extremadamente importante, dado que esta línea de defensa de derechos, si bien pretende dar especial valor al poder de decisión de toda persona sobre sus proyectos de vida -siendo de manera significativa posible esta decisión libre desde la satisfacción de otros derechos básicos previamente-, no supone dejar de lado la situación de especial vulnerabilidad de las personas menores de edad, que requiere efectivamente una protección distintiva frente a posibles amenazas. En este sentido, FANLO CORTÉS menciona que "De hecho el liberacionismo, con su pretensión a equiparar *tout-court* los derechos de los adultos a los derechos de los niños, ha terminado por devolvernos aquella idea (tan triste como irreal) de los niños como adultos en miniatura que no está lejos de la imagen de pequeñas mujeres y pequeños hombres transmitida por la iconografía medieval"[61] ilustrando el peligro de «abandonar a los niños a sus derechos». Ahí es cuando cobra sentido encontrar este equilibrio entre el reconocimiento de derechos generales y específicos, sirviendo estos últimos para atender las características y necesidades de la infancia según su momento de desarrollo.

Recordar que se utiliza aquí el concepto de «situación de especial vulnerabilidad» y hablando de vulnerabilidad de las personas menores de edad principalmente en cuanto a las consecuencias de la victimización y no a sus causas. Se defiende esta posición entendiendo que resulta imperativo entender las características propias de la infancia como tal y no como carencias, prisma desde el cual no es vulnerable -por terceros- la persona, sino que la hace vulnerable el entorno al beneficiarse de estas características. Además, el llamado interés superior de la infancia es más fácilmente alcanzable si se analiza desde las situaciones de vulnerabilidad o no desde una vulnerabilidad[62].

---

61 FANLO CORTÉS, «Los derechos de los niños ante las teorías de los derechos: notas introductorias», 36.

62 Así, "(...) en términos algo esquemáticos, puede decirse que la perspectiva todavía hoy dominante es aquella que, haciendo hincapié en la condición natural de vulnerabilidad del niño, defiende la exigencia de un tratamiento diversificado respecto del adulto. En la óptica dirigida a la valoración de una «especial» protección del menor, el reconocimiento de derechos de este último es funcional a la tutela de aquel, no mejor identificado, «interés superior del menor» (*the best interest of the child*) que, hoy por hoy, se ha convertido en una fórmula recu-

Para terminar, interesa recuperar una idea básica que pocas veces se recalca, y es la cercanía existente entre la dignidad y los derechos, y muy especialmente la autonomía de la persona[63].

Aunque es mencionada por la CDN en su Preámbulo, estableciendo que "*(...) el niño debe estar plenamente preparado para una vida independiente en sociedad y ser educado en el espíritu de los ideales proclamados en Convención sobre los Derechos del Niño · UNICEF Comité Español la Carta de las Naciones Unidas y, en particular, en un espíritu de paz, dignidad, tolerancia, libertad, igualdad y solidaridad (...)*"[64], pocas veces se recuerda el impacto directo que tiene la vulneración o limitación de sus derechos en la dignidad de la infancia.

PECES-BARBA, relaciona la idea de dignidad con la de la autonomía en dos momentos diferentes; el primero, en cuanto a la "capacidad de elección, libertad psicológica, el poder de decidir libremente, pese a los condicionamientos y limitaciones de nuestra condición. No está garantizado que elijamos bien, también podemos equivocarnos, pero ese es un riesgo que debemos correr si queremos ser seres humanos dignos que escogen el camino a seguir. En el segundo momento, autonomía significa libertad o independencia moral, y resultado, del deber ser, la situación de la persona que ha elegido bien, es decir, que sigue las reglas que ella mismo se ha dado como consecuencia del ejercicio de la libertad de elección"[65]. Interesa aquí especialmente

---

rrente tanto en los textos normativos como en los jurisprudenciales", en FANLO CORTÉS, 15.

63 Para FREEMAN sí será una cuestión de interés tanto en Michael D.A. FREEMAN, «Tomando más en serio los derechos de los niños», en *Derechos de los niños. Una contribución teórica*, de Isabel Fanlo Cortés (México: Fontamara, 2004), 147., como en FREEMAN, «Los derechos del niño como derechos humanos».

64 Posteriormente hace referencia expresa a la dignidad de la infancia en contextos concretos: discapacidad (art 23); contexto escolar (art. 28); privación de libertad (art. 37); recuperación y reintegración de víctimas menores de edad (art. 39) y menores infractores (art.40).

65 Gregorio PECES-BARBA MARTÍNEZ et al., «La dignidad humana», en *Los desafíos de los derechos humanos hoy* (Madrid: Dykinson, 2007), 163., siendo esta una perspectiva de las dos analizadas por el autor; en este caso la formal, de raíz kantiana. Véase con más detalle en Gregorio PECES-BARBA MARTÍNEZ, «Legitimidad del poder y Justicia del Derecho», en *Curso de Teoría del Derecho*, de Gregorio PECES-BARBA MARTÍNEZ, Eusebio FERNÁNDEZ GARCÍA, y Rafael DE ASÍS ROIG, 2° (Madrid: Marcial Pons, 2000), 332 y ss.

el reconocimiento de la posibilidad de equivocarse, que se reconoce igualmente a la persona adulta. En relación con la toma de decisiones y su relación con el interés superior de la persona, debe recordarse que la posibilidad de errar debe asumirse como parte del desarrollo de la autonomía. Las medidas paternalistas tendrán sentido cuando este error sea salvable, esté claramente definido y de no llevarse a cabo la medida las consecuencias serían de relevancia -concretamente en los planes de vida de la persona-. Recuerda además el autor la incompatibilidad existente entre la desigualdad y la dignidad, de manera que la limitación no justificada de derechos de la infancia en relación con la de las personas adultas redundaría de manera directa sobre su dignidad[66].

Esto supone reconocer dos momentos en los que debe tenerse presente esta visión para el correcto desarrollo de la autonomía de la persona menor de edad:

- En primer lugar, debe facilitarse a lo largo de toda la infancia el ejercicio de esta autonomía -relacionada con la experiencia y la toma de decisiones-. Deben permitirse espacios en los que la persona pueda desarrollar sus capacidades, abrir a la persona menor de edad espacios en los que pueda medir y desarrollar esta autonomía[67].

---

66 Expone que "La igual dignidad de todos los seres humanos permiten abordar desde otras perspectivas los conceptos de desigualdad, discriminación y diferencia. La desigualdad es incompatible con la dignidad. Es una situación de hecho que hace imposible la dignidad de quien se encuentra en ella. Para atajarla son necesarios comportamientos de igualdad, como diferenciación, es decir, el trato desigual a favor de los colectivos que se encuentran en esa situación, por medio del Derecho. En ella se basa la justificación del Estado social, porque sin esas medidas no existe igual dignidad, y una sociedad que la impida o la haga imposible no es una sociedad bien ordenada." PECES-BARBA MARTÍNEZ et al., «La dignidad humana», 167.

67 Así plantea FREEMAN "Tenemos que equilibrar, lo que Feinberg ha llamado, el "derecho a un futuro abierto" del niño con una aceptación de que aprendan como actuar autónomamente al permitirles hacerlo así. LaFollette expresa bien la última consideración cuando escribe "debemos preparar a los niños para llegar a ser autónomos, y ello requiere, entre otras cosas, que les tratemos en algunos aspectos como si ya fuesen autónomos". ¿Debemos respetar la persona, la dignidad del niño ahora o verle como una persona haciéndose cuya dignidad futura

- En segundo lugar, en el momento en que una persona menor de edad hace uso de esta autonomía, en la decisión de adoptar medidas paternalistas también debe recordarse que dentro de la primera está el derecho a equivocarse. De la misma manera que sucede con medidas paternalistas que se aplican a personas adultas, estas deberán seguir unos criterios claros y que se alejen de la visión proteccionista tradicional.

Se concluye así que no se trata de un simple debate conceptual. Una correcta articulación de la teoría de los derechos de la infancia tiene una repercusión transcendental: superar la concepción anticuada de persona menor de edad y permitir una interpretación de los derechos reconocidos a este colectivo como instrumentos reales para su correcto y libre desarrollo, y no como un mero recordatorio de ciertas obligaciones morales para terceros[68].

3.2.2 La voluntariedad jurídica y la toma de decisiones

Además del reconocimiento de derechos y de la titularidad de estos, una cuestión problemática en la práctica reside en su ejercicio. Una limitación en base a la edad es, aunque práctica, simplista, ya que responde a la presunción de ciertas facultades. Aunque es posible hacer una clasificación siguiendo esta metodología, es *a priori* excesivamente vaga y puede resultar peligrosa -siendo en todo caso inaceptable cuando la división se resume a minoría-mayoría-[69]. Ni todas las personas se desarrollan al mismo ritmo, ni tampoco todos los asuntos pueden ser enfrentados con un mismo nivel de desarrollo de facultades. Lo que se

---

es la consideración importante?" FREEMAN, «Los derechos del niño como derechos humanos», 248.

68 Ello debe completarse con la crítica de O'NEILL ya que si bien es cierto que el adecuado cumplimiento de las obligaciones favorecerá una menor vulneración de los derechos, mantener el prisma enfocado únicamente en estos deberes fomenta un modelo inadecuado de reconocimiento de derechos.

69 Efectivamente "Parece discriminatorio negar al «niño», que es persona por debajo de cierta edad (por ejemplo, «menor» para el derecho), derecho que tendría si estuviese por encima de edad y en posesión de las capacidades que ya posee", en CAMPBELL, «Los derechos del menor en tanto que persona, niño, joven y futuro adulto», 133-34.

pretende asegurar es que la valoración de una determinada cuestión se realiza desde un conocimiento suficiente del mismo hecho y de las repercusiones, hablando de «adecuación» de la voluntad de la persona. Uno de los obstáculos que tienen mayor relevancia por la dificultad que entraña es definir cuándo esta voluntad tiene relevancia jurídica, pudiendo llegar a afectar a la casi totalidad de los derechos reconocidos. Se trata además de una cuestión central en el reconocimiento mismo de derechos, que es la autonomía de las personas-conectándose con la dignidad-. FREEMAN señala que "Creer en la autonomía es creer que la autonomía de cualquiera es moralmente tan trascendente como la de cualquier otro"[70] y esto lleva a toda la articulación de derechos previamente mencionada. Lograr articular en la práctica el reconocimiento jurídico de esta autonomía es indispensable para un correcto ejercicio de los derechos de la infancia.

Son numerosas las referencias en las que se hace alusión al deber de escuchar a la persona menor de edad en aquellos aspectos que puedan afectarle, dotando de valor su voluntad. Quizá la más reconocida sea la contenida en el ya mencionado art. 12 de la CDN[71]:

"*1. Los Estados Partes garantizarán al niño que esté en condiciones de formarse un juicio propio el derecho de expresar su opinión libremente en todos los asuntos que afectan al niño, teniéndose debidamente en cuenta las opiniones del niño, en función de la edad y madurez del niño.*

2. Con tal fin, se dará en particular al niño oportunidad de ser escuchado, en todo procedimiento judicial o administrativo que afecte al niño, ya sea directamente o por medio de un representante o de un órgano apropiado, en consonancia con las normas de procedimiento de la ley nacional."

Existen en este reconocimiento varios conceptos que son de poca ayuda para ser trasladado este deber a la práctica de manera clara y efectiva: "*...garantizarán al niño que esté en condiciones de formarse un juicio propio...*"; "*...teniéndose debidamente en cuenta las*

---

70 FREEMAN, «Los derechos del niño como derechos humanos», 253.

71 Es además señalado como uno de los cuatro principios generales de la CDN, junto con el derecho a la no discriminación, a la vida y el desarrollo y la atención al interés superior de la persona menor de edad.

opiniones..."; "*...en función de la edad y madurez...*"; "*...se dará en particular al niño oportunidad de ser escuchado...*". Trasladado a la práctica las respuestas pueden ser extremadamente dispares. Consciente de ello el Comité de los Derechos del Niño, en la Observación General nº12 (2009) pone de manifiesto que los Estados obstaculizan de manera continuada este derecho. En cualquier caso, entendemos de manera genérica que la CDN resalta la importancia de consultar a la persona en asuntos que le afecten, que deberá poder comprender el asunto, y que ello dependerá de su edad y madurez. Ser escuchada puede suponer un mero trámite, que no supone en ningún caso respetar lo expresado por la persona. Por tanto, interesa saber cuándo esta escucha es simplemente una posible ayuda o guía para el tercero que va a tomar la decisión, o cuando esta voluntad expresada tiene relevancia jurídica.

3.2.2.1 Voluntad e interés superior de la persona menor de edad

La voluntad en la persona menor de edad entraña ciertas dificultades ya que se valora de manera diferente a la voluntad de una persona mayor de edad, fundamentándose en la necesidad de una protección específica. Se apela en este sentido a su interés superior que debe interpretarse de manera amplia y siempre a la luz de los derechos reconocidos en la CDN.

A) La voluntad

La necesidad de valorar la voluntad expresada por NNA tiene una finalidad proteccionista; su fundamento se encuentra en la hipótesis de que esta puede carecer de capacidades suficientes para dar una respuesta que sea acorde a estos proyectos de vida -decisión juiciosa-. ¿Cuáles son entonces los criterios para valorar esa respuesta? Aunque parte de la doctrina afirma que no existe voluntad en edades tempranas, en la actualidad existen estudios científicos suficientes para desmontar estas teorías simplistas[72]. Definir cuándo es relevante en el ámbito jurídico es el reto de este apartado.

---

[72] El art. 12 CDN no establece límites de edad en lo referente a «escuchar» a la persona -desaconsejando el Comité que se fijen en normativas nacionales-, re-

Para conocer la voluntad de la persona menor de edad podemos distinguir diferentes fases:

- En primer lugar, tendremos que hacer uso de las herramientas adecuadas para obtenerla. Cuando la comunicación verbal sea limitada, se tendrá que recurrir a otro tipo de herramientas. Además, la forma de comunicarse para obtener esta voluntad y el entorno son de gran relevancia.
- Una vez expresada esta voluntad, se valorará para conocer su «adecuación».
- Para terminar, en caso de ser necesario se podrá contar con apoyos en la toma de decisiones y se podrán considerar medidas paternalistas cuando existan discrepancias entre la voluntad expresadas y el interés superior de la persona menor de edad.

Asegurar que se conoce realmente la voluntad de la persona menor de edad -para poder valorarla- es una meta inalcanzable, al igual que sucede con las adultas. Sin embargo, obtener un acercamiento lo más detallado y seguro posible permite un correcto disfrute de derechos.

La dificultad en el caso de la infancia reside en que se va a considerar que, en ocasiones, la voluntad expresada no debe ser tomada en cuenta por considerar que es resultado de una ausencia de capacidad

---

conociendo que la comunicación verbal no es la única herramienta de escucha. Señala LANSDOWN que "(...) las opiniones pueden expresarse de numerosas maneras, (...), mediante emociones, dibujos, pinturas, canciones o representaciones teatrales. Los niños muy pequeños, e incluso los bebés, como asimismo los niños con serias dificultades de aprendizaje, son capaces de expresar su opinión", en Gerison LANSDOWN, *La evolución de las facultades del niño* (Centro de Investigaciones Innocenti. UNICEF, 2005), 19. Así, existen desde el primer momento de vida ciertas preferencias, que pueden trasladarse a la voluntad cuando existe tras ellas un entendimiento racional básico de estas. En este sentido señala GARZÓN VALDÉS que "mientras que con respeto a las necesidades básicas, o intereses vitales, uno puede equivocarse, es decir creer que uno no necesita lo que en realidad necesita o al revés; en el caso de los deseos (si ellos están formulados en primera persona singular) uno no puede equivocarse con respecto a lo que desea", en Ernesto GARZÓN VALDÉS, «Desde la "modesta propuesta" de J. Swift hasta las "casas de engorde". Algunas consideraciones acerca de los derechos de los niños.», en *Derecho de los niños. Una contribución teórica* (México: Fontamara, 2004), 205.

suficiente para que esta decisión sea juiciosa. Se habla así de una voluntad diferenciada: la «voluntad auténtica». Para poder ser catalogada como tal, deberían poder confirmarse los siguientes elementos[73]:

- Posibilidad de utilizar las facultades de la razón;
- Información suficiente sobre las circunstancias relevantes para la toma de decisión;
- Experiencia para poder valorar convenientemente esa información.

Siempre que una persona reúna estos tres requisitos, la voluntad expresada se entendería coincidente con la voluntad auténtica y por ello debería respetarse, teniendo relevancia jurídica.

La información suficiente es un requisito que dependerá tanto de la búsqueda por parte de la persona como por aquellas que tengan el deber de facilitarla. Siendo relativamente objetivo, no tiene porqué presentar excesivas complicaciones más allá de su forma de cumplimiento. Sin embargo, tanto la razón como la experiencia son altamente complejas.

En referencia a la «experiencia», tienen relevancia dos asuntos:

- En primer lugar, debe tenerse presente que se adquiere solamente con la vivencia de situaciones que enriquezcan los elementos a valorar por el uso de la razón. En el caso de la infancia es importante interpretarla en un sentido amplio, dado que será siempre más reducida que en la etapa adulta, y una interpretación restrictiva la haría inaplicable.
- Por otra parte, deberá ser tenido en cuenta en el correcto desarrollo de la infancia, permitiendo e incluso favoreciendo que adquieran esa experiencia. La experiencia no puede obtenerse por otros medios que no sean el aprendizaje y, en un número elevado de casos, el aprendizaje se dará de manera real. Que el fuego quema, puede aprenderse por medio de la experiencia indirecta: los cuidadores repetirán que "no se debe tocar porque hace daño". Sin embargo, el equilibrio requiere una experien-

---

73 Estos tres requisitos pueden encontrarse en la CDN y en estudios de desarrollo de la misma Convención y sobre los derechos de participación de la infancia.

cia directa; si bien pueden darse directrices para facilitar ese aprendizaje y prevenir posibles daños, la repetición por parte de la persona misma es necesaria. En ocasiones la experiencia solamente podrá ser adquirida por la vivencia de la persona y ello implicará inevitablemente un perjuicio, que será en todo caso positivo para el libre desarrollo de la persona (cuando ese sea demasiado elevado es cuando la intervención de medidas proteccionistas cobrará sentido) [74].

La «razón» es el concepto más ambiguo y complejo de valorar, ya que responde a la adecuación de la decisión tomada y está estrechamente relacionada con la autonomía, la dignidad y la libertad de poder tomar decisiones en base a los proyectos de vida que cada persona tenga.

En el contexto de la infancia algunos son partidarios de incorporar en la valoración de la decisión intereses de la persona en el momento presente e intereses de la persona en el futuro, idea que destacábamos al abordar la cuestión de la dignidad desde la visión de FREEMAN. Lo que aquí se va a defender son los intereses de la persona en el momento presente, es decir, como persona menor de edad, si bien van a tener una vinculación inevitable no con su «yo futuro»[75], sino con sus proyectos de vida -los cuales sí tendrán relación con su yo futuro-. De

---

74 Debe lograrse este delicado equilibrio entre protección y libertad para no mermar el correcto desarrollo de la persona, que permitirá la adquisición de experiencia y la hará más capaz de ejercitar sus derechos de manera autónoma. Esto tiene especial relevancia en el derecho de participación que deberá fomentarse en diferentes contextos. VILLAGRASA ALCAIDE recuerda que su ejercicio efectivo "(...) se facilitaría mediante la utilización de la educación como una herramienta indispensable para la participación y aprovechar este espacio para fomentar actitudes asertivas, de respeto, y de diálogo, primando la mediación entre pares en la gestión de los conflictos interpersonales, y consiguiendo así un libre desarrollo de la personalidad, desde la infancia, con convicciones democráticas", en Carlos VILLAGRASA ALCAIDE, «Derechos de la infancia y la adolescencia: hacia un sistema legal», Anales de la Cátedra Francisco Suárez, 2015, 29. En este mismo sentido se pronuncian Clara GARCÍAS y Carmela DEL MORAL BLASCO, «Guía para la evaluación y determinación del interés superior del niño» (Ministerio de Economía, Industria y competitividad, 2017), 16., haciendo en su caso referencia de manera específica a la adolescencia.

75 Concepto que no defendemos por tender a una concepción tradicional de persona menor de edad solamente valorada como futura persona adulta.

manera que la valoración de la decisión de la persona menor de edad tiene efectivamente relación con que esta no trunque sus proyectos de vida.

Cuando se reconoce esta distinción, se está aceptando que pueden existir conflictos de intereses. Puede que lo que resulte más adecuado -o mejor valorado- ahora, ponga en riesgo un interés futuro. También son extremadamente relevantes los intereses de terceros, que pueden a su vez suponer conflictos. Esto puede analizarse desde dos perspectivas:

- De la misma manera que se analizaría en el caso de la persona adulta, es posible que el interés de una persona suponga un perjuicio a un tercero. En tal caso sería necesaria una ponderación, si bien en el caso de la infancia debe primar su interés superior.
- Por otra parte, la persona menor de edad se encuentra en una situación de especial dependencia, en la que justamente esa toma de decisiones se reconoce en sus responsables, que pueden tener intereses contrarios. Sería en este caso derivar la toma de decisión a alguien que puede priorizar el de la persona afectada.

B) El interés superior de la persona menor de edad[76]

El art. 3.1 la CDN establece que "*En todas las medidas concernientes a los niños que tomen las instituciones públicas o privadas de bienestar social, los tribunales, las autoridades administrativas o los órganos legislativos, una consideración primordial a que se atenderá será el interés superior del niño*", manifestándose en términos similares la LOPJM en su art. 2, aunque de manera más detallada.

Esta idea es ampliamente desarrollada por la Observación General nº14 (2013) *sobre el derecho del niño a que su interés superior sea una consideración primordial.*

---

[76] A lo largo de este apartado se analiza el interés superior desde un prisma individual, si bien puede aplicarse también de manera global, de la infancia como colectivo -o grupo diferenciado dentro de este-. Además, se enfoca mayormente a su repercusión en la toma de decisiones si bien su complejidad lo haría revisable en cada contexto -relaciones familiares, ámbito sanitario, libertad religiosa, etc.-.

El interés superior de la persona menor de edad se reconoce como un término flexible que debe adaptarse a las necesidades particulares de la persona en cuestión y al contexto en el que se esté apelando. Esta flexibilidad, aunque valorada positivamente dado que permitirá una mejor definición en cada caso, no debe usarse en perjuicio de la infancia, siendo necesario tener especial cuidado cuando pueda entrar en conflicto con terceros responsables de la persona menor de edad.

Debe distinguirse su correcta valoración en dos fases: la evaluación y la determinación[77]. En la evaluación deberá analizarse qué elementos deben ser tenidos en cuenta, qué otros intereses pueden entrar en conflicto. La determinación sería el mecanismo motivado para, en base a la evaluación, concluir cuál es el interés *superior*. Los criterios que seguir, o elementos que deben tenerse en cuenta para la valoración del interés superior de la persona menor de edad se encuentran enunciados en la Observación General nº14 y la LOPJM respectivamente, utilizando conceptos diferentes pero que, a grandes rasgos, pueden resumirse en los siguientes puntos:

"- *La edad y madurez del niño.*

- *La necesidad de garantizar su igualdad y no discriminación.*
- *El irreversible efecto del transcurso del tiempo en su desarrollo.*
- *La necesidad de estabilidad de las soluciones que se adopten para promover la efectiva integración y desarrollo del niño, así como de minimizar los riesgos que cualquier cambio de situación material o emocional pueda ocasionar en su personalidad y desarrollo futuro.*
- *La preparación del tránsito a la edad adulta e independiente, de acuerdo con sus capacidades y circunstancias personales.*
- *La opinión del niño.*
- *La identidad del niño.*
- *La preservación del entorno familiar y mantenimiento de las relaciones personales.*

---

77 Ambos conceptos trabajados por el Comité de los derechos del niño, «Observación general Nº14 (2013) sobre el derecho del niño a que su interés superior sea una consideración primordial (artículo 3, párrafo 1)» (Naciones Unidas, 2013).

- *El cuidado, protección y seguridad del niño.*
- *El derecho del niño a la salud.*
- *El derecho del niño a la educación.*
- *Aquellos otros elementos de ponderación que, en el supuesto concreto, sean considerados pertinentes y respeten los derechos de los niños.*"[78]

Supone por tanto tener presente la realidad de la persona menor de edad -y en concreto su desarrollo progresivo-, las repercusiones futuras en diferentes contextos y el delicado equilibrio que debe alcanzarse dentro del correcto desarrollo de la persona.

La evolución de la concepción de la persona menor de edad ha dejado también en la comprensión del interés superior, importantes marcas. Dentro de la corriente del *proteccionismo renovado* se entiende que no solamente la participación de la persona en la toma de decisiones forma parte de ese interés superior, sino también el respeto a sus intereses. Sin embargo, no corresponderá siempre con el interés superior, sino que será parte de este. En cualquier caso, en la mayoría de las referencias normativas se sigue atendiendo a la voluntad final de un tercero, de los responsables, correspondiendo al modelo proteccionista.

Así, podría entenderse que, en realidad, el interés superior de la persona menor de edad coincide con lo que hemos llamado previamente *voluntad auténtica*, ya que esta es la que tendrá en cuenta todos los criterios mencionados para alcanzar este interés, que permite el correcto desarrollo de la persona y que alcance sus planes de vida propios[79]. Volveríamos entonces a los criterios que nos permitían establecer esta voluntad auténtica, ya que solamente si alguno de estos fallase podría justificarse que la voluntad -entonces expresada- no

---

78 GARCÍAS y DEL MORAL BLASCO, «Guía para la evaluación y determinación del interés superior del niño», 9.

79 Esto refuerza el planteamiento que aquí se defiende ya que, en la actualidad, cuando se optan por medidas paternalistas, aludiendo al interés superior, lo que se resalta es la relevancia jurídica de este por encima de la voluntad expresada, de forma que, si el interés superior de la persona menor de edad coincide con la voluntad auténtica, no hay motivo para rechazar la vinculatoriedad jurídica de esta última.

coincide con el interés superior de la persona. La realidad es que los tres elementos: información, razón y experiencia, pueden ser reconocidos de manera parcial (no se tiene *toda* la experiencia, pero se puede tener *suficiente*), por lo que es importante que sean interpretados de manera amplia ya que una excesiva rigurosidad supondría un peligroso acercamiento al perfeccionismo moral[80].

Nuevamente surgiría en este punto, además, el equilibrio necesario entre las necesidades inmediatas de la persona menor de edad y las que puedan surgir en el futuro, defendiendo en esta investigación que la atención no se debe poner en necesidades futuras, sino en la protección de no truncar un mayor poder de decisión en el futuro[81]. Tiene relevancia la apreciación que realiza la Observación General nº14 (punto 85) acerca de la necesidad de que las decisiones puedan ser revisables, en base a la evolución de capacidades de la persona. Aunque lo menciona en base a la toma de decisiones por parte de terceros, resaltar que efectivamente es importante analizar el interés a corto y largo plazo, siempre en atención al correcto desarrollo de la persona. De manera complementaria, resulta óptimo poder incorporar modificaciones según vaya adquiriendo capacidad la persona siempre que así lo desee y sea posible -que no será siempre así por cuestiones de seguridad jurídica-.

---

80 CAMPOY CERVERA, *La fundamentación de los derechos de los niños. Modelos de reconocimiento y protección*, 989. Podemos entender el perfeccionismo moral como aquel pensamiento que "sostiene que lo que es bueno para un individuo o lo que satisface sus intereses es independiente de sus propios deseos o de su elección de forma de vida y que el Estado puede, a través de distintos medios, dar preferencia a aquellos intereses y planes de vida que son objetivamente mejores" en, Carlos Santiago NINO, *Ética y Derechos Humanos: Un ensayo de fundamentación* (Barcelona: Ariel, 1989), 205.

81 En este mismo sentido establece CALVO GARCÍA que "El interés del menor puede determinarse atendiendo a sus expectativas como persona, como niño, como joven y como futuro adulto. En este sentido, podemos convenir, lo cual ya es difícil, en que el interés del menor no ha de contemplarse únicamente en función de sus necesidades afectivas inmediatas, sino con una perspectiva global en la que aquéllas se integran y concilien con las demás necesidades inherentes al desarrollo de su personalidad hasta la edad adulta; siempre nos encontraremos con cabos sueltos y la dificultad de concretar este criterio general a tenor del caso concreto.", en Manuel CALVO GARCÍA, «La protección del menor y sus derechos», Revista del Instituto Bartolomé de las Casas, 1994, 196.

3.2.2.2 La toma de decisiones

Podemos afirmar entonces que la toma de decisiones en este contexto es algo exigible en base a los derechos reconocidos a la infancia. Además, no articular las medidas necesarias para permitirlo afecta directamente al ejercicio de estos. Se afrontan ahora cuestiones que permitan su articulación práctica y no quede en una mera defensa teórica, siendo justamente la correcta aplicación de medidas la que cierra la teoría de los derechos de la infancia, como equilibrio entre los cuatros valores que sirven de base a esta: libertad, igualdad, solidaridad y seguridad.

A) Medidas paternalistas

Estructurar y delimitar correctamente estas medidas es esencial ya que existe cierta aversión hacia el paternalismo, como ayuda impuesta cuando no es necesaria[82]. En este caso, se pretender hacer un uso restrictivo de estas, encontrando el correcto equilibrio para un pleno respeto hacia los derechos de la infancia.

Si previamente se ha destacado qué criterios son necesarios para reconocer la voluntad como *auténtica,* así como aquellos que deben tenerse en cuenta para evaluar y determinar el interés superior de la persona, interesa ahora delimitar en qué medida se entenderán como justificadas las medidas paternalistas[83]. Y es que en la aceptación de estas existen también cuestiones que hasta ahora han quedado plasmadas de manera demasiado abstracta, ya que la adecuación de medidas paternalistas puede darse desde dos formas de intervención:

---

82 Victoria CAMPS, «Paternalismo y bien común», Doxa, n.º 5 (1988): 105.

83 Al relacionar medidas paternalistas con la autonomía de las personas, GARZÓN VALDÉS hace un interesante análisis de esto estableciendo que el paternalismo se encontrará justificado cuando este sea necesario para superar un desequilibrio provocado por una incompetencia básica y su incorporación permita esta autonomía e igualdad del sujeto, en Ernesto GARZÓN VALDÉS, «¿Es éticamente justificable el paternalismo jurídico?», Revista Latinoamericana de Filosofía, XVIII (1987): 168-72. Una postura más crítica sobre el paternalismo jurídico mantiene Matías Cordero Arce, Hacia un discurso emancipador de los derechos de las niñas y los niños (Lima: Ifejant, 2015), 194 y ss.

(i) La sustitución de la voluntad expresada por la persona menor de edad

(ii) La incorporación de sistemas de apoyo en la toma de decisiones

Una correcta aplicación de las medidas paternalistas podría, en principio, reconducirse siempre como medida de apoyo, sin embargo, existen situaciones en las que la sustitución de la voluntad será total, estando justificado diferenciarlas.

(i) La sustitución de la voluntad expresada por la persona supondría una medida de protección que debe ser enfocada únicamente con la finalidad de asegurar sus derechos. La importancia radica entonces en fijar los límites de esta, distinguiendo el paternalismo justificado del injustificado. Cuanto más rigurosas seamos a la hora de valorar los elementos exigidos para reconocer la voluntad expresada como auténtica, más nos acercaremos al paternalismo injustificado. De manera complementaria, una medida paternalista quedaría justificada cuando el perjuicio, al tomar la decisión, es claramente contrario a lo que se podría presuponerse de una decisión tomada por una persona que tiene facultades de razón, información y experiencia. Es decir, cuando no corresponda con la voluntad auténtica. Dado que en ocasiones asegurar que responde a la voluntad auténtica es complejo – sumado a posibilidad de equivocarse como reflejo de la dignidad humana[84]- ese perjuicio deberá ser probable y de importancia.

Resulta especialmente interesante el debate establecido entre las posturas de GARZÓN VALDÉS y ATIENZA acerca de la distinción entre la necesidad de proteger un interés o de evitar un daño[85]. En este caso, defendemos la necesidad de evitar un daño en sentido amplio[86]

---

84 Especialmente ilustrativo resulta el pensamiento de DWORKIN al considerar que toda persona tiene, a fin de cuentas, derecho a hacer algo que no resulte correcto hacia sí misma, en Ronald DWORKIN, *Taking Rights Seriously*, 2o. 1997 (London: Bloomsbury, 1977), 188-89.

85 Mientras que ATIENZA habla de buscar un «bien» como finalidad de la medida paternalista, GARZÓN VALDÉS prefiere «evitar un daño», para poder distinguir el paternalismo justificable del perfeccionismo moral, en Manuel ATIENZA, «Discutamos sobre paternalismo», Doxa, 1988, 203. y Ernesto GARZÓN VALDÉS, «Sigamos discutiendo sobre paternalismo», Doxa, 5 (1988): 216-19.

86 Una interpretación restrictiva podría llegar a justificar actuaciones extremadamente limitadas. Recuerda al pensamiento de O'NIELL acerca aquellas obliga-

que, en el caso de la infancia, en muchas ocasiones podrá redirigirse a la protección de un interés en base a sus necesidades específicas[87]. Así, no sería admisible la medida paternalista:

- Cuando no se sepa fijar, en primer lugar, el perjuicio en caso de permitir que se realice la voluntad manifestada.
- En segundo lugar, cuando responda a una conclusión "ilusoria"; es decir, debe estar lo suficientemente justificada.
- Por último, aunque el perjuicio fuera muy probable, debe valorarse la importancia que tiene[88].

Debe por tanto recurrirse para su validez al principio de necesidad y de proporcionalidad. La jurisprudencia del Tribunal Europeo de Derechos Humanos ha condensado estos principios en un «test de proporcionalidad» que exige al Estado probar en cada caso:

- "Que la medida adoptada persigue un fin legítimo
- Que existe una relación de proporcionalidad entre los medios empleados y el fin pretendido.
- Que no existe otra medida que dañe menos el derecho y consiga idéntico resultado (que no haya ninguna medida menos gravosa para el niño)"[89]

Algunos autores como FREEMAN, apoyándose en el pensamiento de DWORKIN, plantean un paternalismo que estaría justificado,

---

ciones que si bien pueden catalogarse como secundarias, son necesarias para un correcto desarrollo en la infancia; O'NEILL, «Los derechos de los niños y las vidas de los niños».

87 En este sentido interpretan los autores como un daño grave, aquel que incapacita a la persona en "la búsqueda de la visión propia de los bueno", en Len DOYAL y Ian GOUGH, *Teoría de las necesidades humanas* (Barcelona: Icaria/FUHEM, 1994), 78.

88 Establece FREEMAN que "la prueba de la irracionalidad debe también estar limitada de manera que justifique la intervención sólo hasta el punto necesario para evitar el daño inmediato, o para desarrollar las capacidades de elección racional por las que el individuo pueda tener una oportunidad razonable de evitar esos daños" FREEMAN, «Tomando más en serio los derechos de los niños», 172.

89 GARCÍAS y DEL MORAL BLASCO, «Guía para la evaluación y determinación del interés superior del niño», 27.

cuando la medida tomada, pudiera ser compartida con la persona en el futuro, es decir, que la persona menor de edad compartiera esta medida paternalista en el futuro -entendiéndose, con razón y experiencia-. Sin embargo, CAMPOY CERVERA advierte de la peligrosidad de este enfoque paternalista que denomina "*a posteriori*", ya que podría llegar a falsear la libertad reconocida a la persona menor de edad. Esta lógica de poner la atención en lo que "decidiría el yo futuro" tiene estrecha relación con una anticuada concepción de la persona menor de edad cuyo valor de resume en su "futura persona", abandonando el valor de la infancia como fase real y completa de la persona. Es importante descartar la validez de este paternalismo *a posteriori* ya que su aceptación choca frontalmente con la libertad de la toma de decisiones de la persona menor de edad en el desarrollo de sus planes de vida, provocando por sí misma el daño que se pretende evitar -truncar esta decisión en dichos planes-. Es además importante recordar que dicho paternalismo puede hacer cambiar justamente la voluntad de la persona, por lo que su consentimiento posterior sobre dicha medida podría reconocerse como viciado -no significa esto que se descarte, como se ha dicho, la atención a consecuencias futuras de la decisión en cuanto estas no deben truncar los proyectos de vida de la persona-. Así, resulta importante valorar no solamente la gravedad del perjuicio en caso de no permitir la medida paternalista en los planes de vida de la persona, sino también la gravedad del perjuicio en caso de permitir esa medida paternalista en el desarrollo de la persona. Y es que, si el objetivo principal es facilitar el desarrollo de los planes de vida de la persona, interviniendo solamente cuando el perjuicio sea tal que los modifique de manera irremediable -afectando de manera paralela al desarrollo de la persona y demás derechos-, deberá asegurarse que estas medidas paternalistas tampoco trunquen este objetivo[90].

Ayuda a darle mayor sentido y proporcionalidad realizar una comparativa con las medidas paternalistas existentes en la edad adulta.

---

90 Desde esta perspectiva una medida paternalista aplicada de manera incorrecta puede dañar de la misma manera, utilizando la perspectiva ya señalada de DOYAL y GOUGH, *Teoría de las necesidades humanas*., por lo que habría que evitarla con la misma intensidad y fundamento que aquellas decisiones que puedan dañar a la persona menor de edad en los términos señalados.

Sin embargo, vamos a encontrarnos con unos estándares drásticamente más bajos en estas últimas. De hecho, establece CAMPBELL que "(...) al «niño» sólo se le debería exigir alcanzar el nivel más bajo de las capacidades de un adulto a quien se le hayan concedido derechos, mientras que, de hecho, se le exigen estándares más altos de capacidad racional que a quienes «ya han crecido» cuando se regula su capacidad para ejercer las facultades jurídicas normales de los adultos (...)"[91]. Un argumento que podría respaldar la necesidad de esta mayor rigidez en la infancia sería que justamente por la etapa evolutiva en la que se encuentra la persona, las repercusiones de estas decisiones pueden marcar de manera más intensa a la persona, pudiendo incluso perturbar su correcto desarrollo. Siendo este un argumento de peso sin duda alguna, convendría valorar qué repercusiones tiene en el desarrollo de la persona no permitirle tomar estas decisiones en dos vertientes diferentes: (a) señalarla como persona incapaz, afectando directamente a la autoestima y al correcto desarrollo de esa misma capacidad en el futuro; (b) asumir desde un punto de vista externo el mejor interés de esta persona, dirigiéndola inevitablemente a un proyecto de vida que puede ser distinto al deseado por la persona. Se retoman así cuestiones señaladas por COHEN según las cuales las medidas paternalistas tienen una interpretación diferente en su repercusión sobre la dignidad de la persona cuando esta es menor de edad o es adulta, de forma que, si bien se mantienen este tipo de medidas en la edad adulta, se reservan realmente como último recurso, por sus repercusiones negativas en la persona, no siendo igual en la infancia[92].

---

91 CAMPBELL, «Los derechos del menor en tanto que persona, niño, joven y futuro adulto», 134. Menciona CAMPOY CERVERA respecto al sistema de agentes de COHEN que "(...) habría que asumir el riesgo que el niño se niegue a recibir la ayuda del agente, aunque se le estuviesen violando sus derechos, igual que hemos de asumir que un adulto al que se le están vulnerando sus derechos ha elegido esa situación voluntariamente", en CAMPOY CERVERA, *La fundamentación de los derechos de los niños. Modelos de reconocimiento y protección*, 847. Aunque esa afirmación debe ser contextualizada, refleja un debate latente en esta cuestión. Parecen existir en la infancia una valoración de las capacidades desproporcionada si la comparamos con la misma en la edad adulta, presumiendo en el adulto total capacidad, y ninguna en la infancia, ambas presunciones fácilmente tachables de falacia.

92 COHEN, *Equal rights for children*, 10-13.

Estas medidas solamente serían por tanto aceptables cuando pretendan hacer efectiva la voluntad auténtica, es decir, aquella que corresponde con aquello que permite que se desarrollen correctamente los planes de vida propias de la persona menor de edad. Podría incluso llegar a discrepar de la voluntad expresada justificando que aquello que hemos llamado voluntad auténtica es la que tomaría la persona en caso de tener razón y experiencia suficiente.

(ii) De forma complementaria a estas medidas paternalistas en las que hemos establecidos los criterios necesarios para conocer cuándo será justificado que la voluntad de la persona menor de edad sea sustituida por un tercero, defendemos la necesidad de fomentar herramientas de apoyo en la toma de decisiones. Nos servimos en este caso de lo establecido en el artículo 7.3 de la Convención sobre los derechos de las Persona con Discapacidad, que establece que "*Los Estados Partes garantizarán que los niños y las niñas con discapacidad tengan derecho a expresar su opinión libremente sobre las cuestiones que les afecten, opinión que recibirá la debida consideración teniendo en cuenta su edad y madurez en igualdad de condiciones con los demás niños y niñas, y a recibir asistencia apropiada con arreglo a su discapacidad y edad poder ejercer ese derecho*"[93]. Se considera plenamente trasladable esta exigencia a toda la infancia, ya que atiende a los mismos elementos que se han venido manejando hasta ahora: capacidad, madurez y edad. Este sistema de apoyos debe entenderse en un sentido amplio, teniendo gran relevancia la forma en la que de consulta a la persona menor de edad y el contexto en el que se valora si cumple con los requisitos necesarios para valorar como auténtica la voluntad expresada.

Este sistema de apoyos, aun teniendo una fundamentación paternalista resulta extremadamente menos invasivo, facilitando que la

---

93 Sí puede ser criticable sin embargo que la CDPD, con conocimiento de la ambigüedad y la complejidad práctica de aplicación de este derecho en la infancia, recurra a exigir que se aplique en las personas menores de edad con discapacidad de la misma manera que se hace en aquellas personas sin discapacidad. Sin bien se entiende que la finalidad es destacar la necesidad de eliminación de discriminación con razón de discapacidad, la realidad en la infancia no es, en la actualidad, una referencia de aplicación correcta. Por ello se considera que hubiese podido dar un paso más sentando unas bases más claras en la participación de la infancia.

persona llegue por sí misma a su voluntad auténtica y no siendo necesario sustituir su voluntad.

El sistema de apoyos vendría a materializarse en dos fases:

- En primer en una primera fase, debería brindarse a la persona toda aquella información necesaria para la toma de decisión -de la misma manera que se haría con una adulta-, atendiendo además a que el lenguaje sea adecuado en función de su edad o nivel de desarrollo. Como medida paternalista no invasiva, debería fomentarse la exploración de diferentes posibles respuestas -sin intención de influir en esta-.
- Este espacio debe atender además a los tiempos que requiera la persona para poder tomar la decisión y el contexto en el que se tome -no solamente que no resulte intimidante, sino que favorezca el pleno desarrollo de las capacidades de la persona-.
- En una segunda fase, se deberían fomentar herramientas de acompañamiento a la persona en la ejecución práctica de esta decisión. No se trata de «dejar a su suerte» a la persona menor de edad tras la toma de decisión, sino seguir brindando el apoyo necesario tras la misma. Cuanto más compleja sea la valoración de posibles daños -que en todo caso serán menores ya que de lo contrario se hubiera optado por una medida paternalista más invasiva-, mayor será la justificación de unas medidas de apoyo más visibles o continuadas.

Esto resulta además especialmente adecuado cuando uno de los criterios que se sigue para valorar la voluntad de la persona es su experiencia. Como hemos repetidos numerosas veces, esta se adquiere de manera progresiva, pero debe permitirse cierta actividad. Las medidas de apoyo suponen un acompañamiento en esta adquisición de experiencia[94].

---

[94] GARZÓN VALDÉS diferencia la vulnerabilidad absoluta de la relativa. En la última, una vez eliminados los elementos de opresión, la vulnerabilidad desaparece, siendo ejemplo de ello el caso de las mujeres. En el caso de la vulnerabilidad absoluta, esto no sería suficiente, sino que se requieren de medidas de apoyo para eliminar o minimizar esta situación de vulnerabilidad -en otras palabras, medidas de paternalismo justificado-. Así establece el autor que "(...) la de los niños es naturalmente superable con el mero transcurso del tiempo: cuando se deja de ser

Para terminar, para la correcta aplicación de estas medidas paternalistas deben tenerse en cuenta algunos riesgos que pueden ser permanente o variables en la sociedad. En la relación con los progenitores o cuidadores, siendo numerosas veces recalcado que es beneficioso el desarrollo de la infancia en el núcleo familiar[95], se mantiene una interpretación de los derechos de la infancia tendente al modelo de «*discrecionalidad controlada*», de manera que se deposita en la familia una confianza que en ocasiones puede suponer graves perjuicios para el bienestar de la infancia. Esta idea es reflejada por TAMARIT SUMALLA, haciendo referencia al "mito de la familia feliz"[96], presuponiendo de cualquier familia un trato adecuado hacia las personas menores de edad que se encuentren bajo su responsabilidad, teniendo acceso a información contraria solamente cuando de manera externa se detectan graves carencias.[97]

---

niño se puede pasar a la condición de capaz básico o de incapaz relativo. Hasta qué punto ello pueda lograrse depende, en no poca medida, de la forma como hayan sido atendidas sus necesidades durante un determinado período de sus vidas" GARZÓN VALDÉS, «Desde la "modesta propuesta" de J. Swift hasta las "casas de engorde". Algunas consideraciones acerca de los derechos de los niños.», 205. En relación a la participación de la infancia RODRÍGUEZ PALOP señala que para poder asegurarla es necesario combinar técnicas de protección hacia el interés superior de la infancia pero también aquellas que fomenten su potencial para actuar en representación propia. Ello tiene plena repercusión en el contexto educativo pero también en el rol de los progenitores; en María Eugenia RODRÍGUEZ PALOP, «¿Podemos asumir la protección eficaz de los derechos de los niños?», en *Los derechos de los niños: perspectivas sociales, políticas, jurídicas y filosóficas*, de Ignacio CAMPOY CERVERA (Madrid: Dykinson, 2007), 226-27.

95 Aunque hay cierta tendencia a que lo expuesto se agudice en el núcleo familiar, podría trasladarse fácilmente a cualquier contexto del que se predica una correcta atención a la infancia. Así, los patrones expuestos pueden reproducirse en instituciones a cargo de menores tutelados. Pretende suplir el núcleo familiar que por diferentes motivos no se reproduce -o al menos no correctamente- para algunas personas menores de edad, y con ello se deposita en la institución una confianza análoga en la relación individual hacia la persona menor de edad a la relación o protección familiar. Como se analizará más adelante, puede suponer perjuicios similares en el desarrollo y bienestar de la infancia.

96 TAMARIT SUMALLA, «Respuestas restaurativas al abuso sexual infantil», 598., haciendo en su caso alusión a la violencia intrafamiliar, y en concreto en casos de abuso sexual infantil.

97 En términos similares se pronuncia CAMPOY CERVERA al exponer que "Los problemas que plantea este modelo resultan [habla del modelo proteccionista], precisamente, de esa confianza casi ilimitada en la correcta actuación de los pa-

Esto despierta por supuesto grandes debates en diferentes aspectos, pero interesa su repercusión en las medidas paternalistas hacia la infancia. Aunque existen intensas críticas hacia la «institucionalización de la familia», y teniendo por otra parte presente que en ocasiones será justamente el núcleo familiar el que pueda aportar en mayor medida estabilidad y bienestar a la persona menor de edad, no debe descartarse que son numerosos los datos que reflejan que en ocasiones esto no será así. Además de su repercusión en la victimización de la infancia, es importante recordar que el modelo actual sigue priorizando la toma de decisiones de los progenitores respecto a menores de edad[98]. Cuando nos encontramos en un caso de victimización en el ámbito familiar, la combinación de esta con un modelo restringido del reconocimiento del ejercicio del derecho de participación de las personas menores de edad deja a estas últimas en una situación de absoluta indefensión. Incluso aunque no existiera victimización intrafamiliar, los conflictos de intereses entre progenitores y el interés superior del menor son posibles.

Es por ello importante incorporar esta realidad a las herramientas utilizadas en la participación de la infancia y muy especialmente en su relación con la Administración de Justicia[99].

---

dres. Las desastrosas consecuencias que en otros ámbitos de las relaciones sociales se han derivado de la argumentación justificadora del abstencionismo estatal (según la cual la mejor forma de garantizar la buena marcha de las relaciones sociales es dejando que los agentes sociales actúen con libertad), se repiten incluso en mayor grado en el ámbito familiar. (...) el reconocimiento a los padres de un amplio poder susceptible de ser ejercitado discrecionalmente sobre sus hijos hace que las posibilidades de realizar un mal uso de ese poder sean mayores y de gran transcendencia" CAMPOY CERVERA, *La fundamentación de los derechos de los niños. Modelos de reconocimiento y protección*, 463-64.

98 Esto siendo reflejo de que la familia, sigue en la actualidad teniendo un rol fundamental en el ejercicio de los derechos de la infancia. Esto supone un problema cuando, como se está analizando, la victimización surge en este contexto ya que los derechos de la infancia se estructuran sobre este rol protector de la familia. Esto puede verse en la referencia incesante a la familia en toda la normativa nacional e internacional de los derechos de la infancia. Esta relación entre familia y normativa es analizada con más detalle por Lourdes GARITÁN MUÑOZ, «El bienestar social de la infancia y los derechos de los niños», Política y Sociedad, 43, n.º 1 (2006): 73-75.

99 CALVO GARCÍA, «La protección del menor y sus derechos», 184.

Esto reforzaría la necesidad de articular un sistema de apoyos que, además de facilitar la toma de decisiones en la persona menor de edad y fomentar sus capacidades, permitiría prevenir la posible *invisibilidad* del interés real de la persona menor de edad.

B) La complejidad del desarrollo progresivo

Una de las mayores complicaciones prácticas en la aplicación de todo lo expuesto previamente es la situación cambiante de la infancia por su desarrollo. Esto provoca que no pueda reconocerse, en la toma de decisiones, como un grupo único, ya que los criterios mencionados para analizar su voluntad irán variando.

Uno de los recursos es la edad. De manera inicial se rechazaría, como diferenciación minoría-mayoría, por no recoger las especificidades de ese desarrollo. Por su parte, si nos basamos en criterios como la madurez, hemos visto que resulta excesivamente ambiguo ya que cada persona adquiere madurez no solamente a un ritmo distinto, sino también de manera diferenciada según las parcelas en las que se analice[100]. De ello debería desprenderse que sería necesario un estudio caso por caso lo cual es complejo en la práctica.

Por ello proponemos en este caso retomar la edad como guía, teniendo presente que partimos ya de un criterio que limita en sí mismo la valoración[101]. Sin embargo, por cuestiones prácticas y de seguridad

---

100 Esta dicotomía se puede incluso apreciar en una misma persona, que presente, por sus experiencias de vida, gran madurez en algunos temas y no tanto en otros.

101 Resulta interesante señalar que debemos ser plenamente conscientes que el concepto de minoría de edad solamente tiene en efecto interés en el ámbito jurídico, ya que en todos los demás, se atenderá a las características que interesen de la persona -de manera individual- para realizar la valoración correspondiente. Por tanto, cabe cuestionarse sobre el porqué de esta necesidad en el contexto jurídico -y judicial-, y no es más que la seguridad jurídica. Incluso la edad como tal es en algunos contextos un dato poco relevante; menciona ARIÉS que solamente en la Edad Media surge un interés creciente por la edad y por si clasificación en periodos de desarrollo. El autor hace referencia a siete periodos diferenciados: la primera edad, desde el nacimiento hasta los siete años; la segunda edad, que dura hasta los catorce; la tercera edad, siendo esta la adolescencia y terminando entorno a los veintiún años, aunque según algunos autores podía prolongarse hasta caso los treinta; la juventud, que supone el desarrollo de la personas hasta los cuarenta y cinco años; la senectud; y finalmente la vejez; en Philippe ARIÉS,

jurídica, nos vemos forzados en hacer uso de al menos un elemento objetivo desde el cual partir para la aplicación de otros criterios de valoración. Siendo por tanto conscientes de esta limitación inicial, conviene incorporar otros dos elementos de adecuación:

- Tramos de edad variados[102] -superando la minoría y mayoría reconocida en el art. 12 de la CE y en el art. 1 de la CDN-.
- Adecuación del reconocimiento al asunto concreto, dado que se constata que las facultades de la persona pueden diferir según la naturaleza de los derechos ejercidos. Por ende, se necesitan varios niveles de protección, participación y oportunidades, a fin de tomar decisiones autónomamente en los diferentes contextos que los rodean y en los distintos ámbitos de la toma de decisiones[103].

Existen de hecho numerosos ejemplos en derechos reconocidos a diferentes edades como puede ser la educación básica hasta los 16 años, el derecho a consentir la adopción a los 12 años o el derecho a poder ser miembro del jurado a los 18 años. Esta diferenciación tiene su justificación en que las consecuencias de permitir o no ciertas actividades o decisiones tiene una diferente repercusión en el correcto desarrollo de la infancia. Acorde a lo defendido hasta ahora, solamente tendría sentido limitar ciertos derechos cuando "exista un peligro cierto de que, de permitirse [el ejercicio del derecho], se impida o dificulte gravemente la consecución del libre desarrollo de la perso-

---

El niño y la vida familiar en el Antiguo Régimen, 41-45. Además estos periodo o la «madurez» que se presupone a lo largo de la infancia difiere según el momento histórico en el que nos encontremos y el contexto cultural.

102 Y es que "Si está fuera de discusión que, psicológicamente, el niño evoluciona de forma paulatina, está también fuera de toda duda que el ordenamiento necesita, en aras de la seguridad, un régimen claro de edades. [...] La solución parece requerir la sustitución de la dicotomía mayoría-minoría por un sistema de tramos que (...) parta de la capacidad de obrar genérica y regule los actos que, en cada tramo de edad, el niño (el adolescente, el joven,...) no puede realizar por sí mismo, o bien en que su consentimiento o decisión requieren complementos (esto es, intervenciones paternalistas)" Liborio HIERRRO SÁNCHEZ-PESCADOR, «El niño y los derechos humanos», en *Los derechos de los niños: perspectivas sociales, políticas, jurídicas y filosóficas*, ed. Ignacio CAMPOY CERVERA (Madrid: Dykinson, 2007), 31.

103 LANSDOWN, *La evolución de las facultades del niño*, 11.

nalidad se dañe ilegítimamente a terceros, y si, finalmente ese ajuste no puede realizarse centrándose en cada persona individual o en cada caso concreto, entonces, habrá que centrarse en el elemento que resta: en el derecho que se ejercita"[104].

De hecho, dentro de este debate existe un temor en el deseo de reconocer capacidades a la infancia, y es que un exceso en este termine finalmente vulnerando sus derechos específicos[105].

Los criterios para fijar estos tramos pueden ser variados[106], y nos serviremos en este caso de las necesidades que puede reconocerse de manera genérica en la infancia, de forma que estos tramos se verán diferenciados por el desarrollo cognitivo, limitando el ejercicio de algunos derechos siempre que puedan tener graves repercusiones sobre algunas necesidades. Se trata por tanto de una categorización que permita recordar las necesidades que deben ser satisfechas, debiendo justificarse su limitación.

Resulta ilustrativa la Observación nº 14.44 estableciendo que "*(...) cuantas más cosas sepa, haya experimentado y comprenda el niño, más deben los padres, tutores u otras personas legalmente responsables del niño transformar la dirección y orientación en recordatorios y consejos y, más adelante, en un intercambio en pie de igualdad. Del*

104 CAMPOY CERVERA, *La fundamentación de los derechos de los niños. Modelos de reconocimiento y protección*, 998.

105 Así refleja FREEMAN que "Hay casos donde un adolescente es capaz de hacer una elección capaz, autónoma al máximo al rehusar un tratamiento para salvar su vida. Y, como ha observado Penney Lewis, aunque "respetar tal decisión [es] difícil, es preferible a la discriminación arbitraria sobre la base exclusiva de la edad"." FREEMAN, «Los derechos del niño como derechos humanos», 248.

106 COTS I MONER se pronuncia diciendo que "De momento, me conformaba con relacionar, como ha hecho el Consejo de Europa, aquellas edades en las que los niños están legalmente autorizados a realizar toda una serie de actos de forma vinculante", en COTS I MONER, «Los derechos humanos del niño. Contraponencia», 40. Por su parte recuerda OSUNA CARRILLO DE ALBORNOZ que "Aunque en algunos supuestos el menor carezca de capacidad natural para gobernarse a sí mismo, puede tener capacidad volitiva e intelectual suficiente para llevar a cabo por sí mismo el ejercicio de sus derechos de la personalidad aunque carezca de capacidad de obrar plena.", en Eduardo OSUNA CARILLO DE ALBORNOZ, «La protección jurídica del menor en el ámbito sanitario», en *El menor como víctima y victimario de la violencia social*, de Lorenzo MORILLAS CUEVA y José María SUÁREZ LÓPEZ (Madrid: Dykinson, 2010), 801.

mismo modo, a medida que el niño madura, sus opiniones deberán tener cada vez más peso en la evaluación de su interés superior. Los bebés y los niños muy pequeños tienen los mismos derechos que los demás niños a que se atienda a su interés superior, aunque no puedan expresar sus opiniones ni representarse a sí mismos de la misma manera que los niños mayores. Para evaluar su interés superior, los Estados deben garantizar mecanismos adecuados, incluida la representación, cuando corresponda, lo mismo ocurre con los niños que no pueden o no quieren expresar su opinión"[107].

Se trata sin lugar a duda de un esfuerzo importante por parte de los Estados ya que esta interpretación de los derechos exige invertir recursos y tiempo. Sin embargo, lo tedioso del proceso no debe en ningún caso provocar que se desprecie este planteamiento ya que queda suficientemente justificado que, de lo contrario, se daría una vulneración de los derechos de la infancia.

3.2.3 Conclusiones desde la perspectiva de las necesidades e intereses

Si se buscaba previamente poder establecer nuevos tramos procurando incorporar este desarrollo progresivo en la infancia, no parece desacertado servirse de la orientación realizada desde la psicología y la psiquiatría infantil. Desde estos tramos, y atendiendo a las necesidades antes expuestas, podría realizarse una segunda clasificación en base a la cual, se asegure la satisfacción de las necesidades específicas en la infancia -tanto su protección como su correcto desarrollo- permitiendo a su vez alcanzar de manera más clara sus intereses.

3.2.3.1 Necesidades en la infancia

Parte de la doctrina ha estudiado la fundamentación de los derechos de la infancia desde la perspectiva de sus necesidades[108]. No

---

107 Comité de los derechos del niño, «Observación general Nº14 (2013) sobre el derecho del niño a que su interés superior sea una consideración primordial (artículo 3, párrafo 1)».

108 "Un derecho es una necesidad protegida por la ley. Quien conoce las necesidades reales de la infancia habrá encontrado sus derechos, sabrá ponerles un nombre"

son numerosos los estudios sobre las necesidades de la infancia y la adolescencia por lo que en ocasiones es necesario nutrirse también de los resultados obtenidos en referencia a las necesidades adultas, trasladándolos a las etapas más tempranas.

OCHAÍTA ALDERETE y ESPINOSA BAYAL han realizado diversos estudios sobre las necesidades infantiles, y centran su teoría en dos necesidades universales: la salud física y la autonomía[109]. Reconocen desde estas un catálogo de necesidades secundarias, también llamados satisfactores universales que permiten una evaluación empírica de la satisfacción de las necesidades universales, siento imprescindibles para que pueda desarrollarse correctamente[110].

SALUD FÍSICA	AUTONOMÍA
Alimentación adecuada	Participación activa y normas estables
Vivienda adecuada	Vinculación afectiva primaria
Vestidos e higiene adecuada	Interacción con adultos
Atención sanitaria	Interacción con iguales
Sueño y descanso	Educación formal
Espacio exterior adecuado	Educación informal
Ejercicio físico	Juego y tiempo de ocio
Protección de riesgos físicos	Protección de riesgos psicológicos
Necesidades sexuales	

Tabla 7. Necesidades y satisfactores universales en la infancia. Extraída de OCHAÍTA ALDERETE y ESPINOSA BAYAL[111]

Si bien a efectos teóricos esta separación permite un mejor análisis, así como la posibilidad de una medición real en la práctica, es obvio que las necesidades secundarias tienen en ocasiones repercusión entre

Jordi COTS I MONER, «Los antecedentes de la Convención. Síntesis de un logro», en *El desarrollo de la Convención sobre los Derechos del Niño en España*, de Carlos ALCAIDE y Isaac RAVETLLAT BALLESTÉ (Barcelona: Bosch, 2006), 24.

109 Siendo estas dos necesidades reconocibles en todas las etapas de desarrollo infantil y en todos los pueblos y culturas.

110 Esperanza OCHAÍTA ALDERETE y Mª Ángeles ESPINOSA BAYAL, «Los Derechos de la Infancia desde la perspectiva de las necesidades», Educatio Siglo XXI, Vol.30, n.º 2 (2012): 31.

111 OCHAÍTA ALDERETE y ESPINOSA BAYAL, 32.

ellas, es decir, la falta de satisfacción de una puede repercutir directamente en la imposibilidad de satisfacción de otra.

Esta clasificación ayuda a incorporar elementos medibles, para poder fijar nuevos tramos en base a necesidades que puedan ser reconducidas a derechos, únicamente a modo de guía. Uno de los elementos más enriquecedores de este acercamiento es que responde a necesidades biológicas, cognitivas y sociales, lo que permite condensar en una misma clasificación diferentes perspectivas necesarias para una comprensión integral de estas.

Vamos, en base a ello, a atender a la clasificación seguida por OCHAÍTA ALDERETE y ESPINOSA BAYAL[112], quienes diferencian cuatro niveles. Interesa, desde estos, realizar un primer acercamiento a las capacidades reconocidas, de manera general, en cada etapa.

(i) Primera infancia: Puede distinguirse una fase de especial vulnerabilidad en la que los cuidados específicos son vitales, esto es, desde el parto hasta el primer mes de vida. Aunque pueden apreciarse fácilmente necesidades referentes a la salud física por el mayor nivel de dependencia en referencia a cuidados básicos como pueden ser la alimentación, el descanso o un entorno seguro y adecuado, son igualmente relevantes necesidades referentes a la autonomía en la relación establecida con los cuidadores y el juego.

En referencia a las necesidades sexuales cobra especial importancia que la familia incorpore un aprendizaje informal a medida que por parte de la persona menor de edad vayan surgiendo situaciones espontáneas[113].

(ii) Etapa de educación infantil -cerca de los 2 o 3 años y se prolonga hasta los 6 años- : Es una etapa de grandes cambios en todos los sentidos. Respecto a las necesidades relacionadas con la salud física, se mantienen las anteriores destacándose una menor dependencia de manera progresiva y toman, en coherencia, mayor espacio cuestiones como la higiene personal o el ejercicio físico. El desarrollo del pensamiento lógico y el mayor control de la comunicación verbal permite una comunicación social más amplia y depurada. Tiene igualmente

---

112 OCHAÍTA ALDERETE y ESPINOSA BAYAL, 38.

113 OCHAÍTA ALDERETE y ESPINOSA BAYAL, *Hacia una teoría de las necesidades infantiles y adolescentes*, 271-83.

importancia el establecimiento y reconocimiento de normas con la posibilidad, por medio de este pensamiento lógico, de situaciones de confrontación con las mismas -obteniendo progresivamente capacidad para diferenciar las normas morales de las convencionales-. Su progresiva incorporación a centros educativos permite una mayor relación con iguales -aunque puede darse también en el contexto familiar con hermanas y hermanos-, fomentado este distanciamiento de la familia un aprendizaje en las relaciones sociales.

En relación con las necesidades sexuales se destaca como periodo de curiosidad y autoconocimiento en el que la educación positiva y adecuada resulta esencial. También tienen lugar construcciones relacionadas con la identidad sexual y la de género[114].

Desde el punto de vista neurocientífico, cabe señalar que desde el nacimiento hasta los 6 años se da un desarrollo ordenado de todo el cerebro, en el que tiene especial importancia la estimulación[115].

(iii) Etapa escolar -entre los 6 y los 12 años-: Se da un considerable desarrollo cognitivo que permite expresar con mayor destreza y exactitud los procesos mentales. Aunque hay un desarrollo moral menos complejo que en la adolescencia, la persona empieza a tomar sus propias decisiones y a controlar su conducta. Destacan OCHAÍTA ALDERETE y ESPINOSA BAYAL una participación progresiva en la toma de decisiones únicamente en el ámbito familiar y escolar, potenciando paulatinamente la responsabilidad, hablando de la relevancia de estilos educativos inductivos de apoyo. Resultan imprescindibles estilos educativos que fomenten la autonomía de la persona.

Sigue resultado extremadamente importante recibir una educación sexual completa y coherente[116].

Contrariamente a lo que sucede en las dos fases previas, en este periodo, aunque especialmente entre los 8 y los 10 años, existe un menor desarrollo neurológico, aunque se potencia la relevancia de

---

114 OCHAÍTA ALDERETE y ESPINOSA BAYAL, 283-96.

115 Aránzazu BARTOLOMÉ TUTOR, *Los derechos de la personalidad del menor de edad* (Navarra: Thomson Reuters Aranzadi S.A., 2015), 122.

116 OCHAÍTA ALDERETE y ESPINOSA BAYAL, *Hacia una teoría de las necesidades infantiles y adolescentes*, 296-314.

los procesos de aprendizaje que van a mantenerse a lo largo de toda la vida[117].

(iv) Pubertad y adolescencia -se reconoce desde los 12 o 13 años en adelante[118]-: Se dan en este periodo cambios significativos biológicos y psicológicos. La pubertad se puede considerar una fase universal del desarrollo que, si bien se da en la adolescencia, se diferencia de la misma no siendo este último un término universal. Está estrechamente ligado a la cultura occidental y por tanto puede decirse que los satisfactores de la necesidad de autonomía dependerá, en gran medida, en esta etapa, de la cultura en la que se encuentre el o la adolescente.

Si bien las dos etapas anteriores no se consideraban de riesgo, esta vuelve a serlo tanto en referencia a la salud como a la autonomía.

En relación con el desarrollo neurológico se da un gran desarrollo del área temporal pero no de la madurativa, justificado por el desarrollo tardío (a partir de los 16 años) del córtex prefrontal, zona relacionada con "el razonamiento, la lógica, las funciones ejecutivas, la atención, el control de impulsos y el procesamiento emocional"[119]. Esto tiene una importante repercusión en la toma de decisiones dado que dificulta la evaluación a largo plazo y favorece las decisiones impulsivas y novedosas[120].

Para terminar, en cada una de estas etapas se contempla, como satisfactor universal de la autonomía, la protección de riesgos psicológicos. Esto debe tenerse especialmente presente en el caso de las

---

117 BARTOLOMÉ TUTOR, *Los derechos de la personalidad del menor de edad*, 122.

118 Nos interesa jurídicamente hasta los 18 años, aunque lo expuesto en estos epígrafes justificaría una mayor atención a la cuestión ya planteada previamente acerca de la coherencia de una atención diferenciada entre los 18 y los 21 años.

119 BARTOLOMÉ TUTOR, *Los derechos de la personalidad del menor de edad*, 123.

120 Pese a ello, se considera que en una situación de calma, y baja activación socioemocional, las habilidades de razonamiento lógico de una persona de 15 años son equiparables a las de una persona adulta, encontrado siempre diferencias en el desarrollo madurativo de cada persona dado que el desarrollo neurológico no es independiente del entorno en el que se desarrolla la persona; en BARTOLOMÉ TUTOR, 123. En este sentido, una mejor satisfacción de las necesidades estudiadas favorecerán un mejor desarrollo madurativo de la persona. Ello justifica un mayor riesgo en esta última etapa que en la anterior.

víctimas que, habiendo sufrido ya algún tipo de menoscabo puede encontrarse en una situación especialmente sensible.

3.2.3.2 Grados de participación ligado al desarrollo de necesidades

Partiendo de la necesaria diferenciación de la participación y la toma de decisiones, vamos a fijar a continuación unos tramos guiándonos por los satisfactores universales de la autonomía de OCHAÍTA ALDERETE y ESPINOSA BAYAL. Esto no solamente nos permite adecuar la participación y la toma de decisiones al desarrollo evolutivo de la persona, absteniéndonos de depositar en la persona menor de edad más responsabilidad de la debida -mecanismo de protección-, sino también nos permite asegurar un espacio suficiente para el correcto desarrollo de las necesidades, alcanzando a su vez una mejor satisfacción de los intereses y un mayor respeto de los derechos tanto generales como específicos.

De esta manera, en función de la evolución reconocidas en tramos los tramos anteriores, se extraen, por medio de los satisfactores universales de estos, en qué ámbitos, se requeriría, *a priori,* facilitar la participación o la toma de decisiones de la persona -todo ello, nuevamente, a modo de guía que potencie la participación de la infancia, y nunca como limitación-.

Permite distinguir, de manera teórica cuándo empieza la persona a poder establecer un razonamiento lógico -recordemos que para distinguir la *voluntad auténtica* se requería de información, razón y experiencia-. Así por medio del análisis previo nos acercamos al reconocimiento, en cada tramo, de las capacidades que permiten reconocer en la persona la posibilidad de defender esta razón por la que toma la decisión.

La situación de victimización debe ser contemplada para la correcta interpretación y aplicación de este reconocimiento progresivo ya que sus repercusiones pueden afectar en el desarrollo esperado de ciertas capacidades. Además, la victimización en las primeras etapas vitales puede repercutir negativamente en alguno de los satisfactores universales de manera que la situación real de la persona no corresponda con lo establecido a continuación. Por ello se establece en todos los tramos la necesidad de justificar el reconocimiento o no de ciertas capacidades.

Se presenta así una aproximación teórica mediante la cual reconocer cuándo se considerará que la toma de decisiones de la persona menor de edad debe tener relevancia jurídica, o si se prefiere, el peso de esta en la toma de decisiones en cuestiones que le afecten, en coherencia de sus necesidades específicas. No supone en ningún caso la negación de intereses en algunos periodos de la infancia, partiendo de la base que toda persona, independientemente de su edad, debe ser siempre escuchada en todas aquellas cuestiones que le afecten. Se trata por tanto de presentar una justificación en sentido positivo, reconociendo, desde este punto de partida, aquellos casos en los que será justificable que se impongan medidas paternalistas en la toma de decisiones de las personas menores de edad.

A diferencia del análisis de las necesidades, diferenciando cuatro tramos, a partir de los 12 años se realiza una subdivisión en tres tramos diferentes. Responde no solamente a la extensión de este último tramo sino también de los importantes cambios y las referencias normativas que encontramos en la participación de las personas a partir de los 12 años.

i) Participación en primer grado, entre los 16 y 18 años: La toma de decisiones corresponde, como norma general, a la persona menor de edad en todos aquellos aspectos que le afecten. Podrá limitarse cuando se justifiquen debidamente las medidas paternalistas que se desean imponer[121], atendiendo al impacto que pueda tener esta toma de decisión en el futuro.

---

121 Resulta de ayuda acudir a la Ley 41/2002, de 14 de noviembre, básica reguladora de la autonomía del paciente y de derechos y obligaciones en materia de información y documentación clínica, que establece en su art. 9 que no cabrá consentimiento por representación cuando la persona sea mayor de 16 años o se encuentre emancipada (art.9.4), siempre y cuando no tenga la capacidad judicialmente modificada o no sea capaz intelectualmente o emocionalmente de comprender el alcance de la intervención (art.9.3. b y c). Se limita esta capacidad de consentimiento informado cuando según el facultativo se trate de una actuación de grave riesgo para la vida o la salud de la persona menor de edad. Este consentimiento informado será verbal salvo en los casos señalados en el art.8.2, en su segundo párrafo en caso de "(...) *procedimientos que suponen riesgos o*

ii) Participación en segundo grado, entre los 14 y 16 años: Este tramo, junto con el siguiente, reviste de enorme complejidad por los numerosos cambios por los que pasa la persona. Se entenderá como regla general que la toma de decisiones corresponde a la persona menor de edad, aunque deberá contar con los apoyos necesarios para la toma de decisión, de los cuales en ningún caso podrá prescindirse, haciendo un uso diferente de estos según la situación específica de la persona[122]. Al igual que en el caso anterior, se requerirá una debida justificación cuando la decisión no respete lo expresado por la persona menor de edad.

En estos dos primeros tramos, se presume capacidad de la persona menor de edad para la toma de decisiones en el contexto social y judicial considerando sin embargo necesario una cautela especial en la participación en segundo grado (14-16 años).

Debe ser tenido en cuenta en todo caso el desarrollo de la persona, poniendo especial atención en la repercusión de la toma de decisiones y recordando la especial dificultad de la valoración de estas a largo plazo en personas entre los 14 y 16 años. El reconocimiento de capacidad en la toma de decisiones no exime de la especial protección reconocida a la infancia.

iii) Participación en tercer grado, entre los 12 y 14 años: En esta etapa se reconocen, como satisfactores de la autonomía, según la clasificación de OCHAÍTA ALDERETE y ESPINOSA BAYAL la participación progresiva, la autonomía en la toma de decisiones familiar, escolar y social y la responsabilidad[123].

Es una de las etapas más complejas a la hora de reconocer la toma de decisiones por parte de la persona menor de edad, que se encuentra en un periodo de importantes avances morales. Una de las preocupa-

---

inconvenientes de notoria y previsible repercusión negativa sobre la salud del paciente".

122 Estas medidas pretenden asegurar que el entorno, la información y los tiempos que se permiten a la persona para la toma de decisiones sean adecuados para el caso concreto, pudiendo estos apoyos suplir todas aquellas carencias que se den para que la persona se encuentre en condiciones adecuada para una participación segura.

123 OCHAÍTA ALDERETE y ESPINOSA BAYAL, *Hacia una teoría de las necesidades infantiles y adolescentes*, 316.

ciones que se reflejaba a la hora de analizar la adecuación de ciertas medidas paternalistas era la repercusión que estas pueden tener no solamente en la cuestión en la que se imponen sino como parte del aprendizaje de la persona que observa cómo un tercero le reconoce como incapaz en la toma de decisiones que le atañen de manera directa.

En este caso, resulta imprescindible articular medidas adecuadas para que la persona menor de edad pueda tomar sus propias decisiones las cuales deberán ser valoradas desde su interés superior. En caso de que se considere, aplicando los criterios señalados para la toma de medidas paternalistas, que la decisión supone un grave riesgo para la persona, deberá justificarse tanto el no respeto de la decisión de la persona menor de edad como la decisión tomada por medio de las medidas paternalistas.

Así se concluye que debe asegurarse una participación activa de la persona en la toma de decisiones favoreciendo esta siempre que sea posible y, en caso contrario, deberán reflejarse adecuadamente los intereses expresados por esta pese a la imposición de medidas paternalistas[124]. Para ello resulta indispensable contar con herramientas de apoyos para una adecuada participación.

Al igual que en los dos tramos anteriores, cuando no se permita esa toma de decisiones deberá estar debidamente justificada y, como se señalaba, deberá reflejarse en todo caso lo expresado por la persona menor de edad.

iv) Participación en cuarto grado, entre los 6 y 12 años: Se presupone la necesidad de medidas paternalistas. La dificultad en esta etapa reside en la capacidad de la persona para valorar el alcance de sus decisiones y la necesidad de contar con pautas que guíen su aprendizaje. Así, es necesario facilitar una toma de decisiones progresiva tanto en el contexto familiar como en el escolar.

---

124 Recuérdese que a partir de los 12 años se exige el consentimiento de la adopción por parte de la persona según el art. 177 del Código Civil, reflejándose la importancia de atender a los intereses expresados por la persona menor de edad en aquellas cuestiones que afectan de manera directa en su esfera más íntima y en sus planes de vida, destacándose en este sentido numerosas exigencias a partir de esta edad en cuestiones referidas a la familia, entre otras.

La relevancia de facilitar la toma de decisiones en contextos menos formales exige articular medidas específicas en las que se reconozca una participación activa de la persona a la hora de expresar su preferencias e intereses. Igualmente deben articularse las medidas oportunas para que comprenda, en caso de no respetarse su voluntad, la justificación del uso de una medida paternalista.

Resulta especialmente importante que la primera toma de contacto de la persona menor de edad con decisiones más complejas resulte positiva y que se sienta parte de la decisión aun cuando se tomen medidas paternalistas, es decir, debe asegurarse no solamente su participación sino una progresiva toma de decisión siempre que sea posible.

Cuando se justifique debidamente, la toma de decisiones podrá corresponder plenamente a la persona menor de edad, especialmente en las edades más altas de este tramo.

v) Participación en quinto grado, entre los 3 y 6 años: Se presupone la necesidad de medidas paternalistas. Corresponde con la etapa de educación infantil. Desarrollando su educación mayormente en el contexto familiar y escolar, conviene en estos permitir una progresiva participación en ambos contextos, dando apoyo para que la persona pueda profundizar progresivamente en sus intereses.

La toma de decisiones en el contexto judicial quedaría bajo el control de las personas responsables, aunque debe escucharse a la persona menor de edad en un contexto idóneo para expresar sus preferencias o intereses y deberá justificarse en todo caso las medidas tomadas que resulten contrarias a las expresadas por la persona menor de edad.

vi) Participación en sexto grado, desde el nacimiento hasta los 2 o 3 años: Se presupone la necesidad de medidas paternalistas. Se trata de un periodo en el que predomina la necesidad de protección y por medio de esta, de manera integral, fomentar un ambiente adecuado para el correcto desarrollo de la persona. Se descarta, por el nivel de desarrollo, una participación relevante en la toma de decisiones lo que no supone que no se reconozcan preferencias e intereses. Por tanto, la persona debe ser consultada y escuchada en todo lo que le incumba, recayendo la toma de decisión, en base a lo expresado, en las personas responsables de la persona menor de edad. Es de vital importancia atender a los satisfactores universales en este periodo para favorecer la autonomía de la persona. De hecho, establecen OCHAÍTA ALDE-

RETE y ESPINOSA BAYAL que "(...) ya desde la edad de dos años las niñas y niños intenta participar activamente en las decisiones que tienen que ver con sus rutinas diarias"[125].

Debe reiterarse la importancia de incluir en la valoración de la adecuación o justificación de la medida paternalista el efecto o consecuencias de esta. Es decir, no será suficiente con valorar la ausencia de capacidad por parte de la persona en tomar una decisión juiciosa (ausencia total o parcial de razón, información y experiencia) sino que deberán valorarse también las consecuencias de la toma de medidas paternalistas y concretamente la repercusión que tienen sobre los planes de vida de la persona y su desarrollo personal. Este análisis debería ser doble, teniéndose en cuenta en primer lugar aquellos riesgos que elimina y la valoración de la certeza de la misma (proporción) y, en segundo lugar, lo beneficioso que resulta en relación al desarrollo personal de la persona.

Resulta por otra parte fundamental recordar, que la defensa de la participación de la infancia, estableciendo para ello estos tramos para la valoración más sencilla de la toma de decisiones, no debe en ningún caso suponer una carga inadecuada para la persona menor de edad, debiendo interpretarse como una expresión de su libertad y autonomía valorando siempre que esta resulte positiva para su correcto desarrollo. En concreto, cuando la persona es victimizada, afectando directamente a un conjunto de necesidades, la interpretación y valoración en cada uno de los tramos establecidos debe inevitablemente incorporar otros factores añadidos, motivo por el cual se defiende que siempre que las medidas paternalistas cumplan con los requisitos señalados serán adecuadas y respetuosas con los derechos de la infancia.

vii) Conclusiones

En primer lugar, resulta esencial alcanzar una equiparación en el reconocimiento de derechos generales y específicos en la infancia, superando la concepción de ser imperfecto, aun pudiendo establecer

---

125 OCHAÍTA ALDERETE y ESPINOSA BAYAL, *Hacia una teoría de las necesidades infantiles y adolescentes*, 289.

limitaciones y/o apoyos para su correcto ejercicio[126]. Cuanto más se perfeccione el modelo de reconocimiento de derechos en la infancia, menores serían las limitaciones o poder de terceros respecto a las decisiones tomadas.

La persona menor de edad es por tanto titular de los reconocidos derechos humanos sin más limitación que aquello que se considere imprescindible para asegurar su correcto desarrollo, respetando siempre sus planes de vida.

Además, existen en los modelos de protección y reconocimiento de la infancia -incluido el proteccionismo renovado-, una desvinculación entre la teoría y la práctica[127]. Aquello que se criticaba de manera clara en la Declaración de los derechos del niño de 1924 se mantiene en la actualidad, perdurando el deseo de protección de la infancia, aun invadido por la concepción de ser imperfecto, con el correspondiente temor de que pueda sufrir desastrosas consecuencias. El reconocimiento de derechos de la infancia y las numerosas herramientas articuladas para su ejercicio, más acorde a un modelo avanzado, se interpretan sin embargo desde una visión excesivamente proteccionista, que termina desvirtuando estos derechos en la práctica.

Esto no debe confundirse con las consecuencias de la victimización en la infancia, no provocando en ningún caso una limitación de sus derechos, sino una atención especializada de sus intereses.

Debe reconocerse además que la educación juega un papel fundamental en el correcto desarrollo de las personas fomentando el reconocimiento de sus derechos y las habilidades necesarias para poder ejercerlos de manera autónoma en edades más temprana.

Para terminar, y de manera complementaria, FREEMAN señala tres elementos[128] que deben tenerse presentes en el reconocimiento e interpretación de los derechos de la infancia:

(i) Un reconocimiento de derechos no cumple con todos los intereses de la persona en sus primeros años de vida. Ejemplos de ello son el

---

[126] PICONTÓ NOVALES, *En las fronteras del Derecho. Estudio de casos y reflexiones generales*, 19.

[127] PICONTÓ NOVALES, 21.

[128] FREEMAN, «Tomando más en serio los derechos de los niños», 149-53.

amor y el respeto genuino, difícilmente regulables y no por ello menos relevantes en el bienestar de la persona menor de edad.

(ii) La idealizada familia como núcleo seguro para el correcto desarrollo de la persona, debe ser supervisada, no solamente por la posibilidad de victimización, sino también por el impacto que puede tener al no favorecer correctamente el adecuado desarrollo de la persona a su cargo.

(iii) Debe abandonarse el reconocimiento de esta primera etapa vital como exenta de problemática[129], ya que esto fortalece una concepción simplificada de la infancia, en la que los intereses no son contemplados con seriedad. Frente a su mitificación como etapa libre de conflictos[130], se encuentra llena de angustias, miedos y preocupaciones, por un aprendizaje continuo mucho más acelerado que en la etapa adulta. Estos no son reconocidos como tal ya que esta misma situación, en la vida adulta, sería resuelta más fácilmente[131].

Contemplada la infancia desde un prisma más respetuoso, se observa una incapacidad de la sociedad para articular las vías adecuadas de escucha a la infancia y apoyos para un adecuado desarrollo de sus capacidades obteniendo por medio de estas una progresiva autonomía. Se trata así de "buscar un equilibrio a la luz de sus circunstancias concretas, entre protección y empoderamiento"[132].

---

129 "Los niños no solo son ingenuos o inhibidos de responsabilidad; tampoco están en la edad feliz. La infancia también tiene problemas, incluso para muchos niños esta etapa vital supone un periodo de dificultades y preocupaciones que pide tener en cuenta que el curso de vida de la infancia no se etiquete a priori como un mundo apacible porque en realidad puede ser también violento y cruel" en, Felipe MORENTE MEJÍAS, «Visiones de la infancia y la adolescencia: notas para una concepción alternativa», Revista de la Asociación de Sociología de la Educación, 5, n.º 2 (2012): 251, www.ases.es.

130 John HOLT, *Escape from Childhood* (New York: E.P. Dutton and Co., 1974).

131 MORENTE MEJÍAS revisa la irremediable relación de poder existente entre los adultos y la infancia, y la importancia de promover la conciencia colectiva para alcanzar lo que aquí se ha defendido, en MORENTE MEJÍAS, «Visiones de la infancia y la adolescencia: notas para una concepción alternativa».

132 CARDONA LLORENS, «La ausencia de un buen sistema de datos desagregados es un problema diagnosticado por la ONU para conocer la realidad de la infancia», 10.

CAPÍTULO IV
EL ACCESO INTEGRAL A LA JUSTICIA

La Justicia como ideal marca lo que la ciudadanía espera de la Administración de Justicia y la forma de administrarse ha ido cambiando al ritmo marcado por la misma, llegando a detectar cambios en la tipología de los conflictos, el alcance de los mismo y el rol de cada parte en estos. Sin embargo, la justicia procesal y el sentimiento de justicia de las personas ante una vivencia puede no coincidir.

Se presentan a continuación algunas de las ideas más relevantes que marcan la dirección de lo que entendemos como justicia procesal convencional para pasar posteriormente a señalar algunas líneas que parecen exigir una revisión o modificación de esta.

Como repuesta a estas posibles carencias, se presentan igualmente las características más destacadas de la Justicia Restaurativa y sus puntos de conexión con el proceso judicial, en especial respecto a las cuestiones que pueden suponer un mayor impacto en su traslado al ámbito de la infancia.

Para terminar, se plantea cómo encaja el derecho de acceso a la justicia de la infancia en este amplio panorama. No se aborda aquí de manera profunda el uso de la Justicia Restaurativa en conflictos en los que se encuentren inmersas personas menores de edad, sino que se toma esta perspectiva restaurativa para adecuar el tratamiento procesal de estas víctimas.

4.1 LA JUSTICIA PROCESAL DESDE UNA PERSPECTIVA CONVENCIONAL

La vida en sociedad conlleva inevitablemente situaciones de conflicto y, dada la imposibilidad de mantener una situación constante o prolongada de conflicto han ido surgiendo complejos sistemas de respuesta para lograr la pacificación social. Encontramos así diferentes vías de solución o gestión de los conflictos[1]: la autotutela, la autocomposición y la heterocomposición[2].

Interesa profundizar en el fundamento del sistema de justicia «convencional», como herramienta heterocompositiva para dilucidar cuál es su afectación a los derechos e intereses de las víctimas menores de edad, así como la evolución y fundamento de la Justicia Restaurativa. Esto último porque sin bien no se va a abordar de manera profunda la participación de víctimas menores de edad en Justicia Restaurativa, sí se apoya su participación en el proceso desde un prisma restaurativo, realzando tanto sus derechos como sus intereses.

Señalar brevemente que como herramienta heterocompositiva se alza sobre una estructura jerárquica en la que un tercero *supra parte*, el Estado, es quien impone una solución ante el conflicto planteado, siendo esta de obligado cumplimiento para las partes. Es un sistema en el que predomina la idea del castigo o de la pena asignada en contraposición a la comisión de un hecho tipificado. Esto se da por medio de la aplicación de la ley a través de un procedimiento con todas las garantías que con pretensión preventiva afecta tanto a la sensación de seguridad de la ciudadanía y con efecto disuasorio a posibles infractores; por último, da una respuesta que permite mantener la seguridad de la ciudadanía frente a aquellas personas que no cumplan con las normas impuestas[3], pretendiendo su reinserción en la ciudadanía.

La supremacía de la ley en la resolución del conflicto, que se encuentra en la cúspide del sistema, conlleva una serie de repercusiones; entre ellas, que el proceso se caracterice fuertemente por ritualismos o formalismos jurídicos, asegurando una alta seguridad jurídica íntimamente relacionada con las garantías procesales. Sin embargo, al abor-

---

1 Luis DÍEZ-PICAZO, *Experiencias jurídicas y teoría del Derecho* (Barcelona: Ariel, 1993), 12.

2 Véase respecto al momento en el que el ius puniendi es asumido por el Estado, FERREIRO BAAMONTE, *La víctima en el proceso penal*, 3 y ss., y Antonio BERISTAIN IPIÑA, «Proceso penal y víctimas: Pasado, presente y futuro», en *Las víctimas en el proceso penal*, de Antonio BERISTAIN IPIÑA et al. (Vitoria: Gobierno Vasco, 2000), 15 y ss.

3 Reyes MATE, «Sobre la Justicia Restaurativa», en *Justicia restaurativa: una justicia para el siglo XXI: potencialidades y retos*, de Ignacio José SUBIJANA ZUNZUNEGUI et al., Deusto Digital, Cuadernos penales José María Lidón 9 (Bilbao, 2013), 13.

dar la adecuación del proceso penal, adquiere importancia también la eficacia del propio sistema. Esta última cuestión ha suscitado importantes debates en los últimos años y el surgimiento de nuevas respuestas alternativas o complementarias al llamado aquí «proceso judicial convencional». Contrastando con los inicios del sistema procesal penal instaurado en España como sistema de enjuiciamiento criminal mixto acusatorio[4], en el que la víctima apenas era señalada, encontrándose el objetivo fundamental en el esclarecimiento de los hechos y el castigo a la persona ofensora, se avanza paulatinamente hacia un sistema en el que su colaboración y asistencia resultan esenciales. Así, señala GONZÁLEZ-CUÉLLAR que debatir la eficacia del proceso penal supone "suscitar la cuestión de la idoneidad del proceso penal para satisfacer las finalidades que se le asignen, y que en el Estado social y democrático de Derecho han de ser posibilitar la aplicación del *ius puniendi* estatal, del cual es un instrumento necesario, proteger el *ius libertis* y otorgar una adecuada tutela a la víctima, todo ello en un plazo razonable"[5]. De esta manera de observa un avance significativo de otras formas de alcanzar una tutela "jurídica", a lo que se refiere CASTILLEJO MANZANARES al hablar de los avances del "modelo de justicia clásico" por medio de tres clases de justicia: "Por un lado estaría la justicia alternativa, la cual provoca la excepción más clara al principio de legalidad penal al comienzo del proceso penal. El modelo clásico que es el alemán con iniciativa del Ministerio Fiscal y con un principio de oportunidad reglado ante delitos de bagatela o de importancia insignificante y ausencia de interés en la persecución. Por otro lado, cabe destacar la justicia negociada, la que representa el desarrollo más espectacular en la evitación del juicio una vez iniciado el proceso penal. Un reflejo de ello es la conformidad española"[6].

---

4 GÓMEZ COLOMER, *Estatuto Jurídico de la Víctima del Delito. La posición jurídica de la víctima del delito ante la Justicia Penal. Un análisis basado en el Derecho Comparado y en la Ley 4/2015, de 27 de abril del Estatuto de la Víctima*, 221.

5 Nicolás GONZÁLEZ-CUÉLLAR SERRANO, «Investigación y prueba: los nuevos retos ante la reforma del proceso penal», en *Investigación y prueba en el proceso penal* (Madrid: Colex, 2006), 21.

6 Raquel CASTILLEJO MANZANARES, «Justicia restaurativa, mediación penal y víctimas», en *La víctima del Delito y las Últimas Reformas Procesales Penales*, de Montserrat DE HOYOS SANCHO (Pamplona: Thomson Reuters Aranzadi S.A.,

Así, entre los numerosos avances del proceso judicial, pasando de un modelo retributivo a su combinación con uno más rehabilitador, desencadenando finalmente en un creciente interés restaurativo, interesa adentraste en conceptos esenciales que permitan entender su articulación y el impacto de este desde la perspectiva de los derechos e intereses de la infancia.

4.1.1 Acceso a la justicia, tutela judicial efectiva y debido proceso

Los sistemas de Administración de Justica deben interpretarse a luz del desarrollo jurídico histórico de cada sociedad, de manera que el ideal de justicia variará en base a cuestiones culturales e históricas[7]. En este sentido, el sistema de justicia convencional se puede reconocer como un logro en la lucha por los derechos humanos, que se materializa en la protección de unos intereses por medio del estricto respeto de garantías procesales.

Las preocupaciones que han eclipsado, hasta fechas recientes, otras aspiraciones en el proceso judicial pueden redirigirse a tres conceptos básicos: el acceso a la justicia, la tutela judicial efectiva y el debido proceso.

4.1.1.1 Acceso a la justicia

El acceso a la justicia, o el derecho a la justicia son conceptos de una gran carga emotiva lo que en ocasiones dificulta encontrar una

2017), 275-76. Sobre la conformidad en el proceso penal, véase Yolanda DOIG DÍAZ, «La conformidad», en *Investigación y prueba en el proceso penal*, de Nicolás GONZÁLEZ-CUÉLLAR SERRANO (Madrid: Colex, 2006), 305 y ss.

7 En este sentido recalca SOLETO MUÑOZ que "Para estos países con democracias incipientes, los esfuerzos normativos y administrativos se han centrado desde el último cuarto de siglo XX en construir esos pilares de la sociedad democrática y garantizar cuestiones tan básicas como garantizar la independencia del poder judicial, el acceso a la justicia y el respeto al proceso debido. Ya entrados en el siglo XXI, la sociedad de los países avanzados, exige a sus Estados y a sus funcionarios que la Justicia no sea sólo justa y transparente, sino que eleva sus exigencias de calidad", en Helena SOLETO MUÑOZ, «La conferencia Pound y la adecuación del método de resolución de conflictos», Revista de Mediación, 10 (2017), https://revistademediacion.com/articulos/la-conferencia-pound-la-adecuacion-del-metodo-resolucion-conflictos/. (Último acceso: 21 de mayo de 2021).

definición uniforme. En todo caso, puede observarse una evolución de este derecho que se divide en tres grandes oleadas.

Las primeras referencias a este derecho se sitúan en torno a 1495, reconociendo el Parlamento de Inglaterra una ley especial que garantizaba a personas sin hogar el acceso a la justicia por medio de la exención de costos judiciales en procesos civiles ante tribunales del *Common Law*. Se trata de la concepción más restringida de este derecho que únicamente garantiza la entrada al sistema de Administración de Justicia. Siguiendo los niveles presentando por BIRGIN Y KOHEN[8], esto permitiría el acceso propiamente dicho, dejando fuera la disponibilidad de un buen servicio de justicia, la posibilidad de sostenerse en el proceso completo y el conocimiento de los derechos[9]. Tiene además una connotación económica, lo que marca de manera significativa este concepto.

En lo que CAPPELLETTI y GARTH[10] van a reconocer como "segunda oleada", este concepto de «acceso libre a la justicia» va a verse sustancialmente modificado. CAPPELETTI, mostrando preocupación por los intereses colectivos y difusos, va a resaltarse la incapacidad del sistema procesal de para atender estos intereses[11]. Esta preocupación surge en coherencia con el nacimiento de nuevos derechos que

---

8 Haydée BIRGIN y Beatriz KOHEN, *Acceso a la justicia como garantía de igualdad. Instituciones, actores y experiencias comparadas* (Argentina: Biblios, 2006), 15-17.

9 UREÑA CARAZO y GIMENO SENDRA concluye que debe entenderse por tal al menos, y como concepción restringida, todos los niveles señalados por BIRGIN y KOHEN salvo el de disponer de un buen servicio de justicia- elemento que se situará en la tutela judicial efectiva-, utilizando el primero de los autores el concepto de «acceso libre al proceso» y no «a la justicia», que requeriría de otras exigencias añadidas y refleja de manera más realista el contenido de este derecho. Belén URAÑA CARAZO, *Derechos fundamentales procesales* (Pamplona: Thomson Reuters Aranzadi S.A., 2014), 197. y Vicente GIMENO SENDRA, *Los derechos fundamentales y su protección jurisdiccional* (Madrid: Colex, 2007), 524.

10 Mauro CAPPELLETTI y Bryant GARTH, *El acceso a la justicia. La tendencia en el movimiento mundial para hacer efectivos los derechos* (México: Fondo de Cultura Económica, 1996), 38.

11 Mauro CAPPELLETTI, «La protección de los intereses colectivos y difusos» (XIII Jornadas Iberoamericanas de derecho procesal, México, UNAM: Instituto Mexicano de Derecho Procesal, 1993), 245-58. Tienen además repercusiones en el desarrollo del proceso; véase Andrea PLANCHADELL GARGALLO, «La consecución de la tutela judicial efectiva en la litigación colectiva», InDret, 2015,

dan lugar a situaciones no contempladas hasta el momento por el sistema de justicia coincidiendo con la especificación de derechos (y el reconocimiento de derechos de grupos, categorías o colectivos como pueden ser las mujeres, personas de la tercera edad, minorías étnicas, personas con diversidad funcional, etc. y por supuesto la infancia).

Si en la primera oleada se daba una barrera económica, en este caso será estructural. Se suceden en consecuencia numerosos cambios en los cimientos formales del proceso que permitan su adecuación a la gestión de intereses colectivos o difusos, que van a ser reconocidos por CAPPELETTI como *"métamorphose" nécessaire de la procédure civil"*[12].

Se reconoce finalmente como tercera oleada o enfoque del acceso a la justicia[13], en la que va a ser relevante no tanto su forma sino la esencia del derecho de acceso a la justicia. Se realizan una serie de planteamientos que provocan una recontextualización del derecho con una repercusión directa en su alcance. Recobra poder el ideal de justicia desde el cual debe interpretarse el mismo. Se abren espacios cada vez mayores a la ejecución de los procedimientos, así como a la adecuación del proceso y su respuesta al caso concreto, tomando en cuenta también elementos no estrictamente jurídicos. En este sentido se pronuncia SANDER en la llamada conferencia Pound de 1976 «*National Conference on the Causes of Popular Dissatisfaction with the Administration of Justice*» estableciendo la necesidad de utilizar el concepto de «*multidoor courthouse*» que permite asignar a cada conflicto una forma de gestión adecuada a sus necesidades.

De esta manera, y a fin de evitar confusiones idealistas, puede acuñarse el concepto de acceso libre al proceso como primer paso del acceso a la justicia, del cual no pueden excluirse el conocimiento de los derechos, el acceso como tal al proceso y la posibilidad de mantenerse en el este, por coherencia con la finalidad misma del derecho.

---

4 y ss, https://www.raco.cat/index.php/InDret/article/view/304375. (Último acceso: 21 de mayo de 2021)

12 Mauro CAPPELLETTI, «La protection d'intérêts collectifs et de groupe dans le procès civil. Métamorphoses de la Procédure Civil», Revue Internationale de Droit Comparé, 1975, 571.

13 CAPPELLETTI y GARTH, *El acceso a la justicia. La tendencia en el movimiento mundial para hacer efectivos los derechos*, 46.

4.1.1.2 Tutela judicial efectiva

La tutela judicial efectiva se encuentra reconocida en el art. 24 CE sin hacer referencia a este carácter judicial, aunque en su redacción aclara que esta se obtendrá de jueces y tribunales. Se sitúa en el plano procesal, en coherencia con su fundamento que nace de la prohibición de la tutela privada que, entendida juntamente con la de la indefensión, exigen un sistema de protección de los derechos relegado a manos del Estado[14].

En referencia a la prohibición de la tutela privada, de forma genérica, puede afirmarse que responde a la evolución de la gestión de los conflictos en la que, superada la autotutela como forma válida de gestión de conflictos -salvo anecdóticas situaciones permitidas por ley-, pasa nuestra organización social a regirse por un Estado de Derecho. Son innegables las bondades que este avance brinda en la gestión de conflicto a nivel social, pero muy especialmente a nivel jurídico, ofreciendo una seguridad jurídica especialmente agradecida a fin de eliminar posibles arbitrariedades. Entendida esta en coherencia con el objetivo de eliminar posibles indefensiones, se hace necesario que un tercero imparcial tutele estos conflictos; es por tanto una articulación necesaria para garantizar la defensa de los derechos e intereses legítimos de toda persona[15]. Se trata de las exigencias que puedan hacerse a la judicatura y magistratura en la atención del litigio presentado -siendo un paso posterior al acceso libre al proceso y solapándose en algunos elementos con el concepto amplio de acceso a la justicia-. En palabras de GIMENO SENDRA este derecho sería el que "que asiste a todo sujeto de Derecho, a acceder libremente al Poder Judicial, a través de un proceso con todas las garantías y a todas sus instancias,

---

14 Faustino CORDÓN MORENO, «El derecho a obtener la tutela judicial efectiva», en *Derechos procesales fundamentales*, de Faustino GUTIÉRREZ-ALVIZ CONRADI (CGPJ: Manuales de Formación Continuada, 2004), 587.

15 Algunos autores como BACIGALUPO ZAPATER, en Enrique ZAPATER y Faustino GUITÉRREZ, «La noción de un proceso penal en todas las garantías», en *Derechos procesales fundamentales*, Manuales de Formación Continuada 22 (Consejo General del Poder Judicial, 2004), 4. manejan el término de tutela jurisdiccional, el cual se descarta en este caso por cuestiones de alcance. Si bien en la comprensión del derecho puede ser de utilidad, se considera en este caso que conlleva a unas exigencias demasiado pobres para lo que se defiende en este caso como tutela judicial efectiva.

deducir en él una pretensión u oponerse a ella y obtener de los Juzgados y Tribunales una resolución definitiva, motivada y razonada, fundada en Derecho, congruente y, a ser posible, de fondo, que ponga irrevocablemente término al conflicto, así como a obtener la ejecución de lo resuelto."[16].

Cuando se exige que la respuesta sea motivada y acorde a Derecho, se exige que las resoluciones judiciales contengan "los elementos y razones de juicio que permitan conocer cuáles han sido los criterios jurídicos que fundamentan la decisión y, además, que estén fundadas en Derecho, lo que es consecuencia de una exégesis racional del ordenamiento y no fruto de la arbitrariedad"[17]. Esta motivación, exigida por el art. 120.3 CE, pese a ser interpretada en ocasiones como la exigencia de que la decisión judicial sea razonable, es una exigencia de racionalidad[18], que permite asegurar una comprensión clara del razonamiento lógico seguido hasta alcanzar la respuesta judicial dada.

Al manejar el conflicto en un contexto jurídico, se da una traducción a lenguaje válido -el jurídico en este caso- de «controversias de hecho» para ser gestionadas en un plano procesal y poder dar una respuesta acorde a Derecho. Este procedimiento que reconocemos como sistema de justicia tiene por finalidad última garantizar la paz social. Pareciera entonces acertado afirmar que cuando una situación controvertida es llevada a vía judicial se espera por parte de los involucrados que el sistema vuelva a establecer el orden y la paz. Existen pese a ello numerosos reflejos de la insatisfacción de la ciudadanía[19] en diferentes vertientes entre las que podemos destacar la duración de

---

16 GIMENO SENDRA, *Los derechos fundamentales y su protección jurisdiccional*, 523 y ss.

17 URAÑA CARAZO, *Derechos fundamentales procesales*, 255.

18 CHAMORRO BERNAL señala la relevancia de esta diferenciación en los siguientes términos: "*...la interpretación aplicación de las leyes tiene normalmente varias opciones mientras esas varias opciones se muevan dentro del campo de la racionalidad o de la razonabilidad, el TC no puede inmiscuirse en ellas, incluso aunque pueda creer que una interpretación es más razonable que otra*", en Francisco CHAMORRO BERNAL, *La tutela judicial efectiva* (Barcelona: Bosch, 1994), 203.

19 En «Consejo General del Poder Judicial», 2014, http://www.poderjudicial.es/cgpj/es/Temas/Estadistica-Judicial/. (Último acceso: 24 de marzo de 2020)

los procesos, la dificultad de comprender las resoluciones judiciales[20], la complejidad de la terminología usada o la ausencia de relevancia de ganar el pleito en cuando a la gestión efectiva del conflicto. Pese a ello, la Administración de Justicia es reconocida como garantía última de defensa de la democracia y las libertades[21]. Así, podría afirmarse que acudir a esta sería una especie de mal menor, o la ausencia de otra alternativa o apoyos para gestionar las controversias vividas.

Para trabajar sobre la adecuación de la forma de gestión de conflictos tanto en la respuesta como en el desarrollo del proceso mismo, se tendrá que clarificar qué espera la ciudadanía del Estado y si esto concuerda con lo que le es exigible. NIETO establece a este respecto que "(...) lo que de veras desean – y exigen- los ciudadanos al Estado es que éste se comprometa a resolverles los conflictos. (...) La corrección de su contenido –podría decirse rozando la paradoja- no es tan importante como el hecho mismo de que la decisión se produzca, (...)"[22], lo cual llevaría a reforzar la necesidad de tener presente que lo que se resuelve en vía judicial son controversias de hecho -humanas- y si bien el tratamiento que por esta vía se hará de los mismos es y debe ser jurídica, la adecuación de la respuesta deberá evaluarse acorde a su viabilidad y consecuencias en esta perspectiva de hecho.

RECASÉNS que afirma que "todas esas lógicas jurídicas formales nada nos enseñan en absoluto sobre la justicia; la adecuación a unas auténticas necesidades de la vida de interrelación humana o social; la congruencia entre el problema planteado por tales necesidades y los efectos que vayan a producir las normas que se intentan crear (...)"[23]. Distancia así el autor estos dos posibles planos mencionados previamente acerca de la justicia, delimitando lo que puede reconocerse co-

---

20 Véase también Emiliano CARRETERO MORALES, «La necesidad de cambios de en los modelos de solución de conflictos. Las ventajas de los MASC», en *Mediación y resolución de conflictos. Técnicas y ámbitos*, de Helena SOLETO MUÑOZ, 2º (Madrid: Tecnos, 2012), 74 y ss.

21 «La imagen de los abogados y de la justicia en la sociedad española. Barómetro externo del Consejo General de la Abogacía Española», 2015, 8 y ss., https://www2.abogacia.es/wp-content/uploads/2015/07/INFORME-V-BAROMETRO-EXTERNO-CGAE-NOVIEMBRE-2015.pdf. (Último acceso: 24 de marzo de 2019)

22 Alejandro NIETO, *El arbitrio judicial* (Barcelona: Ariel, 2000), 323.

23 Luis RECASENS, *Experiencia jurídica, naturaleza de la cosa y lógica razonable* (México: Fondo de Cultura Económica, 1971), 505.

mo justo en el plano jurídico y su diferencia con este mismo concepto en relación con las necesidades humanas reales.

Quizá deba por tanto admitirse que la complejidad de las relaciones interpersonales y las necesidades e intereses surgidos tras una situación de conflicto es tal que la lógica jurídica -racionalidad jurídica- solamente puede aspirar a cubrir o satisfacer una parte. En las situaciones de conflicto, en la que las personas sufran una transgresión de las normas -tanto jurídicas como también las no jurídicas[24]- será necesario reconocer claramente estas parcelas y buscar un equilibrio óptimo para hacer valer sus derechos sin perder de vista sus intereses.

4.1.1.3 Debido proceso

El debido proceso tiene origen anglosajón y se reconoce en el *Due Process of Law*. Es amplia la doctrina que reconoce una diferenciación entre el debido proceso material y el formal[25].

El debido proceso material, sustantivo o sustancia -*subtantive due process*- funciona como control de razonabilidad del mismo proceso con los valores superiores del Ordenamiento, exigiendo que las normas, los actos administrativos y las sentencias "sean razonables y respetuosos de los valores superiores, de los derechos fundamentales y de los demás bienes jurídicos constitucionalmente protegidos (...)"[26]. Se trata así de con control de razonabilidad *en* el proceso, de coherencia con el mismo -no se está hablando de razonabilidad de la respuesta obtenida hacia la situación de hecho planteada-.

GUTIÉRREZ CAMACHO recalca esta característica estructural estableciendo que "...el concepto de razonabilidad descansa en la premisa de que el derecho es un sistema, una estructura y como tal todas sus partes deben estar en sintonía, en una relación de

---

24 Esta diferenciación recuerda a la diferenciación que realiza O'NEILL de las obligaciones perfectas e imperfectas hacia las personas menores de edad.

25 Andrea PLANCHADELL GARGALLO, *El derecho fundamental a ser informado de la acusación* (Valencia: Tirant lo Blanch, 1999), 55-56.

26 Reynaldo BUSTAMANTE ALARCÓN, *El Derecho a Probar como elemento esencial de un proceso justo* (Perú: ARA, 2001), 48.

autodependencia"[27]. De esta manera, en caso de darse una incoherencia en el mismo solamente debería rendir cuentas al propio sistema, que es en base al cual puede validarse. Es una garantía nada despreciable, pero que deja fuera del control de razonabilidad la respuesta respecto de las características del caso concreto.

Por su parte, el debido proceso formal, adjetivo o procesal -*procedural due process*- muestra la parte más procesal, más palpable de este derecho, recogiendo los aspectos formales de trámite y procedimiento, las garantías procesales exigibles para la protección de los derechos fundamentales[28]. BUSTAMANTE ALARCÓN diferencia a su vez dos vías diferentes en las que desplegar sus efectos: derecho *al* proceso y derecho *en el* proceso.

El primero haría referencia al ya mencionado «acceso libre al proceso», añadiendo al mismo la «tutela judicial efectiva» -la trabajada hasta ahora- y la diferenciada. A esta última se le exige, para ser adecuada, "solucionar o prevenir de forma real y oportuna los diferentes tipos de conflictos o incertidumbres jurídicas que se le sometan a su conocimiento"[29]. Esta última exigencia hace constar la necesidad de atender, nuevamente, el derecho desde su finalidad. El segundo, vendría a solaparse con las exigencias ya mencionadas del debido proceso material, haciendo por tanto alusión a la razonabilidad de la respuesta, respecto al ordenamiento jurídico.

A modo de conclusión, el acceso libre al proceso sería por tanto el primer paso hacia la justicia; una garantía de las exigencias mínimas para acceder y mantenerse en el sistema. Por su parte, la tutela judicial

---

27 Walter GUTIÉRREZ CAMACHO, «La razonabilidad de las leyes y otros Actos de Poder», *Diálogo con la Jurisprudencia*, Revista de Crítica y Análisis Jurisprudencial, 1995, 41-53. Esta comprensión como sistema es también atendida por FERRAJOLI recordando que sirve también de medida de control de las propias leyes, que no podrán ser reconocidas como válidas si fueran contrarias a los valores superiores, en Luigi FERRAJOLI, *Derecho y razón* (Madrid: Trotta, 1995), 695-96.

28 César LANDA ARROYO, *Teoría del Derecho Procesal Constitucional* (Lima: Palestra, 2003), 193 y ss.

29 Reynaldo BUSTAMANTE ALARCÓN, «El derecho fundamental a un proceso justo, llamado también debido proceso», *Proceso & Justicia*, Revista del Equipo de Derecho Procesal del Taller de la Pontificia Universidad Católica de Perú, 2000, 14.

efectiva velará, desde la perspectiva formal del proceso, que el mismo se desarrolle de inicio a fin con todas las garantías procesales que les son dadas por los enunciados del debido proceso material. Por su parte el debido proceso formal, entrelazado con la tutela judicial efectiva, aunque alcanzando no solamente los procesos sino también los procedimientos, garantiza que los mismos puedan reconocerse como justos o razonables en su desarrollo. Finalmente, el debido proceso material se encontraría en la cúspide de este entramado, impregnando e impulsando todos los conceptos previos hacia el ideal de justicia[30]. En él puede reconocerse este control de razonabilidad no solamente en el desarrollo del proceso sino también hacia los valores superiores del sistema[31]. Por todo ello, podría manejarse un concepto amplio de acceso a la justicia, que englobe todos los previos permitiendo dirigir todo este complejo entramado hacia la idea de justicia y hasta las máximas posibilidades del sistema. Seguiría existiendo, pese a ello, y aun revisando estos controles de racionalidad y razonabilidad -doble- en el sistema, una insatisfacción manifiesta en la aplicación de la justicia.

4.1.2 Humanización del acceso a la justicia

Fruto de estas tensiones y preocupaciones existen en la actualidad herramientas alternativas y complementarias de gestión de conflictos. Estos cambios encuentran su fundamentación no solamente en la insatisfacción ante la respuesta de la Administración de Justicia, sino también en elementos que se encuentran en los cimientos mismos del sistema. Esto ha provocado que dichas herramientas se sitúen en planos procesales y extraprocesales, buscando satisfacer intereses específicos detectados en el ámbito de la gestión de los conflictos, pese a mantenerse el proceso judicial convencional como modelo es claramente predominante.

---

30 Iñaki ESPARZA LEIBAR, *El principio del proceso debido* (Barcelona: Bosch, 1995), 61 y ss.

31 Silvia BARONA VILAR, «Proceso civil y penal ¿líquido? en el siglo XXI», en *Justicia civil y penal en la era global.*, de Silvia BARONA VILAR (Valencia: Tirant lo Blanch, 2017), 28 y ss.

La estructura de este modelo convencional permite una gestión de los conflictos por medio de un silogismo lógico aristotélico que limita irremediablemente su alcance. Sin ser errónea en sí misma, encontramos dos críticas relevantes:

- La primera, se encuentra centrada en su aplicación. La preocupación por mantener a salvo todas las garantías ha redundado en una aplicación excesivamente formalista, que ha dejado en un segundo plano a la víctima. Esto ha provocado carencias en la respuesta en cuanto no se contemplaba la existencia de unos intereses individuales definidos (reconociéndose estos de manera general), así como en la vivencia del proceso, es decir, lo que supone para la víctima, el transcurrir del proceso como consecuencia de la primera victimización, surgiendo el concepto de victimización secundaria.
- En segundo lugar, y siendo una crítica que difícilmente va a poder resolverse dentro del proceso judicial convencional, la ausencia de una atención integral. Se hace referencia en este caso a elementos que exceden de lo estrictamente jurídico, que necesitan en ocasiones más tiempo para plantearse, más flexibilidad, y una respuesta que provenga de la persona infractora, y no exclusivamente del proceso judicial en sí mismo. Podrían mencionarse también la relevancia de la participación armoniosa de otros grupos profesionales, la diferencia de los tiempos del proceso y de los tiempos de las víctimas, el impacto mutuo de la atención judicial y la atención asistencial, etc., todo ello formando parte de la vivencia de las víctimas.

Parece existir una asincronía entre lo que se entendería estrictamente por acceso a la justicia en sentido amplio, acorde a los conceptos previos, y las exigencias de lo que se ha denominado aquí *acceso a la justicia integral* que pretende un acercamiento a las posibles necesidades e intereses insatisfechos de la ciudadanía en su ideal de justicia.

Se trata por tanto de ver en este punto si es posible, en primer lugar, una *humanización* del proceso en pro de acercar el mismo a la realidad de la ciudadanía. En este sentido entiende BUSTAMANTE ALARCÓN que dicha humanización pasaría por "la exigencia de flexibilizar las formalidades procesales atendiendo más a los fines que con ellas se persigue, aunque sean alcanzados de una manera diferente a las formalidades previamente establecidas (...) eliminar todo ritualismo o formulismo, es decir, toda formalidad desproporcionada o irrazonable (...)"[32], abriéndose las puertas a revisar qué formalidades pueden darse dentro del proceso que generen complicaciones a las partes involucradas, alejándolas durante el proceso de la satisfacción de sus intereses. Se reconoce por tanto un nuevo elemento dentro de esta adecuación del acceso a la justicia y es el proceso mismo como vivencia de las partes -concretamente de las víctimas-.

Se trata de incorporar dentro de este ideal de justicia no solamente la estricta respuesta jurídica sino también «el caminar» hasta alcanzarla. La evaluación de esta adecuación se torna algo más compleja de lo reconocido previamente en el debido proceso formal ya que no se trataría solamente de exigir garantías estrictamente procesales. En esta línea SUBIJANA ZUNZUNEGUI establece que "(...) el sistema judicial tiene al ser humano como sujeto referencial, lo que hace del paradigma de humanidad el criterio vertebral para evaluar la calidad del modo y manera con la que solventan las controversias que se someten a consideración. El paradigma de humanidad exige que la justicia trate de satisfacer hasta el máximo de lo posible las necesidades de los seres humanos que, bien como víctimas o como infractores, participan en el proceso que se promueve ante jueves o tribunales."[33].

Es importante resolver esta preocupación desde herramientas asequibles y acorde con los valores del ordenamiento jurídico. Desde la perspectiva de las limitaciones del sistema, GÓMEZ LARA recuerda que "Lo de la justicia en la resolución, suena muy bello e idealista, pero la justicia es un valor subjetivo y por lo tanto a veces es muy difícil hablar de ella porque lo que es justo para mi puede no ser justo para otros; (...). Hay un valor más gris, que es más modesto y que es el valor de legalidad, no el de justicia; el valor de legalidad es una cosa más concreta, más asequible, porque es simplemente llevar la solución, es decir llevar la sentencia al principio de que esté apegada a

---

32 BUSTAMANTE ALARCÓN, *El Derecho a Probar como elemento esencial de un proceso justo*, 54.

33 Ignacio José SUBIJANA ZUNZUNEGUI, *El paradigma de la humanidad en la Justicia Restaurativa*, Cuadernos del Instituto Vasco de Criminología 24, 2012, 144.

derecho, nada más"[34]. Y es que la legalidad se encuentra, a diferencia del ideal de justicia, algo más «aprisionada». De hecho, estos límites no deben interpretarse siempre de manera negativa ya que nos permiten sin duda una protección de los derechos. La complejidad reside en encontrar un adecuado equilibrio entre estas cuestiones, obteniendo mayor calidad en nuestras formas de gestionar los conflictos.

Podrían distinguirse por lo tanto dos facetas de la justicia: una justicia que encontraríamos en el plano estrictamente jurídico, que sería en palabras de GÓMEZ LARA el valor de legalidad; otra, la de las personas, un concepto más complejo, lleno de matices, que no puede ceñirse estrictamente a la racionalidad jurídica ni tampoco a su doble control de razonabilidad, que sigue obedeciendo a una estructura excesivamente rígida como para alcanzar toda esa complejidad de las necesidades humanas que, en ocasiones, nada tienen que ver con el Derecho.

Una de las justificaciones de este distanciamiento entre la legalidad y la justicia reconocida por las partes involucradas en el conflicto pasa inexcusablemente por la concepción del conflicto. El sistema judicial requiere, por su estructura y fundamento, una traducción del conflicto de hecho a un conflicto jurídico y ello conlleva, además de una simplificación de este, un tratamiento diferente. Mientras que el sistema judicial centra su atención en la resolución del conflicto, desde el planteamiento de la humanización del proceso se recalcarían los intereses surgidos tras una vivencia percibida como injusta. Da así un paso más, enfrentándose a las complejidades de las necesidades e intereses, la percepción y el ideal de justicia, indagando respuestas adaptadas a cada caso en busca no tanto de una resolución sino de una gestión de la experiencia vivida. Expone TAMARIT SUMALLA que "La necesidad de justicia surge cuando un sujeto tiene una experiencia que interpreta como injusticia. (...) los objetivos de pacificación social, de restauración y reequilibrio psíquico de las partes involucradas en un conflicto no pueden alcanzarse si los protagonistas no perciben

---

34 Cipriano GÓMEZ LARA, «Debido proceso como derecho humano», en *Estudios jurídicos en homenaje a Marta Morineau, TII Sistema Jurídicos Contemporáneos. Derecho Comparado. Temas diversos*, de Nuria GONZÁLEZ MARTÍN (México D.F: Instituto de Investigaciones Jurídicas de la Universidad Nacional Autónoma de México, 2006), 352.

que éste se ha gestionado de modo justo"[35], y queda claro que este trabajo de percepciones queda fuera del funcionamiento de la justicia tradicional, caracterizada por la racionalidad jurídica. Se desplaza así la visión acerca del contenido de justicia, pasando a tomar plena conciencia del elemento humano -pese a haber estado siempre presente-, de lo que provoca la vivencia en las personas y la sociedad y analizando cuál es la forma más adecuada para que ambas vean atendidas todas sus necesidades.

Afirma ALCALÁ-ZAMORA Y CASTILLO que "el proceso, abstractamente considerado, parece hoy por hoy el mejor método para resolver litigios, por la nota de imparcialidad que lo caracteriza y por la fuerza que a sus decisiones presta el ir respaldada por el mecanismo coactivo del Estado"[36]; sin embargo estas bondades que caracterizan esa ansiada seguridad jurídica no admite, en su estructura, esta percepción de justicia por parte de las personas protagonistas, ya que se sale de toda esta compleja articulación racional. Establecía CARNELUTTI que "El secreto del derecho está precisamente en esto, que los hombres no pueden vivir en el caos. El orden les es tan necesario como el aire que respiran. Como la guerra se resuelve en el desorden, así el orden se resuelve en la paz. Los hombres se hacen la guerra, pero necesitan vivir en paz"[37]. Pese a ello en ocasiones esta paz requiere algo más que el orden jurídico, como bien establece el mismo autor en varias de sus obras[38]. Y es que como se ha mencionado ya, el sentimiento de injusticia por parte de las personas conlleva numerosas consecuencias en diversos planos (hacia sí mismas, hacia la otra parte y hacia la sociedad) y la restauración de las relaciones humanas, de la confianza en la sociedad de la que es parte la persona victimizada

---

35 Josep Mª TAMARIT SUMALLA, «El necesario impulso de la Justicia Restaurativa tras la Directiva europea de 2012"», Ars Iuris Salmenticensis, 1 (junio de 2013): 142.

36 Niceto ALCALÁ-ZAMORA Y CASTILLO, *Proceso, autocomposición y autodefensa* (México: Instituto de Investigaciones Jurídicas, 1991), 112-13. Suma a ello el reconocimiento de una crítica mayoritaria, pese a estas reconocidas bondades, en referencia a su ordenación procedimental y a la intervención de las profesiones forenses.

37 Francesco CARNELUTTI, *Cómo nace el derecho* (Bogotá: Temis, 1994), 11.

38 CARNELUTTI, *Cómo nace el derecho.*, y Francesco CARNELUTTI, *Las miserias del proceso penal* (México: Cajica, 1879).

que va más allá -e incluso puede ir en dirección opuesta- a la respuesta normativamente válida -ajustada a Derecho-.

Se trata por tanto de ampliar el concepto de acceso a la justica, haciendo uso en este caso de acceso integral a la justicia, que reconoce como parte del sistema a estas herramientas alternativas y complementarias. En este concepto amplio, sí tiene cabida la restauración como elemento esencial del acceso a la justicia, y esta podrá lograrse por medio de las vías más tradicionales -siendo las que se van a trabajar de manera concreta aquí-, por medio de herramientas alternativas y, en muchos casos por la combinación de ambas. Dentro de esta humanización del proceso se encuentra como núcleo central atender a las vivencias humanas, y poder ofrecer una justicia real, cercana y adecuada al caso concreto y a los intereses expresados por las partes, permitiendo así acercarse realmente al ideal de justicia y paz social.

4.2 JUSTICIA RESTAURATIVA

Como se ha mencionado ya, no se pretende aquí profundizar en la participación de víctimas menores de edad en Justicia Restaurativa, sino recoger de este cambio de paradigma reflexiones que permitan revisar el tratamiento procesal de las víctimas menores de edad, poniendo especial atención en sus derechos e intereses. Es por ello por lo que se presenta a continuación unas simples pinceladas que sirvan de base para la posterior reflexión.

4.2.1 Fundamentación

La Justicia Restaurativa puede reconocerse como un movimiento que tendrá mayor repercusión en Canadá y Estados Unidos, así como en países del norte de Europa, teniendo una llegada tardía a España. Surgen de una combinación de preocupaciones sociales y jurídicas relacionadas con esta necesidad de «humanización» del proceso. Sin embargo, no son las únicas; SOLETO MUÑOZ destaca cinco hitos[39]

---

39 Helena SOLETO MUÑOZ, «Aportaciones internacionales al desarrollo de la Justicia Restaurativa en España», en *Justicia restaurativa, una justicia para el si-*

en base a los cuales puede entenderse el nacimiento y desarrollo de la Justicia Restaurativa y, más concretamente, su fundamento:

- *Corrientes retributivas.* Entre los años 60 y 70 se detecta un importante malestar hacia el sistema por diferentes cuestiones, predominando el deseo de participación en el proceso penal y la dificultad de obtener las indemnizaciones que eran fijadas. Esto debe entenderse dentro de la evolución de las pretensiones hacia el sistema de justicia y en este sentido SUBIJANA ZUNZUNEGUI y PORRES GARCÍA distinguen tres modelos, destacando en cada uno un interés preponderante en relación con la respuesta ante el delito: el retribucionista, atendiendo a la comunidad; el resocializador, atendiendo al infractor y reparador el reparador, atendiendo a la víctima[40]. La diferenciación de estos modelos, a lo que suman también los mencionados autores la forma en sí de tutelar estos intereses, no los hace por sí mismos excluyentes o irreconciliables[41]. Cabe señalar en esta tendencia la relevancia del concepto de restitución, que va a resaltar un interés no satisfecho, fruto de estas movilizaciones[42].

---

glo XXI: potencialidades y retos, Cuadernos penales José María Lidón 9 (Bilbao: Deusto Digital, 2013), 77.

40 Ignacio José SUBIJANA ZUNZUNEGUI y Izaskun PORRES GARCÍA, «La viabilidad de la justicia terapéutica, restaurativa y procedimental en nuestro ordenamiento jurídico», en *Justicia restaurativa, una justicia para el siglo XXI: potencialidades y retos*, de Ignacio José SUBIJANA ZUNZUNEGUI et al., Cuadernos penales José María Lidón 9 (Bilbao: Deusto Digital, 2013), 43.

41 Resulta interesante traer a colación una reflexión de BARONA VILAR en la que a la vez que reconoce la insatisfacción de la ciudadanía en la respuesta dada a los conflictos, señala la reciente tendencia a exigir un nivel de seguridad cada vez mayor traducido en una mayor represión, en Silvia BARONA VILAR, «Mirada restaurativa de la justicia penal en España, una bocanada de aire en la sociedad global líquida del miedo y la securitización», en *Justicia Restaurativa: una justicia para las víctimas*, de Helena SOLETO MUÑOZ y Ana CARRASCOSA MIGUEL (Valencia: Tirant lo Blanch, 2019), 56-57. Una tendencia similar se detecta como respuesta a la violencia juvenil como trabaja detalladamente BERNUZ BENEITEZ, «Justicia de menores española y nuevas tendencias penales. La regulación del núcleo duro de la delincuencia juvenil».

42 Peggy M. TOBOLOWSKY et al., *Crime Victim Rights and Remedies* (EEUU: Carolina Academic Press, 2009), 153-56.

- *Corrientes de empoderamiento social.* Tanto en Estado Unidos como en Nueva Zelanda, en los años 60, se detecta un movimiento que pretende promover la participación de la ciudadanía, alcanzando la gestión de los conflictos de manera pacífica. Esta forma de entender las relaciones, dentro de una concepción comunitaria, potenciará el interés por ser parte activa dentro de diferentes herramientas de gestión de conflicto alcanzando también la concepción misma de acceso a la justicia.
- *Ineficacia y búsqueda de satisfacción en la Administración de Justicia.* Frente a ellos, la ciudadanía busca otras formas de gestión de estos conflictos, principalmente desde un apoyo comunitario.
- *Fines de reinserción.* Desde una comprensión más humanizada del conflicto, la persona infractora toma relevancia más allá de la vulneración de una norma, sino como elemento disruptivo dentro del correcto funcionamiento de la sociedad. No basta con su «neutralización» sino que toma relevancia su reinserción en la sociedad.
- *Importancia de la víctima.* Dentro de esta revisión integral de la gestión de conflictos tiene enorme relevancia la detección de importantes carencias hacia la víctima, que se ve relegada a un segundo plano. La revisión de sus derechos y su rol dentro de la gestión del conflicto provocará un cambio drástico de la comprensión del conflicto y las pretensiones en su gestión.

Como primer acercamiento resulta de utilidad diferenciar tres ideas en las que van a observarse cambios de paradigma significativos, alimentados por estos cinco hitos:

A) La comprensión del conflicto y su gestión

Desde un enfoque renovado de la pacificación social se interpreta el conflicto no como una trasgresión de normas jurídicas sino de las relaciones humanas y sociales, las cuales deben ser reparadas superando el paradigma del castigo (*paradigm of punishment*), sobre el que se irgue el sistema penal. Muy ligado a las cuestiones que se han mencionado anteriormente, el sistema penal busca restablecer el orden y para ello focaliza sus esfuerzos en el poder de las normas (carácter preventivo y punitivo), en castigar y reinsertar al infractor. Pretende, además, transmitir así seguridad a la sociedad.

Frente a ello, la Justicia Restaurativa centra su atención en las vivencias de la víctima y la persona ofensora, buscando en ellas las respuestas para restablecer un equilibrio por medio de herramientas colaborativas y voluntarias. Maneja por tanto un concepto positivo de paz[43], en el que se reconoce el conflicto como inherente a la vida en sociedad y se trabaja el mismo como oportunidad de aprendizaje. Reconoce que la controversia provoca cambios en las personas involucradas y en la sociedad y los mismos no pueden -ni deben pretender- borrarse, pero sí trabajarse y reconstruir las relaciones de manera tal que tanto víctima como persona victimaria alcancen cierto equilibrio, en función de sus propias vivencias, necesidades e intereses.

GALTUNG, CURLE o LEDERACH profundizan en concepto de conflicto y gestión desde esta concepción positiva, siendo especialmente ilustrativo el trabajo de GALTUNG en referencia al llamado Método Transcend, incluido en su Teoría del desarrollo. En el mismo trabaja la "desarticulación" -*decoupling*- del conflicto en su estado actual y "rearticulándolo" – *recoupling*- en una nueva realidad, argumentando que "*si usamos medios positivos y oportunos (empatía, creatividad y noviolencia) para la transformación de un conflicto, entonces el fin será igualmente (o al menos potencialmente) positivo y constructivo*"[44]. Centra su trabajo en las consecuencias que el conflicto tiene para todas las partes involucradas entendiendo que "*la violencia genera traumas y una forma de superar un trauma, tanto en víctimas como en el autor, es justamente posibilitar la construcción o reconstrucción de las*

---

43 Tras las devastadoras consecuencias de la II Guerra Mundial, encontramos un concepto negativo de paz, entendido como la "ausencia de guerra o situación de no-guerra". Solamente a finales de los años 50 se observan los primeros pasos de la polemología a la irenología. Desde una concepción positiva de la paz, van a tener cabida las necesidades humanas, y se va a obtener de manera consciente por la gestión social, apoyada en el concepto de justicia, en Francisco A. MUÑOZ y Mario LÓPEZ MARTÍNEZ, *Historia de la Paz. Tiempos, espacios y actores* (Granada: Eirene, 2000), 19 y ss.

44 Philip LEECH, «Galtung's 'Structural Violence' and the Sierra Leone Civil War c.1985-1992», *The People & Planet Network*, 2014, http://www.pandnetwork/journal/articles/structural_violence._(Último acceso: 16 de noviembre de 2021)

relaciones"[45] procurando una visión del conflicto realista y cercana de las vivencias de las partes involucradas. Esta reconstrucción de las relaciones debe comprenderse en un sentido amplio[46], y no obligatoriamente de manera estrictamente interpersonal. Se pone tanto énfasis en una respuesta que gestione el conflicto vivido desde los intereses, recobrando en este sentido la situación de justicia[47].

B) El rol de la víctima

Como se mencionaba previamente en referencia a la tutela judicial efectiva, que el Estado de Derecho, y su forma heterocompositiva de resolver los conflictos, asume el monopolio del *ius puniendi*, y para ello desplaza a la víctima, a la cual le sustrae todo poder frente a la persona infractora[48], y es en este desplazamiento en el que la víctima pasa a ser, del centro de la actuación delictiva, a mero testigo y con ella se esfuman también del proceso -al menos parcialmente-, las vivencias y necesidades específicas e intransferibles de esa víctima, que el Estado no puede tomar como propias. El foco de atención pasa del daño sufrido por la víctima a la salvaguarda de sus derechos y aunque pueda parecer *a priori* un sinsentido, la víctima ya no importa tanto como sus derechos[49].

Sectores de la criminología y especialmente de la victimología han sido los primeros en reflejar empíricamente las consecuencias de este

---

45 Percy CALDERÓN CONCHA, «Teoría de conflictos de Johan Galtung», Revista Paz y Conflictos, n.º 2 (2009): 76.

46 Habla en este sentido MATE de justicia reconstructiva, en MATE, «Sobre la Justicia Restaurativa», 14.

47 TAMARIT SUMALLA, «El necesario impulso de la Justicia Restaurativa tras la Directiva europea de 2012"», 141.

48 Entendiéndose como consecuencia lógica del Estado de Derecho, situando a la víctima junto a la persona infractora, en HASSEMER y MUÑOZ CONDE, *Introducción a la Criminología y al Derecho Penal*, 29 y ss.

49 En este sentido establece MATE que *"(...) cuando reaccionamos espontáneamente ante un atropello con un "no hay derecho" apuntamos en la dirección de la víctima. Nos indignamos no porque se conculque un artículo del derecho penal sino contra el daño que se hace a la víctima. Hasta que llega el derecho y la hace invisible"*, en MATE, «Sobre la Justicia Restaurativa», 14. Y ello no hace más que respaldar esa mencionada asincronía entre la justicia jurídica y la justicia sentida por la ciudadanía.

enfoque no solamente en la víctima, sino también en la sociedad y en la persona infractora. Porque cabe señalar que este desplazamiento de la víctima no es simplemente una consecuencia procesal de la estructura del sistema sino más bien obedece a la lógica de este que justifica ese desplazamiento en pro de otra finalidad, que hasta el momento acaparaba toda la visión del sistema: las debidas acciones hacia la parte infractora.

El proceso penal se convierte en un campo de batalla en el que las armas no son ya las utilizadas previamente en el conflicto que se esté atendiendo, sino las jurídicas[50]. Arrastra ilógicamente a las partes a una nueva batalla, en un plano en el que se racionaliza el conflicto hasta la desconexión con la parte emocional y se traduce a un lenguaje en muchas ocasiones desconocido para las partes[51]. Volviendo a la idea de paz, CARNELUTTI establece que "*La guerra, pues, no tanto termina con la paz, cuanto que tiende a la paz. Lo que pone fin a la guerra es el pactum; y la raíz de pacto es pax. (...) En la lucha llega inevitablemente el punto muerto cuando alguno de los dos tiene la sensación de no poder obtener un resultado mejor del ya conseguido, de manera que seguir combatiendo redundaría en pura pérdida. Entonces los combatientes hacen la paz. Pero esta es una expresión eufórica, que no responde a la realidad. En la realidad, más que de la paz se trata de una tregua.*"[52]; y es justamente así como podría entenderse el sistema penal, quien representa la tregua e impone el cese de la contienda.

Debe señalarse que el sistema español sí permite una participación de la víctima como acusación particular, lo cual es un signo distintivo de países anglosajones en los que no se permite. Pese a ello señala SOLETO MUÑOZ en esta comparativa que, en la práctica, la relación de la víctima con lo sucedido no encuentra una diferencia significativa

---

50 "*Hemos dicho que la pax es un sistema de ley y su aplicación; no obstante, lo que no hemos señalado es que la paz, como sistema de ley, significa que beneficia a unos sobre otros, sobre todo a los que definen, aplican y mantiene este sistema de ley. Esto quiere decir que, por ejemplo, la paz romana fue una definición de paz en el sentido de ausencia de violencia según la ley pero no en el sentido de justicia, prosperidad, reciprocidad e igualdad de todos*", en LEDERACH, J.P., *El abecé de la paz y los conflictos. Educación para la paz*, Catarata, Madrid, 2000, p. 18.

51 Nils CHRISTIE, «Words on words», 2013, sec. 1.

52 CARNELUTTI, *Cómo nace el derecho*, 12.

por medio de la acusación particular ya que es la propia lógica del sistema la que va a marcar este distanciamiento dejando en manos de los profesionales la gestión del mismo en términos estrictamente jurídicos[53].

De esta manera la Justicia Restaurativa pretende recoger cuatro necesidades esenciales destacadas por ZEHR, que no son atendidas -o al menos nos satisfactoriamente- en la justicia procesal convencional: la información, la narración de los hechos, el control y la restitución[54].

C) El rol de la persona victimaria

En coherencia con esta concepción del conflicto el interés hacia la parte victimaria no termina -al menos únicamente- con su penalización, siendo relevante la reinserción y su responsabilización.

La Justicia Restaurativa pretende ofrecerle la oportunidad de acercarse al hecho delictivo desde otro prisma. Una dinámica que preocupa especialmente en la justicia procesal convencional es que puede facilitar la deshumanización del hecho delictivo también a ojos de la parte infractora. La traducción a lenguaje jurídico que exige el proceso judicial permite separar las consecuencias reales del hecho[55] que, por otra parte, se va a encontrar inmerso en un sistema paternalista que no siempre va a favorecer la reflexión sobre lo sucedido. Tanto el lícito derecho de defensa como el posterior castigo puede provocar en el victimario un sentimiento de redención por el daño infligido, sin

53 Helena SOLETO MUÑOZ, «La justicia restaurativa y la mediación en el proceso penal», en *Sobre la mediación penal: Posibilidades y límites en un entono de Reforma del proceso penal español*, de Pedro GARCIANDÍA GONZÁLEZ, Helena SOLETO MUÑOZ, y Sabela OUBIÑA BARBOLLA (Pamplona: Thomson Reuters Aranzadi S.A., 2012), 41-43.

54 Howard ZEHR, *El pequeño libro de la Justicia Restaurativa*, trad. Vernon E. JANTZI (New York: Good Books, 2007), 17-18. Señalar además que la repuesta judicial en muchas ocasiones será binaria (sí se reconocen los hechos demostrados, o no; condena o no) que puede tener una repercusión negativa en la víctima.

55 SUBIJANA ZUNZUNEGUI y PORRES GARCÍA, «La viabilidad de la justicia terapéutica, restaurativa y procedimental en nuestro ordenamiento jurídico», 43-44.

haberse pese a ello responsabilizado -ni quizá tampoco haber reparado el daño-[56].

De esta manera afirma ZEHR que lo que hace la Justicia Restaurativa es "ampliar el círculo de intereses", lo que permite replantear los roles de todas aquellas personas que puedan tener algún interés en lo sucedido y modificando a su vez el valor que se da a estos intereses[57].

La complejidad de la Justicia Restaurativa, especialmente por el choque cultural que provoca -al prevalecer actualmente una cultura más litigiosa-, ha generado numerosos debates en torno a su aplicación práctica no solamente recibiendo críticas de diferentes sectores detractores y siguiendo a su vez diferentes fundamentaciones, sino encontrando incluso entre sus defensores diferentes teorías que dotan a este concepto de matices diferenciados que repercuten a su vez en tu alcance.

4.2.2 Evolución

La Justicia Restaurativa nace en un contexto de cambio en el que no solamente se cuestionan las finalidades del proceso penal sino también la forma gestionar los conflictos, el rol de la víctima y la participación de la comunidad en estos. Existe así unos evidentes puntos de coincidencia entre los ADR y la Justicia Restaurativa desde la perspectiva crítica.

En su concepción más amplia se inició utilizando el término Justicia Restaurativa en los años ochenta del siglo XX para designar diferentes prácticas desarrolladas en países anglosajones enfocadas a solventar los problemas detectados en referencia a la insatisfacción

---

56 En este sentido SÁEZ VALCARCEL señala que "Cuando el autor se considera castigado de manera suficiente, se produce a desmotivación; está pagando por lo que hizo, vive razonablemente la ontología de la deuda que nos constituye simbólicamente", frente a la inicial voluntad de reparar que pudiera sentir, en Ramón SÁEZ VALCARCEL, «Mediación Penal. Reconciliación, perdón y delitos graves. La emergencia de las víctimas», en *Reforma penal: personas jurídicas y tráfico de drogas; Justicia restaurativa*, de María Ángeles MONTÉS ÁLVARO et al., Cuadernos penales José María Lidón 8 (Bilbao: Deusto Digital, 2011), 86. Sin toda esta reflexión tampoco se aseguraría la comprensión del daño causado y ligado a ello encontraríamos un mayor riesgo de repetición del ilícito.

57 ZEHR, *El pequeño libro de la Justicia Restaurativa*, 16.

del funcionamiento de sistema de justicia. Se empiezan a buscar alternativas al sistema retributivo el cual no parecía satisfacer todas de las necesidades de los diferentes agentes involucrados en el conflicto. De esta manera se busca un espacio en el que devolver a las partes del conflicto poder de decisión en la gestión del mismo e incorporándose el elemento de responsabilidad como uno de los ejes principales de la misma.

Las primeras prácticas enfocadas a solventar estas carencias se llevaron a cabo principalmente en casos de delitos de poca gravedad, así como en el ámbito de delincuencia juvenil.

Uno de los primeros reflejos de experiencias restaurativas llevadas a cabo, pueden señalarse las prácticas de Ontario (Canadá), en 1974, enfocada a la reconciliación entre víctima y ofensor (*Victim-offeders Reconciliation Program o VORP*) o los programa de *Victim Offender Mediation* (VOM). Se trataba entonces de casos de delincuencia juvenil que provocaron malestar en la comunidad. La mediación es una de las prácticas restaurativas más extendidas en España -así como generalmente en países europeos-. Su sencilla estructura, por medio de la participación de la víctima y el ofensor, tiene un doble objetivo: restitutivo y rehabilitador. El diálogo facilitado por la participación de un tercero permite que las partes lleguen a un consenso respetuoso con los intereses de ambas partes. Facilita la responsabilización del ofensor por medio de una humanización de la vivencia por ambas partes y permite una reparación en caso de ser posible.

Noruega también destaca como país que a lo largo de los años 70 y 80 ha puesto en marcha numerosos programa de mediación teniendo un rol fundamental en su desarrollo el Fiscal. Inspirados en las ideas de NILS CHRISTIE ha incorporado satisfactoriamente la Justicia Restaurativa a su normativa nacional a lo largo de los años 90.

También cabe señalar algunos intentos de resolución pacífica de conflictos fuera del proceso penal, como son las experiencias de 1977 en San Francisco. Se trata de programas de mediación comunitaria, principalmente enfocados a la prevención y que encuentran puntos de conexión con todas aquellas prácticas en las que de manera comunitaria se pretende prevenir o reducir la conflictividad en fases iniciales (como podría ser la mediación policial).

Reino Unido ofrece una visión diferenciada incorporando, especialmente en los años 80, prácticas más amplias, como encuentros restaurativos (*conferencing*), conferencias comunitarias (*family grupo conferencing*) o círculos de sentencia (*sentencing circles*).

En 1989 se recogen las primeras experiencias de encuentros restaurativos (*conferencing*) en Nueva Zelanda con la *Children, Young Persons and Their Families Act* (encontrando respaldo legal a partir de 1993). En estos encuentros la participación del elemento comunitario es mayor, trabajando de manera conjunta la víctima y el agresor junto con la comunidad -vecinal, familiar, etc.-, en busca de una forma de reparar las consecuencias. Surgieron por la preocupación de la forma de gestión del sistema principalmente hacia la delincuencia juvenil, sin alcanzar por parte de estos una respuesta responsable o consciente de los daños que provocaban. Actualmente la Justicia Restaurativa forma parte del sistema de justicia procesal de Nueva Zelanda desde 2002, abriendo herramientas restaurativas también al sistema de adultos.

Especialmente significativo es el primer programa piloto de Australia, en 1991, en el distrito *Wagga Wagga* por parte de miembros del *New South Wales Police Service*. Se trata del desarrollo de un modelo específico de conferencias, en el que incorpora como facilitador al agente policial[58]. Los círculos y las conferencias, encontrando su origen en una especie de justicia comunitaria, principalmente en comunidades indígenas, incorporan este elemento comunitario de manera clave, constatando los efectos negativos derivados de la justicia penal en relación con la estigmatización de ciertos colectivos.

El creciente interés en estas herramientas puede encontrarse en estudios y referencias cada vez más relevantes que se reflejan en el Congreso internacional de Criminología de Budapest de 1993, los Simposios Internacionales de Victimología de Adelaide en Austria (1994), Ámsterdam (1997) y Montreal (2000). Fueron relevantes también la Primera Conferencia Internacional sobre Justicia Restaurativa para Jóvenes de 1997 en Leuven.

---

58 Se habla entonces de la teoría de la vergüenza reintegrativa, en John BRAITHWAITE, *Crime, shame and reintegration* (New York: Cambrige University Press, 1989), 12 y ss.

El impulso jurídico ha presionado de manera sustantiva la incorporación de una visión más restaurativa al ordenamiento español, incorporándose como mecanismo de mejora de la reparación de la víctima.

Interesa resaltar su evolución y encaje en el sistema penal, destacando algunos elementos que permitan entender su acogimiento en España y en concreto la idea de Justicia Restaurativa que se reconoce a nivel nacional. Así, en su incorporación resulta fundamental el rol de la Comisión Europea para la Eficacia de la Justicia (en adelante CEPEJ), formada por 46 Estados, y que tiene por objetivos la supervisión y revisión de los sistemas judiciales, detectando dificultades y realizando propuestas para su mejora.

Encontramos como punto de inicio la Recomendación (99) 19 del Comité de Ministros de los Estados miembros que en 1999 adoptó el Consejo de Europa, relativa a la Mediación en materia penal. Se presentaban en la misma principios que sirvieran de apoyo y facilitaran una progresiva incorporación de prácticas restaurativas, por medio de la mediación, en asuntos penales. A partir de ahí el Consejo de Europa emite una larga lista de Recomendaciones para facilitar la aplicación práctica de la mediación penal. Fruto de estos avances, en el año 2000 nació el Foro Europeo de Justicia Restaurativa que permite un lugar en encuentro para dialogar y promover la Justicia Restaurativa.

La incorporación de la Justicia Restaurativa, por medio primero de la mediación penal, ha sido paulatina en España encontrando la primera referencia en el sistema de justicia juvenil como se ha estudiado ya[59].

La Decisión Marco del Consejo 2001/220/JAI de 15 de marzo de 2001 hace referencia a "mediación penal" con cierta ambigüedad en el poder ejecutivo del acuerdo marcando una postura excesivamente restrictiva. La Resolución 2002/12 de 24 de julio de 2002, titulada "Principios básicos del uso de programas de justicia restaurativa en

---

59 Helena SOLETO MUÑOZ, «El desarrollo de la Justicia Restaurativa en América Latina en el ámbito de menores infractores; dificultades y oportunidades», en *Derecho y proceso. Liber Amicorum del profesor Francisco Ramos Méndez*, de Justo FRANCO ARIAS y Manuel Jesús CACHÓN CADENAS, vol. 3, 2018, 2419-42.

asuntos penales", permitió un acercamiento a la idea de Justicia Restaurativa, plasmando los principios de manera sencilla y flexibles, sin dejar de resaltar la importancia de garantizar los derechos de ambas partes. Respecto a esto, las sucesivas recomendaciones, van a ir adoptando un concepto más amplio de lo que se entiende por Justicia Restaurativa, sin limitarse exclusivamente a la mediación penal.

En 2007, el CEPEJ comprueba la falta de colaboración de los Estados en dar cumplimiento a estas recomendaciones[60]. Las explicaciones en torno a este fracaso son variadas, aunque se alude a la ausencia de regulación por parte de los Estados, al desconocimiento y la accesibilidad de estas herramientas[61]. Con la Directiva 2012/29/UE del Parlamento Europeo y del Consejo, de 25 de octubre de 2012, se establecen normas mínimas sobre los derechos, el apoyo y la protección de las víctimas de delitos. Se hace referencia a la "justicia reparadora" que en el art. 2.1d es entendida como "*cualquier proceso que permita a la víctima y al infractor participar activamente, si dan su consentimiento libremente para ello, en la solución de problemas resultantes de a infracción penal con la ayuda de un tercero imparcial*". Deja por otra parte discrecionalidad a los Estados, en su art. 12, para la derivación de los casos adecuados[62].

La Ley del Estatuto de la víctima marca finalmente una línea clara en la aplicación de la Justicia Restaurativa a nivel nacional. Es criticada por JIMENO BULNES la equiparación, nuevamente, entre mediación penal y justicia restaurativa limitando el desarrollo de otras

---

60 SOLETO MUÑOZ, «Aportaciones internacionales al desarrollo de la Justicia Restaurativa en España», 89.

61 Guía para una mejor implementación de las recomendaciones existentes relativas a mediación en asuntos penales -CEPEJ (2007) 13

62 Respecto a la Decisión de 2001 SOLETO MUÑOZ advierte sobre la diferenciación entre "normas" y "medidas", en la que la exigencia de establecer normas en un contexto como es la Justicia Restaurativa puede suponer importantes barreras para su correcto desarrollo, en Helena SOLETO MUÑOZ, «Justicia Restaurativa en Europa: Sus Orígenes, Evolución y la Directiva de la Unión Europea 2012/29 sobre los Derechos, Apoyo y Protección de las Víctimas de Delitos», en *Acceso à jutsiça, jurisdição (in)eficaz e mediação. A delimitação e a busca de outras estratégias na resolução de conflitos* (Curitiba: Multideia, 2013), 134, https://e-archivo.uc3m.es/bitstream/handle/10016/24040/justicia_soleto_2013.pdf?sequence=1&isAllowed=y. (Último acceso: 25 de enero de 2021)

prácticas[63]. Esta regulación restrictiva no hace más que obstaculizar aún más su implementación, ofreciendo la Justicia Restaurativa muchos más beneficios de los que en la actualidad se reconocen o permite la normativa a nivel nacional[64].

Las causas se encuentran, entre otras, en el principio de legalidad (art. 9,3 CE y 1 LECRim) pese a poder ser equilibrado por el principio de oportunidad (lo que responde a una cultura del litigio fuertemente arraigada). Quizá el enfoque presentado por parte de la doctrina puede haber alertado al sector más crítico, desde una interpretación de la Justicia Restaurativa como mecanismo -casi exclusivo- de agilización del proceso.

Pese a los avancen articulados a partir de la LEVID, esta interpretación restrictiva y enfocada a la víctima lleva a un uso de la JR todavía encorsetado, que no permite la materialización de algunas prácticas en el contexto penal[65]. Sí deben reconocerse los esfuerzos de la LEVID, y específicamente de su Real Decreto de desarrollo que regula el funcionamiento de las Oficinas de Asistencia a las Víctimas y serán quienes, según su art. 37, podrán informar a las víctimas de la posibilidad de acudir a herramientas restaurativas, proponiéndolo en su caso al órgano judicial.

La Recomendación (2018)8 del Comité de Ministros a los Estados miembros en materia de justicia restaurativa penal[66] muestra ciertos

---

63 Mar JIMENO BULNES, «Sobre la mediación, justicia restaurativa y otras justicias», en *Justicia Restaurativa: una justicia para las víctimas*, de Helena SOLETO MUÑOZ y Ana CARRASCOSA MIGUEL (Valencia: Tirant lo Blanch, 2019), 130.

64 Helena SOLETO MUÑOZ, «Justicia Restaurativa para a mejor reparación a la víctima», en *Justicia Restaurativa: una justicia para las víctimas*, de Helena SOLETO MUÑOZ y Ana CARRASCOSA MIGUEL (Valencia: Tirant lo Blanch, 2019), 497.

65 Siguen siendo así las referencias más claras la regulación existente en el proceso de justicia juvenil y la exclusión de poder llevar a mediación asuntos sobre violencia de género. Esta última se encuentra el art. 87 ter.5 LOPJ como consecuencia de lo establecido en la LO 1/2004, de 28 de diciembre, de Medidas de Protección Integral contra la Violencia de Género. Mar JIMENO BULNES, «Jurisdicción y competencia en materia de violencia de género: los juzgados de Violencia sobre la Mujer: Problemática a la luz de su experiencia», Justicia, 2009, 157-206.

66 Comité de Ministros de los Estados miembros del Consejo de Europa, «Recomendación CM/Rec(2018)8 del Comité de Ministros a los Estados miembros en

avances con relación al uso y conocimiento de la Justicia Restaurativa, pretendiendo fomentar su desarrollo apoyándose en los resultados empíricos positivos. La reconoce así como herramienta complementaria y alternativa a los procesos penales tradicionales, resaltando el valor de la responsabilización del infractor hacia la víctima y hacia la sociedad, destacando la importancia de la concienciación en el sistema comunitario. Nuevamente enfocada a la víctima, hace referencia a la Justicia Restaurativa como herramienta que puede resultar adecuada para maximizar los procesos de satisfacción de sus necesidades. Da un paso relevante recordando la necesidad de flexibilidad e innovación de procesos restaurativos que puedan darse tanto dentro del proceso penal como fuera de este, invitando así al uso de prácticas como conferencias familiares o círculos de pacificación.

4.2.3 Principios de la justicia restaurativa

Presentar una definición exenta de debates resulta complicado por los diferentes matices que en su progresivo desarrollo ha ido incorporando en cada país, confusión acrecentada por las diferentes terminologías utilizadas también en instrumentos normativos.

Ello responde también a una forma diferentes de entender la Justicia restaurativa. TAMARIT SUMALLA diferencia cuatro modelos en base al trabajo de Johnstone y Van Ness que son el modelo *de encuentro* (*encounter model*), el modelo *reparador*, el modelo *transformativo* y el modelo *de empoderamiento* (*empowerment moldel*)[67], diferenciación que resulta esclarecedora en relación a los diferentes objetivos o elementos esenciales de cada modelo:

- *Modelo de encuentro*: hace énfasis en el encuentro tanto de la víctima y el victimario como de aquellas personas que hubieran podido resultar afectadas de manera directa o indirecta, alejándose del enfoque tipificado de los hechos.

---

materia de justicia restaurativa penal», octubre de 2018.

67 Josep Ma TAMARIT SUMALLA, «La justicia restaurativa: concepto, principios, investigación y marco teórico», en *La justicia restaurativa: desarrollo y aplicaciones* (Comares, 2012), 15.sobre Gerry JOHNSTONE y Daniel W. VAN NESS, «The meaning of restorative justice», en *Handbook of restorative justice* (London: Willan, 2007).

- *Modelo reparador*: no exige que participen ni autor ni víctima si es que por medio de otros agentes pueden articular de alguna manera esta reparación.
- *Modelo transformativo*: se concibe el conflicto y sus consecuencias desde un prisma quizá más amplio, permitiendo la JR reinterpretar las controversias, la vivencia y su trasformación, interesando las causas que llevaron al conflicto.
- *Modelo de empoderamiento*: focaliza su atención a la relación existente entre la persona y la vivencia. En este sentido, devuelve a las partes inmersas en el conflicto el poder sobre dicha vivencia, permitiendo desde ese punto trabajarlo y, en su caso, superarlo.

La esencia de la Justicia Restaurativa conecta en cierto modo todos estos modelos haciendo eso sí, cada uno, hincapié en un elemento diferenciador. Estas diferencias redundan en cierta complejidad a la hora de establecer principios comunes de Justicia Restaurativa, que pudieran acercarnos a una definición.

A) Principios y directrices

Se diferencian en este caso los principios de las directrices, en base a la Recomendación (2018)8 del Comité de Ministros a los Estados miembros en materia de justicia restaurativa penal[68]:

(i) Voluntariedad y consentimiento informado. La voluntariedad se encuentra regulada en el art. 15.1.b LEVID manteniéndose tanto al inicio de la práctica restaurativa como a lo largo de todo su desarrollo. Por su parte el consentimiento informado, que permite la adecuación de dicha voluntariedad debe obtenerse tras ofrecer una información completa y detallada, atendiendo a los principios de la práctica, así como posibles repercusiones en procesos judiciales en su caso.

(ii) Confidencialidad. Se encuentra regulada en el art. 15.2 de la LEVID así como en el 1.e) de la Directiva. Afecta tanto al desarrollo de la práctica como a su preparación, en la que en ocasiones los pro-

---

68 Confusión a la que colabora dicha recomendación que enlaza un largo listado de elementos que se ha separado aquí por principios y directrices.

fesionales deberán tener acceso a la información sensible de ambas partes para poder valorar la adecuación de la herramienta y su viabilidad. Sin embargo, dicha confidencialidad no afecta al acuerdo por razones obvias cuando este sea resultado de una práctica restaurativa vinculada al proceso penal, no teniendo en todo caso efecto *ex legem* de cosa juzgada.

(iii) Imparcialidad o Igual preocupación por las necesidades y los intereses de las partes implicadas. Aunque en el sistema español la Justicia Restaurativa surge como mecanismo efectivo de reparación a la víctima, pretendiendo revertir el desequilibrio existente en el sistema procesal convencional, ya se ha señalado que ofrece numerosos beneficios que afectan a todas las partes. Así, ofrece un espacio respetuoso alejado del castigo y la culpa, cobrando mayor importancia el reconocimiento y la responsabilidad para lo cual será necesario atender a los intereses de todas las personas participantes.

(iv) Diálogo deliberativo y respetuoso. Al devolver el poder a las partes, partiendo estas desde su propia realidad y vivencia, tanto la preparación de la práctica como la formación de la persona facilitadora debe mantener bajo control el diálogo promoviendo que este resulte respetuoso y de utilidad.

Además, ya como directrices[69] que acompañan estos principios, señalar las siguientes:

---

69 ARMENTA DEU considera que existe consenso sobre las siguientes ideas: "diálogo restaurativo, la reparación, y la importancia del "empoderamiento" a víctima y victimario, a lo que se suma la reintegración de la víctima y el ofensor en la comunidad y la ayuda a que las partes vean su relación de aproximación como algo valioso para toda la comunidad" considerando que existe todavía debate sobre su alcance y su ámbito objetivo de aplicación, en Teresa ARMENTA DEU, «Justicia Restaurativa, mediación penal y víctima: vinculación europea y análisis crítico», Revista General de Derecho Europeo, enero de 2018, 205-6. Por su parte TAMARIT SUMALLA reconoce un listado más definido que coincide mayormente con la Recomendación, en TAMARIT SUMALLA, «La justicia restaurativa: concepto, principios, investigación y marco teórico», 16.y Josep Mª TAMARIT SUMALLA, «Procesos restaurativos más allá de la mediación: perspectivas de futuro», en *Justicia restaurativa, una justicia para el siglo XXI: potencialidades y retos*, de Ignacio José SUBIJANA ZUNZUNEGUI et al., Cuadernos penales José María Lidón 9 (Bilbao: Deusto Digital, 2013), 317-18.

(v) Participación activa y protagonismo de las partes (empoderamiento): tanto las capacidades de las partes como las características del conflicto deben hacer viable esta participación.

(vi) Reparación del daño: Se diferencia de la «reparación» también buscada en el proceso penal convencional en que va más allá del restablecimiento del orden jurídico por medio de una compensación económica. Busca resaltar la ruptura de las relaciones humanas, enfocándolo no tanto como una transgresión de las normas jurídicas -aun teniéndolo presente- sino como un conflicto humano que tiene por ende unas consecuencias personales (cobran relevancia las circunstancias personales tanto de la víctima como del victimario)[70]. La reparación es alcanzada y acordada de manera dialogada pudiendo ser simbólica, económica, educativa, o por medio de otras formas creativas que resulten acordes a los intereses de las personas que participen.

(vii) Orientación hacia la reparación, reinserción y el logro de un entendimiento mutuo: reflejando la importancia de las relaciones humanas y de estas con la comunidad de manera general. Parte del reconocimiento de los daños provocado por el hecho delictivo, confrontando de manera transparente las consecuencias y buscando una oportunidad en estas.

---

[70] Josep Mª TAMARIT SUMALLA, «La reparación y el apoyo a las víctimas», en *El Estatuto de las víctimas de delitos. Comentario a la Ley 4/2015*, de Josep Mª TAMARIT SUMALLA, Carolina VILLACAMPA ESTIARTE, y Mercedes SERRANO MASIP (Valencia: Tirant lo Blanch, 2015), 305 y ss.
Tiene sentido así la comprensión del hecho delictivo como la ruptura de una conexión dentro de la sociedad en la que todos nos encontramos entrelazados de alguna manera. Es por ello que muchas veces el hecho delictivo afecta no solamente a infractor y víctima, sino a todo aquello que les rodea, en ZEHR, *El pequeño libro de la Justicia Restaurativa*, 23. En este sentido señala TAMARIT SUMALLA que la reparación penal no puede identificarse con el contenido de la responsabilidad civil derivada del delito porque "abarca también la compensación del daño social producido por el delito, además del ocasionado en las personas singulares perjudicadas, de ahí la apertura a la reparación social o simbólica; exige un esfuerzo personal relevante al responsable penal de la infracción; atiende a la pluralidad de dimensiones del daño provocado por el delito, lo que tiene un contenido fundamentalmente no económico; incluye un canon de exigibilidad, en virtud del cual se excluyen prestaciones en la medida de su propia capacidad", en TAMARIT SUMALLA, «¿Hasta que punto cabe pensar victimológicamente el sistema penal?», 41.

(viii) Acuerdo colectivo y basado en el consenso. Fruto de lo anterior se encontraría un acuerdo como culmen de lo trabajado, de forma que represente aquellos aspectos en los que las partes reconocen, desde sus propias vivencias, un punto de consenso. Estos acuerdos deben ser razonables y proporcionados, respetando siempre la dignidad de las partes[71].

(ix) Posibilidad en todas las fases del proceso penal, reflejando la flexibilidad y la posible independencia que puede darse respecto al mismo.

(x) Se debe conceder suficiente autonomía a los organismos de justicia restaurativa con relación al sistema judicial penal.

(xi) Equidad procesal, recordando la necesidad de mantener este equilibrio también en posibles consecuencias procesales, salvaguardando así las garantías de todas las partes.

Añade la Recomendación una última directriz que es la de evitar la dominación, que se encontraría implícito en el cumplimiento de los principios antes señalados.

Tanto de la fundamentación antes presentada como de los principios señalados no debe desprenderse la errónea idea de que estos justifican la inutilidad de los sistemas retributivos de justicia, sino que por lo contrario se pretende señalar la necesidad de atender también otro enfoque de la gestión de conflictos que, en ocasiones, excederá de la justicia estrictamente retributiva -pudiendo ser en sí misma la retribución también restaurativa-[72]. Una comprensión conjunta de ambas permite lo que se ha llamado previamente acceso integral a la justicia.

B) Resistencias

Una de las mayores críticas se encuentra en su encaje en el sistema procesal penal, aludiendo las voces más críticas a un problema de garantías. La regulación flexible en Justicia Restaurativa no debe confundirse con la ausencia o disminución de garantías procesales. Debe asumirse que una regulación exhaustiva puede provocar el ahoga-

---

71 ZEHR, *El pequeño libro de la Justicia Restaurativa*, 48.

72 BARONA VILAR, «Mirada restaurativa de la justicia penal en España, una bocanada de aire en la sociedad global líquida del miedo y la securitización», 62.

miento de los propios principios de la Justicia Restaurativa encorsetándola de manera tal que no pueda desarrollarse. Tampoco conviene, como indica SOLETO MUÑOZ, buscar en esta un reflejo de algunos de los principios que se exigirían en el proceso penal como puede ser la bilateralidad. Es justamente esta flexibilidad de la Justicia Restaurativa, y su mirada enfocada a la ruptura de las relaciones humanas lo que le permite encontrar diferentes formas de articular una posible reparación o reconocimiento de las consecuencias facilitando así la responsabilización y reinserción de la persona ofensora[73].

Aunque quedaría en un inicio fuera de todo debate que toda práctica restaurativa debe respetar la presunción de inocencia y no resultar incriminatoria para la persona, también encontramos referencias normativas que apuntan a la exigencia que la parte infractora reconozca cierta responsabilidad[74]. En este sentido el art. 15.a de la LEVID exige al infractor, para su participación que "*haya reconocido los hechos esenciales de los que deriva su responsabilidad*", frente a la expresión del reconocimiento de "*elementos fácticos básicos del caso*" del art.12.c de la Directiva. En la práctica un reconocimiento genérico suele ser suficiente siendo como es obvio más sencilla la derivación de aquellos casos en los que existe un reconocimiento de hechos o flagrancia. En cualquier caso, la predisposición de la persona infractora resulta en ocasiones necesaria para confirmar la viabilidad de adecuación del caso.

Otra de las tensiones más señaladas es la del respeto del principio de legalidad, el cual asegura que la respuesta a los ilícitos -por medio del castigo- corresponde al Estado. Entendería este sector crítico que esto se rompe con la Justicia Restaurativa trasladando ese poder a las partes. SOLETO MUÑOZ señala la llamativa incoherencia de la aceptación de la conformidad rechazando, sin embargo, la adecuación de las tendencias anglosajones en relación con el principio de

---

73 SOLETO MUÑOZ, «Justicia Restaurativa en Europa: Sus Orígenes, Evolución y la Directiva de la Unión Europea 2012/29 sobre los Derechos, Apoyo y Protección de las Víctimas de Delitos», 143.

74 Establece en este sentido el art. 12.c de la Directiva de 2012 que "el infractor tendrá que haber reconocido los elementos fácticos básicos del caso"

oportunidad reglada[75]. Supone así según la autora un desconocimiento tanto de la realidad práctica procesal -que no alcanza estos objetivos ideales- como del funcionamiento de la Justicia Restaurativa que respeta plenamente dicho principio haciendo uso del principio de oportunidad recogiendo elementos que de lo contraría no llegarían a llevarse a cabo. Una interpretación excesivamente estricta del principio de legalidad puede llegar, como bien expone MORENO CATENA, a encerrar al propio sistema penal en una trampa sin salida[76].

Algunos han querido ver en la Justicia Restaurativa una forma de evadir la Justicia Penal, hablando en ocasiones de Justicia negociada e incluso una privatización de la justicia penal. La preocupación por que la Justicia Restaurativa anule o desplace el *ius puniendi* del Estado ha derivado en que en no pocas ocasiones se reconozca la Justicia Restaurativa únicamente válida para asuntos de poca gravedad. Sin embargo, es importante no confundirla con la posible impunidad de ciertos hechos, siendo esto aún más relevante, si cabe, en el caso de su aplicación en los casos de victimización de la infancia. En este sentido, señala PERULERO GARCÍA que "No se trata de privatizar el Derecho penal sino de individualizar la respuesta del sistema a través de los mecanismos procesales y sustantivos que la legislación ofrece, para construir una Justicia más justa y sana, en un escenario de actuación menos violento y más eficiente"[77].

Igualmente se habla de bilateralidad, exigiendo el art. 1.b de la LEVID la participación de la víctima en el proceso, siendo por supuesto posible retirarse en cualquier momento. Nuevamente son exigencias que tienden más a crear un sistema con ciertas similitudes al sistema procesal, obviando los beneficios ya señalados hacia el infractor. Esta visión resulta coherente con la visión de Justicia Restaurativa enfocada a la víctima, dejando sin embargo sin reconocimiento parte del

---

75 SOLETO MUÑOZ, «Justicia Restaurativa para a mejor reparación a la víctima», 502-4.

76 Víctor MORENO CATENA y Víctor CORTÉS DOMÍNGUEZ, *Derecho Procesal Penal* (Valencia: Tirant lo Blanch, 2010), 497.

77 Diana PERULERO GARCÍA, «Hacia un modelo de Justicia Restaurativa: la mediación penal», en *Sobre la mediación penal: Posibilidades y límites en un entorno de Reforma del proceso penal español*, de Pedro GARCIANDÍA GONZÁLEZ, Helena SOLETO MUÑOZ, y Sabela OUBIÑA BARBOLLA (Pamplona: Thomson Reuters Aranzadi S.A., 2012), 78.

potencial de la misma. Son muchas las prácticas restaurativas que sin la participación de una víctima (bien porque no lo desee, bien porque no sea posible o no esté determinada), realizan una actividad restaurativa con la sustitución de la víctima o sin ella, aportando numerosos beneficios no solamente para la persona infractora sino también para la comunidad en tano facilita un reconocimiento del daño provocado.

Para terminar, señalar respecto a la reconciliación o un perdón de la víctima hacia la persona infractora que si bien son elementos que puedan darse en la práctica restaurativa, no es el objetivo de esta. La interacción entre las partes participantes es más compleja y pretende reducir, en la medida de lo posible, los daños provocados dando paso a un proceso de reparación[78]. Este no siempre es igual, no depende enteramente de la persona infractor ni de la víctima, ni es siempre inmediato.

La participación de víctimas menores de edad en Justicia Restaurativa debe partir del reconocimiento de las necesidades específicas, y muy especialmente tras una victimización, de manera que estas deben ser incorporadas tanto al desarrollo de las prácticas como a la valoración de su adecuación en cada fase.

C) Adecuación del caso y protección

De manera diferenciada a los principios de la Justicia Restaurativa, SOLETO MUÑOZ señala unos "criterios de aplicación en Justicia Restaurativa", diferenciando la adecuación del instrumento al conflicto y la protección de las personas que participen.

---

[78] Se da justamente una modificación del Código Penal en su art. 130.1, párr.5, por la LOPIVI quedando redactado de la siguiente manera en referencia a personas menores de edad: 5.º "*Por el perdón de la persona ofendida, cuando se trate de delitos leves perseguibles a instancias de la persona agraviada o la ley así lo prevea. El perdón habrá de ser otorgado de forma expresa antes de que se haya dictado sentencia, a cuyo efecto la autoridad judicial sentenciadora deberá oír a la persona ofendida por el delito antes de dictarla. En los delitos cometidos contra personas menores de edad o personas con discapacidad necesitadas de especial protección que afecten a bienes jurídicos eminentemente personales, el perdón de la persona ofendida no extingue la responsabilidad criminal*". Se mantiene por tanto una posición más rígida frente a la valoración por parte de Fiscalía que se permitía previamente a la reforma.

Distingue así diferentes criterios que concluye del funcionamiento práctico de diferentes programas de Justicia Restaurativa:

"- Capacidad y actitud del agresor

- Buena fe y capacidad de asumir la responsabilidad, valorable por los distintos operadores, como son los miembros del tribunal que realiza la remisión, el mediador, los equipos psicosociales

- Capacidad y actitud de la víctima

- Adecuación del instrumento en sentido estricto

- No reincidencia[79]

- Participación de las partes adecuadas

- Participación de terceros

-Eficacia del instrumento" [80]

Estos elementos son supervisados o valorados en distintos momentos de la práctica restaurativa y afectan de manera diferenciada a la adecuación del instrumento o a la protección de las partes.

---

79 Comité de los derechos del niño, «Observación General Nº10 (2007). Los derechos del niño en la justicia de menores», párr. 6.

80 La reincidencia es un elemento señalado en la adecuación de la Justicia Restaurativa, presumiendo la ausencia de actitud colaborativa en el reconocimiento del hecho delictivo como inadecuado. Aunque en algunos casos podrá valorarse de esta manera, no siempre resulta adecuado entenderlo así. En primer lugar, deberá atenderse a las circunstancias concretas que llevaron a esta persona a reincidir. Por otra parte, la reincidencia es que justamente un reflejo del fracaso del sistema de justicia como sistema de prevención, pudiendo la Justicia Restaurativa acercar al infractor una realidad diferente a la contemplada hasta el momento. En este sentido señala el Comité de los Derechos del Niño Nº10, respecto a la delincuencia juvenil que "*Debe prestarse atención especial a la discriminación y las disparidades existentes de hecho, que pueden deberse a la falta de una política coherente y afectar a grupos vulnerables de niños, en particular los niños de la calle, los pertenecientes a minorías raciales, étnicas, religiosas o lingüísticas, los niños indígenas, las niñas, los niños con discapacidad y los niños que tienen constantes conflictos con la justicia (reincidentes). A este respecto, es importante, por una parte, impartir formación a todo el personal profesional de la administración de justicia de menores (...) y, por la otra, establecer normas, reglamentos o protocolos para garantizar la igualdad de trato de los menores delincuentes y propiciar el desagravio, la reparación y la indemnización*".

En concreto, en la derivación, si bien destacan los criterios aplicados hacia la persona infractora, algunas situaciones o elementos reconocibles en la víctima también podrían ser motivo para descartar la viabilidad de atender el caso por medio de Justicia Restaurativa, pese a no ser recomendable establecer criterios excesivamente rígidos. Aunque parte de la doctrina ha señalado la gravedad de los hechos como elemento disuasorio para su derivación a Justicia Restaurativa, en ocasiones será justamente este elemento el que permita reconocer tal idoneidad, ya que cuanta menor sea la posibilidad de reparar materialmente a quien haya sufrido el daño, mayor será la posibilidad de que sus intereses se encuentren fuera del proceso judicial -aunque no sea siempre así-[81].

Deberá realizase una nueva valoración al inicio, por parte de los y las profesionales que van a atender el asunto resulta esencial. La Recomendación (2018)8 del Comité de Ministros a los Estados miembros en materia de justicia restaurativa penal, señala que en caso de duda se deberá señalar para que sean las personas facilitadoras quienes valoren su adecuación[82]. En el caso de la infancia, uno de los temores es justamente que se dé una desprotección de sus intereses en su participación. Toma especial relevancia la diferencia establecida por SOLETO MUÑOZ entre la adecuación del instrumento al caso y la protección de las partes, que debe valorarse de manera separada.

Aun con una valoración óptima atendiendo a los elementos previamente expuestos la supervisión continua es necesaria y se realizará desde dos vías diferenciadas: desde la abogacía y desde las personas facilitadoras.

Finalmente, si bien en algunas prácticas el acuerdo resultará esencial, en otras el propio transcurrir de la práctica será suficiente poniendo fin a estas sin más que por voluntad de las partes. En cualquier caso, cuando el proceso restaurativo se encuentre ligado al proceso, el acuerdo será de alguna manera «filtrado» numerosas veces. Aun siendo decisión de las partes, es deber del facilitador supervisar la via-

---

81 ZEHR, *El pequeño libro de la Justicia Restaurativa*, 13.

82 Comité de Ministros de los Estados miembros del Consejo de Europa, «Recomendación CM/Rec(2018)8 del Comité de Ministros a los Estados miembros en materia de justicia restaurativa penal», párr. 28.

bilidad del acuerdo, teniendo que ser razonable y acorde a Derecho. En caso de afectar al proceso judicial el facilitador deberá además informar a las entidades correspondientes de lo acordado, sin desvelar el contenido de lo debatido durante la práctica[83]. Finalmente, tanto Fiscalía como Judicatura realizarán una nueva supervisión de lo acordado, incorporándolo finalmente al proceso judicial si lo consideran oportuno y tomando en base a ello las decisiones correspondientes.

4.2.4 La justicia restaurativa en distintos momentos procesales y diferentes relaciones con el sistema de justicia

La Justicia Restaurativa se materializa en diferentes herramientas que mantienen una relación diferente con el sistema de justicia. Seguiremos en este caso la diferenciación establecida por SOLETO MUÑOZ, distinguiendo tres sistemas diferenciados[84]:

a) Sistema complementarios. Se reconocen como aquellos ligados de manera clara al proceso judicial, aunque puedan darse en diferentes fases de este. Pueden tener una repercusión dentro del mismo y funcionan por medio de la derivación de los casos, siendo la respuesta obtenida por medio de estos, incorporada a la vía inicial de gestión del conflicto. Esta respuesta puede ser concerniente a la totalidad del asunto trabajado en vía judicial o para obtener una respuesta a determinadas cuestiones, quedando las demás en manos de la justicia procesal convencional.

En estos los criterios de calidad de la justicia restaurativa son quizá más fáciles de valorar al resultar más sencillo detectar en qué momentos se requiere mejorar el sistema. No cabe duda de que, en la actualidad aún se encuentran importantes carencias en los recursos destinados a estas prácticas limitando en ocasiones el buen hacer de los profesionales. Por otra parte, sigue siendo necesario potenciar la formación del personal judicial dado que la correcta derivación resulta esencial.

---

83 Comité de Ministros de los Estados miembros del Consejo de Europa, párr. 52-53.

84 SOLETO MUÑOZ, «Aportaciones internacionales al desarrollo de la Justicia Restaurativa en España», 83-84.

Son ejemplos de estos las herramientas permitidas por la LORPM en las que la reparación a la víctima puede resultar en el archivo del asunto. También lo son las mediaciones, aunque pueden llevarse también fuera del proceso. Por medio de esta se permite una mejora de la comunicación entre las partes en conflicto, con la ayuda de un facilitador profesional que los acompañará en la búsqueda de sus intereses sin proponer la solución la cual debe provenir de las partes. Existen diferentes modelos de mediación según las características del caso e intereses de las partes, reconociéndose de manera general el Modelo Harvard (Fisher, Ury), el Modelo Transformativo (Folger) y el Modelo Circular-narrativo (Sara Cobb). Sí es cierto que las dinámicas de mediación aplicadas a asuntos civiles y mercantiles no siempre tienen cabida en los asuntos penales en los que, si bien el acuerdo puede ser parte del objetivo, la parte restaurativa tomará un espacio predominante.

También encontraríamos aquí los círculos sentenciadores en los que participa principalmente la comunidad junto con el agresor, dirigido de manera más o menos directa por el órgano jurisdiccional. Aunque puede no participar en estas, es el nexo de conexión con el proceso ya que reflejará posteriormente en la sentencia lo acordado en el círculo. Utilizando la misma dinámica y objetivos que las conferencias, esta práctica sí se encuentra ligada al proceso siendo derivado desde este y quedando ligado. Este modelo es utilizado en Estados Unidos (a partir de mediados de los años 90) para todo tipo de delitos, incluyendo los de gravedad[85], resurgiendo en 1991 de los llamados círculos de pacificación, teniendo su desarrollo principal en Canadá. Aunque ofrece los mismos beneficios que podrían destacarse en las conferencias, aporta una mayor supervisión de lo que sucede en estas tanto en su desarrollo como a posteriori teniendo mayor relación con el proceso judicial. Supone de hecho una forma de establecer un "plan de sentencia", participando no solamente la comunidad y las partes implicadas de manera directa sino también personal judicial y profesionales de perfil social, así como expertos en gestión de conflictos[86].

---

85 SOLETO MUÑOZ, 86.

86 Mark UMBREIT y Gordon BAZMORE, «A Comparison of Four Restorative Conferencing Models», Juvenile Justice Bulletin, 2001, 6, https://www.ncjrs.gov/

Por último, encontraríamos los paneles restaurativos en cuya práctica predomina el rol de la comunidad y la reparación a la víctima, quedando sin embargo en un segundo plano el victimario que, aunque participa, no se va a encontrar con la víctima. Se desarrolla por medio de reuniones diferenciadas en las que la comunidad trabaja con el victimario para poder trasladar posteriormente a la víctima aquello a lo que haya accedido. Esto sucede cuando el infractor ya ha reconocido su culpabilidad dándose la oportunidad de encontrar una forma de reparación más adecuada a las necesidades de la víctima teniendo un rol esencial la comunidad en el alcance de este acuerdo[87]. Es común establecer un protocolo de seguimiento de lo acordado pudiendo tener repercusiones el no cumplimiento en la decisión tomada en el proceso judicial[88].

b) Sistemas alternativos al enjuiciamiento. Son aquellos sistemas que trabajan el conflicto sin que entre en contacto con la vía judicial.

La evolución de la forma de gestionar los conflictos y los valores sobre los que se apoya en las sociedades occidentales el sistema de justifica dificulta altamente un desarrollo fructífero de estos sistemas que encuentran sin embargo un desarrollo mayor en la cultura anglosajona.

Una de las mayores preocupaciones en este tipo de sistemas será la impunidad, que ha sido fuertemente señalada por las visiones más críticas de la Justicia Restaurativa y cobra especial relevancia en el contexto de la infancia como se ha señalado.

Formaría parte de estos las conferencias de grupo familiar, teniendo igualmente buena acogida en el contexto comunitario. Trabaja por medio de la participación no solamente del infractor y la víctima sino también de la comunidad, permitiendo un diálogo abierto sobre los daños provocados por el hecho delictivo y buscando de manera conjunta la forma de repararlo. Su nombre proviene de una participación activa de la familia en sus orígenes que hemos situado primeramente

---

pdffiles1/ojjdp/184738.pdf. (Último acceso: 24 de mayo de 2020)

87 Jacqueline FONT GUZMÁN, «Programa de derivación judicial en Estados Unidos», en *Mediación y resolución de conflictos. Técnicas y ámbitos* (Madrid: Tecnos, 2013), 42.

88 Carol L. IZUMI, «The use of ADR in criminal and juvenil delinquency cases», en *ADR for judges* (Washington, 2004), 202 y ss.

en Nueva Zelandia y posteriormente en Australia. Igualmente puede utilizarse como fase previa de otras herramientas más formales, de modo que permite un acercamiento y esclarecimiento de lo sucedido, permitiendo de manera conjunta encontrar cierta responsabilización y trabajar la situación conflictiva de manera colaborativa. Se destaca de manera especial el interés por la reinserción, como funcionamiento adecuado de la comunidad.

Una de sus ventajas es que, si bien existen modelo más estructurados, su funcionamiento permite una gran flexibilidad adaptándose a las necesidades en cada caso[89].

c) Iniciativas ajenas al proceso y la ejecución. Su funcionamiento es ajeno a los objetivos del sistema de justicia, teniendo especial relevancia la reparación emocional. De esta manera, pueden darse a la par que el proceso judicial, aunque es común que se den con posterioridad.

Por la amplitud de lo que se entiende por proceso restaurativo y también en parte por la imposibilidad, por su misma esencia, de encorsetar algunas prácticas, resulta complejo establecer categorizaciones estrictas al respecto. Sin embargo, Wachtel, definen la concepción de lo restaurativo como un continuo, de manera que podría existir una graduación en cuanto a la satisfacción del ideal de justicia restaurativa en mayor o menor medida según el proceso, fijan los siguientes[90]:

- Se reconocerían como prácticas “plenamente restaurativas” las diversas modalidades del *conferencing* y los círculos de pacificación.
- Serían “principalmente restaurativas” las mediaciones víctima-infractor, conferencias sin víctima, y la reparación a favor de la víctima o comunidades terapéuticas.
- Por último, serían “parcialmente restaurativas” los servicios de asistencia a las víctimas, la compensación del daño, las dinámicas dirigidas a ofensores para una mayor sensibilización respec-

---

89 ZEHR, *El pequeño libro de la Justicia Restaurativa*, 56-59.

90 Ted WACHTEL, «Definiendo qué es Restaurativo» (Instituto Internacional de Prácticas Restaurativas, 2013), http://www.iirp.edu/pdf/Defining-Restorative-Spanish.pdf. (Último acceso: 6 mayo de 2021)

to a las víctimas, diversos tipos de servicios comunitarios, o el trabajo social enfocado a la familia o la infancia y la juventud.

Ilustración 1. Elementos incorporados por la Justicia Restaurativa. Extraída de "definiendo qué es Restaurativo" de Ted Wachtel

Aunque teóricamente puede tener cierta utilidad en cuanto a la comprensión de esta corriente, establecer categorizaciones como se adelantaba antes, resulta tanto complejo como inadecuado en la práctica. La clasificación Wachtel responde en realidad al alcance de cada herramienta tanto en cuanto a la participación de los involucrados –víctima, victimario, comunidad- como en cuanto a la capacidad de la misma herramienta para obtener una reparación en los mismos. Sin embargo, y como se viene destacando, parte de este movimiento se basa en las necesidades individuales de cada persona, en cada caso; una de las carencias resaltadas al analizar sistema de justicia convencional giraba justamente entorno a su incapacidad por reconocerlas y poder atenderlas por su rígido procedimiento. Es por ello por lo que debe cuidarse en no caer en esta necesidad de regular y categorizar todas las herramientas buscando en esta una evaluación de su adecuación, ya que la misma solamente podrá hacerse en base al caso concreto. En ocasiones, una práctica que podría considerarse solamente parcialmente restaurativa puede ser, para ese caso concreto, la más adecuada y por lo tanto la más restaurativa.

Por otra parte, se constata que algunas herramientas tienen mayor acogida que otras. Así, Dünkel comprueba que de los 39 países analizado en 2015, solamente 13 países han desarrollado las conferencias. Se destaca igualmente que los esfuerzos en este tipo de herramientas se han centrado en asuntos de mayor gravedad teniendo buenos resultados[91].

Se han detectado igualmente la implantación de mecanismos de Justicia Restaurativa, especialmente enfocado a menores en Brasil, Filipinas, Perú, Sudáfrica o Tailandia[92], así como en Lesoto, Países Bajos, Alemania, Austria Hungría, Polonia o la República Checa[93]. Aunque no se aplica de la misma manera en todos los contextos, por los motivos ya expuestos, además de existir una importante confusión conceptual en algunos casos, constatamos que tiene un denominador común en todos los casos: la mejora del sistema de justicia.

---

91 Frieder DÜNKEL, Philip HORSFIELD, y Andrea PÀROSANU, *European Reserch on Restorative Juvenil Justice. Volumen I. Research and Selection of the Moste Effective Juvenile Restorative Justice Practices in Europe: Snapshots from 28 EU Member States* (Brussels: International Juvenil Justice Observatory, 2015), 238.

92 «Promover la justicia restaurativa para las niñas, niños y adolescentes», 9.

93 Gema VARONA MARTÍNEZ, *Justicia restaurativa desde la Criminología: Mapas para un viaje inicial* (Madrid: Dykinson, 2018), 68.

4.3 EL DERECHO DE NIÑOS, NIÑAS Y ADOLESCENTES VÍCTIMAS A UNA JUSTICIA ADECUADA

4.3.1 Situación de las víctimas menores de edad en la justicia procesal convencional

Lo expuesto hasta ahora permite afirmar que el derecho de acceso a la justicia de la infancia no se encuentra satisfecho en niveles suficientes, abarcando un concepto de acceso a la justicia restrictivo que no coincide con lo definido aquí como *acceso integral a la justicia*.

Estas carencias encuentran sus causas en dos vertientes diferenciadas: una concepción tradicional de la persona menor de edad y la estructura de la justicia procesal convencional.

4.3.1.1 Concepción tradicional de la persona menor de edad

El sistema de atención de la infancia se mantiene, aun en la actualidad, en un paradigma que prima en mayor medida la protección de la infancia que de sus derechos, redundando en ocasiones en un perjuicio del correcto desarrollo de esta y, en los peores casos, en una flagrante vulneración de sus derechos. Desde esta concepción tradicional de la persona menor de edad, la interpretación de la mayoría de los derechos reconocidos se limita a la protección de la persona siendo más reticentes a reconocerla como una persona completa[94], lo que merma drásticamente su participación en cualquier ámbito, pero especialmente en el ámbito judicial y más aun participando como víctima.

[94] VILLAGRASA ALCAIDE destaca un enfoque legislativo hacia la persona menor de edad casi como víctima en sí misma, lo que impide reconocer una protección de sus derechos, quedando el debate anclado en la protección de la infancia en estos términos, en VILLAGRASA ALCAIDE, «Los derechos de la infancia y de la adolescencia. La participación social de la infancia y la adolescencia, por su incorporación a la ciudadanía activa», 143.

A) Consecuencias de la concepción tradicional de la infancia y la adolescencia

Parece existir una dicotomía entre el momento de protección de la infancia previo a una vulneración de sus derechos y el momento posterior. Las formas más extremas de victimización de la infancia generan una fuerte animadversión[95] y la restrictiva interpretación del desarrollo de la persona en la etapa de la infancia da como resultado un férreo control por parte de terceros de la gestión del conflicto desde un prisma tradicional. Si en el momento previo, los derechos de la infancia parecen casi innecesarios, por la protección que le ofrece su entorno, una vez esta es victimizada son estos mismos derechos despreciados previamente los que son usados para justificar unas medidas paternalistas que, sin embargo, no parecen sortear fácilmente el test de proporcionalidad en la evaluación y determinación del interés superior de NNA. Son varios los elementos que debemos destacar:

(i) Una concepción tradicional y excesivamente confiada hacia la estructura familiar[96], que favorece un control por parte de esta, que

---

95 Se destaca en concreto las formas más extremas ya que siguen sin erradicarse otras formas de maltrato como es el físico, el emocional y la negligencia, que en sus formas menos extremas aún son en ocasiones socialmente aceptadas por un sector de la sociedad bajo la justificación de "formas de corrección" o "medidas educativas". Parece haber en estas formas de maltrato ciertas permisibilidad existiendo esa animadversión únicamente cuando la sociedad «no se reconoce» en estas conductas, como son los abusos sexuales o los casos de maltrato físico, emocional o por negligencia en los que ven secuelas obvias en la persona. Recordemos que no es hasta 2007 cuando se modificó el art. 154 CC, eliminando la frase por la cual se permitía que los padres, en el ejercicio de su potestad podían "*corregir razonable y moderadamente a los hijos*", por medio de la «Ley 54/2007, de 28 de diciembre, de Adopción Internacional» (2007). La prevalencia del castigo violento en el contexto intrafamiliar reflejado en el estudio de Save the Children, abordando su carácter transcultural, hace pensar que de trata de una costumbre de hondas raíces que requiere de un intenso esfuerzo en sensibilización y -re-educación. Pepa HORNO GOICOECHEA, «Amor, poder y violencia: Un análisis comparativo de los patrones de castigo físico y humillante» (Madrid: Save the Children, 2005), http://ibdigital.uib.es/greenstone/collect/cd2/index/assoc/stc0054.dir/stc0054.pdf. (Última acceso: 21 de junio de 2021)

96 Aunque esta idea se traslada fácilmente a aquellas instituciones de las que se presume una protección análoga cuando no se da la primera -de manera puntual o prolongada-. Recalcamos así la peligrosidad de esta dinámica hacia NNA que se encuentran institucionalizadas y en el ámbito escolar.

pueden resultar perjudicial para la infancia. Este riesgo puede apreciarse en dos momentos diferenciados. En primer lugar, la antigua vinculación de la persona menor de edad como propiedad de sus progenitores sigue manteniéndose en la actualidad, existiendo la falsa creencia de que el núcleo familiar es, salvo excepciones, un contexto seguro para NNA. El respeto a la intimidad familiar reviste de un peso singular frente a los derechos de la persona menor de edad dificultando la detección de los casos de violencia intrafamiliar[97]. Por otra parte, el rol de la familia vuelve a tener un importante impacto una vez se inicie el proceso judicial, dado que la dificultad de articular adecuadamente la participación de la persona menor de edad facilita su desviación como regla general hacia sus responsables -en muchas ocasiones los progenitores-, confiando en estos la toma de decisiones. No debe señalarse como simplemente anecdótico la posibilidad de existir intereses contrapuestos entre los progenitores y la persona menor de edad, lo que puede dificultar seriamente que estos, inmersos en el conflicto, determinen adecuadamente el interés superior. Aquí, la idea de interés superior puede ser deformada por la complejidad de alcanzar su «voluntad auténtica», a la par de las posibles repercusiones que el propio hecho delictivo tenga en las personas encargada de su representación.

Según CALVO GARCÍA "(...) el nuevo sistema de protección de derechos y bienestar social del menor supone la legalización o colonización de las relaciones familiares por el Estado, mediante la regulación jurídica, con el fin de asegurar coercitivamente la protección del menor y sus derechos. La atención de los poderes públicos al menor deja de ser concebida, en consecuencia, como una acción benéfica concurrente con la de otras instituciones de carácter privado y se regula como una responsabilidad directa e ineludible, como una obligación de las autoridades públicas competentes relativa a los derechos del menor"[98].

97 TAMARIT SUMALLA, «Respuestas restaurativas al abuso sexual infantil», 598. Esta dificultad se traslada si cabe con mayor intensidad cuando la persona menor de edad es institucionalidad -aun en régimen de acogimiento familiar- en el que nuevamente se mantienen ciertas suposiciones de correcta protección.

98 CALVO GARCÍA, «La protección del menor y sus derechos», 177-84.

(ii) La falta de atención especializada a la víctima menor de edad conlleva a reforzar la idea de que su participación en el proceso -aun sea como víctima- es conflictiva y enturbia el respeto de las garantías procesales del acusado. Uno de los aspectos más complejos reside en la declaración de la víctima, tanto en la adecuada valoración del momento en que debe declarar, como en la forma en la que debe hacerlo. Por su parte, la ausencia de confianza hacia el relato de la infancia, fuertemente influenciado por la defensa de su falta de capacidades y las lagunas existentes en la base científica de algunas herramientas -o la especialización en el uso de estas-, merma la adecuada utilización de herramientas especializadas a tal fin. En este sentido tiene tan «*fácil*» solución como articular procedimientos claros y sencillos que permitan un trabajo coordinado entre grupos profesionales del ámbito jurídico y psicosocial. Si bien esta colaboración existe, teniendo en ocasiones resultados dispares, el sistema de suma de ambas materias, o de trabajo de manera alterna hacia la víctima no es suficiente y se aborda de manera superficial en la LO 8/2021. Se requieren procedimientos específicos que nazcan con la finalidad de que todas las intervenciones puedan desarrollarse de manera armoniosa en un mismo contexto.

(iii) Finalmente, fruto quizá de las dos cuestiones previas, se percibe una tendencia al ocultismo consciente de delitos graves hacia la infancia[99]. En este sentido podrían entenderse las palabras de HERRERA MORENO según las cuales, la víctima es un "recordatorio humano de males sociales perturbadores"[100], lo que nos parece se intensifica potencialmente en el caso de la victimización en la infancia -y más aún en el caso de abusos sexuales-. Igualmente tiene cierto peso la falta de sensibilización e información acerca de este tipo de victimización como se ha destacado. Parece interesante recuperar de

---

99 «Conclusiones del Foro de sensibilización sobre la violencia contra la infancia», 8. Esto afecta si cabe aún más a aquellas formas de violencia que son socialmente más aceptadas, es decir, la ausencia de especial gravedad no facilita tampoco su denuncia aun siguiendo una lógica distinta.

100 Myriam HERRERA MORENO, «Humanización social y luz victimológica», Eguzkilore: cuaderno del Instituto Vasco de Criminología, n.º 26 (2012): 74, https://www.ehu.eus/documents/1736829/2177136/Herrera+Eguzkilore+26-11.pdf. Así refleja de hecho la autora una breve reflexión, en las siguientes páginas, hacia la ausencia de socorro a u a joven en 1964.

la autora su reflexión acerca de la conocida como "difusión de responsabilidad", tomada de DARLEY y LATANÉ[101]. Este término hace referencia a supuestos en los que se refleja una ausencia de ayuda hacia una situación conocida entendiendo que, siendo esta conocida, existen otras personas más responsables o a quien corresponde atender de mejor manera dicha situación. El abstencionismo hacia conductas violencias de las que la sociedad es plenamente conocedora o en otros casos puede tener sospechas destaca un punto de vista muy interesante en el caso concreto de la infancia en el que, más que algo casual, pareciera casi catalogable como una característica de este tipo de victimización pese a los públicos esfuerzos, sociales y normativos, en proteger a la infancia[102]. Y es que nuevamente vuelve a surgir esta visión de familia, por encima incluso del bienestar inmediato de la persona menor de edad. No parece del todo descabellado pensar que, aun cuando una persona es testigo de la victimización de una persona menor de edad, o existen sospechas, resulta excesivamente sencillo inhibirse de esta responsabilidad apelando a que la familia, profesionales -docentes, profesionales de la salud, servicios sociales, etc.- o personas más allegadas «seguramente, se están haciendo cargo», o tendrán una intervención más adecuada[103].

---

101 John M. DARLEY y Bibb LATANE, «Bystander intervention in emergencies: Diffusion of responsability», Journal of Personality and Social Psychology 8, n.º 4 (1968): 377-83, https://doi.org/10.1037/h0025589. Parte del estudio de un caso sucedido en 1964 en el que se dio una llamativa ausencia de socorro a una joven en 1964 que fue apuñalada, violada y asesinada sin recibir ninguna ayuda, pese a su solicitud de auxilio. (Último acceso: 16 mayo de 2019)

102 Reflejo de ello también puede ser, por ejemplo, la masiva ratificación de la CDN que sin embargo es flagrantemente vulnerada en numerosos países. Todo el mundo condena públicamente la violencia en la infancia, pero «de puertas para dentro» y sobre todo en la práctica, ese deber moral de difumina (ya sea por su dificultad, o porque consideramos que esa persona ya cuenta con una red suficiente para su protección). En cualquier caso, siempre parece existir una excusa para calmar nuestra conciencia, dejando finalmente la infancia en situación de desprotección pese a que públicamente pareciera todo lo contrario.

103 Hace en este sentido referencia BERISTAIN IPIÑA al *partenario cívico*, en BERISTAIN IPIÑA, *Victimología. Nueve palabras clave.*, 145 y ss. No supone ello cargar a la sociedad con la responsabilidad que es exigida a la familia y al Estado, pero sí pone de relieve el papel fundamental en la prevención y detección de casos de victimización.

B) *Nuevos debates restrictivos de los derechos de la infancia*

Podría resultar tentador pretender una correlación entre las libertades de NNA y su responsabilidad criminal, afirmando que, si hasta los catorce años se encuentra exento de responsabilidad penal, bajo qué justificación se le consideraría «lo suficientemente responsable» para tener que atender a su voluntad en ese mismo periodo[104]. La respuesta se encuentra en que la exención de responsabilidad penal supone que sus actos no serán atendidos por las consecuencias previstas en el Derecho penal, lo que no supone que no se tomen otro tipo de medidas. De hecho, atendiendo al sistema de justicia juvenil, respetando esta fase de desarrollo durante el periodo completo de la infancia, es decir, en nuestro caso nacional hasta los 18 años, se desprende que las medidas deben favorecer de manera primordial al interés superior de la persona menor de edad[105]. En consonancia con esto, tanto en la etapa previa a tener responsabilidad penal, como entre los 14 años y los 18 años, todas las medidas que se tomen deben hacerse a la luz del respeto de los derechos de la infancia, tanto generales como específicos. La posibilidad de exigir responsabilidad penal a partir de una determinada edad responde por supuesto a cierto nivel de desarrollo, pero también a la posibilidad de incorporar ciertas medidas que no tendrían sentido en una etapa previa o, más bien, que no podrían aplicarse sin la vulneración de derechos de la infancia.

Por otra parte, debe distinguirse la valoración de las capacidades de la persona en la toma de decisiones en aquellas cuestiones que le afecten, de aquella en la participación en hechos delictivos y sus

---

104 Y de hecho resulta llamativa la constante tensión en el reconocimiento de derechos de la infancia frente a una aparente tranquilidad en la exigencia de responsabilidades en otros contextos. En este sentido señala FREEMAN que "Esperamos que los adolescentes sean penalmente responsables a la edad de catorce años (y en efecto estamos preparados para imponerles responsabilidad penal a los diez), pero estamos menos dispuestos a aceptar la correlatividad de la responsabilidad de los derechos" FREEMAN, «Tomando más sen serio los derechos de los niños», 156.

105 En este sentido GONZALEZ TAPIA destaca la "diferencia y relativa independencia" entre la mayoría de edad y la capacidad penal, como concepto que si bien puede coincidir en el uso de ciertos criterios no deben confundirse en el debate de su motivación, en GONZALEZ TAPIA, «Consideraciones en torno a la protección penal del menor en el Código Penal», 699.

consecuencias. Tiene una singular diferencia que se encuentra en la relevancia de una vulneración de derechos de un tercero en el segundo caso. Esto obliga a dar una respuesta en la que no solamente tendrán que valorarse los intereses de la persona menor de edad en la respuesta dada por el Estado, sino también los del tercero.

A modo de conclusión, señalar en primer lugar que, si bien existe una clara intención de incorporar al sistema de justicia juvenil lo establecido por normativas y recomendaciones en el ámbito de la infancia, y concretamente en la justicia juvenil, sigue existiendo en la actualidad una clara tendencia a renunciar a ciertos elementos básicos cuando se dan los señalados picos de alarma social. Aunque debe exigirse nuevas medidas en atención a la evolución que se observe en la delincuencia juvenil, una interpretación más restrictiva del interés superior de la persona menor de edad, o una predominancia de otros intereses en perjuicio del primero no es una solución admisible[106].

Por otra parte, sin infravalorarse los grandes avances que se han realizado en el campo de la justicia juvenil, no puede negarse que siguen existiendo barreras importantes en la correcta adaptación al distinto desarrollo evolutivo de las personas menores de edad que deben enfrentarse a este. Quizá uno de los más señalados sea que sigue

---

106 Reflejamos aquí, la preocupación hacia el uso que se hace de las medidas reconocidas en la LORPM, ya que como como señala CÓRDOBA RODA, “Se corre el riego de una vuelta al encierro, dado que el incremento de la delincuencia juvenil y la recurrente publicación de ciertas noticias en la prensa han hecho nacer en la opinión pública y los políticos el deseo de utilizar más el internamiento en régimen cerrado”, en Juan CÓRDOBA RODA, «La ley de responsabilidad penal de los menores: aspectos críticos», Revista Jurídica de Cataluña, 2002, 376. En relación al uso de las diferentes medidas reconocidas en el art.7 de la LORPM, los últimos datos oficiales accesibles indican que “Respecto a los datos de 2016, en 2017 han aumentado las medidas notificadas previstas en el Art. 7 en 1.774, con un incremento porcentual de un 14,45% para el grupo de edad de 14-15 años y de un 8,54% para el grupo de edad de 16-17 años. En cuanto al tipo de medida, como ya hemos señalado, destaca, por encima de las demás, la libertad vigilada, seguida de las prestaciones en beneficio de la comunidad, la realización de tareas socioeducativas y el internamiento en régimen semiabierto. Las cuatro medidas señaladas suman 22.288 medidas notificadas y constituyen el 83,76% del total.”, en «Boletín de datos estadísticos de medidas impuestas a menores infractores» (Ministerio de Sanidad, Consumo y Bienestar Social, 2018), 22, http://www.observatoriodelainfancia.mscbs.gob.es/productos/pdf/BoletinInfractores17DEFINITIVOcopia.pdf. (Último acceso: 18 noviembre de 2021)

fuertemente impregnado de un lenguaje extremadamente complejo, lo que no facilita que la persona tenga realmente oportunidad de *entender*, como establece el art. 36 de la LO 5/2000, cada uno de los pasos que va dándose en el mismo[107]. Esto se ve confirmado en un estudio realizado por RAP que destaca que algunos países, entre los que se encuentra España, no alcanzan un nivel suficiente de adecuación del lenguaje en el proceso de personas menores de edad infractoras[108]. Todo ello provoca que no tengan plena compresión ni del procedimiento ni de las consecuencias de este y su participación en el mismo. En este sentido, la complejidad de las repercusiones de algunas figuras como es la conformidad puede ser utilizada de manera inadecuada.

Algunas de estas razones fueron la motivación para que el Comité de Ministros del Consejo de Europa a elaborar en 2010 unas recomendaciones para los Estados Miembros con la intención de promover una *child-friendly justice*. Por medio de esta se pretende no solamente atender cuestiones básicas como son el desarrollo de la persona menor de edad y la necesidad de crear un sistema adaptado a esta cuestión, sino también que permita, por medio de procedimientos ágiles y accesibles, una participación real de la persona menor de edad.

No debe olvidarse que el derecho a la justicia es también un derecho de la infancia y cuando en el sistema de justicia juvenil no se atienden las exigencias que venimos señalando, se termina vulnerando ese derecho básico de la infancia.

Por último, señalar que no ha faltado quien ha criticado intensamente el reconocimiento progresivo de derechos en la infancia, alegando que todo derecho debe ir acompañado de obligaciones[109], lo que recuerda los importantes retos con lo que aún debe luchar la infancia.

---

107 FERNÁNDEZ MOLINA y BLANCO MARTOS, «Avanzando hacia una "child-friendly justice". Un estudio sobre la accesibilidad de la justicia juvenil española», 2.

108 Stephanie RAP, «A Children's Righs Perspective on the Participation of Juvenile Defendants in the Youth Court», International Journal of Children's Rights, 2015, 108, https://doi.org/10.1163. (Último acceso: 4 de septiembre de 2020)

109 Antonio GULLÓN BALLESTEROS, «Sobre la Ley 1/1996, de protección jurídica del menor», La Ley. Revista jurídica española de doctrina, jurisprudencia y bibliografía, n.º 1 (1996): 1690-93, https://dialnet.unirioja.es/servlet/articulo?codigo=74362. (Último acceso: 7 de enero de 2021)

4.3.1.2 Estructura del sistema de justicia procesal convencional

Las conclusiones alcanzadas apuntan a la estructura formalista y con enfoque punitivo del sistema de justicia que complica una atención adecuada a la víctima de manera general y especialmente de la víctima menor de edad que difícilmente ve reconocidas sus necesidades específicas por la imposición de un acercamiento adultocentrista.

En primer lugar, la estructura del sistema de justicia procesal convencional conlleva una mayor atención a las garantías de la parte acusada que a las necesidades e intereses de la víctima. Esto supone una primera barrera para la víctima que puede identificarse de manera similar en el caso de las víctimas adultas: la distancia del discurso jurídico de la realidad de la vivencia de la víctima no permite alcanzar de manera satisfactoria sus necesidades e intereses.

Es justamente este enfoque del sistema procesal el que ha permitido dilucidar que ni sus objetivos ni sus procedimientos atienden a los derechos específicos de la infancia, en base a lo cual, la persona menor infractora cuenta con un sistema de justicia juvenil, que pretende recoger de manera equilibrada los intereses de la víctima -sin especificar si es adulta o menor de edad-, la sociedad y la persona menor de edad infractora, atendiendo a su interés superior. Como se ha destacado numerosas veces ya, resulta llamativo poder fundamentar la necesidad de un proceso específico para la infancia infractora, no siendo así para la infancia victimizada -al menos hasta lo establecido en la LO 8/2021-.

Esto relega a la víctima menor de edad a una situación de «doble invisibilidad» cuando la persona infractora sea mayor de edad: por una parte, se va a encontrar en un proceso que tiende a dar un mayor protagonismo a la parte acusada; por otra, debe permanecer en un sistema estructurado para persona adultas, de manera que el ejercicio de sus derechos específicos se atenderá principalmente en un régimen de excepción. Cuando la persona infractora sea menor de edad, será desviada al sistema de justicia juvenil en el que, si bien el entorno y la agilidad pueden resultar levemente más adecuados, no encontramos medidas específicas -salvo referencias puntuales- de adecuación en atención a las necesidades de la persona menor de edad.

Tampoco facilita su correcta atención, su diseminada regulación por el texto normativo, reflejo nuevamente de ser una «víctima diferenciada», respecto a la víctima adulta que es quien acapara principalmente la atención de la regulación, que se modifica al menos parcialmente con la LO 8/2021.

En el Código Penal, encontraremos algunos Capítulos que, de manera puntual, dentro de cierta tipología de delitos, harán referencia expresa a la victimización de menores como es el referente a abusos y agresiones sexuales a menores de 16 años (arts. 183-183 *quater*), a delitos de prostitución y explotación sexual y corrupción de menores (arts. 187-190[110]) y los referentes a delitos contra los derechos y deberes de familia (arts. 223-233). Salvo estos casos, la referencia expresa a delitos cometidos hacia la infancia, se encuentra diseminada por el articulado. Esta forma de catalogar los delitos cometido contra la infancia, en la que se hace un reconocimiento de especial vulnerabilidad [111] afectando como agravante, perpetúa una concepción tradicional y sesgada de la infancia. Retomando la importancia que señalábamos al diferenciar el uso de la expresión de personas menores de edad como *personas vulnerables*, o *en situación de especial vulnerabilidad*, volvemos a ver un enfoque inadecuado de la persona menor de edad cuando es victimizada. En vez de centrar la atención en la posible ausencia de resistencia de la persona menor de edad -que no se descarta en todo caso que deba ser tenida en cuenta- cabe destacar especialmente la repercusión que tiene en la persona menor de edad esta victimización -enfoque causado por el protagonismo de la conducta tipificada y no las consecuencias-. Solamente desde el segundo prisma podrá estructurarse adecuadamente una respuesta desde la Administración de justicia hacia las necesidades de la infancia[112].

Estos aspectos cobran relevancia ya que vienen a reforzar uno de los planteamientos centrales de este debate y es la inadecuada comprensión de la víctima menor de edad.

Aunque va a poder beneficiarse tanto de los avances que se dan en la atención a la víctima adulta, como también a la persona menor

---

110 Con modificaciones por la LOPIVI.

111 Terminología que consideramos inadecuada y anticuada tanto si se refiere a personas menores de edad como si lo hace en referencia a personas con discapacidad.

112 La primera se centra en la conducta delictiva del infractor y en medidas de prevención, que no son descartables por supuesto dentro de la atención adecuada a la victimización de la infancia.

infractora, la víctima menor de edad va a relegarse a una posición accesoria. De esta manera, será atendida dentro del estudio de otros titulares y/o tipología de delitos no permitiendo una atención integral. Resulta en este sentido preocupante la incoherencia existente entre esta aparente preocupación por el bienestar de la infancia y la ausencia de medidas contundentes, relegando su atención a medidas accesorias[113].

Esto último sucede por una fuerte tendencia tradicional en la concepción de la persona menor de edad y por las elevadas complicaciones de llevar a la práctica una atención que incorpore la evolución continua de la persona a lo largo de la infancia y adolescencia[114]. Esta segunda cuestión solamente puede solventarse por medio de la atención a la infancia desde una triple perspectiva: la jurídica, social y sanitaria.

4.3.2 Fundamentación de una justicia integral

Una de las problemáticas reside en encajar la flexibilidad y atención personalizada del enfoque psicosocial con los marcos formales del enfoque jurídico a fin de preservar un nivel adecuado de seguridad jurídica. Sin embargo, no es posible atender de manera adecuada a la infancia si no es por medio del encaje de estas dos visiones y se detecta en la práctica actual una ausencia de armonización. Son especialmente rotundas las palabras de GALÁN RODRÍGUEZ, destacando que "Independientemente de iniciativas puntales, la realidad de nuestro

---

113 Esto sucede claramente en el estudio de la víctima menor de edad, pero también en sus reflejos normativos e incluso en las estadísticas de muy distintas índoles.

114 Refleja en este sentido GAITÁN MUÑOZ que "La forma de entender a los niños conlleva una falta de reconocimiento de su capacidad de actuar en el terreno público y limita su voluntad de hacer independiente, conscientes (por efecto de la socialización) de su responsabilidad limitada. Pero ellos saltan a la luz de vez en cuando a través de conductas que, al producirse fuera del cauce del papel atribuido a los niños, y de la imagen de inocencia y vulnerabilidad creada en torno a ellos, son rápidamente calificadas como anormales y en consecuencia reprimidas, silenciadas o expulsadas al campo de la marginalidad. Sin embargo, la consideración de los niños como actores sociales debe llevarnos a la idea de que los niños no son ni inocentes vulnerables ni salvajes dañinos que requieren control (...), en GARITÁN MUÑOZ, «El bienestar social de la infancia y los derechos de los niños», 69.

entorno inmediato es una falta de ajuste. Aunque 'compartamos' al menor víctima, las dos instituciones siguen sus propios caminos; con ello no quiero decir que necesariamente existan choques o desacuerdos, lo que trato de reflejar es que tiende a no existir un planteamiento conjunto y una actuación debidamente integrada"[115]. Debe así recordarse la diferenciación ya planteada entre el conflicto humano y su traducción al conflicto jurídico. Cuantos más matices recoja el conflicto humano, más compleja es su traducción al conflicto jurídico, lo que se encuentra potenciado en el caso de la infancia que exige una atención a muchos elementos que tienen difícil traducción al contexto estrictamente jurídico y requieren la participación de grupos profesionales de distintas disciplinas con un alto nivel de especialización.

Además, partiendo de que la comprensión y vivencia personal del conflicto ha quedado durante muchos alejada del proceso judicial, no resulta extraño que su reinterpretación desde la infancia resulte compleja. Esto supone que las respuestas en el contexto psicosocial y en el jurídico sean, en ocasiones, dispares. Consiste por tanto en encontrar aquel espacio en que ambas puedan ser tenidas en cuenta, escuchadas y armonizadas de forma que la respuesta dada desde ambos sea coherente. Y que esto no se dé de manera casual como sucede en la actualidad en ocasiones, ya que, para que al hablar de justicia integral de la infancia estas respuestas deben darse de manera plenamente coordinada.

Si no se enfoca desde un acceso integral a la justicia, se reduce drásticamente al acceso al proceso judicial el cual, justamente por una interpretación reducida de los derechos de la infancia, se va a depositar en manos adultas -hablando entonces de representación-.

4.3.2.1 Exigencia de un acceso integral a la justicia desde los derechos de la infancia

A la luz de los datos sobre victimización infantil, tanto con relación al elevado número como con sus graves repercusiones, es urgente poner en marcha nuevas medidas que permitan un cambio sustancial

---

115 GALÁN RODRÍGUEZ, «El lugar de la víctima en los Sistema de Protección a la Infancia: compartiendo inquietudes», 55-56.

en la gestión de estos conflictos en los que también debe incluirse la prevención. Ya en 2010 el Comité de los Derechos del Niño recomendó a España que se aprobara una ley integral sobre la violencia contra los niños, similar a la ya aprobada sobre violencia de género, a fin de poder garantizar "la reparación de sus derechos y unas normas de atención mínimas en las diferentes comunidades autónomas"[116], lo que reiteró en el año 2018. Manifestó además su preocupación por que la Ley 26/2015 establezca explícitamente que lo establecido en la misma no podrá suponer un aumento de recursos, considerando en todo caso que los destinados a la infancia resultan en la actualidad insuficientes aun teniendo presente la reciente crisis económica sufrida[117]. Estas exigencias responden a una situación de crisis de la protección de la infancia que si bien requieren de medidas de prevención, encuentran en el acceso a la justicia una parte importante de su respuesta.

La distancia que marca el sistema de justicia procesal convencional entre la realidad vivida y esta traducción a lenguaje jurídico tiene importantes consecuencias:

- Para la parte infractora, permite una deshumanización de los hechos cometidos, teniendo que responder únicamente ante el Estado. Esto puede facilitar la ausencia de responsabilización dado que con el «castigo», queda zanjada su relación con los hechos.
- Para la víctima, su relato queda extremadamente restringido pudiendo prescindir de elementos que para ella son fundamentales y que deberían además ser incorporados en ocasiones al proceso para una adecuada interpretación de su testimonio. Además, como única vía de reconocimiento del mal sufrido,

---

116 Comité de los derechos del niño, «Observaciones finales Comité de los Derechos del Niño: España» (Naciones Unidas, 3 de noviembre de 2010), párr. 38, https://www.acnur.org/fileadmin/Documentos/BDL/2012/8550.pdf. (Último acceso: 1 de mayo de 2021)

117 Comité de los derechos del niño, «Observaciones finales del Comité de los Derechos del Niño: España», Observaciones finales sobre los informes periódicos quinto y sexto combinados de España (Naciones Unidas, 5 de marzo de 2018), párr. 8, https://www.consaludmental.org/publicaciones/Observaciones-finales-Convencion-Nino-ONU-marzo-2018.pdf. (Último acceso: 1 de enero de 2021)

la respuesta del proceso judicial puede suponer, en caso de no quedar -suficientemente- demostrado, un sentimiento de pérdida de credibilidad y reconocimiento de la vivencia que puede revictimizarla.

- Finalmente, la vivencia misma del proceso judicial resulta en no pocas ocasiones traumático, cuando no se articulan todas las medidas que quedarían armoniosamente incorporadas bajo el acceso a la justicia integral.

Esto refuerza para ambas partes creencias y patrones de conducta que no permiten acceder a formas óptimas de comprensión y superación de la vivencia[118].

El reconocimiento de un acceso integral a la justicia pasa inevitablemente por recoger la vertiente estrictamente jurídica y el reconocimiento de necesidades específicas en la infancia que van a repercutir en su victimización, su acceso a la justicia, su vivencia en el contacto con la Administración de justicia y por último las consecuencias a corto y largo plazo de todo ello. Esto se materializa en dos contextos:

- Una revisión del acceso a la justicia de la infancia desde un prisma restaurativo y desde la perspectiva de la infancia.
- Una valoración de adecuación de la participación de víctimas menores de edad en prácticas restaurativas en su caso.

Mientras que la materialización del primer contexto es exigible en todos los casos para reconocerse como satisfecho el acceso integral a la justicia, el segundo requiere de su valoración, ya que no todos los casos serán adecuados para participar en esta. Sin embargo, su incorporación al concepto de acceso integral a la justicia es fundamental ya

---

118 En este sentido establece PINHEIRO que “Toda sociedad, sea cual sea su trasfondo cultural, económico o social puede y debe poner fin a la violencia contra los niños. Eso no significa que haya que limitarse a castigar a los agresores, sino que es necesario transformar la mentalidad de las sociedades y las condiciones económicas y sociales subyacentes ligadas a la violencia”, en Paulo Sérgio PINHEIRO, «Informe del experto independiente para el estudio de la violencia contra los niños, de las Naciones Unidas» (Naciones Unidas, 2006), párr. 3, https://www.unicef.org/violencestudy/reports/SG_violencestudy_sp.pdf. (Último acceso: 6 de julio de 2020)PINHEIRO, párr. 3. (Último acceso: 6 de julio de 2020)

que excluir de manera general y sistemática su participación además de vulnerar el derecho integral a la justicia que se ha presentado -por medio del cual debe valorar un acceso óptimo a la justicia, acudiendo a las herramientas más adecuadas-, supone una discriminación por edad que es inaceptable.

Este doble enfoque es necesario ya que, en la vivencia de algunas víctimas menores de edad, en un primer momento, el interés inmediato en cuestiones estrictamente jurídicas será mínima. Piénsese en una víctima por abusos sexuales de 3 años. No tendrá expectativas en el proceso en sí mismo, y tampoco la restitución o el reconocimiento de una vulneración de sus derechos en ese momento tendrá el significado de lo que pudiera tener para una persona adulta. Esto no anula, sin embargo -y aquí encontramos quizá una de las causas del olvido de la víctima menor de edad- la vivencia del proceso judicial y el impacto que este pueda tener en su desarrollo y en su relación con la vivencia del hecho delictivo, además de una clara vinculación de derechos e intereses -inmediatos- de la víctima. Reconociendo su desarrollo progresivo, y desde la interpretación presentada de interés superior de la persona menor de edad, deberá atenderse en la resolución del conflicto a sus intereses actuales y también aquellos que faciliten que cumpla sus planes de vida (quedando afectados por las consecuencias de la victimización y en su caso también por la victimización secundaria e incluso por la respuesta del proceso judicial, aun desde su repercusión simbólica). Todos estos elementos solamente pueden ser atendidos o asegurados de manera óptima desde la contemplación de esta doble perspectiva, siendo la primera exigible en todo caso y la segunda valorable en función de los intereses de la víctima[119]. Supone superar la afirmación de HAMPSHIRE al decir que "*Los procedimientos de resolución de conflictos dentro de cualquier Estado siempre han sido criticados, siempre están cambiando y nunca son tan justos y tan rec-*

---

119 La vertiente de la Justicia Restaurativa encuentra numerosos beneficios para la persona infractor que en ocasiones pueden redundar en consecuencias restaurativas para la víctima. Cuando se habla de responsabilización en Justicia Restaurativa, consideramos que no solamente supone un trabajo de reconocimiento de las consecuencias en la víctima sino también conlleva un trabajo de introspección de la persona infractora que le lleva, en base a lo sucedido, a tener la posibilidad de replantearse ciertos valores, creencias, conductas, etc.

tos como podrían ser idealmente (...) sin embargo...son aceptables (...)"[120]. No solamente deben ser aceptables, sino que pueden ser óptimos recogiendo los intereses y las necesidades de las partes.

Para finalizar, señalar que una justicia que no se reconozca en el sentido amplio aquí defendido, en la que se puedan integrar los intereses de la víctima, no puede reconocerse como una justicia en armonía con los Derechos Humanos[121]. Nuevamente se destaca la relevancia de entender esta defensa desde el discurso de los derechos que encuentra en la infancia la misma motivación.

El cambio de paradigma en la comprensión del derecho de acceso a la justicia desde una concepción integral se puede apoyar en los siguientes derechos reconocidos por la CDN[122]:

- El derecho de participación y el fomento de la autonomía progresiva (art.12)
- El derecho de igualdad y no discriminación (art.2.2)
- El interés superior (art.9)
- El derecho al desarrollo (art.6.2)
- El derecho a la protección contra el abuso y la negligencia (art.19)
- El derecho a la rehabilitación y a la reintegración, combinado con el derecho a la salud física y psicológica (art.39)
- El derecho a la dignidad y a la intimidad (art.16)

---

120 Stuart HAMPSHIRE, *La Justicia es conflicto* (Madrid: Siglo XX de España, 2002), 28.

121 BERISTAIN IPIÑA, *Victimología. Nueve palabras clave.*, 40-73 y 85 y ss.

122 GAL, «Justicia Restaurativa inclusiva con menores: heurística para profesionales», 560., apoyándose diversos autores en estos para defender la participación de menores en procedimientos restaurativos. En este caso vamos a ampliar el listado utilizado por GAL atendiendo a la autonomía y la salud física y psicológica de la persona menor de edad entendiendo que ambas perspectivas son indispensables para una correcta articulación del derecho de acceso integral a la justicia.

4.3.2.2 La importancia del reconocimiento de necesidades e intereses

Para terminar, aunque hasta ahora se ha hablado de necesidades e intereses convienen en este punto realizar una breve aclaración sobre un debate que cobra cada vez más peso en el ámbito de la Justicia Restaurativa y en concreto en la adecuada atención a la víctima y es la diferenciación de ambos conceptos[123]. Esta aclaración en el contexto de la infancia tiene si cabe más relevancia, habida cuenta del discurso previo planteado sobre los derechos específicos en el que sus necesidades tienen enorme relevancia.

Y es que, si bien en el desarrollo de la Justicia Restaurativa se ha usado de manera predominante el concepto de *necesidad*, este puede llegar a generar cierta confusión e incluso a desvirtuar el rol que les otorgan las prácticas restaurativas a las víctimas. Al analizar esta cuestión HERNÁNDEZ MOURA apoya la adecuación de este cambio conceptual en la terminología utilizadas en el ámbito de gestión de conflictos[124], diferenciándose tradicionalmente tres métodos de gestión: poder, derecho e intereses. Desde esta tiene sentido hablar de intereses como aquella motivación que se encuentra tras la solicitud que realiza la parte[125].

En el caso de la infancia, debe realizarse otra distinción o desglose añadido, dada la relevancia de las necesidades específicas de la infancia.

---

123 Kathleen DALY, «Sexual violence and victims' justice interests», en *Restorative Responses to Sexual Violence. Legal, Social and Therapeutic Dimensions*, de Estelle ZINSSTAG y Marie KEENAN (New York: Routledge, 2017), 114.

124 Belén HERNÁNDEZ MOURA, «El papel de las oficinas de asistencia en la satisfacción de los intereses de la víctima», en *Justicia Restaurativa: una justicia para las víctimas*, de Helena SOLETO MUÑOZ y Ana CARRASCOSA MIGUEL (Valencia: Tirant lo Blanch, 2019), 525-26.

125 Así es común que el trabajo realizado en la gestión de conflictos busque el interés que se encuentra detrás de la posición -solicitud-, teniendo desde la primera un marco más amplio de posibilidades para satisfacer dicho interés. Entendiendo la motivación resulta más sencillo encontrar una respuesta adecuada atendiendo también a los intereses de la otra parte. Roger FISHER y William URY, *Getting to Yes: Negotiating Agreement without Giving In*, 1ª (New York: Penguin, 1981)., y William URY, Jeanne BRETT, y Sthephen GOLDBERG, *Getting disputes resolved: designing systems to cut the costs of confict* (San Francisco: Jossey-Bass, 1988).

Previamente se han abordado las necesidades de la infancia desde el estudio de satisfactores que permiten un correcto desarrollo de la persona a lo largo de la infancia -analizado de manera específica en este caso, aunque pueda trasladarse esta lógica al contexto adulto también en el que se mantienen ciertas necesidades-. Cuando la infancia es victimizada, la satisfacción de estas necesidades es puesta en riesgo de forma que puede afectar gravemente a su correcto desarrollo.

Desde este planteamiento, las necesidades específicas de la infancia deben ser atendidas por medio de una adecuación específica del proceso. Cuando hablamos de intereses en la infancia, de la misma manera que se hacía al hablar del interés superior, estamos refiriéndonos a una toma de decisiones por medio de la cual la persona determina que va a satisfacer -o no- ciertas necesidades y cómo las va a satisfacer. Supone así una acción consciente de determinar la forma de alcanzar o facilitar sus planes de vida. De esta manera, coincidimos en la necesidad de diferenciar *necesidades* de *intereses*, pudiendo estas en ocasiones coincidir, no siendo en todo caso obligatorio[126]. Resulta además especialmente acertado en el caso de la infancia que no hace más que recalcar la existencia de estos planes de vida que no son ni automáticos ni universales, sino que dependen de la persona y sus circunstancias específicas. Mientras que las necesidades específicas de la infancia deben ser atendidas siempre a lo largo de todo el proceso judicial, los intereses son resultado de un discurso moral-intelectual interno que serán creado en la medida en que la persona los considere relevantes para la satisfacción de sus planes de vida. Para conocer el interés de la persona esta debe ser consultada mientras que las necesidades pueden reconocerse de manera general atendiendo en este caso a las especificidades de la persona en desarrollo. Esto se observa claramente en el reconocimiento de derechos que se diferenciaba en la infancia en derechos generales y específicos. Mientras que los primeros son los que se encuentran igualmente en la etapa adulta, los específicos son aquellos que resultan exigibles

126 Recordemos aquí la idea que se planteaba respecto a la dignidad y la autonomía, resultando en que estas incluyen la posibilidad de equivocarse al elegir, que a fin de cuentas no es otra cosa que tomar una decisión contraria a las necesidades de la persona; PECES-BARBA MARTÍNEZ et al., «La dignidad humana», 163. Esto no quita por supuesto que cuando corresponda, se permitan medidas paternalistas para la protección de la persona.

para asegurar el correcto desarrollo de la persona. La exigencia de una protección especial de la infancia supone una actuación paternalista jurídica en la que tiene sentido supervisar y valorar que los intereses de la persona no ponen en riesgo sus necesidades por la imposibilidad de contemplar dicho daño.

PARTE III:

REVISIÓN DEL ACCESO INTEGRAL A LA JUSTICIA DESDE LA PERSPECTIVA DE LA INFANCIA Y LA ADOLESCENCIA

CAPÍTULO V

UN SISTEMA DE JUSTICIA RESPETUOSO CON LOS DERECHOS DE LA INFANCIA

Lo expuesto hasta ahora permite afirmar que existen contradicciones entre el desarrollo práctico del sistema actual de justicia procesal y los derechos de la infancia atendiendo a sus necesidades específicas.

A continuación, se presentan los derechos sobre los cuales se yergue la exigencia de un acceso a la justicia integral, facilitando la incorporación de sus intereses, y respetando plenamente sus derechos y necesidades generales y específicas.

5.1 FUNDAMENTACIÓN DE UNA JUSTICIA INTEGRAL BASADA EN DERECHOS E INTERESES

El alcance de la justicia procesal convencional en los casos de victimización infantil presenta una situación preocupante. Reviste además de una enorme complejidad lo que ha provocado que los pocos estudios sobre esta cuestión, hasta fechas recientes, se hayan desarrollado en un marco teórico, absteniéndose de trasladarlo a la práctica, momento en el cual las rotundas afirmaciones sobre los derechos de la infancia y sus necesidades e intereses parecen difuminarse.

Dado que en la actualidad el sistema procesal convencional es el método preferente de gestión de conflictos en este ámbito, su inadecuada articulación puede llegar a suponer la negación del acceso a la justicia en la concepción integral que se maneja aquí. Esta dificultad a la hora de alcanzar la justicia, que podría trasladarse al sistema de personas adultas con obvias diferencias, tiene una victimización añadida que es el mayor impacto en la víctima menor de edad y los desencadenantes existentes de la deficiente atención en el desarrollo y resultado del proceso.

Por otra parte, el derecho a ser escuchada, el valor de la vivencia y la respuesta que se obtenga puede marcar fuertemente lo que la persona menor de edad va a reconocer como sistema de justicia o incluso como ideal de justicia[1].

La articulación del sistema actual de justicia procesal en relación con la infancia responde a la persistencia de una concepción de esta, aun teóricamente maquillada, que sigue tratándolas como «potenciales personas», no reconociéndolas como ser completo y pleno en el momento en el que se encuentran. Esto lleva a confusiones en el reconocimiento de necesidades e intereses, predominando las de la futura persona adulta victimizada en la infancia, frente a las inmediatas necesidades de la persona menor de edad victimizada[2]. Acorde a esta creencia resulta lógica la imposibilidad de reconocer y satisfacer intereses de la víctima menor de edad a lo largo del proceso, ya que son interpretados como futuros intereses -no adecuándose por tanto a ni a las necesidades ni a las capacidades actuales- y por tanto parecen inalcanzable en la minoría de edad siendo, en el momento de la victimización, *suficiente* para el sistema actual la colocación de un parche hasta que la persona sea considerada capaz de enfrentar el suceso. Predicando un supuesto aislamiento de la víctima «por su bien», por lo que se delegan las decisiones a sus responsables bajo una pretensión de protección, se la instrumentaliza sin embargo para facilitar el correcto desarrollo del proceso judicial.

A todo ello debe sumarse una última cuestión, y es el resultado del proceso judicial, ya que podrían surgir voces más pesimistas en contra de este planteamiento defendiendo que lo expuesto aquí es un mal menor, que se ve compensado por una respuesta necesaria en el proceso, y es el reconocimiento de la vulneración de los derechos de la infancia[3].

---

1 María José BERNUZ BENEITEZ, «El derecho a ser escuchado: el caso de la infancia en conflicto con la norma», Derechos y Libertades: revista de filosofía del derecho y derechos humanos, Época II (2015): 71, https://doi.org/10.14679/1012. (Último acceso: 16 de junio de 2021)

2 Y podría incluso llegar a ser contraproducente en las metas fijadas en el tratamiento a la persona victimizada, ya que una adecuada gestión de las necesidades inmediatas de la persona menor de edad podría tener una repercusión directa en la disminución de secuelas en la edad adulta.

3 Sobre ello cabría debatir como se abordará más adelante brevemente sobre las satisfacción -y vulneración- de derechos de las víctimas menores de edad por

Sin embargo, los resultados obtenidos por Save the Children tras el estudio de 203 sentencias judiciales por abusos sexuales a personas menores de 16 años entre el 1 de octubre de 2012 y el 31 de diciembre de 2016 muestran una perspectiva contraria. Como ha venido siendo una dinámica constante, se aprecia una creciente preocupación hacia los abusos sexuales en la infancia no solamente por reflejar diferentes estudios una tendencia ascendente -aunque podría deberse también a una mayor concienciación-, sino por la comprobación de que efectivamente, el sistema actual no consigue dar una respuesta adecuada. Tiene interés analizarlo desde los casos de abusos sexuales ya que suponen uno de los mayores retos para el sistema por la dificultad de obtención de pruebas y el elemento diferenciador de la comprensión, por parte de la víctima, del contexto sexual.

Señalan en su informe que existe una gran brecha entre los procesos judiciales abiertos por abusos sexuales a personas menores de edad[4], calculando que el 70% de los casos que entran en el proceso judicial no llegan al juicio oral. En estos casos, se comprueba un agravamiento de las consecuencias psicológicas en la víctima menor de edad[5].

Existe también una brecha, significativamente menor y que va reduciéndose con el paso de los años, entre los asuntos sentenciados y las condenas[6]:

---

medio de un proceso de estas características no adecuado, y las devastadoras consecuencias de este en la víctima.

4 La reforma del CP de 2015 supuso un cambio de la denominación de los delitos pasando de 13 años a 16 años.

5 Josep Mª TAMARIT SUMALLA et al., «La persecución judicial de la victimización sexual infantil: un estudio de flujo de casos», en *La victimización sexual de menores de edad y la respuesta del sistema de justicia penal*, de Josep Mª TAMARIT SUMALLA (Buenos Aires: BdeF, 2017), 169.

6 Resulta en relación a la condena tanto judicial como social la relevancia que parece tener que la victimización sea perpetrada por un desconocido frente a una persona conocida o del entorno familiar. En este sentido, se señalan como victimizaciones extraordinarias, que captan mayor preocupación social las violaciones de personas menores de edad por parte de desconocidos, en Sandra MILLÁN et al., «Victimología infantil», Cuadernos de Medicina Forense, 12, n.º 43-44 (2006): 10, http://scielo.isciii.es/pdf/cmf/n43-44/01.pdf. Por otra parte, en el estudio de decisiones judiciales por medio de revisión de sentencias en casos de abusos sexuales en la infancia se concluye que "El resultado apunta (...) a la existencia de ciertas resistencias a condenar en los casos de victimización

	Nº procesos judiciales abiertos	Nº sentencias por abuso	Nº personas condenadas
2012	824	135	56
2013	949	181	147
2014	1008	201	193
2015	1239	229	202

Tabla 8. Relación entre procesos judiciales abiertos, sentencias y condenas en abusos sexuales contra NNA.
Elaboración propia en base a los datos extraídos del Informes "Ojos que no quieren ver"[7]

De los que llegan a juicio oral, se calcula que en un 86% de los casos la víctima tuvo que testificar en juicio oral, apreciándose que en tan solo un 13,8% de las sentencias analizada se hizo uso de la prueba preconstituida[8]. Los resultados también invitan a cuestionarse sobre cómo pudieron valorarse algunas declaraciones de personas menores de edad repetidas hasta en 4 ocasiones, práctica fuertemente desaconsejada desde todos los ámbitos que analizan esta cuestión no solamente por las negativas repercusiones que tiene sobre el bienestar

---

intrafamiliar o entre personas próximas, conclusión que vendría avalada por ser los casos de abusos y agresiones cometidos por ascendientes aquellos en que la probabilidad de condena ha sido menor, aunque de modo no significativo estadísticamente", en Josep Mª TAMARIT SUMALLA et al., «Estudio de sentencias: las decisiones judiciales en los casos de victimización sexual de menores», en *La victimización sexual de menores de edad y la respuesta del sistema de justicia penal*, de Josep Mª TAMARIT SUMALLA (Buenos Aires: BdeF, 2017), 136. Resulta especialmente gráfico acudir al estudio TAMARIT SUMALLA et al., «La persecución judicial de la victimización sexual infantil: un estudio de flujo de casos», 183., en el que se contempla un elevadísimo número de sobreseimientos en el estudio realizado (de un total de 97 casos, 15 son archivados, 47 sobreseídos; de los 22 sobre los que se emite sentencia, 4 son absueltos, 7 obtienen condena por conformidad; de los restantes se obtienen 10 condenas y una absolución).

7 MARCOS et al., «Ojos que no quieren ver. Los abusos sexuales a niños y niñas en España y los fallos del sistema», 50-51.

8 Coincide en este sentido por el estudio publicado por TAMARIT SUMALLA et al., «Estudio de sentencias: las decisiones judiciales en los casos de victimización sexual de menores», 159., con una muestra de 2345 casos entre los años 2011 y 2014, calculando que se usó en el 12,4% de los casos, dándose medidas de protección a la víctima testigo solamente en un 19,9% de los casos: puerta cerrada 3,1%; barrera 1,5%; videoconferencia 2,5%; testigo protegido 1,8%.

de la víctima sino también sobre la propia declaración -existiendo una contaminación de esta-.

Para terminar, se calculó una media de tres años desde el inicio hasta el final del proceso judicial, reconociéndose dilaciones indebidas hasta en un 38% de los casos[9].

Si bien la LO 8/2021 ha permitido, especialmente por medio de la introducción de los art. 449 bis y ter LECrim, una especial protección con el objetivo de revertir esta tendencia, son varias las cuestiones a señalar:

- En primer lugar, reconoce una protección restrictiva ya que solamente se aplicaría en función de la edad para víctimas menores de 14 años[10], lo cual deja en situación de desamparo a víctimas menores de edad de entre 14 y 17 años -además de constituir una clara discriminación por razón de la edad-.
- En segundo lugar, que la prueba preconstituida reviste de especial complejidad en estos casos, por lo que debe ser abordada por profesionales especialmente formados, de lo cual la LOPIVI

---

9 MARCOS et al., «Ojos que no quieren ver. Los abusos sexuales a niños y niñas en España y los fallos del sistema», 17-19.
Respecto a estas cabría mencionar cuáles pueden ser las afectaciones de la respuesta dada ante estas. Sabela OUBIÑA BARBOLLA, «Dilaciones indebidas», Eunomía. Revista en Cultura de la Legalidad, septiembre de 2016, 261-62. Cuando hablamos de una pena inferior, el posible choque de intereses entre la víctima y el condenado es claro. En cualquier caso, la prolongación injustificada de la obtención de respuesta, de cara a la víctima, es supone un innegable sufrimiento.

10 Y de manera restrictiva también solamente en algunos tipos delictivos: "*un delito de homicidio, lesiones, contra la libertad, contra la integridad moral, trata de seres humanos, contra la libertad e indemnidad sexuales, contra la intimidad, contra las relaciones familiares, relativos al ejercicio de derechos fundamentales y libertades públicas, de organizaciones y grupos criminales y terroristas y de terrorismo, la autoridad judicial acordará, en todo caso, practicar la audiencia del menor como prueba preconstituida, con todas las garantías de la práctica de prueba en el juicio oral y de conformidad con lo establecido en el artículo anterior. (...)*" (art. 449 bis LECrim). La redacción permite entender que, si bien en estos se realizará "*en todo caso*", es decir, sin necesidad de valoración ni motivación, no impide que pueda motivarse en otros casos. Sin embargo, el reducido uso de la prueba preconstituida previamente a la entrada en vigor de la LOPIVI invita a presagiar que esta tendencia seguirá para aquellos supuestos no contemplados de manera expresa en la ley.

no se ha encargado de manera suficiente -haciendo referencia en este caso a la laguna en la regulación relativa a la psicología forense-. Además, el deficiente uso de la prueba preconstituida hasta la LOPIVI se traduce en parte por una ausencia de formación y confianza de otros grupos profesionales -en este caso especialmente desde la judicatura y la fiscalía-.

- En tercer lugar, se requiere para ello de recursos suficientes para adecuar el entorno y los medios técnicos.

Así, se prevé de manera pesimista que la realidad de la infancia, pese a la reciente LOPIVI, se mantendrá en una situación similar durante al menos un tiempo.

Estos datos, y especialmente la brecha existente entre los asuntos que entran en el sistema judicial y aquellos que superan la fase de instrucción, reflejan posiblemente una de las carencias más relevante en la victimización de la infancia y es su comprensión. Son en este sentido mayoritarios los estudios sobre abusos sexuales y el maltrato físico, encontrándose quizá ambas tipologías en extremos opuestos ya que contrariamente a los primeros, el segundo deja en ocasiones secuelas más visibles y resulta más sencillo de detectar para la propia víctima, aunque no siempre. Encontramos sin embargo pocos estudios sobre el maltrato emocional que tiene como se ha constatado repercusiones igualmente graves. En todo caso, podemos servirnos de los resultados obtenidos en los estudios, especialmente de abusos sexuales, los cuales son quizá los de mayor complejidad y, desde los obstáculos observados, articular un sistema adaptado.

En este sentido, señalar dos cuestiones:

- En primer lugar, pese a que el objetivo de este estudio se encuentra centrado en revisar el sistema judicial para asegurar el respecto a los derechos de la infancia, permitiendo así un mayor bienestar de esta a lo largo del proceso y en general en toda la vivencia de la resolución del conflicto, no debe olvidarse que este incluye facilitar una mejor respuesta del sistema de justicia como parte de los intereses de las víctimas cuando así lo deseen -sumando a ello que en ocasiones este interés será determinado como el interés superior de la víctima-.

- Por otra parte, es esencial recordar que no solamente las respuestas ante abusos sexuales requieren de importantes mejoras; las demás victimizaciones en la infancia encuentran también fuertes carencias. Las herramientas que se destacan aluden principalmente a las necesidades específicas de la infancia y sin bien en algunos casos se exigirán mecanismos diferenciados por el tipo de victimización, la infancia victimizada debe poder aprovecharse de estos mecanismos más amigables o adaptados.

En conclusión, dada la complejidad de combinar las necesidades específicas de la victimización infantil y la rígida estructura del proceso judicial, en su revisión y aplicación, un prisma restaurativo es obligatorio. No puede seguir obviándose el proceso judicial como una vivencia más de la víctima y en su desarrollo, siendo imprescindible reestructurar el proceso judicial cuando participe en él una víctima menor de edad reconociendo que, además de la justicia juvenil, enfocada a infractores, debe existir una «*justicia de la infancia*». En este sentido se pronunciaba el Consejo de Europa definiendo la Justicia adaptada a la infancia como aquellos "sistemas de justicia que garantizan el respeto y la efectiva implementación de todos los derechos de los niños y las niñas al más alto nivel posible, (...) dando la consideración debida al nivel de madurez y comprensión del niño o la niña y las circunstancias del caso. Esto supone, en particular, que es una justicia accesible, apropiada a la edad del niño o la niña, rápida, diligente, adaptada a y centrada en las necesidades y derechos del niño o la niña respetando sus derechos, incluido el derecho al debido proceso, a participar en y a comprender los procedimientos, a que se respete su vida privada y familiar y a la integridad y dignidad"[11]. Esto se ve recogido también en la LOPIVI, en su Disposición final vigésima, estableciendo que "*En el plazo de un año a contar desde la entrada en vigor de esta ley, el Gobierno remitirá a las Cortes Generales los siguientes proyectos de ley: a) Un proyecto de modificación de la Ley Orgánica 6/1985, de 1 de julio, del Poder Judicial, dirigido a establecer, a través de los cauces previstos en la citada norma, la especialización tanto de los órganos judiciales como de sus titulares, para la instrucción y enjuiciamiento*

[11] «Directrices del Consejo de Europa sobre Justicia adaptada a los niños.» (Consejo de Europa, 2010).

de las causas penales por delitos cometidos contra personas menores de edad. (…). Con este propósito se planteará la inclusión de Juzgados de Violencia contra la Infancia y la Adolescencia, así como la especialización de los Juzgados de lo Penal y las Audiencias Provinciales.". Si bien, como se verá, podrían no ser imprescindibles estos Juzgados para la adecuada protección de derechos, necesidades e intereses de víctimas menores de edad, son fuertemente recomendables a fin de lograr una adecuada especialización, una mejor aplicación de los protocolos, una mayor agilización de la puesta en marcha de diferentes recursos y un mejor aprovechamiento de estos últimos. Además, permite un mejor seguimiento y evaluación de todos los mecanismos.

La aceptación de un enfoque restaurativo en víctimas menores de edad pasa por reconocer como necesidades *serias* las que requiera la persona en el momento de la victimización y valorar posibles intereses escuchando a la víctima y permitiendo medidas de supervisión y apoyo cuando corresponda -pudiendo ser delegada la toma de decisiones-.

5.1.1 Exigibilidad basada en derechos

Como se ha mencionado, las pretensiones presentadas no son nuevas; se basan principalmente en lo establecido en la CDN de 1989. La diferencia en esta aproximación es que se hace desde una concepción actualizada de la persona menor de edad y del concepto de acceso a la justicia lo que provoca una exigencia mayor y una incorporación de los intereses de la víctima en la adecuación de las medidas. Aunque estos derechos se han ido incorporando a la normativa nacional, incluso desde una visión mucho más certera de la realidad de las víctimas, se opta en este caso por realizar el acercamiento desde los derechos reconocidos en la CDN, considerando su reconocimiento lo suficientemente asentado para no poder negar la urgencia de estas exigencias:

- Derecho de participación y fomento de la autonomía progresiva
- Derecho de igualdad
- Derecho al desarrollo
- Derecho a la protección contra el abuso y la negligencia
- Derecho a la rehabilitación y a la reintegración, desde la perspectiva del derecho a la salud física y psicológica

- Derecho a la dignidad y a la intimidad

No se incluye en este listado el interés superior de la persona menor de edad entendiendo que su reconocimiento y correcta evaluación y determinación es un requisito previo a la adecuada comprensión de estos derechos (y aplicable a su vez en cada uno de ellos).

Aunque el interés superior de la persona menor de edad y las diferentes herramientas existentes para su valoración y determinación son ya más que conocidas y se aplican de manera continuada, debe ser contemplado desde un prisma más respetuoso con las capacidades y deseos de la persona menor de edad. Esto pasa por reconocer la necesidad de incorporar instrumentos reales para su consulta y evaluación y dejar de aplicar respuestas automáticas entendidas como "interés superior de NNA" en base a sus necesidades desde una perspectiva adultocentrista. Aunque podemos, como se ha analizado, reconocer necesidades básicas y secundarias, estas permiten un margen en el tienen cabida diferentes intereses que no pueden ser en ningún caso generalizados, es decir, cada persona, en cada circunstancia, tendrá un interés específico[12].

5.1.1.1 Derecho de participación y fomento de la autonomía progresiva

Acorde a la Observación nº12 (2009) así como a numerosos informes, puede afirmarse que para tener en cuenta la opinión NNA, no es necesario que tengan un conocimiento exhaustivo sobre todos los puntos del asunto que les afecta sino una comprensión suficiente para la toma de decisiones en lo que favorezca su interés. Pone de relieve que "*(...) los Estados partes deben ser conscientes de las posibles consecuencias negativas de una práctica desconsiderada de este derecho, especialmente en casos en que los niños sean muy pequeños o en que el niño haya sido víctima de delitos penales, abusos sexuales, violencia*

[12] Como ya se ha señalado es reconocible un interés superior como colectivo en la infancia que puede ser de utilidad en el marco teórico, sin embargo, en su aplicación práctica resulta del todo insuficiente. Al igual que podrían señalarse intereses generales de las víctimas como colectivo, estos resultan excesivamente ambiguos o abstractos en la práctica.

u otras formas de maltrato. Los Estados partes deben adoptar todas las medidas necesarias para garantizar que se ejerza el derecho a ser escuchado asegurando la plena protección del niño"[13], mostrando nuevamente esa especial preocupación en delitos penales, pero reforzando la necesidad de poder ejercer ese derecho de manera segura.

Volverá así a recalcar en el punto 32 que "*es aplicable a todos los procedimientos judiciales pertinentes que afecten al niño, sin limitaciones y con inclusión, por ejemplo, (...) niños víctimas de violencia física o psicológica, abusos sexuales u otros delitos (...)*", resaltando la necesidad de ejercer el derecho libremente, sin presiones de terceros.

Establece además (punto 34) que "*No se puede escuchar eficazmente a un niño cuando el entorno sea intimidatorio, hostil, insensible o inadecuado para su edad.*". Establece cinco medidas para hacer realidad efectivamente este derecho:

- a) preparación,
- b) audiencia,
- c) evaluación de la capacidad del niño,
- d) información sobre la consideración otorgada a las opiniones del niño,
- e) quejas, vías de recurso y desagravio.

Termina en los puntos 62, 63 y 64 estableciendo que se mantiene este derecho a víctimas y testigos menores de edad en asuntos penales, de conformidad con la Resolución 2005/20 del Consejo Económico y Social, "Directrices sobre la justicia en asuntos concernientes a los niños víctimas y testigos de delitos[14].

---

[13] Comité de los derechos del niño, «Observación General Nº12 (2009) El derecho del niño a ser escuchado» (Naciones Unidas, 2009), párr. 21, https://www.acnur.org/fileadmin/Documentos/BDL/2011/7532.pdf. (Último acceso: 10 de septiembre de 2021)

[14] «Resolución 2005/20 sobre Justicia en asuntos concernientes a los niños víctimas y testigos de delitos» (Consejo Económico y Social, 22 de julio de 2005), https://www.cndh.org.mx/sites/default/files/doc/Programas/TrataPersonas/MarcoNormativoTrata/InsInternacionales/Universales/Directrices_JACNVTD.pdf. (Último acceso: 16 septiembre de 2021)

Señala GAL que "(...) brindar a los menores, oportunidades para participar en los procesos de toma de decisiones mejora su desarrollo, al promover sus habilidades de negociación, su capacidad de expresar sus opiniones, su autoestima y su sentido de pertenencia"[15].

Por cuestiones prácticas, acudimos en este caso a los tramos de edad establecidos previamente, que realizan una primera aproximación en base a las necesidades del desarrollo de la infancia siendo los criterios clasificatorios limitativos en sí mismos, por lo que deberán aplicarse desde una interpretación amplia, favoreciendo siempre la toma de decisiones de la persona menor de edad y realizando una evaluación individualizada en cada caso[16].

Deben interpretarse estos derechos en coherencia con la autonomía progresiva, si bien no se reconoce expresamente en la CDN, dado que la participación de NNA no puede llevarse de manera adecuada y segura en la práctica si no es por medio del reconocimiento progresivo de esta autonomía conectada con su dignidad[17]. Por último, recordar que establece el Comité sobre los Derechos del Niño que *"(...) los Estados partes deben dar por supuesto que el niño tiene*

---

15 GAL, «Justicia Restaurativa inclusiva con menores: heurística para profesionales», 565.

16 Siendo para ello relevante acudir al art. 22 de la Directiva 2012/29/UE y aplicando lo establecido en base a la valoración de intereses de las víctimas. Para ello puede acudirse al Informe Nacional del Proyecto Re-Treat: Helena Soleto Muñoz et al., «Obstáculos que enfrentan las víctimas de delito sexual en las etapas del proceso penal. Informe Nacional España.», Proyecto Europeo Re-Treat (Reshaping treatment approaches towards victims of sexual violence within criminal proceedings) (Madrid: Universidad Carlos III de Madrid, Universidad Autónoma de Madrid, Universidad de Burgos, 2021).

17 Afirma BERNUZ BENEITEZ que "(...) si bien todos los derechos son importantes, el derecho a ser oído del menor define la base sobre la que empezar a trabajar", siendo difícil asegurar un cumplimiento de los demás derechos si no es partiendo de la dignidad de la persona, María José BERNUZ BENEITEZ, «El derecho del niño a ser oído», en *Los derechos de la infancia y de la adolescencia*, de Manuel CALVO GARCÍA y Natividad FERNÁNDEZ SOLA (Zaragoza: Mira Editores, 2000), 298. Véase las reflexiones sobre dignidad y capacidad que nos permite conectar estas conclusiones tanto con los derechos de la infancia como en su caso con los derechos de las personas con discapacidad, en Patricia CUENCA GÓMEZ, «Derechos humanos y discapacidad: de la renovación del discurso justificatorio al reconocimiento de nuevos derechos», Anuario de Filosofía del Derecho, n.º 32 (2016): 59 y ss.

capacidad para formarse sus propias opiniones y reconocer que tiene derecho a expresarlas; no corresponde al niño probar primero que tiene esa capacidad"[18] siendo una fase posterior la valoración de estas opiniones desde la interés superior de la persona[19].

5.1.1.2 Derecho a la igualdad o no discriminación

Art. 2.2.

Los Estados Partes tomarán todas las medidas apropiadas para garantizar que el niño se vea protegido contra toda forma de discriminación o castigo por causa de la condición, las actividades, las opiniones expresadas o las creencias de sus padres, o sus tutores o de sus familiares.

Este derecho[20] debe ser entendido bajo el reconocimiento de las mismas posibilidades para las víctimas menores de edad que para las adultas, atendiendo en todo caso a sus derechos específicos. Como se ha señalado numerosas veces la edad no debe ser un criterio para privar a las víctimas menores de edad de un trato digno y respetuoso, atendiendo a su interés superior, en el acceso a la justicia. Esto supone que deberán articularse las medidas necesarias para que las víctimas menores de edad puedan satisfacerse de aquellos beneficios reconocidos de manera general en la LEVID así como en el Real Decreto 1109/2015.

Esto afecta de manera singular a su participación, pero también a su derecho a la rehabilitación y reintegración, que deberá adecuarse a sus *intereses* a corto, medio y largo plazo. Deberán adoptarse aquellas medidas necesarias para que dicha discriminación tampoco tenga lugar por causas que deriven de su situación familiar o su situación de

---

18 Comité de los derechos del niño, «Observación General Nº12 (2009) El derecho del niño a ser escuchado», párr. 20.

19 MARTÍN PÉREZ realiza un estudio sobre el desarrollo gradual de la participación infantil donde sigue, de manera similar a lo planteado aquí, contextos en los que puede diferenciarse el ejercicio de esta. Además, recuerda la importancia de reconocer la participación como nexo entre los derechos de la infancia, en Alma MARTÍN PÉREZ, «La participación infantil como forma de protección y garantía de los derechos de la infancia», en *Protección de personas y grupos vulnerables. Especial referencia al derecho internacional europeo*, ed. Jaume FERRER LLORET y Susana SANZ CABALLERO (Valencia: Tirant lo Blanch, 2008), 86 y ss.

20 Art. 7 y 8.1.b CDPD

dependencia de terceros–esta última cuestión tiene especial relevancia en relación con NNA institucionalizadas-.

5.1.1.3 Derecho al desarrollo

> *Art. 6.2 CDN*
>
> *Los Estados Partes garantizarán en la máxima medida posible la supervivencia y el desarrollo del niño.*

La relevancia de una protección especial hacia la persona menor de edad no solamente se basa en la limitación de ciertas capacidades sino también en favorecer el correcto desarrollo de estas mismas. Llegábamos así a la conclusión de que las medidas paternalistas deben ser limitadas y justificadas. Solamente lo serían en situaciones específicas en las que se entiende que la ausencia de dicha medida pudiera provocar un peligro razonable hacia terceros o hacia la persona menor de edad. En referencia a este último, debería ser de una intensidad suficiente, para poder turbar los planes de vida o correcto desarrollo de la persona.

Existen actualmente evidencias suficientes para poder afirmar que turba el correcto desarrollo de la persona menor de edad que el proceso judicial no atienda a sus necesidades específicas. Puede señalarse el contacto inadecuado de la víctima con los operadores jurídicos como ejemplo, o la prevalencia de la viabilidad de la prueba sobre la salud mental de NNA[21].

---

[21] En este sentido, se recuerda que la Resolución 2005/20 señala en relación al desarrollo armonioso que "Todo niño tiene derecho a crecer en un ambiente armonioso y a un nivel de vida adecuado para su desarrollo físico, mental, espiritual, moral y social. En el caso de un niño que haya sido traumatizado, deberán adoptarse todas las medidas necesarias para que disfrute de un desarrollo saludable" «Resolución 2005/20 sobre Justicia en asuntos concernientes a los niños víctimas y testigos de delitos», párr. 8.c.ii.

5.1.1.4 Derecho a la protección contra el abuso y la negligencia

ART. 19 CDN

1. Los Estados Partes adoptarán todas las medidas legislativas, administrativas, sociales y educativas apropiadas para proteger al niño contra toda forma de perjuicio o abuso físico o mental, descuido o trato negligente, malos tratos o explotación, incluido el abuso sexual, mientras el niño se encuentre bajo la custodia de los padres, de un representante legal o de cualquier otra persona que lo tenga a su cargo.

2. Esas medidas de protección deberían comprender, según corresponda, procedimientos eficaces para el establecimiento de programas sociales con objeto de proporcionar la asistencia necesaria al niño y a quienes cuidan de él, así como para otras formas de prevención y para la identificación, notificación, remisión a una institución, investigación, tratamiento y observación ulterior de los casos antes descritos de malos tratos al niño y, según corresponda, la intervención judicial.

Sobra decir que este derecho se ve vulnerado de manera constante pese a la existencia de medidas de protección específicas. Atendiendo al prisma restaurativo que se defiende en este caso, traemos a colación la relevancia que tiene en la comprensión del conflicto conocer y tratar las causas[22]. Siendo la detección de la victimización compleja y las consecuencias de esta especialmente intensas, cobra pleno sentido incorporar más medidas de prevención.

Para ello, es necesario entender mejor esta victimización y realizar una profunda labor de sensibilización dirigiendo los esfuerzos tanto hacia las personas adultas que puedan detectar casos de violencia como hacia la propia infancia, siendo en realidad reconocible dentro de la satisfacción de necesidades. Como se mencionaba al analizar las mismas, muchas de ellas van dirigidas a dotar a la persona de las herramientas suficientes para gozar de una autonomía segura. En relación con las necesidades sexuales, OCHAÍTA y ESPINOSA, señalaban expresamente la importancia de la educación desde las edades más tempranas pudiendo esto disminuir el riesgo de abusos sexuales y facilitar su detección. No tomar con seriedad la exigencia de proporcionar una educación adecuada al desarrollo de la persona puede reconocerse en este sentido como una vulneración de sus necesidades[23].

22 ZEHR, *El pequeño libro de la Justicia Restaurativa*, 35.

23 Son numerosas las diferentes propuestas que pueden fomentarse, como por ejemplo los materiales de "La Regla de Kiko", dentro de la Campaña del Consejo de Europa contra la violencia sexual sobre niños y adolescentes. Véase la web de la «Federación de Asociaciones para la Prevención del Maltrato infantil»,

De la misma manera es necesario brindar mayor apoyo a responsables o progenitores de NNA en sus responsabilidades[24]. A modo de conclusión señala un informe relativo al tipo de medidas educativas utilizadas hacia la infancia que "No sólo es importante saber que los participantes en todas las regiones habían vivido alguna forma de violencia como parte de su proceso educativo, sino que todos ellos estaban tan acostumbrados a ella, la consideraban tan natural, tan parte de su vida diaria, que ni siquiera la percibían como violencia hasta que no se pararon a analizarlo. Esto nos da idea de lo aceptado socialmente que está una forma de violencia hacia la infancia como el castigo físico y humillante"[25].

Desde la articulación adecuada del acceso a la justicia estas cuestiones deben ser contemplas tanto por la dificultad de detección como también en la valoración de la declaración de la víctima[26].

2020, https://www.fapmi.es/contenido1.asp?sec=51&pp=1. (Último acceso: 27 de febrero de 2020)

24 Save the Children realizó un estudio sobre el tipo de medidas educativas que utilizaban los progenitores con sus hijas e hijos. Las conclusiones obtenidas en el caso de España reflejan como castigos con violencia, entre otros, los siguientes: bofetada, azote, golpes en la cabeza, sacudir, insulto, gritos, amenaza, tirón de pelo y orejas, pellizco, golpear con regla y cinturón, humillar públicamente, ridiculizar, indiferencia, culpabilizar, discriminar (por sexo u otra razón), mirada, silencio, encerrar a oscuras y poner cara a la pared. Como castigos sin violencia se recogen: dejar sin salir con los amigos, no jugar, no ver la televisión, acostarse temprano no dar dinero, quitar propina, no ir a una fiesta, no ir al recreo, tarea extra, quitar lo que más gusta, dejar en la habitación, amonestaciones, hablar sobre lo ocurrido, escribir 200 veces *. Participaron Perú, Bolivia, Argentina, Venezuela, Nicaragua (con participantes de tres países de la región), Costa Rica, Panamá, India (con participantes de seis países de la región), Tailandia (con participantes de siete países de la región), Vietnam, Camboya, Hong Kong, Lao PDR y España, HORNO GOICOECHEA, «Amor, poder y violencia: Un análisis comparativo de los patrones de castigo físico y humillante», 11.

25 HORNO GOICOECHEA, 63.

26 En ocasiones las víctimas menores de edad no sabrán nombrar adecuadamente las partes de su cuerpo, diferenciar relaciones afectivas disfuncionales o que el límite entre "lo permitido" y "lo abusivo". Estas últimas dos cuestiones son relevantes tanto para la víctima como para los responsables de esta, siendo deber del sistema judicial asegurar el bienestar de la víctima detectando estas barreras. En este sentido recuerdan GARCÍA y DEL MORAL BLASCO que "los adolescentes deben tener suficiente información que garantice, además de su desarrollo, su protección y su capacidad para expresar su opinión, deseos y creencias", en GARCÍAS y DEL

Una vez cometido el abuso, exige la CDN que se tomen las medidas judiciales oportunas que, si bien no se señala, se entiende deben ser efectivas. Los datos reflejados previamente relativos porcentaje de asuntos que no superan la fase de instrucción, la duración de los procesos de estas características (una media de 4 años), o la baja tasa de preconstitución de la prueba (menos de un 15%) son reflejos claros de la violencia institucional que se aprecia contra la infancia, permitiéndose una segunda victimización de esta[27].

5.1.1.5 Derecho a la rehabilitación y a la reintegración, desde la perspectiva del derecho a la salud física y psicológica

El art. 39 CDN resulta clave para interpretar correctamente las actuaciones que deben articularse tras la victimización de la infancia afectando de igual manera a proceso judicial.

Artículo 39 CDN

"Los Estados Partes adoptarán todas las medidas apropiadas para promover la recuperación física y psicológica y la reintegración social de todo niño víctima de: cualquier forma de abandono, explotación o abuso; tortura u otra forma de tratos o penas crueles, inhumanos o degradantes; o conflictos armados. Esa recuperación y reintegración se llevarán a cabo en un ambiente que fomente la salud, el respeto de sí mismo y la dignidad del niño."

El impacto que pueden tener ciertos delitos en el bienestar físico de la persona es de gran relevancia, si bien en este caso nos vamos a centrar principalmente en los psicológicos, tanto provocados por el hecho delictivo como por una inadecuada atención:

- Repercusiones victimización: Estas deben ser minimizadas, brindando a la persona menor de edad la atención procesal y asistencial necesaria, de manera individualizada y en los tiempos adecuados.

MORAL BLASCO, «Guía para la evaluación y determinación del interés superior del niño», 11. En relación a ello, William L.F. FELSTINER, Richard L. ABERL, y Austin SARAT, «The emergence and transformation of disputes: naming, blaming, claiming», Law & Society Review, 15, n.º 3/4 (1980): 631-54.

27 MARCOS et al., «Ojos que no quieren ver. Los abusos sexuales a niños y niñas en España y los fallos del sistema», 18 y 32.

Una vez han fallado las medidas de prevención, reconocemos estas repercusiones como parcialmente inevitables, por lo que hablamos de minimización.

- Repercusiones victimización secundaria: No se hablaría en este caso de minimización sino de eliminación de esta victimización secundaria. En el caso de la infancia, esta puede darse más fácilmente por la inadecuación del proceso a las necesidades específicas de NNA, lo que no exime su obligado cumplimiento.

Resulta así necesario atender esta rehabilitación a corto y largo plazo[28].

La disminución de síntomas de estrés postraumáticos se ha estudiado en relación con una gestión más pacífica de los conflictos observándose un efecto terapéutico que incide de manera directa en la salud tanto de la víctima como de sus allegados[29]. Señala VARONA MARTÍNEZ que la Directiva de 2012, si bien insiste en el trato individualizado a las personas, apelando a la adecuación del proceso a la persona y no al revés, supone en la práctica "múltiples dificultades ya que resulta una lógica más propia del Trabajo social o de prácticas psicoterapéuticas, ajena a la lógica legal con sus propios tiempos y el principio de generalidad de la ley"[30]. Y es justamente en esta complejidad en la que reside la adecuación de la visión restaurativa en el acceso a la justicia en la infancia. Carece de sentido si no se asume como una parte indispensable que requiere como veremos no solamente

---

28 GAL, «Justicia Restaurativa inclusiva con menores: heurística para profesionales», 562. Habla la autora del bienestar a largo plazo, afirmación que consideramos debe ser matizada. Dado que en la actualidad la concepción de la persona menor de edad es peligrosamente restrictiva, consideramos arriesgado reconocer este bienestar únicamente a "largo plazo". Dentro de los expuesto por la autora deducimos que hace en este caos hincapié en que las medidas tomadas deben atender a la fase de desarrollo de la persona debiendo integrarse medidas que faciliten, a largo plazo, que se mantenga una situación de bienestar, si bien las medidas inmediatas deberán atender igualmente a las necesidades e intereses presentes de la persona.

29 Tim CHAPMAN, «La Justicia Restaurativa en Europa», en *Justicia Restaurativa: una Justicia para las víctimas*, de Helena SOLETO MUÑOZ y Ana CARRASCOSA MIGUEL (Valencia: Tirant lo Blanch, 2019), 34.

30 VARONA MARTÍNEZ, *Justicia restaurativa desde la Criminología: Mapas para un viaje inicial*, 42.

"parches", sino una completa transformación -en la que la LOPIVI marca un punto de partida-.

5.1.1.6 Derecho a la dignidad y a la intimidad

Artículo 16 CDN

1. Ningún niño será objeto de injerencias arbitrarias o ilegales en su vida privada, su familia, su domicilio o su correspondencia ni de ataques ilegales a su honra y a su reputación.

2. El niño tiene derecho a la protección de la ley contra esas injerencias o ataques.

La dignidad es mencionada en la CDN en su preámbulo y, posteriormente, reforzada en algunos artículos (como pueden ser la educación o la privación de libertad de las personas menores de edad), entre ellos en el 39, estableciendo que dicha recuperación y reintegración deberá llevarse a cabo fomentando "*el respeto de sí mismo y la dignidad del niño*"[31]. Es fundamental dar mayor valor -o presencia- a la dignidad de NNA estando íntimamente ligada al reconocimiento y ejercicio de sus derechos. En ocasiones esta puede verse desplazada en el proceso judicial por la necesidad de recabar datos suficientes acerca de los hechos, observándose una valoración más laxa que en el caso de las personas adultas. La articulación de un sistema respetuoso con el derecho de participación de NNA, atendiendo a su interés superior y debida protección especial conlleva el respeto, cuando corresponda, de las decisiones de la persona -recordando también el "derecho a equivocarse" cuando se haya valorado positivamente y lo suficientemente segura su participación-[32].

Por otra parte, conviene resaltar el respeto a la intimidad de la víctima menor de edad en diferentes sentidos. El derecho a la intimidad de la persona menor de edad es valorado de manera restrictiva tanto

---

31 Además, hace referencia expresa a la dignidad de la infancia en contextos concretos: discapacidad (art 23); contexto escolar (art. 28); privación de libertad (art. 37) y menores infractores (art.40).

32 Se encuentra una indisoluble relación entre la autonomía y la dignidad, repercutiendo en la libertad y los planes de vida de la persona. Véase Rafael DE ASÍS ROIG y Agustina PALACIOS, «Independencia, autonomía y derechos», en *Derechos humanos y situaciones de dependencia*, Cuadernos «Bartolomé de las Casas» 43 (Madrid: Dykinson, 2008), 11. Conviene resaltar la importancia de esta participación segura, alejada de la instrumentalización de NNA como medio de prueba.

por una justificación protectora como por la concepción tradicional de la infancia. Resulta sin embargo esencial por su estrecha vinculación a la dignidad. De forma algo más detallada se pronuncia el art. 8.1.c del Protocolo facultativo de la CDN relativo a la venta de niños, la prostitución infantil y la utilización de niños en la pornografía estableciendo que "*Los Estados Partes adoptarán medidas adecuadas para proteger en todas las fases del proceso penal los derechos e intereses de los niños víctimas de las prácticas prohibidas por el presente Protocolo y, en particular, deberán: e) Proteger debidamente la intimidad e identidad de los niños víctimas y adoptar medidas de conformidad con la legislación nacional para evitar la divulgación de información que pueda conducir a la identificación de esas víctimas*". Este precepto debe trasladarse a cualquier NNA que se encuentre envuelta en un proceso judicial. Es necesario invadir lo mínimo posible la intimidad de NNA durante todo el proceso, en relación con preguntas y pruebas necesarias para el correcto desarrollo del proceso (recordándose de manera específica en el art. 22 de la LEVID[33] debiendo valorarse la proporcionalidad de las mismas) y tiene importancia supervisar la adecuación de la publicidad de estos procesos.

Por último, resaltar de manera especial la información[34] que deba trasladarse a la persona menor de edad acerca de la grabación de su declaración o la existencia de un equipo profesional en la sala contigua que escucha su relato -lo cual no es mencionado en la LOPIVI-. Esta información (en forma y tiempos) debe adecuarse nuevamente

---

33 "*Los Jueces, Tribunales, Fiscales y las demás autoridades y funcionarios encargados de la investigación penal, así como todos aquellos que de cualquier modo intervengan o participen en el proceso, adoptarán, de acuerdo con lo dispuesto en la Ley, las medidas necesarias para proteger la intimidad de todas las víctimas y de sus familiares y, en particular, para impedir la difusión de cualquier información que pueda facilitar la identificación de las víctimas menores de edad o de víctimas con discapacidad necesitadas de especial protección*", «Ley 4/2015, de 27 de abril, del Estatuto de la víctima del delito».

34 "Tienen derecho además, a la intimidad y la confidencialidad, deben por tanto adoptarse, en relación con los adolescentes, las medidas necesarias para garantizar su derecho para expresar sus opiniones sobre todas las cuestiones que les afecten, pero especialmente las decisiones relativas a su educación, salud, sexualidad, vida familiar y a los procedimientos judiciales y administrativos", en GARCÍAS y DEL MORAL BLASCO, «Guía para la evaluación y determinación del interés superior del niño», 11.

en función de la situación específica de la persona. El derecho a la información se encuentra fuertemente vinculado a su dignidad y en ocasiones podrá tener repercusiones sobre su derecho a la intimidad, por lo que será mencionado de manera específica en cuestiones prácticas más adelante.

5.1.2 Cuestiones específicas

Todas las cuestiones específicas que se han señalado y que se van a mencionar a continuación responden a fin de cuentas al desarrollo de la persona menor de edad, tanto en cuanto deben atenderse las repercusiones de ciertas actuaciones en esta fase de desarrollo, como en cuanto resulta extremadamente complejo configurar un sistema de justicia de la infancia adecuado para cada persona. Esto se debe a que toda persona en la infancia se encuentra en desarrollo y por tanto con una madurez y experiencia variable. Estas mismas dependerán también de sus vivencias y lo que se le haya facilitado obtenerlas, es decir, no responde únicamente a cuestiones biológicas sino también sociales, teniendo a su vez un importante impacto la/s victimización/es. Exigiría por tanto una adecuación del sistema a cada persona, atendiendo a sus circunstancias específicas en cada caso.

De manera complementaria a lo ya señalado, merecen ser señalados dos elementos para, desde esta visión amplia de las exigencias y limitaciones existentes en el sistema procesal de justicia, plantear un modelo que respete plenamente los derechos de la infancia y atienda de manera adecuada las especificidades de este colectivo en su relación con el hecho delictivo y la importancia de esta en el sistema procesal. Se destacan en este caso dos cuestiones que deben atenderse de manera complementaria a los derechos señalados: el significado del hecho delictivo y la red de apoyos de la víctima.

5.1.2.1 El significado atribuido al hecho delictivo

Según la edad y el grado de madurez de la víctima, así como también del hecho delictivo y la forma de perpetrarse el mismo, la comprensión y el significado atribuido a este por la víctima podrán ser muy diferentes y por tanto sus necesidades e intereses inmediatos también lo serán.

Su sensación podrá variar desde un sentimiento claro e inequívoco de haber sufrido un acontecimiento dañino hasta el total desconocimiento de ello tanto por el nivel de desarrollo de la persona como por las consecuencias mismas de la victimización.

Esto reviste de especial importancia ya que el sistema judicial, como sistema de resolución de conflictos, exige del reconocimiento por parte de la víctima (o en su caso de quien la represente) de ese daño y además pretende resolver el conflicto en el menor tiempo posible, pese a que en la práctica se revela una realidad muy distinta que debe ser tenida en cuenta. En cualquier caso, el proceso exige un orden que lleva de manera encadenada hasta la sentencia y posteriormente la ejecución de esta.

La relación de la víctima con el conflicto es sin embargo en la mayoría de las ocasiones mucho menos lineal; en ocasiones la víctima puede desear alcanzar una respuesta lo antes posible, como cierre simbólico del acontecimiento, mientras que otras veces se tratará de un proceso mucho más largo en el que la definición de intereses puede ser tardía respecto a los tiempos del proceso judicial.

No resulta extraño que la víctima asigne un significado distinto del hecho delictivo al que pudiera reconocer un tercero o ella misma en un momento posterior -tras atención asistencial en ocasiones-. Esto tiene relación con la visión del mundo ideal o justo[35], entendiendo que lo que le ocurre es «normal», «merecido» o «inevitable»[36] e interpretando el resto de los sucesos de su vida desde esa realidad. La detección podrá surgir así de un relato casual y espontaneo y será una tercera persona quien identifique el acontecimiento relatado o las señales que éste hubiese podido dejar en la víctima (tanto físicas como psicológicas) como posible hecho delictivo.

---

[35] JANOFF-BULMAN y HANSON FRIEZE, «A Theoretical Perspective for Understanding Reactions to Victimization»., y PERLOFF, «Perceptions of Vulnerability to Victimization».

[36] Esto puede suceder con frecuencia en los abusos sexuales en la fase inicial en la que la víctima desconoce el contexto y puede no ofrecer resistencia, ni tampoco interpretarlo como algo negativo dado que es la primera vez que lo experimenta. El *secretismo* que es creado por el abusador tampoco ayuda a la víctima a diferenciarlo y compartirlo.

Sin embargo, en otras ocasiones el miedo y el *secretismo*[37] serán otros factores para que la relación de la víctima con el hecho delictivo sea compleja. Puede provocar desde la ausencia de deseo/capacidad para denunciar su situación hasta una completa ocultación consciente de esta.

Palmer, Brown, Rae-Grant y Loughlin realizaron un estudio con 384 personas adultas que fueron victimizadas en la infancia. La mayoría sufrieron *polivictimización* diferenciándose de la siguiente manera: un 45% física, emocional y sexual; un 21% física y emocional y un 17% sexual y emocional. Solamente un 11% sufrió únicamente abusos sexuales y un 6% solamente emocional. De los victimarios (sumando un total de 562, lo que supone que algunas personas fueron victimizadas por más de una persona), 53% eran los padres biológicos, 44% las madres biológicas, 19% hermanos/as, 14% tíos/as o primos/as, 7% por miembros de la familia reconstituida, 6 % familias de acogida y familias adoptiva, 4% abuelos y el restante (4%), otros.

El carácter cercano de los victimarios tiene relevancia tanto en la capacidad que pueda tener la víctima para denunciar como para discernir que, efectivamente, lo que le sucede no es admisible -y tener a su alcance vías para frenar esta situación-. En referencia a la primera cuestión, solamente un 32% de las personas entrevistadas compartieron con alguien su relato: de estas, un 41% lo hizo con uno de los progenitores no abusivos, el 32% a otro familiar, el 16% con un vecino o amigo, solamente el 8% con un profesional y el 3% con otras personas. El elevado porcentaje que lo comparte con el progenitor no abusivo recuerda la importancia de la relación con la persona responsable, siendo para la víctima muy complejo encontrar apoyo si esta relación no es posible o se dificulta. Por otra parte, el bajísimo porcen-

---

37 El factor del secretismo debe ser destacado de manera especial ya que la persona menor de edad puede encontrar en la dinámica del secreto un rol del que le resulte complejo salir o renunciar. La confianza que deposite en ella la persona abusadora al "hacerla digna" de confiarle un secreto puede generar dinámicas disfuncionales que son difíciles de detectar para la persona menor de edad, creando un sentimiento de debida lealtad que trunque la posible denuncia. Este "secretismo" debe interpretarse como una herramienta de abuso hacia la víctima y nunca culpando a la víctima como parte del mismo.

taje de revelación del maltrato a profesionales muestra una ausencia preocupante de disponibilidad en caso de necesidad.

Para terminar, recalcan los motivos por los que las víctimas no denunciaron o revelaron su situación de maltrato: el 85% tenía miedo del abusador[38], el 80% miedo a la reacción negativa del resto de miembros, el 72% tenía miedo a que no les creyeran, el 62% creían merecer el maltrato, y el 52% desconocían que su situación suponía un maltrato o era incorrecta[39].

Un elemento que juega un rol trascendental en esta interpretación del conflicto y que tiene relación con el tiempo que puede necesitar la víctima para concluir que su situación es efectivamente inadmisible, es la relación que mantiene la víctima con la persona abusadora. Cuando la violencia proviene del entorno cercano de la víctima, el respeto por la persona, los lazos personales y, en resumen, las relaciones afectivas disfuncionales que pueda tener la víctima con la persona abusadora dificultan que esta pueda reconocer al abusador como tal o logre *justificar* internamente su denuncia. Además, la situación de dependencia que pueda tener la víctima hacia la persona abusadora puede provocar una disociación como mecanismo de supervivencia que le permita mantenerse cerca de esta situación de violencia. A todo ello habría que sumar aquellos casos en los que la víctima se mantiene en esta situación con intención de proteger a otras personas cercanas (por ejemplo, proteger otros miembros de la familia).

En ocasiones, solamente una revelación espontanea va a permitir una intervención "forzada" en la situación de maltrato -no provocada conscientemente por la víctima-. En otros casos, la progresiva

---

38 Revelando 28 de los 384 entrevistados que la persona abusadora les amenazó con matar a su familia si revelaban su situación.

39 Todos los datos reflejados han sido extraídos de Sally E. PALMER et al., «Responding to Children's Disclosure of Familial Abuse: What Survivors Tell us», Child Welfare, 78, n.º 2 (marzo de 1999), http://web.b.ebscohost.com/ehost/pdfviewer/pdfviewer?vid=0&sid=f916437e-925d-43e4-bbf4-567eb59baad1%40pdc-v-sessmgr01. (Último acceso: 17 de diciembre de 2020). En este sentido son numerosos los estudios que revelan respuestas similares ante la ausencia de relevación de los hechos como pueden ser: temor a que sus recuerdos no fueran genuinos, temor a que los hechos no fueran constitutivos de delito, represión consciente o inconsciente de los recuerdos hasta la edad adulta, pérdida parcial de memoria lo que dificulta exponer los hechos con claridad, etc.

madurez de la víctima, que generalmente conllevará una progresiva disminución de la situación de dependencia y un aumento de la experiencia -permitiendo también mayor relación social-, permitirá que esta acceda a sistemas o mecanismos externos de protección. Pese a ello, es importante recordar que la limitación no se encuentre en la víctima, sino en quien escucha a la víctima; es decir, debe eliminarse el falso mito según el cual no detectamos la victimización infantil porque las víctimas no "lo hacen saber", encontrándose en realidad la carencia en quien tiene asignada la protección de la víctima, que no logra recoger este mensaje (detección) que no siempre vendrá por medio de un relato claro y estructurado.

Nuevamente merece señalarse de manera específica las situaciones de abusos sexuales. Mientras que en el resto de las formas de maltrato la actitud de la víctima es normalmente pasiva, recibiendo el maltrato sin colaboración alguna y por lo general resulta desde el primer momento doloroso para esta, el abuso sexual tiende a seguir una evolución y un proceder distinto que complica extremadamente la situación de la víctima. En ocasiones, esta deberá «colaborar» o tomar parte activa en la situación de maltrato bien sea por miedo, a fin de reducir el dolor, por encontrarse en una situación de shock o por la dificultad de discernir la actuación como inadecuada. La falta de conocimiento o manejo adecuado del contexto sexual puede llevar a la víctima a no repeler el abuso en un momento inicial -y de forma prolongada-. Esto se da no solamente por la posible dificultad previamente señalada sino porque cuando el abuso procede del contexto cercano o familiar de la víctima, tiende a darse de manera gradual. Se habla de un "proceso de preparación" por el que el abusador favorece una progresiva sexualización de la relación. Así, sumada a la propia consecuencia perniciosa del abuso de la víctima, provoca que esta "crea en su propia complicidad en la actividad"[40]. Todo ello llevará a que la víctima, en el momento de relevar la situación, pueda experimentar sentimientos de vergüenza, de culpabilidad o de ansiedad, perdiendo de esta manera una visión objetiva de su situación de vic-

---

40 Marney THOMAS, John ECKENRODE, y James GARBARINO, «El abuso sexual en la familia», en *Por qué las familias abusan de sus hijos*, de James GARBARINO y John ECKENRODE (Barcelona: Granica, 1999), 168.

timización, pudiendo creen erróneamente que tiene parte de culpa en lo sucedido, con el consiguiente temor a ser juzgada ella también[41].

Analizando la prescripción de delitos sexuales en la infancia, PEREDA BELTRÁN y GÓMEZ MARTÍN realizan una revisión de diferentes estudios que respaldan lo expuesto hasta ahora, interesando destacar un elemento específico, y es la diferencia de porcentajes de abusos sexuales que se reportan cuando son analizados en la infancia y cuando los son en la etapa adulta, respecto a una victimización en la infancia, aumentando significativamente esta segunda[42]. Esto, aunque puede ser explicado por la dificultad de denunciar, responde también en gran parte al significado atribuido al hecho delictivo y a diferentes intereses que surgen en base a este.

Por último, mencionar el fenómeno denominado "*naming, blaming, claming*" de FELSTINER, ABEL y SARAT detectando una gran complejidad para relatar lo que ha sucedido desglosando tres momentos o factores claves:

- *Naming*: la dificultad que tiene la víctima en poner un nombre a lo que ha sucedido. Cuanto más joven sea la víctima, más complejo puede resultar catalogar su vivencia, poner nombre a las situaciones.
- *Blaming*: la dificultad que tiene las víctimas en hacer recaer, en su vivencia, toda la culpa sobre la persona abusadora.
- *Claming*: la dificultad de revelar su victimización, exponiendo de forma pública lo sucedido con detalle[43].

---

41 Cristina JIMÉNEZ CORTÉS y Carlos MARTÍN ALONSO, «Valoración del testimonio en abuso sexual infantil», Cuadernos de Medicina Forense, 12, n.º 43-44 (abril de 2006): 90, http://scielo.isciii.es/scielo.php?script=sci_arttext&pid=S1135-76062006000100007#back. (Último acceso: 15 de febrero de 2021).

42 Noemí PEREDA BELTRÁN y Víctor GÓMEZ MARTÍN, «La prescripción de delitos sexuales con niños víctimas: un análisis multidiciplinar» (Centre d'Estudis Jurídics I Formació Especialitzada. Ámbit de ejecución penal, noviembre de 2017), 11.

43 FELSTINER, ABERL, y SARAT, «The emergence and transformation of disputes: naming, blaming, claiming».
Recordemos la relevancia que se señalaba en relación a las necesidades sexuales en edades tempranas, sirviendo de mecanismo de prevención su adecuada satisfacción. El reconocimiento del cuerpo como propios, la normalización de

En el momento en que se detecta una situación de maltrato se pone en marcha un complejo mecanismo judicial y junto a los sistemas de protección a la infancia que van a «avasallar» de alguna manera a la víctima. En este sentido resulta indispensable una atención profesional especializada desde el primer momento ya que "(...) en gran medida, el significado de los sucesos y las reacciones infantiles, van a depender de los significados que los cuidadores atribuyan al suceso y sus reacciones"[44].

Sin embargo, en los casos en los que la revelación de los hechos sea casual o espontánea, o forzada por un tercero al detectar o sospechar que existe una situación de maltrato, el factor tiempo puede ser atendido de manera inversa, ya que "los niños y los adultos no perciben el tiempo de la misma manera, por ello la demora en la toma de decisiones puede tener efectos particularmente adversos en la evolución de los niños. Esto requiere que se dé prioridad a los procedimientos que afectan a los niños y ultimarlos en el menor tiempo posible"[45]. Esto afecta tanto a la declaración -salvo que por el estado psicológico de la víctima no pueda ser recogida- como a la atención asistencial de esta. Tiene especial relevancia en el proceso judicial ya que en muchas ocasiones los tiempos de la víctima y los del proceso no coincidirán.

Todas estas cuestiones deben ser contempladas desde la accesibilidad a la justicia, así como con relación a su desarrollo para evitar una victimización secundaria pero también para comprender mejor la vivencia de la víctima lo que ayudará en la argumentación jurídica que se presente como respuesta. Como se ha constatado, tanto en las líneas previas como también en las repercusiones psicológicas de la victimización en la infancia, la repercusión de esta tiene unas características que deben tenerse presentes en el proceso judicial ya que, de lo contrario, por una parte, se trunca su accesibilidad y por otra, se

---

nombrarlo de manera adecuada y el fomento de recursos para repeler y/o revelar los abusos son solamente una parte de los mecanismos que deben potenciarse para facilitar, en la medida de lo posible, un cambio en este contexto. OCHAÍTA ALDERETE y ESPINOSA BAYAL, *Hacia una teoría de las necesidades infantiles y adolescentes*, 270-96.

44 LÓPEZ-SOLER, «Las reacciones postraumáticas en la infancia y adolescencia maltratada: el trauma complejo», 160.

45 GARCÍAS y DEL MORAL BLASCO, «Guía para la evaluación y determinación del interés superior del niño», 10.

puede llegar a interpretar de manera equivocada elementos tan relevantes como la declaración de la víctima.

5.1.2.2 La importancia del sistema o red de apoyo

La institución de la familia resalta su importancia por representar la red de apoyo principal de la persona en sus primeros años de vida. De ahí que tenga también relevancia en el sistema de justicia juvenil (art. 27 LORPM), pudiendo variar las medidas impuestas en base a la red de apoyos con la que cuente la persona. Aunque se resalta la familia como sistema principal de apoyo, no es único, es decir, pueden encontrarse otros sistemas de apoyo a la víctima menor de edad cuando la familia no sea adecuada como tal.

Hablamos de representación cuando la víctima no tiene capacidad y madurez suficiente para la toma de decisiones en algunas cuestiones, siendo sus representantes los encargados de dar respuesta en su nombre. Cuando se habla de red de apoyo, estamos yendo más allá de la simple adecuación de representación: nos referimos a la adecuación del entorno de la víctima para atender de manera correcta sus necesidades y estar en disposición (formación especializada) poder recoger sus intereses. Aunque en la mayoría de los casos no existirá una correcta representación sin una adecuada red de apoyos, estas se diferencian en cuanto la segunda afecta a cuestiones más amplias que la toma de decisiones.

La red de apoyo de las víctimas menores de edad debe diferenciarse de las que encontraríamos en la edad adulta, de una parte por las posibles limitaciones en las relaciones sociales estables y, por otra, respecto a la complejidad que reviste la victimización en este periodo. Por tanto en estos casos reconoceremos la existencia de una red de apoyo:

- El mantenimiento y refuerzo en su caso de las necesidades relacionadas con la autonomía (en especial: participación activa y normas estables, vinculación afectiva primaria, interacción con personas adultas, interacción con iguales, juego y tiempo de ocio, etc.)
- Lo que reconoceremos como red de apoyo especializada, que vendría a suplir aquella que una persona con mayor autonomía podría estructurar de manera más independiente. Nos centra-

remos en este caso en esta última, vinculándola con algunos intereses generales de las víctimas.

Si bien como se ha señalado la red de apoyo hace referencia a una cuestión más amplia que la representación, esta sí debe ser mencionada por las implicaciones que tiene en el proceso judicial.

El art. 26.2 LEVID establece que "*El Fiscal recabará del Juez o Tribunal la designación de un defensor judicial de la víctima, para que la represente en la investigación y en el proceso penal, en los siguientes casos:*

a) Cuando valore que los representantes legales de la víctima menor de edad o con capacidad judicialmente modificada tienen con ella un conflicto de intereses, derivado o no del hecho investigado, que no permite confiar en una gestión adecuada de sus intereses en la investigación o en el proceso penal.

b) Cuando el conflicto de intereses a que se refiere la letra a) de este apartado exista con uno de los progenitores y el otro no se encuentre en condiciones de ejercer adecuadamente sus funciones de representación y asistencia de la víctima menor o con capacidad judicialmente modificada.

c) Cuando la víctima menor de edad o con capacidad judicialmente modificada no esté acompañada o se encuentre separada de quienes ejerzan la patria potestad o cargos tutelares."

Aunque con una definición que consideramos excesivamente restrictiva, el art.26.2.a recoge una cuestión que puede darse en numerosos casos de violencia en la infancia, y es que existan conflictos de intereses por poder ser, quien se mantiene a cargo de la víctima, parte de la situación de victimización. El apartado b sin embargo permite una interpretación más amplia de la necesidad de designar un defensor judicial alegando simplemente que corresponderá cuando el progenitor que quede al cargo de la víctima "*no se encuentre en condiciones de ejercer adecuadamente sus funciones de representación*".

LA LOPIVI recoge esta figura en su art. 13 haciendo alusión al art, 26.2 LEVID y modifica el art. 2.5.c añadiendo que "*Se presumirá que existe un conflicto de intereses cuando la opinión de la persona menor de edad sea contraria a la medida que se adopte sobre ella o suponga una restricción de sus derechos*".

Además de la ambigüedad de estos preceptos, y del riesgo de una interpretación adultocentrista por medio de la cual solamente en caso de conflicto claro de intereses de reconocería esta figura, encontramos en la práctica un uso insuficiente de esta figura -en la que la representación suele pasar a manos de una persona del entorno-.

Para una plena protección de la infancia se requiere un paso más, y es la especial atención a la adecuada escucha e interpretación de los intereses de la víctima. Así deberían diferenciarse diferentes roles y/o figuras:

- Por una parte, se mantiene que de manera general debe darse la participación del defensor judicial. Debe prestarse especial atención en todos los casos de victimización infantil de carácter intrafamiliar, siendo complejo poder defender que no hay un elevado riesgo de conflicto de intereses.
- Por otra, sería adecuado reconocer otra figura diferenciada cuando participe la víctima menor de edad, fomentando la toma de decisiones de esta, valorando la adecuación de estas aplicando los criterios de evaluación y determinación del interés superior de la persona menor de edad y pudiendo tomar medidas paternalistas cuando fuera necesario. Sería por tanto un/a profesional que participaría para asegurar las adaptaciones necesarias en la toma de decisiones de NNA. Nuevamente tiene pleno sentido separar esta figura del contexto familiar ya que debe ser una figura profesional (formada en derechos de la infancia, con conocimientos en victimización, conocimientos jurídicos, etc.). Ello no impide que, entre las medidas de apoyo, y en la toma de decisiones, cuando sea adecuado, participe en entorno cercano de la víctima. Esta figura no haría más que completar el sistema de la participación real y segura de la víctima menor de edad, siendo de especial utilidad en aquellos casos en los que la víctima tenga que verbalizar situaciones que le resulten especialmente violentas tratar frente a sus progenitores.

Esto es por otra parte coherente con el art. 5.1.a de la LEVID que establece que "*Toda víctima tiene derecho, desde el primer contacto con las autoridades y funcionarios, incluyendo el momento previo a la presentación de la denuncia, a recibir, sin retrasos innecesarios, información adaptada a sus circunstancias y condiciones personales y a la naturaleza del delito cometido y de los daños y perjuicios sufridos, sobre los siguientes extremos: a) Medidas de asistencia y apoyo disponibles, sean médicas, psicológicas o materiales, y procedimiento para obtenerlas.".* Dada la alta especialización necesaria en los casos de victimización infantil, esta figura podría facilitar la materialización de este enunciado.

Finalmente el art. 21.c de la LEVID establece que "*Las autoridades y funcionarios encargados de la investigación penal velarán por que, en la medida que ello no perjudique la eficacia del proceso: c) Las víctimas puedan estar acompañadas, además de por su representante procesal y en su caso el representante legal, por una persona de su elección, durante la práctica de aquellas diligencias en las que deban intervenir, salvo que motivadamente se resuelva lo contrario por el funcionario o autoridad encargado de la práctica de la diligencia para garantizar el correcto desarrollo de la misma*". Diferenciándose de las figuras anteriores, esta no tiene ninguna finalidad más que el acompañamiento de la víctima, pudiendo ser o no profesional. Permite dar seguridad y preservar la salud mental de la víctima.

5.1.3 Conclusiones

Los derechos destacados recogen el carácter de persona en proceso de desarrollo, asegurando una adecuada atención a este, por las repercusiones que pueda tener. Presentando previamente la fundamentación desde los derechos se ha pretendido poner de relevancia que estos incluyen, aun haciendo referencia expresa a la participación de la infancia en proceso judiciales, cuestiones psicosociales. Nos lleva así a concluir que existe en la infancia victimizada una relación de tal intensidad entre el acceso a la justicia y la atención de cuestiones psicosociales, que el trabajo independiente de estas dos parcelas repercute negativamente en ambas y, de manera concreta, en la víctima menor de edad. Quizá hasta ahora, la ausencia de interés por la víctima ha provocado que, en este delicado equilibrio, la balanza se inclinara hacia el proceso, buscando en el sistema retributivo una respuesta que dar a la infancia victimizada a la que no se sabía cómo compensar ni reparar. La idea de «infancia rota»[46], de gran carga emocional, puede tender a buscar una respuesta más inmediata y palpable, que se encuentra en una condena en el proceso judicial, respuesta muy lejana a todo lo expuesto previamente. Si bien en ocasiones la «condena» puede tener cierto efecto en la víctima, sus derechos no se encuentran enfocado en esta sino en el bienestar de la víctima lo cual se olvida parcialmente en el proceso, en ocasiones cegado por la necesidad de castigar hechos tan socialmente reprochados. Como refleja DAZA BONACHELA, pese a que encontramos en las penas aplicadas a los delitos perpetrados contra menores -ampliado a colectivos reconocidos como especialmente vulnerables- una penalización más severa, reconociendo un reproche moral más alto de la conducta, la realidad nos muestra un camino para la infancia victimizada extremadamente duro y con un preocupante tinte de desprotección, constatando que "en muchísimos casos estas víctimas, si no son invisibles, son ignoradas, desoídas, silenciadas, no creídas, tachadas de mentirosas y fabuladoras, o de manipulables y manipuladas por quienes pretenden ayudarles, son revictimizadas de forma terrible, sin que el sistema judicial dé solución alguna a su situación (de hecho la suele empeorar), y resulta sumamente difícil la implantación y aplicación práctica y efectiva de las normas protectoras de sus derechos (...)"[47].

---

46 Esta puede ser resultado tanto de la concepción de la infancia, como del conflicto en sí mismo. Una visión no constructivista de este impide focalizar la atención en las causas y consecuencias del conflicto y trasladando las segundas a la identidad a la persona en sí misma -y no como un suceso dentro de un cúmulo de vivencias-. La importancia de reconocer a la persona menor de edad desde un prisma no *cosificante*, reconociendo su habilidades, capacidades y recursos de manera claramente diferenciada permite trabajar el conflicto desde distintas parcelas. Así, no hay «niña que reparar» sino «daños que reparar»; no hay «niña abusada», sino «niña que ha sufrido abusos». Esta perspectiva, además de limitar las consecuencias *estigmatizantes* de la víctima brindan un enfoque restaurativo desde el que promover medidas ajustadas a cada caso. Claudia CAPELLA y Carolina GUTIÉRREZ, «Psicoterapia con niños/as y adolescentes que han sido víctimas de agresiones sexuales: Sobre la reparación, la resignificación y la superación», Psicoperspectivas. Individuo y Sociedad, 13, n.º 2 (2014): 96, https://doi.org/doi:10.5027/PSICOPERSPECTIVAS-VOL13-ISSUE3-FULLTEXT-348. (Último acceso: 8 de enero de 2020)

47 María del Mar DAZA BONACHELA, *Escuchar a las víctimas. Victimología, Derecho Victimal y Atención a las Víctimas* (Valencia: Tirant lo Blanch, 2016), 436.

Sin embargo, la lógica del proceso judicial, apoyada en el principio de legalidad, requiere unas garantías procesales que pueden, en el caso de la persona menor de edad, exigir en tiempo y en complejidad más de lo que la víctima puede dar en ese momento en pro de su salud y correcto desarrollo.

De esta manera, para que un sistema de justicia pueda considerarse respetuoso con los derechos generales y específicos de la infancia, parece requerir un trabajo interinstitucional e interdisciplinar que atienda de manera armonizada a la víctima menor de edad. Apelando al sistema de justicia juvenil, podría reconocerse cierta analogía con la participación del Equipo Técnico dentro del proceso, tomando no un rol accesorio sino casi primordial en el desarrollo de este. La justica en la infancia exige así no solamente respuestas puntuales que salvaguarden a la víctima de un menoscabo previsible sino una figura o un sistema que guíe el proceso judicial por la realidad de la víctima menor de edad.

Encontramos en la LEVID y en el RD 1109/2015 elementos suficientes para estructurar una justicia integral a la infancia aceptable. Sin embargo, apreciamos una resistencia tanto en el encaje práctico de ciertas medidas, por encontrarse tensiones con las garantías procesales, como puntos de desacuerdo por no existir, como se ha resaltado tantas veces, un proceso específico para la infancia victimizada. Además, la concepción tradicional de la persona menor de edad aumenta las dudas a la hora de consultarla o siquiera plantearse que, efectivamente, puede tener intereses definidos.

Parte de esta problemática puede suavizarse atendiendo a los tramos presentados, que justifica la participación de NNA desde sus necesidades específicas, vinculados a derechos específicos y generales. Por otra parte, se presenta un modelo desde su estudio comparado, que cumple plenamente con lo establecido en el Estatuto de la víctima, aplicándolo en plena concordancia con sus derechos reconocidos en la CND y otros instrumentos.

En este sentido tiene gran importancia la evaluación individualizada señalada en el art. 31 del RD 109/2015 por medio de la cual la Oficina de Asistencia a las Víctimas podrá proponer medidas de protección especiales también durante la fase de instrucción, señalando las siguientes en el caso de víctimas en situación de especial vulnerabilidad -entre las que se reconoce de manera específica a las personas menores de edad y/o con discapacidad-:

"*a) Que se reciba declaración a la víctima lo antes posible, el menor número de veces y únicamente cuando resulte estrictamente necesario.*

b) Que la víctima pueda estar acompañada de una persona de su elección.

c) Que se les reciba declaración en dependencias especialmente concebidas o adaptadas a tal fin.

d) Que se les reciba declaración por profesionales que hayan recibido una formación especial para reducir o limitar perjuicios a la víctima, o con su ayuda.

e) Que todas las tomas de declaración a una misma víctima le sean realizadas por la misma persona, salvo que ello pueda perjudicar de forma relevante el desarrollo del proceso o deba tomarse la declaración directamente por un Juez o un Fiscal.

f) Que la toma de declaración, cuando se trate de alguna de las víctimas a las que se refieren los números 3.° y 4.° de la letra b) del apartado 2 del artículo 23 del Estatuto de la víctima del delito y de las víctimas de trata con fines de explotación sexual, se lleve a cabo por una persona del mismo sexo que la víctima cuando ésta así lo solicite, salvo que ello pueda perjudicar de forma relevante el desarrollo del proceso o deba tomarse la declaración directamente por un Juez o Fiscal.

g) Cualquier otra medida tendente a evitar el contacto visual de la víctima con el acusado. Esta medida, dado su objeto, también podrá proponerse para la fase de enjuiciamiento." (art. 31.2).

Estas deben ser entendidas en coherencia con las establecidas ya en el art.26.1 haciendo referencia a la grabación de las declaraciones en fase de instrucción, siendo recibida esta por personas expertas.

5.2 EL MODELO BARNAHUS COMO SISTEMA DE REFERENCIA

El modelo de *Barnahus* o "Casa de NNA" es un sistema implantado en países nórdicos, en los que encontramos un uso relativamente estable, que se implanta por primera vez en Europa en 1998, en Reikiavik, y fue seguido en 2005 por Suecia, en 2011 por Noruega y finalmente por Dinamarca en 2013. Se empiezan recientemente a contemplar proyectos piloto en Portugal y en España (especialmente a partir de 2019). Se trata, pese a su lento desarrollo en el sur de Europa, de un modelo que cumple plenamente con los derechos de la infancia y recoge de manera general las numerosas recomendaciones que se ha venido señalando desde Europa tanto hacia la víctima como hacia la infancia.

Este sistema era señalado ya en el año 2012 por FAMPI en la Recomendaciones y Buenas Prácticas en atención a niños, niñas y adolescentes en el ámbito judicial tras los foros realizadas sobre Justicia e Infancia[48], y era recogido por el Ministerio de Justicia en unas conclusiones al respecto[49], señalando algunas buenas prácticas llevadas a cabo en este sentido en Andalucía con la ayuda de la ONG ADIMA. En los últimos años existe un fuerte impulso de este sistema desde

---

48 FAPMI-ECPAT, «Recomendaciones y buenas prácticas en la atención a niños, niñas y adolescentes en el ámbito judicial. Conclusiones del II y III Foros "Justicia e Infancia"» (Madrid, 2012), 25.

49 «Conclusiones del Foro de sensibilización sobre la violencia contra la infancia», 6-7. No sorprende, teniendo plena coherencia con lo que ya señalaba la resolución 2005/20 del Consejo Económico y Social, "Directrices sobre la justicia en asuntos concernientes a los niños víctimas y testigos de delitos, en el apartado 30.d la necesidad de "*Utilizar procedimientos idóneos para los niños, incluidas salas de entrevistas concebidas para ellos, servicios interdisciplinarios para niños víctimas de delitos integrados en un mismo lugar, salas de audiencia modificadas teniendo en cuenta a los niños testigos, recesos durante el testimonio, audiencias programadas a horas apropiadas para la edad y madurez del niño, un sistema apropiado de notificación para que el niño sólo comparezca ante el tribunal cuando sea necesario, y otras medidas que faciliten el testimonio del niño*", «Resolución 2005/20 sobre Justicia en asuntos concernientes a los niños víctimas y testigos de delitos».

Save the Children, entre otras entidades, elaborando proyectos para su implantación en diferentes ciudades españolas[50].

5.2.1 Evolución y principios

Encuentra sus inicios en Estados Unidos, donde encontramos los Centros de Defensa (*Children's Advocacy Centres*, de ahora en adelante CAC), que aun con un funcionamiento distinto, provienen de una misma y compartida preocupación.

El modelo noruego se sirve de experiencias previas en Islandia llevando a su sistema, entorno a los años 70, el compromiso de atender de manera especializada a la infancia victimizada.

Con el objetivo de desplazar el foco de atención, previamente centrado en el proceso, para llevarlo hasta las necesidades de la infancia como punto de referencia, reúne elementos caracterizadores que pueden resumirse en los siguientes aspectos:

A) Principio de puerta única: Uno de sus principios esenciales es el de «puerta única», que alude a que debe eliminarse del sistema de atención a la infancia victimizada la necesidad de acudir a diferentes lugares hasta obtener, sumando todas ellas, una atención integral. Supone reducir el estrés de NNA, siendo el equipo profesional quien debe ir hasta la víctima y no al revés. En el caso del sistema noruego, se hablará de cuatro habitaciones y un techo: la investigación criminal, la protección, la salud física, la salud mental y el techo, representando este último el conocimiento[51].

B) Equipo profesional multidisciplinar trabajando de manera coordinada eliminando las repeticiones innecesarias: La repre-

---

50 Clara MARTÍNEZ GARCÍA y Lucía MARTÍNEZ, «Barnahus: bajo el mismo techo» (Save the Children, diciembre de 2019), https://www.savethechildren.es/sites/default/files/imce/barnahus_bajo-el-mismo-techo.pdf. (Último acceso: 6 de enero de 2020). El mismo informe fue elaborado para Cataluña un año antes, Noemí PEREDA BELTRÁN, Marina BARTOLOMÉ, y Emilie RIVAS, «Sota el mateix sostre» (Cataluña: Save the Children, diciembre de 2018).

51 Susanna JOHANSSON et al., «Implementing the Nordic Barnahus Model: Characteristics and Local Adaptions», en *Collaborating Against Child Abuse: Exploring the Nordiz Barnahus Model* (Switzerland: Palgrave Macmillan, 2017), 6.

sentación de estas diferentes salas, junto con el principio de puerta única se materializa en el uso de entrevistas conjuntas[52]. De esta manera, las actuaciones en las que deberá intervenir la víctima, como por ejemplo las entrevistas, se verán reducidas dado que cada profesional accederá a dicha entrevista única para extraer la información necesaria en cada caso, repitiéndose el encuentro con la víctima únicamente cuando sea estrictamente necesario.

La exigencia de contar con un equipo multidisciplinar es mencionada en numerosos instrumentos a nivel internacional y nacional haciendo referencia a personal con una formación especializada.

C) Prevención de victimización secundaria: El funcionamiento de esta herramienta ofrece la eliminación de algunos elementos que han sido destacados como potencialmente peligrosos para la salud mental de NNA, pudiendo de esta manera reducir la victimización secundaria.

El sistema de puerta única, combinado con el equipo multidisciplinar permite que se rebaje el número de intervenciones al mínimo, reuniendo en un mismo momento todos grupos profesionales que pudieran necesitar obtener información de la víctima. El funcionamiento básico consiste en realizar la entrevista en una sala, permitiendo que en otra sala contigua trabaje un equipo más amplio pudiendo rescatar diferentes datos y reduciendo a su vez el número de personas que van a tener contacto directo con la persona menor de edad.

D) Lugar seguro para la víctima o presunta víctima: Se pone atención tanto en la estructura del centro como en el contexto en el que se encuentra el mismo. Buscando que no resulte intimidatorio, ni repercuta negativamente tener que acudir al mismo, se prioriza su localización en lugares residenciales[53].

---

52 Bragi GUðBRANDSSON, «Towards a child-friendly justice and support for child victims of sexual abuse.», Protecting children from sexual violence, a comprehensive approach (Strasbourg: Consejo de Europa, 2010).

53 Esto puede ser aplicado de manera diferente según el sistema utilizado. Aunque nos estamos centrando principalmente en el modelo nórdico de *Barnahus*, por considerarlo más completo y coherente con los derechos de la infancia, cabe

Respecto a la estructura interna, englobando todas las salas necesarias para una atención integral, deberán existir estancias para poder realizar entrevistas o exploraciones médicas. Estas deben estar dispuestas para que creen el menor impacto intimidatorio en la persona menor de edad y a su vez faciliten que todos aquellos grupos profesionales que requieran de esta información puedan acceder a ella.

Siendo el objetivo de este modelo reducir la victimización, centrándose en los delitos contra la libertad sexual, contempla también un trabajo complementario hacia los posibles infractores, de manera que, en su caso, también deberá resultar seguro para estos últimos[54].

Respetándose siempre estos principios como vectores del sistema, cada país y cada centro, ha adecuado su estructura a las características socioculturales de relevancia para ofrecer una atención óptima y plenamente coordinada con la estructura judicial. Así, pueden variar tanto las edades de las víctimas atendidas como los asuntos tratados, hasta los y las profesionales participantes. En referencia a los asuntos, aunque todos surgen en un inicio atendiendo casos de victimización sexual, la mayoría de los modelos nórdicos han ido incorporando otros tipos de victimización predominando la de tipo físico[55]. Igualmente se contempla que algunos países atienden no solamente a personas menores de edad sino también a víctimas adultas con discapacidad intelectual.

---

señalar que por ejemplo en los CAC, sí se contempla el desplazamiento puntual a sede judicial para la declaración de la víctima, en JOHANSSON et al., «Implementing the Nordic Barnahus Model: Characteristics and Local Adaptions», 7.

54 Resulta necesario mencionar que el alto nivel de delitos contra la libertad sexual perpetrados contra menores, y la dificultad de su detección obliga a abrir otro debate y esta vez centrado hacia el infractor. Algunos profesionales son partidarios de trabajar en direcciones complementarias, atendiendo a aquellas personas que, de manera previa a cometer un delito de este tipo, soliciten ayuda. El fuerte rechazo social hacia estas conductas dificulta que aquellas personas potencialmente peligrosas busquen ayuda de manera preventiva. En todo caso, no debe confundirse con una normalización de estas conductas.

55 JOHANSSON et al., «Implementing the Nordic Barnahus Model: Characteristics and Local Adaptions», 17. Esta restricción puede llevar a una atención más especializada, y a su vez una limitación si se contempla desde la relevancia de la polivictimización.

Estos son, de forma resumida, los diferentes modelos de la implantación en Islandia, Suecia, Noruega y Dinamarca:

País (año implantación)	Tipo casos	Edades víctimas	Personal	Regulación del *Barnahus*
Islandia (1998)	Abuso sexual y violencia física	< 15 años	Trabajadores sociales, psicólogos y criminólogos	No. Hay una clara tendencia legislativa a exigir medidas que coinciden plenamente con el sistema *Barnahus* Involucra la participación de juzgados, Fiscalía, policía, sistemas de protección a la infancia y salud
Suecia (2006)	Violencia sexual, violencia física (víctimas directas e indirectas)	< 18 años	Trabajadores sociales, psicólogos y policía, dependiendo del *Barnahus*	No
Noruega (2007)	Violencia sexual, violencia directa e indirecta y homicidios	< 16 años + personas discapacidad intelectual	Trabajadores sociales y psicólogos	Sí. El uso del *Barnahus* es obligatorio para la policía y Fiscalía
Dinamarca (2013)	Abuso sexual y violencia física	< 18 años	Trabajadores sociales y psicólogos	Sí. Normativa específica desde 2013. Obligatoriedad del uso del *Barnahus* desde los sistemas de protección a la infancia, policía y desde ámbitos de salud.

Tabla 9. Comparativa modelos nórdicos Barnahus.
Extraída de la publicación "Implementing the Nordic Barnahus Model: Characteristics and Local Adaptations"[56]

[56] JOHANSSON et al., «Implementing the Nordic Barnahus Model: Characteristics and Local Adaptions».

5.2.2 Funcionamiento

El funcionamiento de cada *Barnahus* dependerá de la estructura escogida, pero a continuación se van a repasar de manera general, e incorporando diferentes modelos y posibilidades, algunos de los elementos más característicos para comprender este sistema.

5.2.2.1 Importancia del entorno

Uno de los puntos fuertes del sistema de *Barnahus* es que el entorno se adaptada completamente tanto a las necesidades específicas de la infancia como también en atención a las necesidades de la víctima.

Aunque inicialmente algunos sistemas recalcaban la necesidad de que los edificios se encontraran en zonas residenciales, resultando un entorno tranquilo para las víctimas, en la actualidad, y especialmente en el sistema noruego, tras la revisión de algunas encuestas, se focaliza principalmente en que estos no se encuentren demasiado próximos a hospitales o comisarías, siendo el principal objetivo que la víctima, no resulte intimidada por lo que pueda interpretar del entorno. Resultaría suficiente así que se situaran en entornos no hostiles para la víctima menor de edad ni que pueda relacionar con situaciones reconocidas de estrés (uniformes, médicos, etc.). Sí es importante que se encuentren bien comunicados -tanto en coche como en transporte público-, sean accesibles y que se tenga acceso de manera relativamente discreta, a fin de preservar el derecho a la intimidad.

Ilustración 2. Sala recreativa B.Alsund
Fuente: https://www.statensbarnehus.no/

Los *Barnahus* son normalmente descritos por los elementos que no suelen encontrarse en juzgados o comisarías, destacando los elementos decorativos internos. Es habitual encontrarse con plantas, sillones, alfombras y cuadros que transmitan un entorno acogedor. También se encuentran libros, peluches, juguetes, radios, televisiones y en ocasiones videojuegos. Esto es aplicable no solamente a las zonas de espera sino también a las salas de entrevistas o de examen médico, aunque existe cierto debate acerca de los posibles efectos negativos de una estética "excesivamente amigable"[57]. Estos lugares no se encuentran destinados ni al juego ni a la estimulación creativa de la víctima; son lugares de investigación. El objetivo de este entorno amigable debe focalizarse por tanto en disminuir al máximo el estrés que pueda sentir la víctima al ser trasladada a un contexto desconocido, debiendo crearse entornos cálidos y acogedores.

La críticas y preocupaciones aluden a la necesidad de que las víctimas entiendan que se trata de un lugar *serio*. Este debate se ve parcialmente influenciado por la concepción tradicional de la infancia entendiendo que todo lo infantil exige ausencia de seriedad. Esta confusión lleva así a poner en duda el alcance de ciertas medidas, exigiendo que la víctima entienda que de trata de «*algo serio*». La seriedad no se encuentra reñida con la infancia, debiendo simplemente encontrar un contexto que permita transmitir a la víctima que este es un lugar de escucha y atención y para ello será imprescindible que esta lo reconozca como un lugar seguro[58]. Parte de la doctrina no hablan tanto de la necesidad de seguridad, sino de la necesidad de entender que se encuentran efectivamente en el lugar adecuado para proporcionales la ayuda que requieren[59]. Este último enfoque puede resultar de especial utilidad en cuanto puede facilitar la comprensión del hecho delictivo por parte de la víctima y quedar más delimitado que *solamente* un

---

57 Kari STEFANSEN, «Staging a caring atmosphere: child-friendliness in Barnahus as a multidimensional phenomenon», en *Collaborating against child abuse. Exploring the Nordic Barnahus Model*, de Susanna JOHANSSON et al. (Switzerland: Palgrave Macmillan, 2017), 37.

58 STEFANSEN, 39.

59 J. David EDVARDSSON, «Sensing an atmosphere of ease: a tentative theory of supportibe care settings», Scandinavian Journal of Caring Sciences, 19, n.º 4 (2005), https://doi.org/10.1111/j.1471-6712.2005.00356.x. (Último acceso: 27 de diciembre de 2021)

lugar seguro, lo cual lo será en todo caso como consecuencia de la primera cuestión.

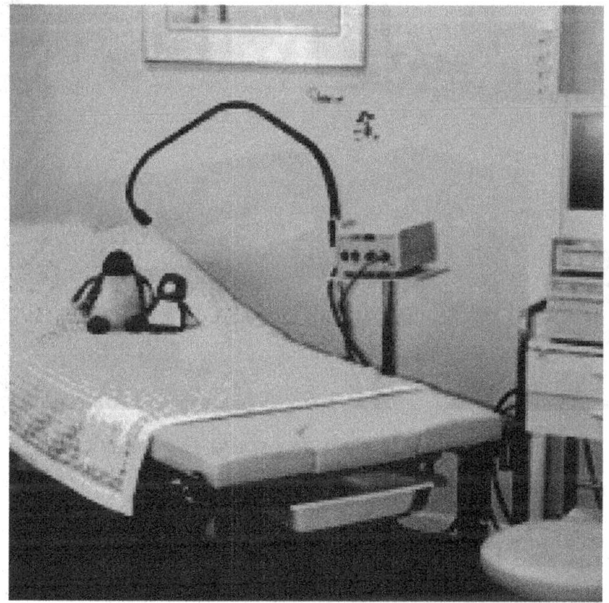

Ilustración 3. Sala examen médico, B.Tromso

Fuente: https://www.statensbarnehus.no/

Desde este prisma, la decoración, la presencia de juguetes y libros tiene un objetivo principalmente simbólico; no se lleva a las víctimas ahí para que jueguen, pero es importante que al llegar al edificio lo reconozcan rápidamente como un lugar adecuado para ellas[60]. Además, cada sala, con un propósito diferente, tiene una decoración diseñada específicamente para tal fin, permitiendo que se desarrollen correctamente las labores de investigación.

---

60 Ann-Margreth E. OLSSON y Maria KLÄFVERUD, «To be summoned to Barnahus: Children's perspectives», en *Collaborating against child abuse. Exploring the Nordic Barnahus Model*, de Susanna JOHANSSON et al. (Switzerland: Palgrave Macmillan, 2017), 62 y ss.

Ilustración 4. Sala de espera, B. Hamar

Fuente: https://www.statensbarnehus.no/

Mientras que las salas de espera o las salas recreativas incorporan por lo general más elementos de distracción, esperando rebajar el nerviosismo de las víctimas y permitiendo, en este caso sí, que no se centren en recordar constantemente el asunto que les traen al *Barnahus* -especialmente en los momentos previos a la entrevista-, las salas de entrevistas suelen ser más neutras, buscando un correcto equilibrio entre el ambiente no hostil y la ausencia de elementos que pudieran distraer excesivamente a la persona.

Ilustración 5. Sala interrogatorio, B. Oslo.

Fuente: https://www.statensbarnehus.no/

La decoración de cada sala dependerá también de la edad de la víctima, adecuándose a las necesidades de esta[61]. Las salas de interrogatorio de las víctimas más jóvenes, además de un mobiliario más adecuado a su edad, en ocasiones requerirán de elementos externos para facilitar la comunicación como juguetes, material para dibujar u otros objetos, siendo esto distinto en caso de interrogar a adolescentes.

Las zonas comunes o zonas de reunión (dedicadas al trabajo conjunto de distintos grupos profesionales, salas contiguas de observación o salas de reuniones con terceros), pueden tener espacios diferenciadas para adecuarse a los diferentes participantes.

Sin embargo, cuando se habla de un entorno adecuado no queda simplemente en cuestiones estéticas, hablando la mayoría de las personas expertas de la importancia de crear *atmósferas* adecuadas. No basta con diseñar un interior *adecuado*, sino que este debe ir acompañados de una actitud adecuada de los y las profesionales tanto en la bienvenida como en las entrevistas, en los tiempos de espera, la forma

---

61 STEFANSEN, «Staging a caring atmosphere: child-friendliness in Barnahus as a multidimensional phenomenon», 41.

de comunicarse, etc. Cuestiones como el tamaño de las salas, los colores usados, las luces o la temperatura son elementos a tener en cuenta y deben ajustarse en base a lo reconocido científicamente[62].

Ilustración 6. Sala examen médico, B.Olso.

Fuente: https://www.statensbarnehus.no/

Por otra parte, la estructura interna de los edificios tiene también gran relevancia. Recoge en su interior todo lo que puede necesitarse para atender médica, social y judicialmente a la víctima, de forma que no tenga que desplazarse a otros edificios para ello, siendo el reparto de las salas y los pasillos también resultado de una estrategia específica. Se busca en estos un sistema de entrada y salida de las salas que asegure que la víctima en ningún caso va a encontrarse con el posible perpetrador de su victimización, pero también podrá diseñarse de ma-

---

62 Destacar a nivel nacional la experiencia Canaria, que ha dotado de una alta base científica los pasos dados en este sentido, lo cual resulta fundamental. Así, hablan de la "Arquitectura de la víctima", abordando de manera científica las medidas puestas en marcha (la luz natural, los tonos en los colores de las paredes, las formas del mobiliario, etc.). Es necesario superar las medidas bienintencionadas para sustituirlas por medidas efectivas con base científica.

nera que tampoco tenga que cruzarse, cuando no se desee, con otros profesionales que van a participar de manera directa o indirecta en todo el procedimiento.

Para terminar, una de las características de los *Barnahus* es que los profesionales no visten con uniforme, resultando visualmente menos impactante para las víctimas.

5.2.2.2 Personal del Barnahus

La participación de profesionales especializadas en victimización infantil, trabajando de manera coordinada y en un mismo lugar es una de las claves del sistema *Barnahus*. Esto permite no solamente que la víctima pueda ser atendida de manera integral en un mismo lugar, minimizando su estrés, sino que al hacerlo de esta manera la recogida de información es más detallada y se interpreta de manera coordinada, lo que repercute a su vez en unas medidas coordinadas. Permite que, *a priori*, en un mismo día y con un número de intervenciones mínimas con la víctima, se obtenga la información esencial en el contexto judicial, médico y social, trasladándose de inmediato la información obtenida[63]. Siendo una de las mayores fortalezas, es también uno de los elementos más complejos en la puesta en marcha dado que requiere de una correcta organización. Normalmente el personal del *Barnahus* se divide en "fijo" y "móvil": los primeros permanecerán siempre en el centro mientras que los segundos acudirán al mismo cuando se les requiera, teniendo algunos centros una organización semanal de manera que determinados profesionales móviles acuden solamente días concretos de la semana. En cualquier caso, se combina persona del ámbito social, jurídico y de la salud.

Los y las profesionales serían:

- Asistente social de bienestar infantil (trabajador/a social): Son, por lo general, las personas que van a recibir a la víctima y van

---

[63] Dependiendo del caso y de los servicios de los que disponga el Barnahus, la víctima tendrá que volver para completar la información o realizar encuentros de supervisión de su evolución. En tal caso, volverá a un lugar conocido, encontrándose con las mismas personas -profesionales- que atendieron su caso, estando además acompañada de una persona de referencia -desde la primera visita-.

a realizar las entrevistas iniciales, empezando por las personas adultas que acompañen a la víctimas y posibles testigos. Van a ser la persona de referencia de la víctima, que le va a acompañar a lo largo de toda la gestión del caso. Estará presente en los tiempos de espera y realizará el seguimiento cuando este sea necesario. En ocasiones participará como acompañante de la víctima, cuando así se considere, en el interrogatorio que formará parte de la investigación judicial.

- Personal de salud física y mental: Tanto si se requiere de una atención médica por lesiones o secuelas, como si se requiere de una valoración de posibles lesiones pasadas, e incluso la comprobación de que estas no existen, los centros disponen de personal médico especializado en la infancia victimizada para atenderles. La mayoría de los centros ofrecen asistencia en diferentes direcciones, siendo en ocasiones parte del proceso judicial. En otras será necesaria una recogida de información para realizar informes de la evolución de la posible víctima a medio plazo, es decir, supone una supervisión de estado de salud de la víctima en caso de sospecha.

La recogida de información se realiza siguiendo los estándares de medicina forense para su correcta incorporación al proceso judicial en caso necesario.

Las intervenciones suelen ser las mínimas e imprescindibles trabajando en colaboración con hospitales tanto para el análisis de algunas muestras como, en caso necesario, para intervenciones mayores[64].

- Representante especial de la víctima: Aunque algunas de las víctimas lo reconocen como su asistencia letrada, puede ser una figura diferente, sirviendo de apoyo a la víctima especialmente cuando se esté valorando la adecuación de los representantes

[64] La mayoría de los *Barnahus* en Noruega especifican en su web que no realizan análisis de sangre en el establecimiento ni proporcionan ninguna atención que requiere del uso de jeringuillas; para más información consultar: «Statens Barnehus. Et tverrfaglig kompetansehus», https://www.statensbarnehus.no/barnehus/. (Último acceso: 21 de diciembre de 2021)

de la persona menor de edad -cuando no estén o cuando se haya valorado negativamente-.

Buscando cierta similitud en el caso del sistema de justicia juvenil español algunas de sus valoraciones se asemejan a las que haría el equipo técnico, teniendo una participación más activa en cuanto, además de recomendar ciertas medidas, participa activamente en algunos momentos como apoyo en la toma de decisiones de la víctima o como supervisor/a de sus intereses pudiendo tomar ciertas decisiones. Resulta por ello necesaria una formación especializada en victimología infantil para poder valorar adecuadamente sus necesidades e intereses. Será además la persona encargada de preparar los informes necesarios en caso de ser judicializado el caso, para su intervención en el proceso.

En el caso de Suecia, la designación de representantes especiales ha aumentado a medida que se ha asentado la práctica del *Barnahus* pasando de un 26% a un 50% de los casos[65].

- Policías: En muchos sistemas nórdicos, son las personas que van a realizar las primeras entrevistas con las víctimas o con testigos cuando fuera necesario. Las diligencias llevadas a cabo formarán parte de le investigación judicial debiendo por lo tanto contar con todas las garantías necesarias.
- Abogacía[66]: Son, contrariamente a lo que encontramos en el sistema de justicia procesal convencional, extremadamente poco mencionados en el sistema de *Barnahus*. Esto es así porque todas las personas que intervienen lo hacen desde una especialización en atención a necesidades e intereses de la víctima, siendo los conocimientos jurídicos enfocados en una dirección diferente en este caso. Entendiendo que quedan cubiertas las garantías de la víctima menor de edad en las figuras anteriores,

---

65 OLSSON y KLÄFVERUD, «To be summoned to Barnahus: Children's perspectives», 68.

66 En su adecuación al sistema español, sería necesaria la participación del abogado de la defensa y, en su caso, del acusado. Una de las complejidades en este caso, que se darían de igual manera en sede judicial, es la espera de a víctima para reunir a todas las personas necesaria para realizar la primera entrevista pudiendo incorporar a la misma todas las preguntas necesarias para no repetir la entrevista.

la asistencia letrada se refleja en su participación en las entrevistas de manera indirecta, situándose en la habitación contigua, o como profesionales que atenderán principalmente a los responsables de la víctima para asesorarles desde un conocimiento especializado. Los conocimientos jurídicos que en ocasiones pueden ser de relevancia para la víctima son trasladados por medio del asistente social de bienestar infantil o, cuando corresponda, por el representante especial.

- Fiscalía: Participará cuando se haya valorado la necesidad de iniciar una tramitación judicial del asunto, por medio de su denuncia.
- Juez/a Instructor/a: De la misma manera que sucede con Fiscalía, su participación cobra sentido cuando el asunto adquiere carácter judicial, dirigiendo las diligencias de investigación.

Suelen ser personal fijo: el/la asistente social de bienestar infantil, el personal de salud física y mental y al menos un/a profesional que permita un seguimiento de las exigencias jurídicas del caso (deben ser personas formadas en victimología infantil).

5.2.2.3 Recorrido por el Barnahus: el sistema paso a paso

A continuación, va a describirse brevemente el proceder general de los sistemas de *Barnahus* desde los momentos previos a la llegada de la víctima hasta que esta deja el centro.

A) ¿Cómo llegan las víctimas?

El sistema nórdico de *Barnahus* contempla que la llegada de la víctima no se realice siempre acompañada de sus responsables, dándose estos casos especialmente cuando son los perpetradores de la victimización o testigos colaboradores de esta. Se contempla así la posibilidad de que la víctima sea llevada al centro por una «persona de seguridad» que debe ser conocida de la víctima, siendo de suficiente confianza como para que la víctima desee acompañarla de manera voluntaria (familiar, profesorado etc.). Esta cuestión tiene especial relevancia ya que permite un inicio de las actuaciones sin la presencia de los representantes de la víctima, siendo la persona que lleva al centro a la víctima de las primeras en ser interrogada sobre los hechos.

B) Primer contacto

Al llegar, la víctima va a ser recibida por el/la asistente social, que le explicará los motivos por lo que se encuentra ahí y entablará una conversación distendida, con el objetivo de empezar a valorar las habilidades comunicativas de la persona, pero también para recoger elementos que surjan de manera espontánea, que puedan resultar de interés para la investigación. No es parte del interrogatorio, no estando esta conversación enfocada a recuperar información sobre los hechos como tal sino, de manera general, conocer a la persona para proceder de manera más ajustada en las siguientes diligencias. Esta primera valoración, en la que tiene especial importancia la información que se obtenga de las personas que acompañen (que no será revelada en presencia de la víctima), servirá para saber cuál es el siguiente paso a dar. En ocasiones, se realiza un informe, en el que es posible que la víctima sea atendida por profesionales de la salud para una adecuada valoración de su estado, y se realizarán labores de seguimiento[67].

C) Primera espera

En caso de valorarse la necesidad de una investigación judicial sobre el caso, llegará para la víctima la primera espera. Esto es necesario porque se pone en este momento en marcha todo el mecanismo de "personal móvil", de manera que, de no encontrarse en el centro, deberá esperarse a que puedan desplazarse. Algunos servicios, al funcionar con asistencia en días fijos, pueden considerar viable poner en marcha medidas de protección para preservar la seguridad de la víctima, posponiendo la entrevista (prueba preconstituida)[68].

---

[67] Esto se da especialmente en algunos sistemas en los que se realiza una detección temprana de maltrato físico en el contexto familiar, asegurando siempre la seguridad de la víctima. Las intervenciones pueden ser estrictamente de tipo social, o requerir de una intervención judicial.

[68] Los países que cuentan con regulación del sistema *Barnahus* establecen plazos máximos en los que debe desarrollarse esta entrevista, existiendo recomendaciones en los demás casos. Esto permite no solamente agilizar el proceso judicial

En cualquier caso, toda la información es trasladada a la víctima por medio de su persona de referencia (asistente social) y las esperas, en caso de realizarse en el *Barnahus*, se harán de manera acompañada en las salas de espera o en las salas recreativas cuando corresponda.

Muchos *Barnahus* disponen de cocina para que las esperas más largas se hagan en un ambiente distendido sin necesidad de salir del centro.

D) Entrevista/declaración

Llegado el momento de la primera entrevista, esta será realizada por personal experto[69]. En muchos de los países nórdicos, y especialmente en el caso noruego que cuenta con una formación especializada y exigente en este sentido, serán agentes de policía quienes realicen la entrevista, formando parte de la investigación penal[70].

Esta se realiza en las salas habilitadas a tal efecto con cámaras de imagen y sonido que se conectan en circuito cerrado permitiendo que el resto de profesionales, situados en la sala contigua, presencien de manera directa toda la entrevista. Aunque se hace generalmente hincapié en la presencia del personal en el contexto judicial para poder así asegurar la correcta preconstitución de la prueba (fiscalía, judicatura, asistencia letrada del acusado y, en este caso, el representante especial), pueden participar también aquellos profesionales que hayan atendido a la víctima o vayan a atenderla (especialmente a personal

---

sino también reducir los riesgos de una valoración adecuada de la declaración de la víctima.

69 Se reconocen cierta unidad en los todos los sistemas nórdicos en el reconocimiento de protocolos en las entrevistas, mostrando preocupaciones similares a las expuestas en los Capítulos anteriores de esta investigación. Volveremos sobre algunas exigencias en los próximos apartados.

70 Los y las profesionales encargados de estas entrevistas son sin embargo distintos según los países. Mientras que en algunos la realizan psicólogos, en otras las realizan la policía o Fiscalía. En algunos casos, la entrevista se realiza en dependencias policiales con la presencia del Juez desarrollándose todas las demás actuaciones en el *Barnahus*. En cualquier caso, quien está en contacto con la víctima debe tener una formación especializada, en Trond MYKLEBUST, «The Nordic Model of handling children's testimonies», en *Collaborating against child abuse. Exploring the Nordic Barnahus Model*, de Susanna JOHANSSON et al. (Switzerland: Palgrave Macmillan, 2017), 101.

de salud mental y física), para poder extraer, de esta misma entrevista, datos relevantes para su valoración del caso.

Según el sistema utilizado en cada centro, la persona encargada de la entrevista podrá llevar un pinganillo para comunicarse con el resto de profesionales, a fin de incorporar las preguntas que consideren necesarias o podrá ausentarse en momentos puntuales para realizar consultas.

La víctima podrá estar acompañada, cuando se considere oportuno, de su asistente social o un profesional de salud mental.

Como se concluye, el modelo nórdico se basa en un sistema claro de preconstitución de la prueba no como excepción sino como recurso generalizado en el caso de las víctimas menores de edad[71], si bien ello no impide que la víctima pueda testificar en el juicio oral. Los mecanismos utilizados para esta entrevista pueden ser utilizados nuevamente en caso de considerar necesario desde la judicatura que la víctima vuelva a declarar. En tal caso, la víctima acudiría al *Barnahus* y testificaría en las mismas salas, acompañada de las mismas personas, a excepción de que esta entrevista sería retransmitida en directo en el juicio oral. Esto tiene pleno sentido ya que una de las cuestiones que se han resaltado en la inadecuación de la toma de declaración de las víctimas menores de edad no es solamente la falta de formación especializada en algunos casos sino también el entorno inadecuado.

Tras la entrevista se decide si se requiere de intervención inmediata, caso en el cual la víctima se mantendría en el centro o, en caso contrario, podría abandonarlo junto a sus representantes.

E) Segunda espera

La segunda espera será necesaria en caso de que se haya considerado necesaria la intervención inmediata de tipo social, afectando al lugar donde puede garantizarse la seguridad de la víctima. En este punto resultan de gran ayuda tanto las zonas recreativas como también la

---

71 En este sentido se puede afirmar que Noruega es un país pionero en la atención a las entrevistas con víctimas de abusos sexuales en la infancia. El desarrollo de modelos centrados en las necesidades de la infancia comenzó en 1913, permitiendo una regulación específica.

presencia *in situ*, de profesionales de salud mental, que podrán ayudar a la víctima en caso necesario, así como de su asistente social que le acompañará en todo momento explicándole cuáles son los siguientes pasos. Esta información a la víctima no debe pasarse por alto ya que como se comprobará a la luz de algunas encuestas realizadas, la incertidumbre puede generar elevados niveles de ansiedad en la víctima.

F) Respuesta del sistema y salida del Barnahus

Finalmente, cuando se cuente con un plan de seguridad para la víctima, se procederá a comunicarle dónde se la traslada o, en caso de ser posible, saldrá del centro junto a personas de su entorno cercano.

Este sistema permite no solamente una economía temporal mayor, sino también una mayor estabilidad para la víctima que viendo un número reducido de profesionales obtiene sin embargo una evaluación multidisciplinar por medio de un número drásticamente reducido de repetición del relato. De hecho, se entendería que solamente durante la entrevista va a relatar lo sucedido ya que todas las demás atenciones que pueda recibir de manera complementaria (asistencia médica física y psicológica) no se encuentran enfocadas a la recogida de pruebas relativas al relato sino otras en las cuales no será necesario hacer mención a lo sucedido.

Esto permite, no solamente recudir la victimización secundaria sino agilizar los tiempos en los que la víctima va a recibir atención psicológica preservando de manera óptima su declaración de cara al proceso judicial.

5.2.3 Cuestiones de debate

5.2.3.1 Entrevistas: el valor de una entrevista especializada

Una de las repercusiones de contar con un sistema multidisciplinar es que, en principio, con solamente una intervención de la víctima se adquiere información esencial para los diferentes profesionales que van a atenderla desde diferentes ámbitos (judicial, social y sanitario).

Uno de los puntos relevantes, en el que los países nórdicos han puesto especial atención es la de establecer protocolos de entrevistas unificados y avalados científicamente. El enfoque multidisciplinar de estos protocolos permite que la entrevista forense pueda ser utilizada como declaración por medio de la prueba preconstituida, lo que exige una formación unificada y exigida a todas las personas que vayan a desempeñar estas labores. A modo de ejemplo se resumen brevemente las formaciones exigidas en los países tomados como referencia[72]:

- En Noruega, existe una alta exigencia en la formación en entrevistas a los cuerpos de policía, reuniendo de manera general una formación básica por la obtención de un título análogo a las antiguas licenciaturas, una formación de 15 ECTS para su especialización en entrevistas a personas menores de 16 años, pudiendo optar posteriormente, tras realizar al menos cincuenta entrevistas de este tipo, a una formación especializada en personas especialmente vulnerables, de 10 ECTS.
- Islandia ha tenido varias modificaciones en referencia al lugar en el que debía tomarse declaración a la víctima menor de edad y el personal encargado de ello, en función de la edad. Actualmente la mayoría de las entrevistas se desarrollan en el *Barnahus*, y se utiliza el protocolo NICHD, contando por lo general sus profesionales con formación específica complementaria. Islandia fue reconocida en el 2002 como uno de los países con estándares más altos de calidad y como país de referencia como buenas prácticas en este contexto.
- Suecia divide la formación de sus profesionales en dos fases, en un tiempo menor al año para ser completada: una primera fase sobre procedimiento y métodos de investigación en el contexto de la infancia victimizada, y una segunda fase en métodos y técnicas de entrevista en investigación, recibiendo en este caso formación sobre el modelo PEACE y el protocolo NICHD.
- Dinamarca exige una de las formaciones más reducidas si bien la incorporación del sistema *Barnahus* es reciente por lo que se han observado en los últimos tiempos ciertas modificaciones en las formaciones exigidas, siendo en todo caso equivalente al modelo PEACE.

72 MYKLEBUST, «The Nordic Model of handling children's testimonies», 106-11.

- En Finlandia se ofrece formación a policías y psicólogos forenses siguiendo el protocolo NICHD, de una duración aproximada de un año. Un elemento positivo que se destaca de este modelo es el establecimiento de un seguimiento de la calidad profesional de los entrevistadores, reflejando una evolución positiva, especialmente desde 2006.

La relevancia de establecer protocolos unificados reside no solamente en una mejor recogida de información y mejora sustancial del bienestar de la víctima menor de edad sino también permite unos controles de calidad -tanto de acceso como de seguimiento y resultado-, que son indispensables para un adecuado seguimiento de la incorporación de mejoras en el sistema de atención a la víctima.

5.2.3.2 Participación versus protección

Unas entrevistas realizadas en el sistema sueco relevan un sentimiento de tranquilidad de las víctimas que sentían que "*no debían encargarse de nada, ni tomar más decisiones*", dado que ya estaban ahí los y las profesionales para eso, velando por su seguridad[73]. Resulta esencial realizar una correcta interpretación del equilibrio necesario entre la protección y el respeto por su participación, recordando que la propia entrevista es también un reflejo de su participación activa, no pudiendo exigir a la víctima una actitud pasiva de sujeto de protección.

Consiste en este sentido en reconocer cuándo la víctima requiere de protección y cuando es capaz de participar siendo esta participación articulada de manera coherente con sus necesidades e intereses de manera que no le resulte ni dañino ni hostil.

Una adecuación en su participación en el proceso provoca a su vez que esta sea menos riesgosa y por ende tenga mayor cabida como práctica en sí misma restaurativa en algunos casos. Pero incluso más allá de esto, las preocupaciones que se destacan en los estudios para el perfeccionamiento de las formas de entrevista se basan mayormente en entender la realidad de la infancia, hablando de necesidades y mo-

73 OLSSON y KLÄFVERUD, «To be summoned to Barnahus: Children's perspectives», 69.

tivaciones en esta. Desde este acercamiento, detectar de manera más clara sus intereses, tanto dentro del proceso judicial como fuera de este resulta mucho más accesible y realista.

Muy ligada a esta cuestión está la del derecho a la información de la víctima. Los primeros pasos dados junto a la víctima en este sistema son cautelosos, revelándose a la víctima poca información sobre lo que va a suceder a su llegada. Siendo esto una estrategia consciente, un estudio sueco sobre la perspectiva de las víctimas en su contacto con el Barnahus, revela el nerviosismo y angustia que generaba en las víctimas este desconocimiento. Sin embargo, se habla de la adecuación de retención de información a fin de no condicionar a la víctima evitando que esta falsee las entrevistas. En este sentido resulta esencial diferenciar la comunicación con la víctima sobre los hechos, la cual puede contaminar la entrevista, de aquella que simplemente informa de manera general a la víctima, siendo esta última un reflejo de su derecho a la información, además de reducir el estrés.

Preservando así el relato de la víctima parece adecuado recopilar cierta información que sí puede ser transmitida a la víctima de manera que sepa que el lugar al que se dirigen es un lugar seguro.

Debe diferenciarse sin embargo aquellos casos en los que la detección de la violencia se da por una revelación consciente de la víctima o por motivos ajenos a su voluntad (detección de terceros o por medio de un relato espontaneo sin definir conscientemente la situación de victimización). En el primero, resulta complicado imaginar -y así se confirma en algunas de las encuestas- que la víctima no sea consciente del motivo de su traslado. En tal caso, con una explicación breve pero clara podría resultar suficiente. En el segundo de los casos puede resultar mucho más confuso para la víctima.

En cualquier caso, resulta necesario asegurar que el trayecto hacia el Barnahus se desarrolle en condiciones lo más adecuadas posibles, evitando las sensaciones de engaño de las víctimas.

5.2.3.3 El Barnahus como medida socioeducativa frente a la violencia en la infancia

El sistema de *Barnahus* en los países nórdicos incluye en ocasiones el tratamiento de la familia de manera integral cuando la violencia es intrafamiliar.

La seguridad depende de Servicios Sociales durante todo el tratamiento, la participación es voluntaria y los progenitores deben firmar un consentimiento de no violencia. Algunos modelos siguen un tratamiento de aproximadamente 20 semanas con sesiones semanales en las que participan las víctimas y los progenitores en sesiones independientes de manera individual y en grupo con víctimas y progenitores respectivamente. La finalidad de estas terapias es dotar tanto a la víctima como a los progenitores de herramientas que permitan erradicar las situaciones violentas, siguiendo una terapia cognitivo conducta.

Para la víctima, se trata de trabajar la detección y comprensión de sus sentimientos y mejorar en su control y verbalización. Pretende un acercamiento más cómodo a la situación de maltrato vivida y permitir una prevención temprana por parte de la víctima en casos futuros. Resulta especialmente interesante para que esta elimine los sentimientos de culpa surgidas a raíz de la situación de maltrato y reconozca su vivencia como algo dañino e inaceptable en la que la responsabilidad no recae sobre ella sino sobre los progenitores abusadores.

Para los progenitores, deben diferenciarse dos parcelas importantes en el tratamiento: el reconocimiento del abuso y sus consecuencias, y el aprendizaje en herramientas para una crianza positiva, apoyada en técnicas de comunicación adecuada y empatía para reconocer adecuadamente las necesidades de sus hijos/as.

En las sesiones conjuntas se trata un plan de seguridad para poder controlar juntos posibles escaladas y evitar nuevos conflictos violentos.

Los planes piloto llevados a cabo en Suecia reflejan por medio de encuestas realizadas de manera separada a NNA y a progenitores que parece existir una relación directa entre el tratamiento y una disminución significativa del castigo corporal y una disminución de los síntomas psicológicos en la víctima como consecuencia del maltrato.

No se relevan sin embargo cambios significativo en la crianza positiva aumentando levemente[74].

Unas de las cuestiones que es destacada en el estudio sueco, tomando referencias de prácticas llevadas a cabo en EEUU, es que este tipo de herramientas o sistemas requieren de una adaptación a la situación de cada país en referencia a la tolerancia social al maltrato físico. En este sentido tiene relevancia traer a colación el estudio realizado por Save the Children en el que se realizaron unos talleres de concienciación sobre el uso de la violencia en las dinámicas educativas, resultando no ser consciente la mayoría de los progenitores de la envergadura de tu violencia en el hogar[75].

En España, aunque la normativa indica una "tolerancia cero" al castigo corporal los datos arrojan una realidad distinta desde la que es necesario trabajar. Así, estos mecanismos pueden resultar de utilidad en una fase temprana de detección de maltrato a NNA no solamente de tipo físico sino también de tipo emocional o en casos de negligencia. Esto sería aplicable por tanto en situaciones en las que se considera de riesgo, pero en ningún caso de desamparo de la persona menor de edad, ya que debe prevalecer su seguridad. Igualmente podría considerarse adecuado en aquellos casos en los que existe sospecha, pero no haya pruebas de forma que resultaría adecuada una supervisión de la situación. En todo caso, en este tipo de dinámicas se requeriría una participación voluntaria de todas las partes.

En este sentido hacer referencia a los artículos 26 y 27 de la LOPIVI relativos a medidas de prevención y actuaciones específicas en el ámbito familiar (junto con el art. 23 relativo a planes y programa de prevención) en los que se destaca el rol de las Administraciones Públicas en el impulso de medidas de apoyo a la parentalidad positiva, facilitar la conciliación familiar y laboral o reducir las causas de exclusión social siendo, a fin de cuentas, medidas preventivas aplica-

---

74 Johanna THULIN y Cecilia KJELLGREN, «Treatment in Barnahus: Implementing comnined trearment for children and parents in physical abuse cases», en *Collaborating against child abuse. Exploring the Nordic Barnahus Model*, de Susanna JOHANSSON et al. (Buenos Aires: Palgrave Macmillan, 2017).

75 HORNO GOICOECHEA, «Amor, poder y violencia: Un análisis comparativo de los patrones de castigo físico y humillante».

das a factores reconocidos ya en la prevalencia de la violencia en la infancia[76].

5.2.3.4 Estándares de calidad y algunas reflexiones

Aunque cada *Barnahus* debe adecuarse a las características de su lugar de implantación, así como también a los recursos disponibles para su puesta en marcha, es necesario establecer un marco común desde el que fijar exigencias y protocolos de intervención unificados que sistemas de control de calidad y adecuación.

Dinamarca cuenta con estándares de calidad del modelo *Barnahus* mientras que Noruega cuenta con una regulación de las entrevistas de investigación. Los demás países han extraído, por medio de encuestas, algunos datos relevantes. Un estudio sueco reveló la perspectiva de algunas víctimas en su primer contacto con el *Barnahus*[77].

Destacan, entre las sensaciones previas al llegar al centro, que no tenía información suficiente sobre lo que iba a pasar, que les resultó desagradable e inquietante y que, dado que entendieron que debían reunirse con policías, no sabían si había un problema con ellos/as o con sus familiares. Entre las sensaciones al llegar al centro destacan que los policías no llevaban uniforme, que el lugar era acogedor y no parecía una comisaría, y que el personal era amable. Las personas entrevistadas mencionan los colores, los juguetes, o los sillones, lo que recuerda a una casa. También destacan las explicaciones del funcionamiento de las salas contiguas y la forma de grabar. Si bien hablan con temor de las cámaras (hablan de "las cámaras del miedo"), recuerdan haber visto a sus acompañantes pasar de una sala a la otra, saludarse

---

76 En este sentido "(...) la educación entendida en un sentido amplio constituye un elemento fundamental para el cambio personal y social y un elemento imprescindible de adecuada convivencia. Un exhaustivo análisis de las necesidades y una valoración adecuada de los recursos humanos y materiales disponibles, servirá para diseñar una intervención educativa que persona desarrollar los potenciales de aprendizaje de los niños y sus familias. Toda intervención educativa se basa en un modelo educativo, que debe trabajar desde los derechos fundamentales de las personas", en PANCHÓN IGLESIAS, «Maltrato infantil», 292-93.

77 Se procedió a entrevistar sobre esta cuestión a tres niñas de 6 a 8 años, 2 niños de 14 a 15 años y tres niñas de 14 a 15 años. OLSSON y KLÄFVERUD, «To be summoned to Barnahus: Children's perspectives», 61-64.

por medio de la cámara de video y entender su funcionamiento antes de empezar la entrevista. Resulta interesante que gran parte de los NNA de edad dicen no recordar de qué hablaron, pero son capaces de describir con bastante detalle lo que veían en el centro y lo que hicieron.

Por otra parte, se diferencian las sensaciones de las víctimas cuando son llevadas por sus progenitores o sin el conocimiento de estos, así como cuando las víctimas son llevadas al centro tras comunicar un episodio de violencia o cuando se da por una detección de un tercero.

Cuando son llevados sin el conocimiento de sus progenitores se reflejan mayores sentimientos de nerviosismo y angustia si bien suele coincidir también con situaciones de mayor gravedad reportando las víctimas sentimientos de esperanza y bienestar por sentir que no van a tener que volver a su hogar. Surgen en contraposición importantes preocupaciones por si, tras la relevación de su situación, van a volver a encontrarse con la persona abusadora[78].

Cuando la víctima ha informado sobre un episodio de violencia, saben por qué son llevados a un lugar diferente y esto supone mayor tranquilidad. Se concluye con esto que la información, correctamente transmitida resulta de ayuda para rebajar la preocupación de las víctimas.

En relación con el entorno, se realizaron encuestas en el 2012 en diferentes instalaciones noruegas (respondiendo 123 personas menores de edad y 198 adultas). Se concluyeron altos niveles de ansiedad y nervios previos (60%) subiendo el porcentaje en niños mayores de 10 años (77%)[79], destacando el temor a decir algo mal, la respuesta de la policía y el hablar sobre lo sucedido de manera general. Nuevamente el desconocimiento destaca como disparador del estrés. La mayoría consideraron que la experiencia fue mejor de lo que esperaban previamente (66% niñas/os, 52% cuidadores), siendo muy bajo el porcen-

78 OLSSON y KLÄFVERUD, 65-67.

79 Esto recuerda que discriminar la protección a las víctimas menores de edad únicamente en base a la edad es un grave error.

taje de quienes consideraron que fue peor de lo que esperaban (4% niñas/os, 3% cuidadores)[80].

En las respuestas sobre las sensaciones al estar ahí destacar las palabras de seguridad y escucha, que recogen una visión acogedora por parte de las víctimas una vez se sentían lo suficientemente informadas para centrarse en el diálogo con los y las profesionales.

80 STEFANSEN, «Staging a caring atmosphere: child-friendliness in Barnahus as a multidimensional phenomenon», 44 y ss.

CAPÍTULO VI

ATENCIÓN A LOS DERECHOS E INTESESES DE LAS VÍCTIMAS MENORES DE EDAD EN EL SISTEMA DE JUSTICIA

La aproximación realizada hasta ahora al sistema de justicia se ha hecho de manera mayormente descriptiva, resaltando lo previsto para la protección de la infancia en este contexto y destacando puntos de tensión o prácticas alejadas de una correcta interpretación de los derechos de la infancia. En este apartado se pretende destacar desde una perspectiva crítica la realidad de la víctima menor de edad, desde sus derechos, necesidades e intereses, en el proceso judicial. Se propone así una revisión del sistema procesal español desde las necesidades e intereses de la infancia, resolviendo las exigencias procesales en función de éstas y no a la inversa.

Las exigencias de la LEVID junto con la articulación Oficinas de Atención a la Víctima, permiten justificar la necesidad de cambios para su cumplimiento en la atención a las víctimas menores de edad. Por otra parte, la reciente aprobación de la LOPIVI ofrece un contexto idóneo para la puesta en marcha de medidas prácticas realmente efectivas para la correcta atención a la victimización infantil. Pese a que la LOPIVI se caracteriza por un claro carácter preventivo, siendo las modificaciones normativas reducidas, estas son de importante calado en relación a la fase de instrucción. Repitiendo errores de normativa centrada en la infancia, la LOPIVI ha quedado en algunas cuestiones algo abstracta, recurriendo a conceptos que pueden tener un traslado práctico muy dispar. Esta flexibilidad es necesaria en cuanto permite adaptarse a las circunstancias específicas de la víctima, sin embargo, desde un prisma adultocentrista y una formación deficiente puede seguir permitiendo situaciones de vulneración de derechos y no suponer un cambio real en la práctica.

Una de las debilidades que destacábamos en el sistema actual de justicia de la infancia era una ausencia de armonización completa entre los diferentes sistemas profesionales que deben participar a lo largo de todo el proceso de acceso a la justicia de la víctima[1]. Frente a ello, una de las fortalezas que encontramos en la *Barnahus* es justamente esta necesaria armonía entre diferentes grupos profesionales de manera organizada y adecuada. Que este trabajo se sitúe en un lugar físico enfocado a las víctimas menores de edad facilita que no exista una primacía de un sistema sobre el otro, respetándose por igual los intereses del debido proceso y los del bienestar psicológico de la víctima al crearse "desde cero" un sistema en el que todos estos enfoques tiene su lugar. Por ello si bien no es indispensable, este sistema totalmente renovado facilita enormemente su correcto funcionamiento -siendo necesario en todo caso un desglosarse en estándares mínimos que deben ir cumpliéndose de manera gradual a fin de conseguir un resultado adecuado-. Reconociéndose así como sistema óptimo la implantación del sistema *Barnahus* como materialización de las exigencias destacadas en la justicia en la infancia, es posible encontrar una satisfacción de intereses suficiente por medio de otros mecanismos que adoptasen un sistema similar.

Dado que la implantación de este sistema requiere innegablemente recursos, siendo una de las primeras preocupaciones que puedan surgir al respecto, se inicia recordando que las exigencias que se presentan responden a la obligación del Estado de respetar los derechos generales y específicos de la infancia, no siendo una simple mejora, dado que se ha fundamentado previamente que el sistema actual no respeta plenamente estos derechos, desde una ausencia de comprensión de las necesidades infantiles que se encuentran tras algunos derechos. En este sentido, la propuesta del modelo *Barnahus* es simplemente una materialización de este cumplimiento. Por otra parte, volvemos a una cuestión que se ha señalado previamente y es que la justicia adecuada en la infancia victimizada es una cuestión de salud pública. Esto ha sido señalado por experto a nivel nacional pero también internacional[2].

---

1 Habla VARONA MARTÍNEZ de una ausencia de "coordinación honesta entre esos sistemas judiciales, sanitarios y sociales", en VARONA MARTÍNEZ, «Los adultos víctimas de abusos sexuales en el seno de la Iglesia: ¿construcción de la memoria como forma de Justicia Restaurativa?», 624.

2 Entre otros, TAMARIT SUMALLA, «Respuestas restaurativas al abuso sexual infantil», 599., o Christina L. SHAFFER, Tanya D. SMITH, y Amy E. ORNSTEIN, «Child and youth advocacy centres: a change in practice that can change lifetime», Paediatrics & Child Health, 23, n.º 2 (mayo de 2018): 116-18, https://

Además de tener una repercusión económica, no hace más que seguir justificando la exigencia de reconocer la ya incuestionable necesidad de enfocar la victimización infantil desde un prisma multidisciplinar e interseccional[3].

6.1 ACCESO A LA JUSTICIA EN LA INFANCIA

Aunque se ha defendido previamente que la educación en derechos en la infancia es clave para una prevención efectiva, puede resultar algo lejano al proceso y las responsabilidades de quien busca una mejor efectividad del sistema judicial. Sin embargo, cuando se observa que un porcentaje muy reducido de los casos de violencia en la infancia llegan hasta el proceso, es exigencia de quienes trabajan en el mismo encontrar los motivos, revisando la accesibilidad de su sistema a las víctimas.

Es por ello que se incorpora también en este apartado una breve reflexión sobre la prevención, y la formación como herramientas de utilidad en la detección.

6.1.1 Prevención y formación

Un mayor impulso a mecanismos y protocolos de prevención facilita una mayor detección de los casos de violencia en la infancia. GALLEGO MATEOS reconoce que las vías por las que el GRUME puede tener conocimiento de que NNA necesitan una intervención

---

doi.org/10.1093/pch/pxy008. (Último acceso: 7 enero de 2021). Acudiendo a diversos estudios sobre la victimización infantil, estos últimos autores en Canadá, concluyen que el impacto de esta en el coste anual es hasta cuatro veces mayor que los asociados a la obesidad y equivalente a los del tabaquismo, siendo ambas temáticas de gran impacto público mientras que solamente expertos en la materia resaltar la relevancia que tiene la victimización infantil en la salud.

3 Señalan así los autores que "*Working separately, this creates a fragmented system which reinforces an isolated and reductionist approach to service delivery. This can be confusing and inefficient, and places additional strain on the child, family, clinicians and agencies involved in this difficult work.*", en SHAFFER, SMITH, y ORNSTEIN, «Child and youth advocacy centres: a change in practice that can change lifetime»., destacando en este caso los CYAC (Child and Youth Advocacy Centre) como modelo idóneo para resolver esta problemática.

de protección son la ciudadanía, los Servicios Sociales, otras dependencias policiales y la vía Judicial[4]. Esta catalogación -o análogas- se recoge en la LOPJM, que en su artículo 13.1, modificado por el Estatuto de la víctima en 2015, y posteriormente por la LOPIVI establece que "*Toda persona o autoridad y especialmente aquellas que por su profesión, oficio o actividad detecten una situación de riesgo o de posible desamparo de una persona menor de edad, lo comunicarán a la autoridad o sus agentes más próximos, sin perjuicio de prestarle el auxilio inmediato que precise*", reconociendo un deber generalizado de auxilio al menor víctima[5].

De manera general vamos a establecer tres grandes categorías: los y las profesionales, la ciudadanía[6] y, finalmente, la infancia. Los impulsos en prevención y detección de estas situaciones de violencia son una obligación en los dos primeros casos y en el último, un derecho.

De manera general, deben realizarse campañas de sensibilización que permitan dar mayor visibilidad a esta problemática[7], disuadiendo mitos que facilitan que siga perpetrándose esta violencia. Debe revertirse el mencionado fenómeno de la "difusión de la responsabilidad"[8], reconociendo la relevancia de actuar en casos de sospecha de maltrato. Para ello, es importante estructurar un sistema adecuado de atención a la víctima, y dar mayor difusión del conocimiento de estos. Deben desmontarse estas creencias de «*infancia rota*» por medio de mecanismos efectivos de restauración de las víctimas -desde la perspectiva de los intereses-.

---

4 Guillermo GALLEGO MATEOS, «Actuación del Cuerpo Nacional de Policía con menores», en *Justicia con menores. Menores infractores y menores víctimas*, ed. Mª Teresa MARTÍN LÓPEZ (Cuenca: Colección Estudios, 2000), 88.

5 Elimina la LOPIVI los apartados 4 y 5 del art. 13 de la LOPJM.

6 Algunas de las cuestiones que vamos a destacar a constitución con contempladas como causas de la elevada cifra negra en violencia sexual infantil en MARTÍNEZ GARCÍA y MARTÍNEZ, «Barnahus: bajo el mismo techo», 14.

7 La LOPIVI la menciona en repetidas ocasiones, primeramente, en sus arts. 1 y 22 y posteriormente en los diferentes ámbitos en los que se desglosan diferentes actuaciones (familiar, educativo, sanitario, de Servicios Sociales, de las nuevas tecnologías, del deporte y el ocio y de las Fuerzas y Cuerpos de Seguridad del Estado. No hace en este sentido mención a los resultados de la victimización, sino desde una perspectiva preventiva.

8 DARLEY y LATANE, «Bystander intervention in emergencies: Diffusion of responsability».

A continuación, se aborda de manera combinadas medidas de prevención y de formación, ya que esta segunda será necesaria no solamente para la detección sino también para la correcta atención de las víctimas en fase preprocesal y procesal, para asegurar todos los derechos, necesidades e intereses de las víctimas.

A) Los y las profesionales

Podrían ser, entre otros, personal sanitario, docentes, profesionales de Servicios Sociales, etc. Se distinguen en este caso de profesionales conectados con instituciones judiciales que si bien podrán tener un rol de en la detección (en concreto en el caso de Cuerpos y Fuerzas de Seguridad del Estado), requerirán mayormente una formación especializada en el tratamiento de la víctima a lo largo del proceso y para ello, también de sus derechos, necesidades e intereses.

La LOPIVI hace referencia en su art. 16 al deber de comunicación cualificado, reconociéndoselo a personas que, por razón de su cargo, profesión, oficio o actividad, tengan encomendada la asistencia, el cuidado, la enseñanza o la protección de NNA[9]. Reconoce, en todo caso, como tal al "*personal cualificado de los centros sanitarios, de los centros escolares, de los centros de deporte y ocio, de los centros de protección a la infancia y de responsabilidad penal de menores, centros de acogida de asilo y atención humanitaria de los establecimientos en los que residan habitualmente o temporalmente personas menores de edad y de los servicios sociales*". Todos grupos profesionales, cuando tengan indicio de una posible situación de violencia contra NNA, deberán comunicarlo de forma inmediata a los servicios sociales competentes, o a FFCCSE y/o a Fiscalía cuando exista un

---

9 Como medida complementaria ya no en notificación o denuncia, sino en protección de la infancia, el art. 13 establece en su quinto apartado que "*Será requisito para el acceso y ejercicio a las profesiones, oficios y actividades que impliquen contacto habitual con menores, el no haber sido condenado por sentencia firme por algún delito contra la libertad e indemnidad sexual, que incluye la agresión y abuso sexual, acoso sexual, exhibicionismo y provocación sexual, prostitución y explotación sexual y corrupción de menores, así como por trata de seres humanos. A tal efecto, quien pretenda el acceso a tales profesiones, oficios o actividades deberá acreditar esta circunstancia mediante la aportación de una certificación negativa del Registro Central de delincuentes sexuales*".

riesgo para la salud o la seguridad de la posible víctima. De manera complementaria se menciona el apartado 4 de este artículo el deber de prestar atención inmediata a la víctima y colaborar con las autoridades competentes.

En su art. 5 la LOPIVI hace referencia a la formación, encomendando a las administraciones públicas, en sus respectivas competencias, la formación especializada, inicial y continua en materia de derechos fundamentales de NNA a los y las profesionales que tengan un contacto habitual con las personas menores de edad. Establece unos mínimos que debe reflejar dicha formación:

"*a) La educación en la prevención y detección precoz de toda forma de violencia a la que se refiere esta ley.*

b) Las actuaciones a llevar a cabo una vez que se han detectado indicios de violencia.

c) La formación específica en seguridad y uso seguro y responsable de Internet, incluyendo cuestiones relativas al uso intensivo y generación de trastornos conductuales.

d) El buen trato a los niños, niñas y adolescentes.

e) La identificación de los factores de riesgo y de una mayor exposición y vulnerabilidad ante la violencia.

f) Los mecanismos para evitar la victimización secundaria.

g) El impacto de los roles y estereotipos de género en la violencia que sufren los niños, niñas y adolescentes".

Hace además referencia a la formación específica del personal docente y educador en materia de educación inclusiva y a "*la perspectiva de género, así como las necesidades específicas de las personas menores de edad con discapacidad, con un origen racial, étnico o nacional diverso, en situación de desventaja económica, personas menores de edad pertenecientes al colectivo LGTBI o con cualquier otra opción u orientación sexual y/o identidad de género y personas menores de edad no acompañadas*" en todas las formaciones.

El punto 3 de art.5 hace mención a la formación de la Abogacía y Procura estableciendo que los colegios deberán en este sentido "*facilitarán a sus miembros el acceso a formación específica sobre los aspectos materiales y procesales de la violencia sobre la infancia y la adolescencia, tanto desde la perspectiva del Derecho interno como del Derecho de la Unión Europea y Derecho Internacional, así como a programas de formación continua en materia de lucha contra la violencia sobre la infancia y la adolescencia*". Establece para ello un plazo de 6 meses desde la entrada en vigor de la ley.

Esta formación podría resultar de especial interés para valorar las posibles figuras especialmente formadas para la supervisión de los intereses de la víctima menor de edad a lo largo del proceso. Las exigencias actuales son desde luego insuficientes para poder cumplir con la finalidad de esta figura, si bien sería, actualmente, la que más se acercaría, debiendo contar con un fuerte apoyo de otros profesionales (lo cual podría lograrse desde un correcto funcionamiento de las Oficinas de Atención a las Víctimas).

Cabe mencionar también la regulación relativa a Fuerzas y Cuerpos de Seguridad del Estado, que tendrán contacto con la víctima en una fase inicial del proceso y se ha revelado en el Proyecto Re-Treat como una fase especialmente crítica en la satisfacción de derechos e intereses de las víctimas[10]. Para ello la LOPIVI hace referencia en sus arts. 49 y 50 tanto a las Unidades especializadas como a criterios de actuación. Respecto a la primera cuestión, reconoce a las Fuerzas y Cuerpos de Seguridad del Estado, de las comunidades autónomas y de las entidades locales como entornos seguros para NNA y para ello deben contar "*unidades especializadas en la investigación y prevención, detección y actuación de situaciones de violencia sobre la infancia y la adolescencia y preparadas para una correcta y adecuada intervención ante tales casos*". Habla así de garantizar la especialización en procesos de ingreso, formación y actualización del personal de las FFCCSE.

Sin embargo, se resalta la importancia de protocolos de actuación unificados entre los diferentes grupos profesionales y muy especialmente entre los que se encuentren inmersos en el sistema de justicia y los que no. Se contempla en el informe de Save the Children en Madrid una atención muy dispar de las víctimas de abusos sexuales en la infancia, aun desde una atención especializada a este tipo de vic-

---

10 Soleto Muñoz et al., «Obstáculos que enfrentan las víctimas de delito sexual en las etapas del proceso penal. Informe Nacional España.»

timización[11], lo cual podría reducirse en caso de contar con el modelo *Barnahus* o análogo[12], al contar con un centro de referencia, pudiendo ofrecerle una atención integral.

Bien es cierto que la LOPIVI encomienda justamente a las OAV la labor de funcionar como mecanismo de coordinación del resto de recursos y servicios de protección de las personas menores de edad, lo que debería facilitar esta atención integral. Esto reviste de especial importancia para coordinar adecuadamente la atención asistencial con el proceso judicial, preservando siempre el bienestar de la víctima en caso de conflicto. La necesidad de armonizar las diferentes intervenciones no es posible si no se brinda a los diferentes grupos profesionales un protocolo unificado y claro de actuación una vez detectada la situación de violencia, lo que queda reflejado de manera excesivamente abstracta en la LOPIVI.

B) La ciudadanía y la familia

La ciudadanía, de manera general, se ve igualmente afectada por el art. 13 LOPJM y el art 15 de la LOPIVI que recoge el deber de comunicación de la ciudadanía. Si al referirnos a los y las profesionales, aludíamos principalmente a la formación especializada y la importancia de protocolos de actuación, al referirnos a la ciudadanía encontramos obstáculos diferenciados: por un lado, el mencionado

11 En este sentido realiza una revisión del funcionamiento del CIASI (Centro especializado de Intervención en Abuso Sexual Infantil, en Madrid), que atiende casos de abuso sexual infantil derivado por Servicios Sociales, dependencias policiales, centros educativos y centros de salud. Sin embargo, esta derivación no es obligatoria, por lo que en ocasiones la víctima será atendida por la entidad que tenga conocimiento del asunto no contando siempre con la formación suficiente (como podría suceder en ocasiones con los Centros de Atención a la Infancia). Por otra parte, las actividades del CIASI son bastante amplias brindando atención psicológica y jurídica a las víctimas, pero también a sus familiares, pudiendo realizar labores terapéuticas con agresores y llevando a cabo diferentes actividades de prevención y sensibilización.
En general, Save the Children destaca la necesidad de una ausencia más integral y un mayor trabajo en red con otras instituciones siendo la demanda mucho mayor de lo que puede atender el CIASI, en MARTÍNEZ GARCÍA y MARTÍNEZ, «Barnahus: bajo el mismo techo», 19-21.

12 PEREDA BELTRÁN, BARTOLOMÉ, y RIVAS, «Sota el mateix sostre», 44.

fenómeno de la difusión de la responsabilidad, junto con una visión aun especialmente conservadora de la institución de la familia y por otro, un mayor desconocimiento.

La concienciación y sensibilización sobre el maltrato infantil es drásticamente más baja que otras cuestiones que tienen en la actualidad mayor impacto público, existiendo poca información para que la ciudadanía sepa cómo detectar esta victimización y dónde acudir en caso de tener sospechas.

Consciente de ello la LOPJM, a la luz del Estatuto de la víctima, añadió en su artículo 13 un 4º apartado que establecía que "*Toda persona que tuviera noticia, a través de cualquier fuente de información, de un hecho que pudiera constituir un delito contra la libertad e indemnidad sexual, de trata de seres humanos, o de explotación de menores, tendrá la obligación de ponerlo en conocimiento del Ministerio Fiscal sin perjuicio de lo dispuesto en la legislación procesal penal*". Este se va visto eliminado por la LOPIVI y encontramos ahora en el art. 15 de esta el mismo deber de comunicación de la ciudadanía que establece que "*Toda persona que advierta indicios de una situación de violencia ejercida sobre una persona menor de edad, está obligada a comunicarlo de forma inmediata a la autoridad competente y, si los hechos pudieran ser constitutivos de delito, a las Fuerzas y Cuerpos de Seguridad, al Ministerio Fiscal o a la autoridad judicial, sin perjuicio de prestar la atención inmediata que la víctima precise*", siendo claramente más amplio y garantista del bienestar de NNA.

Este deber debe ir por supuesto acompañado de una labor de sensibilización e información, a fin de evitar situaciones de negligencia amparadas en el temor de señalar situaciones que finalmente no resultaran ser de victimización o por desconocer cuál va a ser la situación de la víctima tras la denuncia[13].

---

[13] En este sentido se destacan en el contexto de la prevención del abuso a personas con discapacidad desde las organizaciones, que pueden resultar negligentes las siguientes conductas "Dejándose influir por presiones de imagen. Los casos de maltratos o abusos pueden conducir a sus profesionales a temer el que quede dañada la buena imagen de la entidad. Esto puede llevar a negar u ocultar las evidencias y no proteger a la víctima. Cuestionándose si denunciar es favorable para la persona o la deja en una situación de mayor desprotección. Cayendo en el relativismo cultural de justificar a los abusadores y creyendo, falsamente, que

Para terminar, el rol de la familia en esta dirección es nuevamente fundamental. Cabe recordar que, hasta la LOPIVI, el art. 261 LECrim recogía excepciones a la obligación de denunciar la perpetración de cualquier delito público establecida en el art. 259 LECrim que afectaba a quien fuese cónyuge del delincuente no separado legalmente o de hecho o la persona que conviviese con él en análoga relación de afectividad, así como a quienes fuesen ascendientes y descendientes del delincuente y sus parientes colaterales hasta el segundo grado inclusive.

Ello suponía una situación de desamparo a la víctima menor de edad cuando la victimización se diese en el contexto intrafamiliar. Si bien esta modificación no se contemplaba en el Anteproyecto de la LOPIVI se ha visto finalmente reflejada en su redacción final. Así, se añade en el art. 261 LECrim que "*Esta disposición no será aplicable cuando se trate de un delito contra la vida, de un delito de homicidio, de un delito de lesiones de los artículos 149 y 150 del Código Penal, de un delito de maltrato habitual previsto en el artículo 173.2 del Código Penal, de un delito contra la libertad o contra la libertad e indemnidad sexual o de un delito de trata de seres humanos y la víctima del delito sea una persona menor de edad o una persona con discapacidad necesitada de especial protección*".

C) Hacia la infancia

Dada la dificultad que puede encontrar NNA para reconocerse como víctimas o para encontrar las vías adecuadas para dar a conocer su situación, la colaboración de terceros resulta vital como se ha destacado previamente. Sin embargo, se pueden tomar como referencia el buen resultado que se ha obtenido en las prácticas suecas de detección temprana del maltrato físico en el ámbito intrafamiliar, en la que parte de esta reside en la formación de NNA. Y esto, nuevamente encuentra un estrecho vínculo con el derecho de participación -no ya judicial, sino en un contexto más amplio-, de la ciudadanía menor de edad. Sin cargarles con responsabilidades de autocuidado que nos les corresponden y deben ser exigidas a sus cuidadores y al Estado,

---

se comportan de acuerdo a ideas culturales o religiosas dignas de respeto.", en RECIO ZAPATA et al., *Abuso y discapacidad intelectual. Orientaciones para la prevención y la actuación*, 23.

es sin embargo de vital importancia fomentar una educación basada en derechos y que facilite e impulse una autonomía progresiva de NNA. Debe facilitarse su capacitación por medio de dinámicas que les empoderen y les permitan detectar más fácilmente situaciones que afectan de manera directa a sus derechos, así como los mecanismos existentes a su disposición para hacerlos valer.

En este sentido, reconoce el art. 17 LOPIVI la comunicación de situaciones de violencia por parte de niños, niñas y adolescentes, personalmente, o a través de sus representantes legales, a los servicios sociales, a las Fuerzas y Cuerpos de Seguridad, al Ministerio Fiscal o a la autoridad judicial y, en su caso, a la Agencia Española de Protección de Datos.

Para que este derecho no se encuentre vacío de contenido, es por supuesto necesario combinarlo con una información suficiente, objetivo del art. 18.1 que establece que "*Todos los centros educativos al inicio de cada curso escolar, así como todos los establecimientos en los que habitualmente residan personas menores de edad, en el momento de su ingreso, facilitarán a los niños, niñas y adolescentes toda la información, que, en todo caso, deberá estar disponible en formatos accesibles, referente a los procedimientos de comunicación de situaciones de violencia regulados por las administraciones públicas y aplicados en el centro o establecimiento, así como de las personas responsables en este ámbito. Igualmente, facilitarán desde el primer momento información sobre los medios electrónicos de comunicación, tales como las líneas telefónicas de ayuda a los niños, niñas y adolescentes*". Se establece en su apartado 2 que esta información deberá estar permanentemente actualizada y figurar en un lugar visible y accesible para libre consulta de NNA.

6.1.2 Accesibilidad real a la justicia en la infancia

6.1.2.1 Accesibilidad en sentido estricto

En esta dificultad en la detección, hasta ahora siempre se ha presupuesto que quien va a poner en conocimiento de la justicia la situación de violencia será una tercera persona. Sin embargo, esto no siempre es así. Aunque algunas víctimas no se reconocen en momentos iniciales como víctimas -o no son conocedoras de los mecanismos de protección-, otras sí lo son y la falta de búsqueda de ayuda responde en parte a que el acceso a la justicia no es, valga la redundancia, accesible a NNA. No existen en la actualidad vías suficientes para que las personas menores de edad puedan por sí misma solicitar ayuda cuando lo necesitan.

En este sentido, la LOPIVI hace un esfuerzo inicial reconociendo en su art. 17 que:

> "1. *Los niños, niñas y adolescentes que fueran víctimas de violencia o presenciaran alguna situación de violencia sobre otra persona menor de edad, podrán comunicarlo, personalmente, o a través de sus representantes legales, a los servicios sociales, a las Fuerzas y Cuerpos de Seguridad, al Ministerio Fiscal o a la autoridad judicial y, en su caso, a la Agencia Española de Protección de Datos*".
>
> 2. *Las administraciones públicas establecerán mecanismos de comunicación seguros, confidenciales, eficaces, adaptados y accesibles, en un lenguaje que puedan comprender, para los niños, niñas y adolescentes, que podrán estar acompañados de una persona de su confianza que ellos mismos designen.*
>
> 3. *Las administraciones públicas garantizarán la existencia y el apoyo a los medios electrónicos de comunicación, tales como líneas telefónicas gratuitas de ayuda a niños, niñas y adolescentes, así como su conocimiento por parte de la sociedad civil, como herramienta esencial a disposición de todas las personas para la prevención y detección precoz de situaciones de violencia sobre los niños, niñas y adolescentes*".

Es importante no eclipsar a la víctima, recordando que en ocasiones su participación es posible y segura, por lo que deberá ser consultada en todas las cuestiones que le afecten valorando siempre su adecuación con el interés superior. Es fundamental recordar que todo el trámite debe resultar lo menos lesivo posible para la víctima desde el primer momento, por lo transmitirle seguridad explicándole cuáles van a ser los siguientes pasos puede resultar crucial[14].

Consideramos de vital importancia habilitar medidas efectivas para asegurar el acceso a la justicia de manera adecuada a la víctima en la infancia, que diferirá en muchas ocasiones del conocido para personas adultas. En este sentido, los resultados de la Fundación ANAR revela la importancia de poner a disposición de la infancia mecanismos accesibles para consultar, revelar o denunciar una situación que les preocupa o les inflige gran sufrimiento, ya que cuando estos son propuestos de manera adecuada, son utilizados por la infancia[15].

Al analizar previamente la dificultad que tienen los casos de victimización sexual infantil para superar la fase de instrucción, se dejaba

---

14 Explicarles dónde van, a quien van a ver qué va a suceder, etc. Cuando sea posible, conviene iniciar el proceso con la presencia o la recomendación de profesionales. En el caso de las personas con discapacidad, la UAVDI ofrece servicios en esta dirección, en RECIO ZAPATA et al., 37 y 40. Esta problemática quedaría solventada con la implantación del sistema Barnahus dado que se encontrarían desde el primer momento con todos los profesionales especializados para atender correctamente a la víctima. Ellos mismos podrían encargarse también de la valoración de la capacidad de la víctima para tomas ciertas decisiones si fuera necesario.
Esto resulta además concordante con lo establecido en el art. 4.1 a y b de la Convención sobre los Derechos de las personas con Discapacidad, que establece que "*Los Estados Partes se comprometen a asegurar y promover el pleno ejercicio de todos los derechos humanos y las libertades fundamentales de las personas con discapacidad sin discriminación alguna por motivos de discapacidad. A tal fin, los Estados Partes se comprometen a: a) Adoptar todas las medidas legislativas, administrativas y de otra índole que sean pertinentes para hacer efectivos los derechos reconocidos en la presente Convención; b) Tomar todas las medidas pertinentes, incluidas medidas legislativas, para modificar o derogar leyes, reglamentos, costumbres y prácticas existentes que constituyan discriminación contra las personas con discapacidad*", en «Convención sobre los derechos de las personas con discapacidad», Pub. L. No. Instrumento de ratificación en BOE núm. 96 de 21 de abril de 2008 (2006)., de manera que resulta necesario articular las medidas necesarias para que la persona entienda el procedimiento por el que va a pasar.

15 Es, de hecho, la única fuente de datos con la que contamos hasta ahora en la que son las propias víctimas las que solicitad ayuda y se confirma, a la luz de los datos presentados, la necesidad de intervención social y jurídica en algunas de las llamadas efectuadas por personas menores de edad, siendo un porcentaje nada despreciables de estos casos, catalogados como de gravedad.

sin embargo fuera del estudio aquellos que no llegan siquiera a la denuncia: la temida cifra negra.

Nuevamente, las cifras varían de un estudio a otro: mientras que algunos señalan que solamente el 10 o 20% de los casos de violencia en la infancia son detectados[16], estas cifran cambian si se atiende a un tipo concreto de victimización bajando sustancialmente cuando hablamos de abusos sexuales o de violencia en el contexto familiar.

Nos preguntamos entonces si, de existir no solamente un número de teléfono, sino un lugar adaptado al que poder acudir, preparado para atender situaciones que requieren tanto de una intervención social como de una intervención jurídica, esta sería utilizada por las víctimas. A la luz de las llamadas registradas por la Fundación ANAR, cabe intuir que un porcentaje de la población infantil se encuentra capacitada para detectar su propia situación de maltrato y solicitar ayuda. Todo ello nos lleva por tanto a afirmar nuevamente que parte de esta temida cifra negra se debe a la incapacidad del sistema por acordar adecuadamente esta problemática, empezando por un acceso real a la justicia desde la infancia.

6.1.2.2 Los tiempos de las víctimas vs. los tiempos del proceso

Otro de los factores claves que parece chocar de manera continuada con la realidad de las víctimas menores de edad es el tiempo: en ocasiones por exceso, y otras por defecto.

La comprensión del hecho delictivo y la relación de la víctima con este puede llegar a retrasar mucho su denuncia. Esta no es una cuestión novedosa, habiendo sido recalcada numerosas veces en relación con la prescripción de los delitos. En este sentido la LOPIVI, por medio de su Disposición final sexta modifica el art. 132 del CP, ampliándose el tiempo de prescripción de los delitos más graves cometidos contra la infancia, comenzando a computar el plazo solo en el momento en que la víctima haya cumplido los treinta y cinco años de edad –y si falleciera antes de esta edad, a partir de su fallecimiento-. Esto responde a la comprobación de la existencia de cierta impunidad al no adecuarse

16 MILLÁN et al., «Victimología infantil», 15.

el CP a los tiempos que en ocasiones necesita la víctima para enfrentar judicialmente el hecho delictivo en su infancia.

Existe aun así un posible decalaje entre la asimilación de la víctima y el proceso judicial, dado que si bien esta modificación solventa los casos de impunidad que podían darse, esta asimilación puede seguir siendo compleja y requerir mucho tiempo en función de cada víctima. Existirán por tanto casos en los que, habiendo existido un proceso judicial respecto al hecho delictivo, los intereses de la víctima no hayan sido incorporados al mismo por este decalaje temporal. En este punto, la Justicia Restaurativa aporta el contexto idóneo para poder reparar a la víctima fuera del proceso judicial.

En sentido contrario, en referencia al desarrollo del proceso, son numerosos los estudios que han resaltado que la percepción del tiempo no es medida de la misma manera en la infancia que en la edad adulta. Como se ha destacado ya, el tiempo que puede demorar el proceso judicial no solamente en dar una respuesta sino incluso en el desarrollo de la fase de instrucción y entre esta y el juicio oral es excesivamente largo para suprimir plenamente la victimización secundaria en la infancia -afectando también a la calidad del relato de la víctima como prueba-.

Aunque se retomarán algunas cuestiones específicas de la fase de instrucción más delante, merece ser señalada aquí la importancia de regular unos plazos de actuación, pudiendo dividirse estos en diferentes fases, o según la información y actuación que se esté llevando a cabo:

- Valoración de caso: No todos los casos que lleguen al sistema cuentan con las mismas evidencias ni tampoco con la misma gravedad. Por otra parte, como se ha señalado, al no existir un único procedimiento para todas las víctimas menores de edad, estas pueden ser derivadas a otros profesionales más especializados -en fase pre-procesal-, dilatándose el tiempo de valoración. Así, debe fijarse, para a valoración del caso, un plazo máximo de 24 horas para los casos más graves y de 7 días para los menos graves, teniendo, finalizado este plazo, clara la intervención que requiere el caso[17]. Esta valoración debe ser realiza-

[17] PEREDA BELTRÁN, BARTOLOMÉ, y RIVAS, «Sota el mateix sostre», 45.

da por una persona experta -que en el caso de la implantación del modelo *Barnahus* recaería sobre el/la asistente social, con la ayuda, en caso necesario, de la valoración de profesionales de la salud-. En España contamos con Unidades Especializadas en las FFCCSE que pueden realizar estas intervenciones iniciales, especialmente en los casos más complejos, cuestión sobre la que se volverá de inmediato.

- Examen médico: Al existir en cada Comunidad Autónoma recursos y protocolos diferenciados, existe disparidad en la forma en que la víctima acude a profesionales de la salud para su valoración. A la luz de los datos analizados, es necesario establecer un plazo máximo de 72 horas para la realización de un examen médico[18]. Aunque es preferible que este se desarrolle en el *Barnahus* o análogo, es necesario establecer protocolos claros para la elaboración de informes médicos que tengan validez como prueba judicial, siendo estos realizados en otros centros médicos por su carácter de urgencia, de manera coordinada con el sistema de justicia.
- La evaluación del tratamiento psicológico es más compleja dada la evolución que puede seguir la sintomatología. En este sentido, sería necesario realizar una valoración inicial pudiendo elaborar un informe en las 2 o 4 semanas posteriores, siguiendo el sistema islandés. Esta atención psicológica deber ser dispensada de igual forma a los responsables de la víctima, dado que el bienestar de esta depende de los primeros, no pudiendo obviarse las fuertes repercusiones que puede tener en estos también[19].
- Existe una importante complejidad, reiterando la importancia de los plazos y la coordinación entre grupos profesionales, y es que debe diferenciarse claramente la entrevista forense de la asistencia, pudiendo la segunda contaminar la primera. Sin em-

---

18 Aunque nuevamente en algunos contextos es resaltada la necesaria celeridad en casos de abusos sexuales, FAPMI-ECPAT, «Recomendaciones y buenas prácticas en la atención a niños, niñas y adolescentes en el ámbito judicial. Conclusiones del II y III Foros "Justicia e Infancia"», 15., consideramos que debe ser aplicable en todos los casos de violencia en la infancia, a fin de no discriminar la obtención de posibles pruebas por una valoración previa que pueda resultar incompleta.

19 PEREDA BELTRÁN, BARTOLOMÉ, y RIVAS, «Sota el mateix sostre», 48-49.

bargo, será justamente esta esencial para asegurar el bienestar de la víctima por lo que no podrá ser demorada por la tardanza del proceso judicial -y en concreto de la práctica de la prueba preconstituida-.

- Intervención y seguimiento del caso: Siguiendo el modelo islandés, se debe exigir que la entrevista forense con la víctima, sirviendo esta de prueba preconstituida, se realice, a la luz de la práctica diaria, en el plazo máximo de 10 días[20]. Aunque siempre se deberá reducir el tiempo de espera hasta la entrevista forense, podrá ser en ocasiones necesario para recabar toda la información necesaria a fin de permitir una mejor calidad de dicha entrevista.
- Proceso judicial: La agilización de la fase de instrucción, permite en sí misma una agilización del proceso judicial que debería contar con plazo máximos para asegurar una ausencia de victimización secundaria tras la fase de instrucción. En este sentido, las periciales realizadas en la fase de instrucción deben no solamente cumplir con los plazos establecidos para su realización sino también no tener demoras en la entrega de informes.

6.1.2.3 Especialización del sistema

Ha quedado hasta ahora suficientemente justificada la necesidad de especialización de los y las profesionales que entren en contacto con la víctima menor de edad, por lo que abordamos directamente algunas cuestiones prácticas relevantes.

Aunque se hace aquí referencia al modelo Barnahus, a fin de recoger del mismo buenas prácticas, la LOPIVI plantea la inclusión de Juzgados de Violencia contra la Infancia y la Adolescencia (disposición final vigésima), los cuales podrían recoger todas las exigencias aquí señaladas. Estos permitirían, al menos:

---

20 Amplían este plazo, en el informe catalán, a los 21 días en caso de las/los adolescentes, PEREDA BELTRÁN, BARTOLOMÉ, y RIVAS, 46-47. Consideramos que conviene mantener el plazo de 14 días dado que en ocasiones este tiempo deberá ser exigible no solamente por la edad sino por la gravedad de las repercusiones psicológicas en la víctima.

- facilitar la especialización, actualización y supervisión de estos conocimientos;
- facilitar la creación de equipos de trabajo estables;
- facilitar la adecuación del entorno;
- facilitar el uso de protocolos unificados -incluyendo plazos de actuación-.

Respecto a los grupos profesionales y perfiles que deberían formar estos equipos de trabajo, apoyándolos en el modelo *Barnahus*, y atendiendo a la normativa existente, se presentan las siguientes reflexiones:

- Comenzando con la atención de FFCCSE, es necesario seguir formando Unidades Especializadas y facilitar la derivación a estas cuando el primer contacto de la víctima se de en unidades no especializadas. Es importante en cualquier caso que las unidades no especializadas tengan conocimientos para poder derivar de manera adecuada a la víctima y abordar correctamente este primer contacto.
- Es necesario asegurar la disponibilidad de algunos/as profesionales (correspondiendo al equipo fijo del Barnahus) desde el primer contacto de la víctima con el sistema de justicia.
- Por una parte, el personal de salud física y mental debe estar disponible debiendo exigirse su especialización – se hace urgente la especialización en ginecología pediátrica y la disposición de material médico adecuado-. La especialización de este personal dependerá de las actuaciones que lleven a cabo, debiendo en todo caso atender los estándares de la medicina forense en caso de recoger información de deba ser incorporada al proceso judicial.
- Respecto a las figuras que tienen como propósito el acompañamiento y la supervisión de intereses específicos de la infancia, (asistente social de bienestar infantil y lo que se ha denominado como "representante especial") sería posible "fusionar" estas

competencias en una misma figura[21], si bien la alta especialización de aquella que supervise los intereses de la víctima a lo largo del proceso puede conllevar la dificultad de su disponibilidad. En cualquier caso, es necesario que la víctima cuente con una persona de referencia desde el primer contacto con el sistema de justicia, que será quien realice el seguimiento del caso y facilite la adecuación del derecho a la información de la víctima. Por otra parte, es necesario que una persona altamente formada acompañe a la víctima a lo largo de todo el proceso facilitando su participación y realizando las adaptaciones necesarias para la toma de decisiones en su caso.

- Las modificaciones de la LOPIVI llevan a la abogacía a jugar un rol significativo en estos casos, planteándose si pudiera, en su caso, recoger algunas de las competencias señalas. Y es que el art. 50.2.f. establece que "*Se informará sin demora al niño, niña o adolescente de su derecho a la asistencia jurídica gratuita y, si así lo desea, se requerirá al Colegio de Abogados competente la designación inmediata de abogado o abogada del turno de oficio específico para su personación en dependencias policiales*". Aunque se reconoce en este caso la formación específica, se encuentra enfocada a la defensa de los derechos de NNA y no a mecanismos de participación, por lo que requeriría de mayores exigencias para poder cumplir plenamente con las exigencias señaladas.
- Existen además otros profesionales que deberán estar disponibles únicamente cuando se active efectivamente el sistema de justicia pudiendo estar su participación programada (coincidiría con el personal móvil del Barnahus).
- Los y las profesionales de la psicología forense serán quienes realicen la entrevista grabada en fase de instrucción, que será presentada como prueba preconstituida -al igual que en algunos países mencionados, en España existen unidades especializadas en las FFCCSE que están capacitadas para realizar estas

21 Se reconoce como figura diferenciada el defensor judicial del art. 26 LEVID que, de pretender cumplir con las exigencias aquí señaladas, debería sufrir un auténtico cambio de enfoque.

entrevistas, lo que podría favorecer la continuidad en el tratamiento a las víctimas-.

- Para que ello sea posible, deberán acudir, además el Juez o Jueza de Instrucción, Fiscalía y la representación letrada tomando en este caso especial relevancia en el momento de la prueba preconstituida la de la parte acusada a fin de garantizar el principio de contradicción. En este sentido las modificaciones incorporadas por la LOPIVI establecen que "*La ausencia de la persona investigada debidamente citada no impedirá la práctica de la prueba preconstituida, si bien su defensa letrada, en todo caso, deberá estar presente. En caso de incomparecencia injustificada del defensor de la persona investigada o cuando haya razones de urgencia para proceder inmediatamente, el acto se sustanciará con el abogado de oficio expresamente designado al efecto*" (art. 449 bis LECrim).

Aunque en el sistema de justicia se nutre de un trabajo interdisciplinar, especialmente notable en los interrogatorios, la clara preponderancia del elemento psicológico en este contexto nos lleva a afirmar que el sistema de justicia procesal en atención a la infancia victimizada es inadecuado en la actualidad por actuar de manera complementaria y no siempre armonizada. No se trata de alejar las exigencias procesales de la victimización de la infancia por supuesto, sino de que estas sean encajadas en la atención psicológica a la persona menor de edad y no al revés. Debe mencionarse además la relevancia de atención a los conocimientos de la psicología clínica en el uso de la psicología forense en estos procesos judiciales, habida cuenta del impacto que tiene en la adecuada interpretación de las conclusiones que puedan alcanzarse (en concreto, la formación en trauma es esencial para un acercamiento adecuado en casos de victimización infantil).

6.2 ADECUACIÓN DEL PROCESO JUDICIAL

Las cuestiones de mayor controversia en la participación de la víctima en el proceso judicial y la atención a sus necesidades especiales, no solamente asegurando su bienestar sino también el correcto desarrollo del proceso, se encuentran centradas en la fase de instrucción por la implicación de la declaración.

Establece al respecto el art. 24 de la LEVID que "*La valoración de las necesidades de la víctima y la determinación de las medidas de protección corresponden: a) Durante la fase de investigación del delito, al Juez de Instrucción o al de Violencia sobre la Mujer, sin perjuicio de la evaluación y resolución provisionales que deberán realizar y adoptar el Fiscal, en sus diligencias de investigación o en los procedimientos sometidos a la Ley Orgánica de Responsabilidad Penal de los Menores, o los funcionarios de policía que actúen en la fase inicial de las investigaciones.*" Aunque en su apartado 3 señala que en caso de ser víctimas menores de edad se tomarán en consideración sus opiniones e intereses, la dificultad que sabemos que reviste dicha consideración hubiera quizá merecido una referencia específica para facilitar su aplicación práctica.

6.2.1 Adecuación en la fase de instrucción

Si bien la fase policial es una de las más sensibles en cuanto representa el primer contacto de la víctima con el sistema y se relaciona con un espacio especialmente hostil cuando no se encuentra especializado, la fase de instrucción es su duda una fase clave para NNA víctimas, ya que es en esta cuando se va a preconstituir la prueba. Sin embargo, la policía tiene un rol significativo ya que será el primer grupo profesional en entrar en contacto con la víctima, dándose en ocasiones una primera intervención. Como se ha visto, esta viene regulada en los art. 49 y 50 de la LOPIVI, aunque desde hace ya tiempo contamos con unidades especializadas en este sentido. En concreto el art. 50.2 reconoce los criterios:

"*a) Se adoptarán de forma inmediata todas las medidas provisionales de protección que resulten adecuadas a la situación de la persona menor de edad.*

b) Solo se practicarán diligencias con intervención de la persona menor de edad que sean estrictamente necesarias. Por regla general la declaración del menor se realizará en una sola ocasión y, siempre, a través de profesionales específicamente formados.

c) Se practicarán sin dilación todas las diligencias imprescindibles que impliquen la intervención de la persona menor de edad, una vez comprobado que se encuentra en disposición de someterse a dichas intervenciones.

d) Se impedirá cualquier tipo de contacto directo o indirecto en dependencias policiales entre la persona investigada y el niño, niña o adolescente.

e) Se permitirá a las personas menores de edad, que así lo soliciten, formular denuncia por sí mismas y sin necesidad de estar acompañadas de una persona adulta.

f) Se informará sin demora al niño, niña o adolescente de su derecho a la asistencia jurídica gratuita y, si así lo desea, se requerirá al Colegio de Abogados competente la designación inmediata de abogado o abogada del turno de oficio específico para su personación en dependencias policiales.

g) Se dispensará un buen trato al niño, niña o adolescente, con adaptación del lenguaje y las formas a su edad, grado de madurez y resto de circunstancias personales.

h) Se procurará que el niño, niña o adolescente se encuentre en todo momento en compañía de una persona de su confianza designada libremente por él o ella misma en un entorno seguro, salvo que se observe el riesgo de que dicha persona podría actuar en contra de su interés superior, de lo cual deberá dejarse constancia mediante declaración oficial".

De todo ello merece ser destacado que se hace mención a la reducción de intervenciones, hablando de realizarse una única, y en todo caso siempre por personal especializado. Es clave también recalcar que estas intervenciones únicamente tendrán lugar tras asegurarse que la víctima se encuentra en disposición para ello, es decir, siempre prevalecerá el bienestar de la víctima.

Además, dando un paso más de lo señalado previamente, en este caso no se habla de comunicación de la violencia sino de denuncia "*por sí mismas y sin la necesidad de estar acompañadas de una persona adulta*". Así mismo, se hace referencia a la adaptación del del lenguaje y las formas y al acompañamiento de la persona de su confianza, en coherencia con lo establecido en la LEVID. Llama la atención la definición de estos criterios en fase policial y la abstracta redacción que encontramos en las intervenciones con víctimas menores de edad ya en fase de instrucción y en el juicio oral.

Sin embargo, en el sistema español, al igual que sucede en otros países como por ejemplo en Bélgica -aunque de manera más acentuada-, el rol de las FFCCSE puede ir más allá que esta primera toma de contacto, y es que contamos con unidades altamente especializadas que se encuentran capacitadas para realizar entrevistas forenses. Esta formación, aun sin llevarlas a cabo, es esencial, ya que permite una correcta intervención en fase previa, asegurándose así un trato adecuado a las víctimas y una no contaminación del testimonio. Así, en las siguientes líneas se recuperarán algunas intervenciones realizadas en fase policial, que tienen repercusión en cómo se desarrollará la entrevista forense en fase de instrucción.

6.2.1.1 Nueva regulación de la prueba preconstituida

Hasta la nueva regulación de la LOPIVI, las cifras analizadas muestran un uso muy deficitario de esta. Para intuir si esta nueva redacción va a suponer un cambio significativo en la práctica, es necesario retomar los posibles motivos de la falta de uno de esta. Quedando hasta entonces en manos de la valoración de jueces/as de instrucción, se barajan diferentes motivos:

- La falta de recursos humanos, es decir, la insuficiente disponibilidad de psicólogos/as forenses;
- La falta de medios, es decir, de salas adecuadas, cámaras de calidad adecuado -y personal técnico para su manipulación-;
- La valoración de que no era necesaria para proteger a la víctima;
- El uso inadecuado de la prueba preconstituida[22].

---

22 Con ello se hace referencia al uso inadecuado del antiguo art. 416 LECrim en el caso de la infancia, los resultados insuficientes de la información obtenida en la prueba preconstituida o la inadecuada interpretación de estos resultados, la falta cumplimiento de los requisitos exigidos provocando indefensión a la parte acusada, etc.

Si bien la nueva redacción de la LECrim, junto a la formación especializada de Fiscalía, Judicatura y la Abogacía, prevén una mejora en alguno de estos motivos, no se cubriría plenamente las cuestiones que han justificado hasta ahora su falta de uso.

A modo de breve recordatorio de lo establecido en los arts. 449 bis y 449 ter LECrim, analizado ya en las páginas anteriores se señalan los siguientes elementos clave:

- ¿En qué casos puede usarse?

"*Cuando una persona menor de catorce años o una persona con discapacidad necesitada de especial protección deba intervenir en condición de testigo en un procedimiento judicial que tenga por objeto la instrucción de un delito de homicidio, lesiones, contra la libertad, contra la integridad moral, trata de seres humanos, contra la libertad e indemnidad sexuales, contra la intimidad, contra las relaciones familiares, relativos al ejercicio de derechos fundamentales y libertades públicas, de organizaciones y grupos criminales y terroristas y de terrorismo*[23]*, la autoridad judicial acordará, en todo caso, practicar la audiencia del menor como prueba preconstituida, con todas las garantías de la práctica de prueba en el juicio oral y de conformidad con lo establecido en el artículo anterior.*" (art. 449 ter LECrim)[24].

Sin embargo, establece el art. 703 bis LECrim que "*En los supuestos previstos en el artículo 449 ter, la autoridad judicial solo podrá acordar la intervención del testigo en el acto del juicio, con carácter excepcional, cuando sea interesada por alguna de las partes y consi-*

---

23 Estas medidas podrán ser aplicables cuando el delito tenga la consideración de leve. Con ello modifica lo establecido en el Anteproyecto que los excluía, lo cual resultaba contrario a lo establecido en el art. 23.2.a.1º y 2º y b3º del Estatuto de la Víctima.

24 Se amplia así la protección establecida en el antiguo art. 433 que reconocía su posibilidad, bajo criterio del Juez de Instrucción, en los siguientes términos: "*(...) cuando a la vista de la falta de madurez de la víctima resulte necesario para evitar causarles graves perjuicios, que se les tome declaración mediante la intervención de expertos y con intervención del Ministerio Fiscal. Con esta finalidad, podrá acordarse también que las preguntas se trasladen a la víctima directamente por los expertos o, incluso, excluir o limitar la presencia de las partes en el lugar de la exploración de la víctima. En estos casos, el Juez dispondrá lo necesario para facilitar a las partes la posibilidad de trasladar preguntas o de pedir aclaraciones a la víctima, siempre que ello resulte posible.*"

derada necesaria en resolución motivada, asegurando que la grabación audiovisual cuenta con los apoyos de accesibilidad cuando el testigo sea una persona con discapacidad". Esta excepción conlleva una justificación diferente a la ausencia de garantías procesales en la realización de la prueba preconstituida, dado que viene regulada posteriormente en el mismo artículo estableciendo que "*En todo caso, la autoridad judicial encargada del enjuiciamiento, a instancia de parte, podrá acordar su intervención en la vista cuando la prueba preconstituida no reúna todos los requisitos previstos en el artículo 449 bis y cause indefensión a alguna de las partes*".

Preocupa en este sentido el uso que pueda hacerse de la primera excepción en la práctica habida cuenta que se entiende que sería aplicable a toda prueba preconstituida que cumpla con el derecho de defensa de la parte acusada.

Por otra parte, la redacción del art. 449 ter, indicando que en los supuestos mencionados se practicará prueba preconstituida "en todo caso", permite entender que podría justificarse el uso de la prueba preconstituida en víctimas de entre 14 y 18 años (incluyendo otros tipos delictivos). No excluiría por tanto plenamente el uso de esta a víctimas de entre 14 y 18 años, siendo sin embargo la redacción actual discriminatoria por cuestión de edad[25].

- ¿Por quién se realiza?

Se establece que "*La autoridad judicial podrá acordar que la audiencia del menor de catorce años se practique a través de equipos psicosociales que apoyarán al Tribunal de manera interdisciplinar e interinstitucional, recogiendo el trabajo de los profesionales que ha-*

---

[25] Recordemos que establece el Comité de los Derechos del niño que "*el niño no debe ser entrevistado con más frecuencia de la necesaria en particular cuando se investiguen acontecimientos dañinos. El proceso de 'escuchar' a un niño es difícil y puede causar efector traumáticos en el niño*", sin hacer limitación en este sentido por la edad, Comité de los derechos del niño, «Observación General N°12 (2009) El derecho del niño a ser escuchado», párr. 4. La complejidad de algunas formas de violencia, como es la sexual en el contexto intrafamiliar, justifica plenamente su uso en mayores de 14 años, tanto por preservar el bienestar de la víctima, como por asegurar el testimonio de esta, lo que se mencionaba de manera más clara en el Anteproyecto de Ley. Cabe mencionar además que, si bien se hace referencia aquí a las víctimas menores de edad, estas reflexiones serían aplicables también a algunos casos de victimización en la edad adulta.

yan intervenido anteriormente y estudiando las circunstancias personales, familiares y sociales de la persona menor o con discapacidad, para mejorar el tratamiento de los mismos y el rendimiento de la prueba. En este caso, las partes trasladarán a la autoridad judicial las preguntas que estimen oportunas quien, previo control de su pertinencia y utilidad se las facilitará a las personas expertas" (art. 449 ter. LECrim).

Esta redacción resulta algo ambigua ya que podría, desde interpretación restringida, entenderse que sería acorde a la normativa que esta audiencia no se realice por una persona experta, lo cual carecería de sentido entendido en coherencia con este mismo art. que también establece que "*Este proceso se realizará con todas las garantías procesales de accesibilidad y apoyos necesarios*", lo cual no se cumpliría de realizarse la audiencia por una persona no experta.

Por otra parte, incorpora una novedad especialmente relevante, y es la participación de los equipos psicosociales teniendo asignada una labor de recogida de trabajo de otros profesionales que hayan intervenido previamente con la víctima, su entorno familiar o sus circunstancias personales y sociales. Esto reviste de gran importancia y debe ser recogido en protocolos de buenas prácticas -que se abordarán de inmediato-, refiriendo la importancia de recoger información previamente a la realización de la prueba preconstituida a fin de aumentar la calidad de esta y evitar la necesidad de volver a consultar a la víctima posteriormente. Este trabajo debe entenderse en coherencia con el art. 9.4 LOPIVI que reconoce a las OAV aquellas que deberán actuar como mecanismo de coordinación del resto de recursos y servicios de protección de NNA para garantizar el ejercicio de sus derechos.

- ¿Cómo se realiza?

Una de las principales preocupaciones en la práctica de la prueba preconstituida son las garantías procesales de la parte acusada. En este sentido se establece que debe garantizarse el principio de contradicción. En este sentido "*La ausencia de la persona investigada debidamente citada no impedirá la práctica de la prueba preconstituida, si bien su defensa letrada, en todo caso, deberá estar presente. En caso de incomparecencia injustificada del defensor de la persona investigada o cuando haya razones de urgencia para proceder inmediatamente, el acto se sustanciará con el abogado de oficio expresamente designado al efecto*" (art. 449 bis LECrim).

Además, sigue el mismo artículo estableciendo que "*La autoridad judicial asegurará la documentación de la declaración en soporte apto para la grabación del sonido y la imagen, debiendo el Letrado de la Administración de Justicia, de forma inmediata, comprobar la calidad de la grabación audiovisual. Se acompañará acta sucinta autorizada por el Letrado de la Administración de Justicia, que contendrá la identificación y firma de todas las personas intervinientes en la prueba preconstituida*". Por su parte el art. 449 ter que "*La declaración siempre será grabada y el Juez, previa audiencia de las partes, podrá recabar del perito un informe dando cuenta del desarrollo y resultado de la audiencia del menor*".

Señalan SUBIJANA y ECHEBURÚA la relevancia de contar con un sistema que permita una alta calidad de imagen y sonido para que puedan ser captados adecuadamente los matices de la declaración, asegurando así las garantías procesales del acusado. Proponen en este sentido recurrir a salas contiguas conectadas por un sistema de circuito cerrado de televisión[26].

Respecto al informe del perito, la LOPIVI vuelve nuevamente a ser ambigua en su redacción, entendiéndose en este caso que se refiere a un informe sobre la entrevista que sirve como prueba preconstituida (y no en referencia a otras periciales, como puede ser el informe de credibilidad, que puede realizarse también sobre la misma grabación como se ha mencionado previamente).

Como se adelantaba previamente, se establece que las partes podrán trasladar a la autoridad judicial las preguntas que estimen oportunas quien, previo control de su pertinencia y utilidad, se las facilitará a las personas expertas. Reconoce un segundo momento, una vez realizada la audiencia, en las que las partes, en los mismos términos, podrán solicitar aclaraciones. En este caso no queda del todo claro si, respecto al traslado de preguntas, este podrá hacerse durante la audiencia, lo la ley reconoce solamente un momento al inicio de la

---

26 SUBIJANA ZUNZUNEGUI y ECHEBURÚA, «Los menores víctimas de abuso sexual en el proceso judicial: el control de la victimización secundaria y las garantías jurídicas de los acusados», 24.

audiencia -antes de comenzar- y otra al final a modo de cuestiones aclaratorias.

Es importante recoger estas cuestiones en los diferentes protocolos a fin de facilitar el derecho de defensa, manteniendo un correcto desarrollo de la prueba preconstituida. Así, el uso de pinganillos, en vez de tener que ausentarse la persona experta de la sala para recoger las preguntas permite una mayor fluidez de la entrevista, permitiendo así una mejor recogida de información. Deben sin embargo encontrarse formas colaborativas de trabajo entre los y las diferentes profesionales a fin de garantizar un correcto desarrollo de las funciones de todas ellas, a su vez que se asegura el bienestar de la víctima.

Por supuesto, en caso de estar la persona investigada presente en la audiencia de la víctima, se evitará la confrontación visual utilizando para ello cualquier medio técnico.

- ¿Cómo se incorpora al juicio oral?

Establece el art. 703 bis LECrim que *Cuando en fase de instrucción, en aplicación de lo dispuesto en el artículo 449 bis y siguientes, se haya practicado como prueba preconstituida la declaración de un testigo, se procederá, a instancia de la parte interesada, a la reproducción en la vista de la grabación audiovisual, de conformidad con el artículo 730.2*[27]*, sin que sea necesaria la presencia del testigo en la vista*".

Vuelve a cobrar sentido en este punto la exigencia de que estas entrevistas sean realizadas por personas expertas y se defiende aquí que su misma justificación exigiría que dicha grabación venga acompañada del informe que previamente se señalaba. Debe revisarse entonces el objetivo que tiene la prueba preconstituida realizada por medio de personas expertas. Se ha defendido aquí una doble finalidad:

- Por una parte, preservar el bienestar de la víctima, reduciendo la victimización secundaria reduciendo las intervenciones de esta a lo largo del proceso, cuidando además de este contacto sea especializado.

27 Que establece que "*A instancia de cualquiera de las partes, se podrá reproducir la grabación audiovisual de la declaración de la víctima* o *testigo practicada como prueba preconstituida durante la fase de instrucción conforme a lo dispuesto en el artículo 449 bis*" (art. 730.2 LECrim)

- Por otra parte, se solicita la intervención de personas expertas a fin de poder recoger adecuadamente el testimonio, entendiendo que se requiere una especialización para ello. Habría aquí que diferenciar si esta especialización es necesaria únicamente para recoger el testimonio de manera adecuada, o si también lo es para interpretar las respuestas dadas por la víctima. Parte de la doctrina incluirá esta última cuestión dentro de las respuestas de debe dar el informe de credibilidad.

Por último, recordar que el art. 433 de la LECrim establece que " *Los testigos que, de acuerdo con lo dispuesto en el Estatuto de la Víctima del Delito, tengan la condición de víctimas del delito, podrán hacerse acompañar por su representante legal y por una persona de su elección durante la práctica de estas diligencias, salvo que en este último caso, motivadamente, se resuelva lo contrario por el Juez de Instrucción para garantizar el correcto desarrollo de la misma.*" Esto responde como ya cita la misma norma a la modificación exigida por la LEVID su art. 4.1.c[28] con el fin de facilitar en la práctica uno de los principios de esta última norma y garantizar que la víctima entienda y es entendida, además de reducir su estrés psicológico, lo cual se ve beneficiado por ese acompañamiento que no tiene por qué ser profesional.

Respecto al derecho de ser acompañada, la práctica requiere en el caso de a infancia de una importante revisión para poder cumplir con las exigencias de la LEVID y la LOPIVI, sin entorpecer el proceso judicial[29].

---

[28] Dicho artículo establece que así será "*desde el primer contacto con las autoridades y funcionarios.*"

[29] Nuevamente volver a destacar la experiencia Canaria en la que se trabaja el acompañamiento de las víctimas por sus mascotas, alcanzando la finalidad de la medidas de protección, solventando posibles obstáculos de otras formas de acompañamiento especialmente a lo largo de la entrevista forense. Véase: https://www.poderjudicial.es/cgpj/es/Poder-Judicial/Tribunales-Superiores-de-Justicia/TSJ-Canarias/Oficina-de-Comunicacion/Archivo-de-notas-de-prensa/Abre-en-Canarias-el-primer-Juzgado-de-Violencia-contra-la-Infancia-de-Espana-

6.2.1.2 Protocolos unificados en la recogida y valoración del testimonio de la víctima

Una de las cuestiones que la LOPIVI no aborda, siendo una importante laguna, es la formación especializada de las personas expertas encargadas de realizar esta entrevista forense.

En la actualidad la variedad de regulaciones -y la ausencia de estas- relativas a los procesos de selección y los requisitos para el ejercicio de la psicología forense hace imposible asegurar que la persona que vaya a atender una prueba preconstituida de una víctima menor de edad cuente con una especialización para ello. De hecho, a la luz de las regulaciones autonómica puede observarse que en algunas de ellas no se exige formación en psicología forense y/o no se exige colegiación. Tampoco encontramos uniformidad en su formación, no siendo obligatorio haber cursado un postgrado para la contratación por la Administración pública[30]. Esto refleja la ausencia de unos requisitos mínimos en los que ni siquiera se habla de formación específica en la práctica con personas menores de edad. Esta última especialización se considera necesaria además de poder mencionar otras formaciones específicas relacionadas con la victimización o cuestiones de género, las cuales en algunos casos serían necesarias -como por ejemplo en casos de violencia sexual-.

Siguiendo las recomendaciones presentadas por Save the Children, le sería exigible al/la psicólogo/a forense estar oficialmente formado en el protocolo de entrevista de *National Institute of Child Gealth and Human Development* (NICHD), que es el exigido como se ha señalado en la mayoría de los sistemas nórdicos por su alta validez científica.

Existen protocolos de entrevista forense como "la entrevista cognoscitiva (Fisher & Geiselman, 1992), la entrevista paso a paso (Yuille, Hunter, Joffe & Zaparniuk, 1993), la guía de Poole y Lamb (Poole & Lamb, 1998), la elaboración narrativa (Saywitz & Snyder, 1996), el protocolo del Center for Child Protection (Center for Child Protection, 1973), el protocolo del National Children's Advocacy Center

---

30 MARCOS et al., «Ojos que no quieren ver. Los abusos sexuales a niños y niñas en España y los fallos del sistema», 102 y ss.

(Carens, Wilson & Nelson, 1999), el protocolo del NICHD (Lamb et al., 2007), y el RATAC-SATAC (Anderson et al., 2010)"[31], sin embargo numerosos expertos/as reconocen el protocolo NICHD como el más adecuada en el caso de la entrevista forense a menores que si bien se destaca en el caso de abusos sexuales[32], es reconocido también en otros tipos de victimizaciones en la infancia.

De manera simplificada podemos destacar las siguientes fases del protocolo[33]:

- Fase introductoria. La persona entrevistadora se presenta y le explica a la persona menor de edad lo que van a hacer y cuáles son las "reglas del juego", siendo parte de estas describir

---

31 Carolina GUTIÉRREZ DE PIÑERES BOTERO, «Análisis de las prácticas de entrevistas forenses durante la etapa de investigación por denuncias de delitos sexuales en contra de niños, niñas y adolescentes.», Psicogente, 20, n.º 37 (abril de 2017): 121, https://doi.org/10.17081/psico.20.37.2422. (Último acceso: 15 de diciembre de 2021).
Sobre diferentes formas de obtención del testimonio infantil véase Fernando ÁLVAREZ RAMOS, «Asistencia psicológica a las declaraciones infantiles en sede judicial: la prueba preconstituida como forma de evitar la victimización», en *Niñas y niños en los procedimientos judiciales: implicaciones desde la psicología forense* (Vitoria: Eusko Jaurlaritzaren Argitalpen Zerbitzu Nagusia, 2016), 101-4, http://www.ogasun.ejgv.euskadi.eus/r51-catpub/es/k75aWebPublicacionesWar/k75aObtenerPublicacionDigitalServlet?R01HNoPortal=true&N_LIBR=051840&N_EDIC=0001&C_IDIOM=es&FORMATO=.pdf. (Último acceso: 24 de diciembre de 2021).

32 PEREDA BELTRÁN y ARCH MARIN, «Evaluación e intervención con víctimas menores de edad desde la perspectiva de la Justicia Terapéutica. Especial referencia a las víctimas de abusos sexual infantil», 263.

33 Yael ORBACH et al., «Assessing the value of structured protocoles for forensic interviews of alleged child abus victims», Child Abuse & Neglect, 24, n.º 6 (junio de 2000): 733-52, https://doi.org/10.1016/S0145-2134(00)00137-X., (Último acceso: 1 de diciembre de 2021) y Michael B. LAMB et al., «A structured forensic interview protocol improves the quality and informativeness of investigative interviews with children: A review of research using the NICHD Investigative Interview Protocol», Child Abuse & Neglect, n.º 31 (2007): 1201-31., (Último acceso: 7 de diciembre de 2021). Gunn ASTRID BAUGERUT y Miriam SINKERUD JOHNSON, «The NICHD Protocol: Guide to follow recommended investigative interview practices at the barnahus», en *Collaborating against child abuse. Exploring the Nordic Model*, de Susanna JOHANSSON et al. (Switzerland: Palgrave Macmillan, 2017), 123 y ss. (Último acceso: 8 noviembre de 2021)

las cosas con detalle y decir la verdad. Incluye una aclaración importante de la dinámica en que la persona menor de edad puede decir que no entiende, que no recuerda, o que la persona entrevistadora se está equivocando.

- Fase de construcción de Rapport. El objetivo de esta fase es crear un ambiente acogedor para la víctima, debiendo poner en práctica lo previamente "pactado", hablando de acontecimientos placenteros o neutros. Permite valorar la comprensión de la persona menor de edad y sus habilidades comunicativas.
- Entrenamiento en un episodio de la memoria. Se menciona un sucedo conocido y vivido por la persona menor de edad, de preferencia en un tiempo cercano al momento del abuso. Se realizan preguntas aclaratorias para poder completar el sucedo por medio de la narrativa suponiendo un ejercicio de "entrenamiento de memoria episódica".
- Transición al sucedo abusivo. Se invita a la persona menor de edad a hablar sobre el hecho que le ha traído hasta aquí, por medio de preguntas abiertas y no sugestivas para facilitar que sea esta quien relate lo sucedido desde el principio hasta el final. Cuantas menos interrupciones en su relato se den, mejor.
- Recuerdo libre. Se puede en este punto realizar un breve descanso tras lo hablado con el/la entrevistada/o reiniciando la conversación siempre desde lo ya relatado, recurriendo con preguntas más abiertas o más cerradas, para completar lo narrado.
- Cierra. Se cierra la entrevista agradeciendo a la persona menor de edad compartir esta información e invitándola a pensar si se le ha olvidado contar algo. Finalmente se vuelve a una conversación final sobre situaciones ajenas a la situación de abuso antes de cerrar la entrevista.

Dentro de una estructura integral análoga al Barnahus, se contempla también la necesidad de formación específica del/de la psicólogo/a clínico/a. Dada la importancia de coordinar las entrevistas forenses, asistencias y aquellas que permitan conocer el estado psicológico de la víctima, se menciona dicha formación brevemente.

Se establecen que estos profesionales deberán de estar contar con una acreditación para trabajar dentro de programas Terapia Cognitiva conductual focalizada en el trauma TF-CBT[34]. Esta es la terapia que cuenta actualmente con un mayor respaldo empírico en su adecuación al tratamiento de la infancia expuesta a vivencias traumáticas. Se desarrolla por medio de diferentes "componentes" que, si bien tiene un orden estructurado y secuencial, puede ser alterado cuando el experto lo considere oportuno. Trabaja con la participación no solamente de la víctima menor de edad sino también con el responsable no abusivo.

De manera resumida, pueden reconocerse en esta los siguientes componentes:

Psicoeducación y entrenamiento en habilidades parentales.	Discusión y educación acerca del maltrato infantil en general y de las típicas reacciones emocionales y conductuales al abuso sexual; entrenamiento para padres/cuidadores en estrategias de manejo conductual y comunicación positiva.
Relajación	Entrenamiento en relajación basado en técnicas de respiración, relajación mental y muscular progresiva.
Análisis afectivo y entrenamiento en modulación emocional	Mejora de la capacidad para identificar y expresar emociones, ayudando al menor y a los cuidadores a manejar las reacciones emocionales relacionadas con el abuso, y practicar el autocontrol y la auto-relajación.
Cognitiva reestructuración	Ayudar al menor y a los cuidadores a entender la conexión entre pensamientos, sentimientos, y comportamientos; explorar y corregir las atribuciones erróneas relacionadas con los eventos cotidianos.
Trauma narración y procesamiento cognitivo	Ejercicios de exposición gradual, incluyendo la narración del trauma de manera verbal o escrita, y el procesamiento de los pensamientos erróneos y/o nocivos asociados al abuso.
In vivo exposición	Exposición gradual in vivo a los estímulos relacionados con el trauma en el ambiente del menor (Por ejemplo, en el sótano, la oscuridad, la escuela), por lo que el niño o niña aprende a controlar sus propias reacciones emocionales.

34 PEREDA BELTRÁN, BARTOLOMÉ, y RIVAS, «Sota el mateix sostre», 55., y MARTÍNEZ GARCÍA y MARTÍNEZ, «Barnahus: bajo el mismo techo», 62.

Conjuntas sesiones cuidador-niño	Sesiones de familia para mejorar la comunicación y la relación. Se crean oportunidades para que el menor comparta la narración del trauma y se debata terapéuticamente en relación al hecho.
Aumento de la seguridad y el desarrollo futuro	Educación y entrenamiento en habilidades de seguridad, de mejora en las relaciones interpersonales, y de sexualidad sana. Desarrollo de nuevas habilidades en el manejo de los factores de estrés futuros relacionados con el trauma.

Tabla 10. Componente de la TCC-FT.

Extraída de "La eficacia de la TCC y la TCC-FT en el trauma en la infancia maltratada[35]

Supone así un trabajo gradual en el que se irán trabajando no solamente las emociones de la víctima y su manejo sino también reconectar a la víctima con el hecho traumático de una manera controlada y con unas habilidades adquiridas desde las que ofrecer una visión o manejo diferentes del recuerdo del hecho traumático, permitiendo afectar a los síntomas provocados por estos. La última fase tiene un enfoque a futuro que permite dotar de ciertas habilidades a la víctima antes situaciones relacionadas con el trauma o posibles nuevas victimizaciones.

Debe señalarse que, aun siendo una herramienta flexible y adaptable a las necesidades específicas de cada caso, no siempre es la más adecuada dado que pretende permitir un funcionamiento de la víctima similar al previo a la experiencia traumática. En este sentido, algunos autores no recomiendan su uso en el caso de trauma complejo dado que se da una ausencia de "base" previa sobre la que estructurar el desarrollo de la terapia. Igualmente, al incluir la participación de uno de los progenitores es necesaria cierta estabilidad y es debatible la adecuación de la participación de estos en algunos casos[36].

---

35 Macarena PRIETO LARROCHA, «Eficacia de la Terapia Cognitivo Conductual (TCC) y de la TCC-Focalizada en el Trauma en la Infancia Maltratada» (Universidad de Murcia. Facultad de Psicología, 2015), 57, https://www.tdx.cat/bitstream/handle/10803/373197/TMPL.pdf?sequence=1&isAllowed=y. (Último acceso: 20 de diciembre de 2021)

36 PRIETO LARROCHA, 33-85.

En cualquier caso, su capacidad de adaptación y la exigencia de una alta especialización de los profesionales permitiría una valoración adecuada en cada caso.

Se aprovecha esta reflexión para señalar, respecto a la importancia de los protocolos unificados y especializados, las siguientes cuestiones:

- Que lo reflejado hasta ahora permite afirmar que la formación exigida a los y las psicólogas forenses que participan en casos de victimización sexual infantil en la actualidad es insuficiente. Se debe exigir una especialización no solamente en infancia sido también una adecuación en base al tipo de delito y demostrar una experiencia suficiente para atender estos casos. Además, las repercusiones que tiene el trauma en la forma de vivir el proceso y por tanto en la narrativa de la víctima es tal, que se hace exigible una formación clínica por parte de estos profesionales.
- Que por la relevancia que tienen los pasos previos y el impacto que pueden tener en la entrevista forense, especialmente en detección, derivación y fase policial, es necesario contar con protocolos unificados para lograr un trabajo coordinado y armonioso.
- En relación a ello, recordar que la recogida de información previa acerca del asunto es esencial para realizar una entrevista forense de calidad, reforzándose la importancia del trabajo coordinado[37].
- En coherencia, resulta exigible contar con un equipo especializado en personas con discapacidad tanto para la toma de declaración como para su acompañamiento, ofreciendo los apoyos razonables[38]. La Fundación Carmen Pardo-Valcarce publicó

---

37 Existen en España Unidades Especializadas en las FFCCSE que cuentan con formación suficiente para realizar la prueba preconstituida y que en ocasiones realizarán una labor previa de recogida de información entre la que se dará también un encuentro con la víctima en la que se valorará su capacidad para declarar en fase de instrucción. Debe aumentarse estas unidades especializadas y mejorar la coordinación y transferencia de conocimientos.

38 Ello en respeto a los artículos 9.2, 12.3 y 13 de la CDPD, los cuales aluden a la accesibilidad, la necesidad de contar con medidas adecuadas para proporcionar el apoyo necesario para ejercitar la capacidad jurídica en caso necesario y el acceso efectivo a la justicia.

en 2012 una guía para la intervención policial con personas con discapacidad, actualizada por la Fundación A LA PAR en 2017, incorporando esta última, cuestiones tan importantes como el procedimiento para obtener la prueba preconstituida por medio del uso de salas contiguas y el uso de la cámara de Gessel -reduciendo así la victimización secundaria-, la figura de la persona facilitadora, o la hoja de derechos de la víctima en fácil lectura[39]. Si bien es cierto que el modelo de entrevista propuesto sigue los pasos establecidos en el protocolo NICHD[40], cada discapacidad puede afectar de manera diferenciada a la comunicación establecida, aportando la guía un anexo en el que se establece un listado de consideraciones especiales a tener en cuenta en la entrevista según los diferentes síndromes más asociales a la discapacidad intelectual[41].

6.2.2. *Algunas cuestiones complementarias*

Para terminar, llamar brevemente la atención sobre algunas cuestiones que derivan de la lógica previamente expuesta.

6.2.2.1 Participación de la víctima menor de edad en la fase oral

Las medidas expuestas no suponen sin embargo la imposibilidad de que una persona menor de edad llegue a declarar en juicio oral, ya sea en las excepciones mencionada en el art. 449 ter, ya sea por no haberse justificado el uso de la prueba preconstituida al ser la víctima menor de edad pero mayor de 13 años.

---

39 José Luis GONZÁLEZ ÁLVAREZ et al., *Guía de intervención policial con personas con discapacidad intelectual*, Ministerio del Interior. Fundación A LA PAR (Madrid, 2017), 87-99 y 121 y ss., http://www.interior.gob.es/documents/642317/1201295/GuiaIntervenci%C3%B3nPolicialPDIversi%C3%B3n web.pdf/806b2414-8c6b-483a-a928-434daf3d5dc3. (Último acceso: 20 de diciembre de 2020)

40 Alberto ALEMANY CARRASCO et al., *Guía de intervención policial con personas con discapacidad intelectual* (Madrid: Fundación Carmen Pardo-Valcarce. Guardia Civil, 2012), 50-70.

41 Pueden consultarse en GONZÁLEZ ÁLVAREZ et al., *Guía de intervención policial con personas con discapacidad intelectual*, 103-15.

En este sentido el art. 707 LECrim establece que "*Fuera de los casos previstos en el artículo 703 bis, cuando una persona menor de dieciocho años o una persona con discapacidad necesitada de especial protección deba intervenir en el acto del juicio, su declaración se llevará a cabo, cuando resulte necesario para impedir o reducir los perjuicios que para ella puedan derivar del desarrollo del proceso o de la práctica de la diligencia, evitando la confrontación visual con la persona inculpada. Con este fin podrá ser utilizado cualquier medio técnico que haga posible la práctica de esta prueba, incluyéndose la posibilidad de que los testigos puedan ser oídos sin estar presentes en la sala mediante la utilización de tecnologías de la comunicación accesible*". Las modificaciones de la LOPIVI en este artículo son anecdóticas, especificando que la comunicación deberá ser accesible. La práctica nos recuerda que numerosas sedes judiciales no están adaptadas a personas menores de edad por lo que estas medidas no son suficientes. Si bien podría hablarse de la falta de adaptación de la entrada a sede judicial, pasillos o salas de espera, tampoco estos mecanismos para evitar la confrontación visual resultan ser necesaria, dado que no son aislados los casos en los que se recurrirá a la declaración de la víctima en sala, con uso de biombo (por la ausencia de recursos técnicos de calidad). Si bien en estos casos de cumple con la evitación de confrontación visual, no es menos cierto que se revela altamente insuficiente para proteger la salud mental de la víctima.

Por otra parte, no solamente el entorno sino la forma de tomar declaración puede resultar hostil para la víctima menor de edad. En este sentido consideramos que hubiera resultado más adecuada la obligación de que esta declaración se tomara siempre de manera especial, haciendo uso de las tecnologías de comunicación y de profesionales especializados para ello (siguiendo la misma justificación que su exigencia en fase de instrucción).

6.2.2.2 Especial atención al derecho a la intimidad

Una de las perspectivas más trabajadas a la hora de preservar la intimidad de la víctima menor de edad ha sido su equilibrio con al principio de publicidad, garantía procesal ya trabajada previamente. En este sentido existe numerosa doctrina y jurisprudencia contando además con una regulación, encontrándose principalmente en los art. 681 y 681 de la LECrim su apoyo.

Nos interesa por ello señalar otro debate que surge la incorporar la entrevista forense en el juicio oral, utilizada como prueba preconstituida.

Aunque la declaración en sí misma, se rige, acorde al art. 21.b de la LEVID, por obtener aquella información estrictamente necesaria para la investigación penal, no es menos cierto que el protocolo recomendado permite, para acceder a la información de manera adecuada, un margen más amplio de relatos ajenos a aquellos que no resulten estrictamente necesarios para la valoración del estado de la víctima y de los hechos.

En este sentido el art. 19 de la LEVID establece que "*Las autoridades y funcionarios encargados de la investigación, persecución y enjuiciamiento de los delitos adoptarán las medidas necesarias, de acuerdo con lo establecido en la Ley de Enjuiciamiento Criminal, para garantizar la vida de la víctima y de sus familiares, su integridad física y psíquica, libertad, seguridad, libertad e indemnidad sexuales, así como para proteger adecuadamente su intimidad y su dignidad, particularmente cuando se les reciba declaración o deban testificar en juicio, y para evitar el riesgo de su victimización secundaria o reiterada. En el caso de las víctimas menores de edad, la Fiscalía velará especialmente por el cumplimiento de este derecho de protección, adoptando las medidas adecuadas a su interés superior cuando resulte necesario para impedir o reducir los perjuicios que para ellos puedan derivar del desarrollo del proceso.*", lo cual es reiterado en el art. 22, y encuentra también su amparo en el art. 680.3 LECrim.

Esta cuestión ha sido planteada en el contexto de la justicia juvenil, conteniendo el informe técnico referencias a situaciones ajenas a la causa de manera estricta, pero teniendo relevancia para el caso. Situación similar nos encontraríamos en el caso de la declaración de la víctima menor de edad en el proceder propuesto, siendo necesario establecer unos estándares de seguridad más elevados en relación con la grabación de la declaración -alcanzando esta misma reflexión otras periciales que pudieran ser necesarias-. Acudimos a modo de ejemplo a la decisión tomada por la Audiencia Provincial de Córdoba, Sec. 2.ª, en su Sentencia de 14 de febrero de 2013, en la que se optó por no facilitar copia del informe psicosocial a las partes. Siendo parte del derecho de contradicción a la prueba, se facilitó el contenido de esta poniendo a su disposición una copia en sede judicial para su consulta. Distinto es el caso de la grabación de la declaración de la víctima en la que se ejerce el derecho de contradicción en cuanto la parte acusada y su asistencia letrada se encuentran presente en el momento de esta, debiendo en todo caso preverse la protección de esta en fase de instrucción y especialmente en el momento de su reproducción en juicio oral, pese a la ausencia física de la víctima menor de edad.

Tiene aquí sentido hacer mención a las intervenciones que se señalaban previamente en fase policial. Como se adelantaba, algunas unidades especializadas podrán realizar intervenciones con las víctimas en las que se valorarán cuestiones que pudieran ser de interés para, posteriormente, reducir la intervención realizada ya como entrevista forense en la que, aun siguiendo el protocolo y por ende incorporando elementos no estrictamente relacionados con los hechos delictivos, estos serían menos. Igualmente se plantea la posibilidad de grabar de manera íntegra la entrevista forense, estando a disposición de las partes y los operadores jurídicos que lo requieran, pero limitando únicamente la reproducción en juicio a los fragmentos que encuentren una vinculación directa con los hechos.

Finalmente, se entiende que la reproducción de la grabación es equivalente a la presencia de la víctima relatando los hechos por lo que, en relación a la preservación de su intimidad, exigiría en todo caso que se realizase a puerta cerrada.

6.2.2.3 Especial atención al derecho a la información

Como ha quedado reflejado, debe asegurarse el derecho a la información de la víctima menor de edad durante todo el proceso, atendiendo a su nivel de comprensión, facilitando aquella información relevante para la toma de decisiones y asegurando su dignidad.

Uno de los puntos conflictivos en la práctica es la información facilitada a la víctima en relación a la entrevista forense. Si bien la LOPIVI permitió la eliminación en lo que respecta a la infancia maltratada, de la aplicación del 416 LECrim[42], el cual había provocado en ocasiones auténticas desprotecciones de las víctimas menores de edad, encontramos aun pequeñas lagunas que no hacen más que reforzar una perspectiva adultocentrista en la práctica[43].

La incoherencia resultada de la falta de especialización en el ámbito de la infancia provoca en a práctica respuestas extremas e inadaptadas. Así, mientras que algunos operadores jurídicos han cargado a la víctima con la responsabilidad de atender al art. 416, otros consideran que no es necesaria ninguna información a la víctima presu-

---

[42] Respecto a la dispensa de obligación de declarar del art. 416 LECrim, se añade por la LOPIVI que no será de aplicación "*1.º Cuando el testigo tenga atribuida la representación legal o guarda de hecho de la víctima menor de edad o con discapacidad necesitada de especial protección. 2.º Cuando se trate de un delito grave, el testigo sea mayor de edad y la víctima sea una persona menor de edad o una persona con discapacidad necesitada de especial protección. 3.º Cuando por razón de su edad o discapacidad el testigo no pueda comprender el sentido de la dispensa. A tal efecto, el Juez oirá previamente a la persona afectada, pudiendo recabar el auxilio de peritos para resolver. (…)*"

[43] La STS 2021/2017 de 19 de mayo de 2017, estudió un caso de delito continuado de agresión sexual -junto con un delito de lesiones y delito de provocación sexual- de un padre biológico a su hija de 8 años al inicio de estos abusos, siendo el último contacto 4 años tras el inicio de los abusos un encuentro con penetración que provocó un contagio de enfermedades de transmisión sexual a la menor. La menor fue oída por Fiscalía, por el Juez de Instrucción y por las psicólogas que la entrevistaron, resultando que "*en ninguno de los casos se le advirtió de que le asistía el derecho de acogerse a la dispensa de declarar, del art. 416,1 LECRIM, de donde se sigue que, de conformidad con lo resuelto en las SSTS de nº. 1421/2005, de 30 de noviembre, 385/2007, de 10 de mayo, y 209/2017, de 28 de marzo, y, en particular en la de n.º 1010/2012, de 21 de diciembre, con amplias referencias jurisprudenciales, las manifestaciones de carácter inculpatorio vertidas de ese modo están afectadas de nulidad y no debieron ser utilizadas con fines de prueba*". Pese a que se daban otros errores que no permitían proteger el derecho de defensa de la parte acusada, la sala hace mención a esta falta de información del art. 416 LECrim y sentencia con una absolución en este caso, indicando que "*Cierto es que la sala da por cierta la existencia de un contacto sexual entre el ahora impugnante y su hija en una visita del mismo a DIRECCION000 en 2011. pero sucede que, por lo expuesto, no hay prueba declarativa sobre el efectivo acaecimiento de esa relación.*". No se trata de un caso aislado, señalando ya en su momento FAPMI que ha provocado numerosos archivos de causas, en FAPMI-ECPAT, «Recomendaciones y buenas prácticas en la atención a niños, niñas y adolescentes en el ámbito judicial. Conclusiones del II y III Foros "Justicia e Infancia"», 19.

poniendo que no la entenderá. Sin embargo, como cuestiones como explicar a la víctima qué va a suceder o que otras personas la están escuchando (aunque no las vea) son cuestiones relacionadas con su derecho a la información y su dignidad.

Finalmente interesa señalar, a modo de reflexión, una preocupación posterior al proceso judicial. Y es que, durante el proceso, entendemos que el modelo presentado, junto a las medidas implementadas permite una correcta armonía entre los derechos de participación y protección de la víctima menor de edad. Sin embargo, entre las referencias constantes realizadas en esta investigación se encuentran las de reconocer a la persona en un desarrollo continuo, de formar que tiene plena repercusión el desarrollo de su infancia en el reconocimiento de su identidad adulta.

Si bien es cierto que la atención integral de la víctima permite una atención adecuada a la relación de la víctima con el hecho delictivo, por medio de una atención psicológica especializada (teniendo en este sentido especial relevancia el enfoque en el trauma), queremos llamar la atención sobre el derecho de la víctima a conocer el desarrollo del proceso también en una fase posterior.

El art. 5.1 del RD1109/15 establece en su letra m que "*Toda víctima tiene derecho, desde el primer contacto con las autoridades y funcionarios, incluyendo el momento previo a la presentación de la denuncia, a recibir, sin retrasos innecesarios, información adaptada a sus circunstancias y condiciones personales y a la naturaleza del delito cometido y de los daños y perjuicios sufridos, sobre los siguientes extremos: m) Derecho a efectuar una solicitud para ser notificada de las resoluciones a las que se refiere el artículo 7.*"

Por su parte el art. 7 establece que, habiendo realizado tal solicitud[44], la víctima será notificada de estado del procedimiento, así como del fin de este y las causas, de las resoluciones que acuerden prisión, de la puesta en libertad o fuga, etc. Establece además en el caso de causas por violencia de género de la información de aquellas cuestiones que pudieras suponer un riesgo para la víctima aun sin que esta

---

44 ARANGÜENA FANEGO, «Participación de la víctima en la ejecución penal», 210 y ss.

la hubiera solicitado, salvo que esta haya rechazado expresamente recibir dicha información.

Entendemos en este sentido que la solicitud va a ser realizada, en su caso, por los representantes de la víctima, quedando bajo la decisión de estos su traslado a la víctima menor de edad. En este sentido, volvemos a reiterar la necesidad de potenciar el uso de figura de atención adecuada a los intereses de NNA, dado que ese interés puede no coincidir con el de la víctima[45]. Si bien es cierto que en muchas ocasiones esta información tiene una alta carga procesal, siendo complejo adecuarla a la compresión de la víctima menor de edad, encontramos en este punto cierta desprotección de su derecho a la información.

En este sentido, llamamos la atención sobre la ausencia de perspectiva de algunas medidas que, como ha sucedido anteriormente, aun surgiendo con el propósito de protección de la infancia, al realizarse desde una perspectiva excesivamente proteccionista no facilita que la infancia pueda alcanzar sus propios intereses. Incluso más que la una visión anticuada del proteccionismo, consideramos que la plena confianza en los progenitores como representantes de la persona menor de edad es lo que redunda en un procedimiento limitativo y poniendo en riesgo el alcance de sus intereses[46].

Reflejo de ello es la regulación que encontramos respecto a la restricción de la publicidad de sentencias, con el objetivo de proteger la

---

45 En todo caso, refleja ARANGÜENA FANEGO la falta de claridad en la regulación de esta cuestión, señalando por otra parte, la dificultad en justificar el trato diferenciado entre víctimas personadas y no personadas, lo que puede llegar a afectar directamente a las víctimas menores de edad, en Coral ARANGÜENA FANEGO, «De nuevo sobre la participación de la víctima en la ejecución penal», en *Justicia Restaurativa: una justicia para las víctimas*, de Helena SOLETO MUÑOZ y Ana CARRASCOSA MIGUEL (Valencia: Tirant lo Blanch, 2019), 307-42.

46 Esto se vería solventado con nuevas figuras de atención a la infancia que podrían servir de intermediarias entre el proceso judicial y la víctima. Esto se encontraba contemplado en una propuesta de Unicef que recalcaba la importancia de la comunicación de la decisión judicial y el apoyo integral a la víctima menor de edad en ese momento en, «La justicia en asuntos concernientes a menores víctimas y testigos de delitos. Ley modelo y comentario» (New York: Oficina de Naciones Unidas contra la Droga y el Delito. Unicef, 2009), 24, https://www.unodc.org/documents/justice-and-prison-reform/Justice_in_matters_ES.pdf. (Último acceso: 28 de octubre de 2021)

intimidad de la víctima, que pueden llegar a impedir el acceso mismo de la víctima cuando no se incorpore dicha visión.

El art. 266 LECrim establece que "*El acceso al texto de las sentencias, o a determinados extremos de las mismas, podrá quedar restringido cuando el mismo pudiera afectar al derecho a la intimidad, a los derechos de las personas que requieran un especial deber de tutela o a la garantía del anonimato de las víctimas o perjudicados, cuando proceda (...)*", estableciendo el art. 234.2 LOPJ que "*Las partes y cualquier persona que acredite un interés legítimo y directo tendrán derecho a obtener, en la forma dispuesta en las leyes procesales y, en su caso, en la Ley 18/2011, de 5 de julio, reguladora del uso de las tecnologías de la información y la comunicación en la Administración de Justicia, copias simples de los escritos y documentos que consten en los autos, no declarados secretos ni reservados.*"

Recordamos así que el derecho a buscar, recibir y utilizar información adecuada para su propio desarrollo es un derecho de la infancia reconocido en el art. 5 LOPJM.

Por otra parte, acudimos al art. 8.1 CDN que establece que "*Los Estados Partes se comprometen a respetar el derecho del niño a preservar su identidad, incluidos la nacionalidad, el nombre y las relaciones familiares de conformidad con la ley sin injerencias ilícitas. 2. Cuando un niño sea privado ilegalmente de algunos de los elementos de su identidad o de todos ellos, los Estados Partes deberán prestar la asistencia y protección apropiadas con miras a restablecer rápidamente su identidad*". Habida cuenta del impacto que tiene la vivencia de un hecho delictivo en el desarrollo de la persona, y en su propia identidad, consideramos necesario establecer canales más fluidos de obtención de información -adecuada- asegurándose así sus derechos.

Por último, encontramos en el art. 7 CDN el derecho a conocer a sus padres y a ser cuidados por ellos, cuando sea posible. Consideramos que cuando hayan sido necesaria medidas de protección que priven a la persona menor de edad de ser cuidada por uno o ambos progenitores, este derecho a una información completa, entendida por supuesto dentro de una atención integral-, puede ser de gran relevancia. Siendo la mayoría de los casos de violencia en la infancia perpetrados en el núcleo familiar, encontramos una conexión de relevancia entre el derecho de información y el derecho a la identidad.

6.3. LOS INTERESES DE LA VÍCTIMA EN LA RESPUESTA ANTE LA VICITIMIZACIÓN

Cuestión complementaria a todo lo visto anteriormente sería el análisis de los intereses de las víctimas en la respuesta judicial y si cabrían una satisfacción complementaria de estos por medio de otros mecanismos.

6.3.1. La respuesta del proceso judicial

La grave problemática de acceso a la justicia en sentido estricto, así como el desarrollo mismo del proceso y el impacto que tiene en la víctima puede llegar a apartar otro de los elementos que se encuentra en la actualidad ampliamente trabajado en el contexto adulto: la respuesta del proceso judicial y el significado que esta tiene para la víctima. Si bien es cierto que, como paso previo, para poder alcanzar esa respuesta, es necesario solventar adecuadamente las cuestiones previas, no debe olvidarse que la respuesta en sí misma es *a priori* el objetivo del proceso en sí.

A la luz de los resultados que se obtenían acerca del sobreseimiento de algunos de los asuntos concernientes a la victimización de la infancia, urge sin duda facilitar una mejor recogida de la información sobre el hecho delictivo, evitando la instrumentalización de la víctima lo que, en el caso de la infancia, requiere de un esfuerzo añadido tanto por las consecuencias que pueda tener la situación de violencia en su estado inmediato, como por el impacto que esta, junto con el transcurrir del proceso judicial, pueda tener en su desarrollo. Se resaltaba así un doble beneficio en las medidas abordadas hasta ahora: una mejor protección de las necesidades específicas de la infancia victimizada, y un desarrollo adecuado del proceso judicial, pudiendo alcanzar sin victimización secundaria, un nivel más elevado de información relevante para poder juzgar el asunto dando así una respuesta más adecuada o justa.

Así, señalábamos que esto no era una propuesta simplemente de mejora sino una exigencia mínima de respeto de los derechos de la infancia. Pese a ello, y volviendo a la definición de acceso a la justicia, faltaría atender a la eficacia de la respuesta dada.

Se ha hablado en el Capítulo IV de los conceptos de restitución y de reparación y merecen señalarse brevemente algunos debates sobre estos en el contexto de la infancia.

Extraído de manera *feroz* el poder de decisión de las víctimas menores de edad sobre su conflicto en el proceso judicial, no resulta extraño carecer de información acerca de lo que esperan del proceso judicial. Responde como ya se ha señalado a una imagen de extrema vulnerabilidad que tiene la víctima, sumada a su situación de victimización, en la que se considera que la protección debe ser completa. Compartiendo este planteamiento, resulta sin embargo necesario no olvidar que la participación de la víctima en aquellos asuntos que le conciernen es una obligación dentro del respeto de sus derechos, y que no debe por supuesto confundirse con una *obligación de la víctima*.

Tendría en este sentido importancia establecer un sistema adecuado de participación, en el que se valorara la adecuación de la profundidad o intensidad de la participación de la víctima menor de edad, basándonos en el respeto de sus derechos desde un prisma proteccionista de sus necesidades específicas -tanto de *persona menor de edad* como de *víctima* en fase de desarrollo-. Aunque se ha hecho referencia numerosas veces al interés de la persona, poco se sabe sobre el interés de las víctimas menores de edad respecto al proceso como herramienta de gestión de conflictos.

Aunque sí se han podido extraer algunas pretensiones de personas que fueron victimizadas en la infancia por medio de su consulta en la adultez -justificado en numerosas ocasiones por la denuncia ya en este periodo-, no ha sido así respecto a las posibles pretensiones existentes en las víctimas cuando son menores de edad y la posible evolución de esta acorde a su desarrollo y del significado atribuido al hecho delictivo a medio o largo plazo.

Esto, atendiendo a que, como se ha constatado, la victimización pueden tener efectos que se desarrollen a largo plazo, resultando extremadamente complejo dar una respuesta en este sentido dado que resultaría razonable entender que los intereses o las pretensiones que pueda tener la víctima respecto a la respuesta obtenida en el proceso judicial dependa, al menos parcialmente, del significado atribuido al hecho delictivo y de las consecuencias que la víctima considere que este ha tenido en su vida. Es de hecho una de las limitaciones con las que podemos encontrarnos, ya que podría entenderse que, para poder valorar el interés de la víctima menor de edad, sería necesario asegurar que este es definido por la víctima desde una libertad suficiente. En este sentido, sería necesario cierto nivel de empoderamiento, en el que el significado atribuido al hecho delictivo provenga mayormente de la víctima y sus creencias y valores y no como respuesta de las consecuencias que haya podido tener la victimización en esta[47].

Aunque resulta necesario buscar nuevas vías para completar esta laguna, la complejidad del proceso judicial, así como del alcance de la respuesta dada puede resultar, según el estado y la madurez de la víctima, muy lejano a sus intereses. Sirva de ejemplo aquellos casos en los que la víctima cuenta con muy corta edad de manera que no resulta viable que entienda el alcance en sí mismo del proceso, o que el inicio de este se haya dado por causas ajenas a la voluntad de la víctima, de forma que se ve inmersa en el mismo sin desearlo, no teniendo por tanto expectativas positivas depositadas en el mismo -en este momento-.

Cuando hablamos de reparación de la víctima, podemos hacerlo en términos económicos o no. Para la reparación no económica, se requiere la participación de la víctima, dado que la definición de lo que va a resultar reparador depende plenamente de sus intereses. La desviación de esta definición de intereses a un tercero resulta cuestionable dado que si se considera imposible alcanzar la definición de estos intereses -por estado de la víctima o su madurez-, resultaría a su vez dudoso poder justificar que va a poder beneficiarse de esta reparación, aunque no plenamente excluible trasladándose en este caso el debate a la adecuada participación.

Existen pese a ello formas de alcanzar esta reparación dentro del proceso mismo ya que el propio proceso adaptado puede resultar re-

---

47 Debe aclararse que se considera que el impacto de la victimización es un hecho que modifica de manera definitiva las creencias de la persona, incorporando a su vida una vivencia significativa. En este sentido, no es posible desvincular de manera total los intereses de la víctima de esta vivencia. Sin embargo, habida cuenta de las posibles consecuencias de la victimización en el periodo de desarrollo como puede ser la disociación, resulta fundamental que dicho interés no se encuentre justificado desde esta disociación, sino desde un estado de salud suficiente de la víctima (volviendo al concepto de interés superior analizado previamente).

parador -aun sea parcialmente- para la víctima. Una sentencia condenatoria también puede resultar reparadora simbólicamente para las víctimas, tanto hacia un sentimiento de credibilidad de esta como en algunos casos también, con un carácter más vindicativo, en el castigo al ofensor por el daño causado.

Sin embargo, hablan SOLETO MUÑOZ y GRANÉ CHAVEZ de la reparación económica como "(...) una manera objetiva y transparente de reparación, cuantificable y medible por los operadores jurídicos"[48]. Esta reparación, cuando no resulte alcanzable la definición de otros intereses de la víctima menor de edad, o cuando aun consultando a la víctima no se considere adecuado -porque así lo exprese la víctima o porque se considere oportuno aplicar una medida paternalista que lo impida para preservar su bienestar-, resulta de enorme relevancia.

En el caso de la víctima menor de edad, en el que se observa un alto impacto de la victimización en su salud a corto y largo plazo, tiene si cabe más importancia.

Encontramos sin embargo en los resultados llevados a cabo por las autoras unos resultados nuevamente desoladores[49].

Las autoras reflejan los datos de dos estudios diferentes[50], resultando el porcentaje de víctimas menores de edad más bajo salvo, coincidiendo con los datos aquí presentados, en el caso de delitos sexuales y delitos violentos en el que calculan que un 47,8% de las víctimas

---

48 Helena SOLETO MUÑOZ y Aurea GRANÉ CHAVEZ, *La eficacia de la reparación a la víctima en el proceso penal a través de las indemnizaciones. Un estudio de campo en la Comunidad de Madrid* (Madrid: Dykinson, 2018), 47.

49 Recordemos que si no se extraer otros intereses ajenos al proceso judicial para la víctima menor de edad, y no teniendo el proceso en sí mismo un valor simbólico para ella, la reparación económica quedaría como única en el caso de la victimización infantil.

50 El primer estudio recoge los datos de la Comunidad de Madrid, analizando los expedientes de ejecución de 2012. En el segundo estudio se centraron en los Juzgados especializados de Plaza Castilla y los de Getafe y los de la Audiencia provincial, analizando los expedientes de ejecutorias de 2014 y 2013-2015 respectivamente. Se han excluido los delitos de tráfico y de violencia de género. Para más datos sobre la muestra, consultar SOLETO MUÑOZ y GRANÉ CHAVEZ, *La eficacia de la reparación a la víctima en el proceso penal a través de las indemnizaciones. Un estudio de campo en la Comunidad de Madrid*, 31-42.

son menores de edad y un 73,9% son mujeres[51]. Por ello, aunque resultan de relevancia los datos extraídos en los demás delitos, resultan en nuestro caso más significativos.

Algunos elementos de relevancia que analizan en estos estudios son el porcentaje de casos en los que se reconoce indemnización, su cuantía, su cobro (y la forma) y la repercusión que tiene en esta la conformidad y la acusación particular.

De los resultados presentados, extraen las siguientes conclusiones de manera general[52]:

- Que la acusación particular no tiene un impacto significativo en que haya o no conformidad -siendo en todo caso mayor la conformidad en los Juzgados de lo Penal que en la Audiencia Provincial). Tampoco la tiene sobre la imposición de indemnizaciones en los Juzgados de lo penal pero sí en la Audiencia Provincial. Sí lo tiene sin embargo en que la cuantía de la pena sea más elevada.
- Que la conformidad, no tiene un impacto significativo en la reparación. No tiene ningún impacto en la probabilidad de cobro en los Juzgados de lo Penal, pero sí en la Audiencia Provincial.
- Que los porcentajes de expedientes con indemnizaciones dictadas son elevados, siendo la media de la cuantía superior en la Audiencia Provincial

De manera específica interesa recalcar los datos obtenidos en los delitos sexuales y violentos. De los 108 expedientes analizados, el 98,1% establecía indemnizaciones (teniendo una media de 41.721,14€ y mediana de 10.202,40€)[53].

En lo referente al cobro, de manera general, la existencia de conformidad no tiene incidencia en los Juzgados de lo Penal pero sí en la Audiencia Provincial. Si por su parte recordamos que también tiene relevancia la acusación particular en la imposición de indemnizaciones en la Audiencia Provincial, tiene sentido volver a señalar el im-

---

51 SOLETO MUÑOZ y GRANÉ CHAVEZ, 50.
52 SOLETO MUÑOZ y GRANÉ CHAVEZ, 91-93.
53 SOLETO MUÑOZ y GRANÉ CHAVEZ, 60.

pacto que puede tener este tipo de decisiones en la adecuada representación de los intereses de la víctima menor de edad, cuando esta no pueda ejercerla de manera directa.

Cuando las autoras analizan el porcentaje medio pagado, nuevamente los delitos sexuales y violentos son los más perjudicados. Mientras que la media de indemnizaciones dictadas alcanza los 41.721,14€ la mediada de indemnizaciones pagadas es de tan solo 250€ y el porcentaje medio de pago es del 23,66%, recibiendo las víctimas menos de un 1,5% de su indemnización[54].

Por su parte, el factor tiempo también es analizado en este estudio, resultando como se ha señalado de gran relevancia en el caso de la victimización en la infancia. En este sentido se concluye que, de manera general, aproximadamente la mitad de las víctimas que logren una sentencia condenatoria en la que se reconozca una indemnización no la cobrarán. Que del 46,8% de aquellas que recibirán algo deberán esperar para ello "a) 1346 días desde la comisión del delito hasta la sentencia firme, b) 207 días desde la sentencia firme hasta el primer pago."[55]

Estos datos, además de confirmar que no hacen más que sumarse resultandos que confirman la ineficacia del proceso judicial como mecanismo adecuado para la reparación de las víctimas menores de edad, vuelve a rescatar la preocupación del uso de la conformidad y la acusación particular en estos casos.

El uso dado a la conformidad en los últimos años puede resultar especialmente perturbador en estos casos, planteándose dónde podrían encontrarse los límites para seguir garantizando el interés superior de la víctima menor de edad. Este debate sobre la posibilidad de que la conformidad satisfaga los derechos y los intereses de las víctimas es analizado por AGUILERA MORALES, y señala nuevamente la relevancia que tiene, como ya se señalaba de la acusación particular,

---

54 SOLETO MUÑOZ y GRANÉ CHAVEZ, 74.

55 Helena SOLETO MUÑOZ y Aurea GRANÉ CHAVEZ, «El proceso penal, mecanismo ineficaz de compensación a la víctima: un estudio de campo», Revista de Victimología, n.º 8 (2018): 69, https://doi.org/10.12827/RVJV.8.02. (Último acceso: 20 noviembre de 2019)

que escasas veces será llevada por la propia víctima menor de edad[56]. Y es que cuando recae sobre la víctima el poder de permitir o no la conformidad, resulta quizá más sencillo encontrar en esta figura una forma de reparación. Así, señala la autora que "cabe también que la conformidad se presente para la víctima como una oportunidad de satisfacer su derecho a la reparación. Frente a la perspectiva de obtener una sentencia de contenido incierto y lejana en el tiempo, es posible, en efecto, que para la víctima resulte preferible una sentencia de conformidad[57]. Este margen de disposición de la persona que ostente el poder de decisión resulta complejo de valorar, pudiendo ser relevante el impacto que pueda tener el proceso en sí mismo en la víctima -la prolongación de este en concreto- y el resultado que pueda obtenerse, junto al significado mismo de conformarse en el proceso judicial.

Nuevamente, volvemos por ello a señalar la relevancia de impulsar nuevas figuras que supervisen de manera profesional los intereses de las víctimas, asegurando su participación adecuándola a la situación particular de estas.

6.3.2 ¿Es posible la protección de los intereses de las víctimas menores de edad en los procedimientos restaurativos?

Quedaría incompleto un modelo de justicia adaptado a la infancia sin plantear al menos brevemente la adecuación de la Justicia Restaurativa en este contexto. Es sin duda un ámbito que recoge numerosos elementos de gran dificultad tanto teórica como práctica. Sin embar-

---

56 Esta cuestión no es en sí misma problemática, entendiendo que es una consecuencia acorde a los derechos específicos que tiene la persona menor de edad. El riesgo se encuentra en las actuaciones de quien se persona como acusación particular, con el propósito de representar los intereses de la víctima menor de edad. En este sentido, no solamente la concepción que se tenga de la persona menor de edad, sino también la correcta articulación de agentes jurídicos con otros profesionales, juegan un papel fundamental. Incluso consideramos necesario plantear en qué casos debería asegurarse la consulta sobre estas cuestiones, cuando así lo permita el estado y la madurez de la víctima, sin imponer cargas perniciosas contrarias al interés superior de la persona menor de edad.

57 Marien AGUILERA MORALES, «Conformidad y reparación», en *Justicia Restaurativa: una justicia para las víctimas*, de Helena SOLETO MUÑOZ y Ana CARRASCOSA MIGUEL (Valencia: Tirant lo Blanch, 2019), 302.

go, si uno de los fundamentos de la Justicia Restaurativa es atender los intereses de la víctima desde un prisma más amplio que los contemplados en el proceso judicial, poniendo relevancia en la vivencia del hecho delictivo por parte de la víctima, el rol de la comunidad y la responsabilidad del infractor, cabe plantearse si una negación rotunda de estas prácticas supone negar la existencia de intereses de las víctimas menores de edad en este contexto o, al menos, más allá de lo que le puede ofrecer el proceso judicial.

6.3.2.1 Derechos sobre los que se apoya el debate

Desde el modelo presentado, todos estos derechos se verían satisfechos, cobrando especial relevancia la perspectiva rehabilitadora y restaurativa por medio de un sistema de justicia integral. No solamente una atención integral a la víctima permitiría una mejor satisfacción de todas sus necesidades, sino también la adecuación del sistema en sí mismo, facilitando así una mayor y mejor participación de la víctima a lo largo de todo el proceso. Por otra parte, esta forma de participar, salvaguardando sus necesidades, permite a su vez un mayor acercamiento a sus intereses, aun sin encontrarse este sistema plenamente enfocado a *indagar* en estos últimos. Y esto se debe principalmente a que el proceso judicial se encuentra diseñado para alcanzar otros objetivos enfocados a la gestión jurídica del conflicto y, si bien la respuesta judicial en sí puede coincidir total o parcialmente con los intereses de la víctima no tiene por qué y en todo caso su estructura actual no facilita su indagación como tal.

Se acude así a la LEVID, para confirmar que, respecto a las víctimas menores de edad, mientras que el art. 15 reconoce los servicios de Justicia Restaurativa, sin excepción en base a la edad, el art. 1 establece que "*Las disposiciones de esta Ley serán aplicables, (...) a las víctimas de delitos cometidos en España o que puedan ser perseguidos en España, con independencia de su nacionalidad, de si son mayores o menores de edad o de si disfrutan o no de residencia legal*", no dejando lugar a dudas a que el *acceso* a los servicios de Justicia Restaurativa es igualmente un derecho de las víctimas menores de edad.

Por otra parte, las referencias expresas en la LORPM permiten afirmar que la exclusión de las víctimas menores de edad en la *valoración de la adecuación de su participación* en Justicia Restaurativa debería reconocerse como decisión discriminatoria, no estando prohibida. La única limitación normativa que encontraríamos actualmente sería la exclusión de los casos de violencia de género a procesos de mediación, lo cual afectaría de igual manera cuando la víctima sea menor de edad, no basándose la prohibición en la edad sino en el tipo delictivo.

La Recomendación (2018)8 del Comité de Ministros a los Estados miembros en materia de justicia restaurativa penal realiza numerosas referencias a la participación de víctimas menores de edad en Justicia Restaurativa, por lo que, más que negar su acceso, sería conveniente establecer unos criterios adecuados para su valoración permitiendo, cuando sea posible, una participación segura pudiendo ser una herramienta adecuada para la plena satisfacción del derecho a la dignidad de la persona, cuestión que cobra un especial valor en algunos casos de victimización.

Uno de los debates de mayor complejidad es delimitar qué es lo que efectivamente, interesa a la víctima, duda que ya nos abordaba a la hora de valorar la adecuación de la respuesta del proceso judicial.

La Justicia Restaurativa permite abrazar los intereses tanto de la víctima como del infractor y de la comunidad. Desde su enfoque de la ruptura de las relaciones y no tanto de las normas, recuerda la importancia que tiene el relato de las partes más allá de lo que se haya podido traducir al «lenguaje jurídico», permitiendo una humanización de la justicia que en ocasiones podrá darse dentro del proceso pero que en otras excederá de este.

La justificación de la participación de la víctima menor de edad la justicia restaurativa se basa inevitablemente en la detección de intereses no satisfechos durante el proceso judicial aun desde una estructura respetuosa con los derechos de la infancia.

Interesa traer a colación las palabras de SOLETO MUÑOZ que reconocía en el sistema procesal convencional un derecho de las víctimas a ser atendidas de manera adecuada (el concepto tradicional de acceso a la justicia) que no podría ser equiparable en el caso de la justicia restaurativa. Señala en este sentido acertadamente que el art. 12 de la Directiva 2012/29/UE, al regular la derivación señala que este se hará "*si procede*", introduciendo así la necesaria valoración de la adecuación [58].

Tiene desde esta perspectiva pleno sentido la distinción que hacíamos entre las necesidades y los intereses de la víctima menor de edad. Mientras que la satisfacción de sus necesidades por medio del sistema de Justicia procesal resulta exigible, incluyendo de manera más significativa que en el caso de las víctimas mayores de edad, una atención médica y social de gran amplitud, la Justicia Restaurativa no resultaría en sí mismo un derecho dado que, aunque debe reconocer las necesidades de la víctima se centra principalmente en los intereses. Dado que no siempre será posible articular prácticas restaurativas que puedan satisfacerlos, solamente en los casos en los que se pueda reconocer esta adecuación con relación al caso y también a circunstancias específicas de la víctima corresponderá facilitar su acceso a la Justicia Restaurativa.

Así, partiríamos, para la valoración de cada caso, de la necesidad de contemplar intereses que satisfacer, y ahí es cuando encontramos una nueva dificultad. En el contexto adulto, son las víctimas las que expresan su interés de manera libre y, sobre estos, siempre que cumplan con los principios de la Justicia Restaurativa, se trabajaría.

La valoración de la restauración de la víctima menor de edad, que deberá hacerse a la luz del interés superior, debe realizarse de manera claramente diferenciada de las repercusiones de esta en sus representantes o personas cercanas. Uno de los riesgos que observamos a la hora de analizar si resulta viable la participación de estas víctimas en

---

[58] SOLETO MUÑOZ, «Justicia Restaurativa para a mejor reparación a la víctima», 506.
No coincidimos por tanto con la afirmación de GAL en referencia a que participar en conferencias restaurativas es un derecho de las personas menores de edad. GAL, «Justicia Restaurativa inclusiva con menores: heurística para profesionales», 566. Aunque su valoración lo es; su participación, no. Una afirmación contraria supone entender que todos los casos, son aptos para participar en Justicia Restaurativa, desatendiendo lo que en el Capítulo IV señalábamos como "adecuación". Pese a esta afirmación, la misma autora establece posteriormente criterios de adecuación para la participación de víctimas menores de edad en Justicia Restaurativa por lo con concluimos que se trata en este caso de un uso excesivamente amplio de "derecho" o que reconoce el acceso al mismo en el momento de su valoración, tal y como defendemos aquí.

Justicia Restaurativa es que nuevamente se deforme el interés de la persona atendiendo a los intereses de la persona adulta lo que resultará en una instrumentalización de la Justicia Restaurativa, además de poder perjudicar gravemente a la víctima al hacerla participar de forma desvinculada a sus intereses.

En los Capítulos previos se ha analizado con detalle la determinación y valoración del interés superior de la persona menor de edad, por lo que podríamos acudir en este caso a los mismos criterios. Sin embargo, en el caso de las víctimas, con una vulneración flagrante de sus necesidades, cabe preguntarse si la definición de sus intereses puede ser valorada con los mismos criterios.

La atención integral de la víctima, que se ha fundamentado en las consecuencias que tiene la victimización en la infancia, nos permiten afirmar que mientras no se encuentren «a salvo» las necesidades básicas de una manera suficiente, la valoración de la propia víctima de sus intereses puede llegar a encontrarse, de cierta manera, parcialmente viciada[59]. Y en este sentido, nos interesa puntualizar que este obstáculo se encuentra más en la *víctima menor de edad* que en la *persona menor de edad*. Esto se respalda, parcialmente, en el éxito de la participación de menores infractores en procesos restaurativos.

Así, consideramos que encontrar intereses en la víctima menor de edad que puedan ser satisfechos por medio de su participación en Justicia Restaurativa, buscando por medio de esta una restauración debe valorarse desde una perspectiva multidisciplinar e interseccional y que, en todo caso, no sería suficiente detectar intereses que encuentren su satisfacción de manera secundaria en la Justicia Restaurativa, sino que deben poder relacionarse de manera clara con la restauración de la víctima.

---

[59] Volviendo nuevamente a los estudios de OCHAÍTA ALPEDETE y ESPINOSA BAYAL, esto cobra pleno sentido ya que recordemos que existen diferentes satisfactores que permiten la autonomía en términos generales, en la cual encontraríamos la capacidad gradual de la toma de decisiones, en las que finalmente no resultarían necesarias -ni por tanto justificadas- las medidas paternalistas.

6.3.2.2 Adecuación de la Justicia Restaurativa a los derechos de la infancia

Las cuestiones que se van a abordar a continuación se realizan desde su conexión con el modelo de justicia presentado -recogiendo algunas ideas del modelo *Barnahus*-. Justamente por representar un modelo óptimo de atención a la infancia victimizada, no solamente en casos de la comisión de delitos, sino también como estructura capaz de facilitar la detección, supervisar situaciones de sospecha, y dar una respuesta adecuada a casos en los que, si bien no se detecta un hecho delictivo, sí se aprecia una situación inadecuada de la persona menor de edad la cual puede mejorar con su derivación a otros servicios, consideramos que permite reconocerlo también como un enlace idóneo a herramientas de Justicia Restaurativa cuando se considere adecuado.

Aunque algunos son partidarios de realizar de manera previa una limitación en base a la edad o a la gravedad del hecho delictivo, no compartimos estos criterios restrictivos entendiendo que apelan a elementos que poco tienen que ver con la existencia o no de intereses por satisfacer en este contexto[60]. Responde a una visión errónea de

---

60 Relegando la Justicia Restaurativa a hechos delictivos menos graves, se ha puesto en duda su seguridad en asuntos como los abusos sexuales o la violencia intrafamiliar, existiendo al respecto pocas referencias empíricas que puedan respaldar sus beneficios. Sin embargo, algunos autores cuestionan estos planteamientos desde la constatación de la insatisfacción mayor de los intereses en estos ámbitos. Tali GAL, *Child Victims and Restorative Justice. A Needs-Rights Model* (New York: Oxford University Press, 2011), 124-26. Esta postura se mantiene igualmente en el proceso de menores si bien en este contexto encontramos una limitación legislativa (arts. 18 y 19 LORPM). Esta limitación puede llegar a confundir el sentido de la Justicia Restaurativa, identificándola con una «disminución» de la respuesta por parte del Estado cuando el objetivo se encuentra en la educación y reinserción de la persona infractora junto a la reparación más efectiva de la víctima.
Es por otra parte una postura compartida con lo establecido en la Comité de Ministros de los Estados miembros del Consejo de Europa, «Recomendación CM/Rec(2018)8 del Comité de Ministros a los Estados miembros en materia de justicia restaurativa penal», párr. 18., que establece que "*La justicia restaurativa debe ser un servicio de interés general. El tipo, gravedad o ubicación geográfica del delito no deben, por sí mismos, y a falta de otras consideraciones, impedir que se ofrezca justicia restaurativa a las víctimas y los ofensores*". Esto no supone por

la Justicia Restaurativa ligando su desarrollo y respuesta a la calificación obtenida por medio del proceso judicial que no siempre será la reconocida por las partes.

GAL presenta un listado de cuestiones que deberán ser valoradas para confirmar la adecuación de la participación de víctimas menores de edad a prácticas de Justicia Restaurativa:

- "- Si existe un riesgo de culpabilización y manipulación de la víctima durante el proceso;
- - Si la víctima está preparada para tener un encuentro directo, y, si es así, qué medidas se pueden tomar para asegurar el bienestar del menor durante el encuentro;
- - si existe un apoyo adecuado para la víctima;
- - si es probable lograr un plan de seguridad convincente;
- - si existe un alto riesgo de revictimización por el proceso".[61]

A estos suma la autora la necesidad de valorar el momento, el lugar, las personas asistentes y que los resultados del proceso promuevan de alguna manera el interés superior de la persona.

Desde este primer acercamiento, concluimos que la adecuación de la Justicia Restaurativa puede plantearse desde un prisma general, en cuanto se adecúen las herramientas a exigencias propias de la infancia, como sería el cumplimiento del interés superior de la persona menor de edad, o en concreto, al caso y a la persona concreta.

Vamos a diferenciar en nuestro caso dos niveles de adecuación con perspectivas diferenciadas:

- Adecuación *de* la herramienta: valoración por medio de la cual se concluye si en atención al caso concreto y a las circunstancias específicas de las partes, centrándonos en nuestro caso mayormente en las de la víctima, la Justicia Restaurativa es un

---

supuesto que puedan ser tenidas en cuentas las características del hecho delictivo para justificar la no adecuación de la Justicia Restaurativa como herramienta en un caso concreto.

61 GAL, «Justicia Restaurativa inclusiva con menores: heurística para profesionales», 562-63.

mecanismo idóneo. Tendrán en esta valoración gran peso la valoración de los riesgos.

- Adecuación *en* la herramienta: concluyéndose positivamente la primera, debería adecuarse la práctica restaurativa de manera que se aseguren las necesidades de la víctima menor de edad y se permita a su vez la satisfacción de sus intereses. Esta es aplicable a lo largo de todo el desarrollo de la práctica desde el momento del consentimiento. Incluye cuestiones tan complejas como la definición de la forma de participación y toma de decisiones de la víctima o el alcance de la intervención de las personas de apoyo.

Por medio de esta división de algunos de los elementos señalados por GAL obtenemos una visión más clara de la satisfacción del derecho de acceso a la justicia integral. La valoración negativa en la «primera adecuación», no supone una vulneración del derecho siendo en todo caso exigible para su satisfacción. Si por lo contrario se resolviera positivamente, la «segunda adecuación» debe alcanzar los máximos de adecuación de la herramienta para la satisfacción del derecho de acceso a la justicia obviando por supuesto aquellas cuestiones que exceden cuestiones organizativas.

En el caso de las víctimas menores de edad esta exigencia viene además reforzada por sus derechos específicos y como hemos visto tiene plena cabida dentro de la protección de necesidades psicológicas debiendo existir una «primera adecuación», en la que se valore la idoneidad de la herramienta restaurativa como mecanismo de reparación.

En esta primera adecuación reconoceríamos los siguientes elementos, coincidiendo mayormente con los señalados por SOLETO MUÑOZ[62], atendiendo de manera particular a la situación de la víctima menor de edad:

- Derivadas de la parte

(i) Si la víctima está preparada para enfrentarse a la vivencia;

62 SOLETO MUÑOZ, «Justicia Restaurativa para a mejor reparación a la víctima», 515.

(ii) Si es posible definir unos intereses alcanzables en Justicia Restaurativa y si la herramienta es la adecuada para ello:

(iii) Si existe un riesgo de manipulación o culpabilización de la víctima.

- Derivadas del proceso y del resto de participantes

(iv) Si existe un riesgo de revictimización;

(v) Si es posible lograr un plan de seguridad convincente;

(vi) Si existe un reconocimiento de los hechos y capacidad para asumir la responsabilidad (buena fe);

(vii) La capacidad y actitud del agresor;

(viii) La participación de terceros.

Faltaría añadir la no reincidencia, siendo uno de los criterios que no consideramos adecuados sin una matización. Atendiendo los beneficios que tiene la Justicia Restaurativa hacia la persona infractora, que le permite una mayor responsabilización de las consecuencias de sus actos, entendemos que merecen ser analizadas las causas de la reincidencia. Ante esta podemos partir de la comprobación que en ocasiones anteriores el sistema de justicia convencional no tuvo un efecto preventivo en la persona infractora. De esta manera, entendemos que merecería ser atendida una forma de gestión de conflictos que permita a la persona infractora dicha responsabilización que no pareció asumir previamente, siendo además mayor el motivo cuando no resulten sus actos de un hecho puntual. Distinta sería aquella situación en la que, habiendo participado la persona infractora a prácticas restaurativas previamente, tras estas se volviera a delinquir[63].

---

63 De seguir esta reflexión sería suficiente con haber asistido a alguna práctica restaurativa como herramienta alternativa o complementaria para cualquier tipo de delito ya que la finalidad de estas no se centra únicamente en el asunto trabajado, sino que requiere un trabajo profundo de introspección y pretende por medio de esta facilitar a los participantes, herramientas en la compresión y gestión de conflicto aplicado también en el futuro. Es por ello que muchos defienden que estas herramientas son a su vez preventivas ya que permiten acercar a las partes la visión más humana de la transgresión de normas, pudiendo ser aplicable en cualquier otro contexto.

Respecto a la secunda adecuación, mencionar brevemente algunas reflexiones en relación a la participación en sí misma de las víctimas menores de edad. GAL, desde una aproximación de un modelo "necesidades-derechos", trabajados previamente en OCHAÍTA y ESPINOSA, recalca la importancia de incluir, en la gestión de conflictos, a las víctimas menores de edad como co-partícipes[64]. Hace referencia así a una participación traspa-rente en la que la dinámica no gire en torno a la víctima, sino que participe de manera plena como co-participante. Aunque se comparte esta visión como plenamente coherente con la concepción que aquí manejada de persona menor de edad, a la par que respeta de manera plena los principios y directrices de la Justicia Restaurativa, es necesario realizar algunos matices.

Resulta interesante acudir en este caso a la escalera de participación que HART realizó para UNICEF adecuando al contexto de la infancia la figura creada por Sherry ARNSTEIN para diferenciar los niveles de participación ciudadana. Esto no solamente sería aplicable a la participación en general de la víctima, sino que debería asegurarse una participación adecuada en todas aquellas dinámicas que conformen la práctica restaurativa. En este sentido, algunos niveles de participación serían insuficientes, de manera que podrían llegar a suponer un uso fraudulento de la Justicia Restaurativa, o a imposibilitar el adecuado alcance de los intereses de las víctimas menores de edad que participen.

Así, HART creó una escalera con los siguientes niveles[65]:

(i) "*Participación manipulada*": Se fomenta o permite una participación con un objetivo delimitado por el responsable, sin atender a la comprensión que tiene la persona menor de edad sobre las consecuencias.

---

64 GAL, «Justicia Restaurativa inclusiva con menores: heurística para profesionales», 561.

65 Roger HART, «Children's participation from tokenism to citizenship», UNICEF International Child development Centre. Innocenti Essays, n.º 4 (marzo de 1992), https://www.unicef-irc.org/publications/pdf/childrens_participation.pdf.

(ii) "*Participación decorativa*": Se diferencia de la anterior en que no se finge que la actividad va dirigida a cuestiones en las que se espera la participación de la persona menor de edad. Pese a ello, se instrumentaliza a la persona menor de edad con su participación pretendiendo de esta manera reforzar un interés de quien le hace participar.

(iii) "*Participación simbólica*": Es aquella en la que la persona menor de edad es escuchada, pero lo expresado no tiene ninguna repercusión en la toma de decisiones. Sucede también cuando la persona menor de edad es manipulada y dirigida a expresar unos intereses que no tienen por qué coincidir con los suyos. Supone a fin de cuentas la ausencia de búsqueda real de los intereses de las personas.

(iv) "*Participación asignada pero informada*": Sería la participación no opcional en un determinado proceso. Se le informa de lo que va a hacer sin tener la opción de decidir sobre si desea o no participar.

(v) "*Participación con información y consulta*": Es considerada una participación real en la que se consulta a las personas sobre el objetivo y su deseo de participación.

(vi) "*Decisiones iniciadas por adultos, con un desarrollo dialogado con la infancia*": De manera diferenciada a la anterior, se consulta con la persona menor de edad sobre el desarrollo de la actividad.

Para terminar, se diferenciarían:

(vii) "*Decisiones iniciadas y dirigidas por la infancia*"

(viii) "Decisiones iniciadas por la infancia, con un desarrollo dialogado con el colectivo adulto"

Aunque estos dos últimos son sistemas que permiten una participación más libre de la infancia este tipo de participaciones no serían posibles en Justicia Restaurativa dado que requieren no solamente de una protección de la víctima menor de edad frente a hechos especialmente gravosos sino también de un correcto equilibrio de los intereses de todos los participantes, lo cual deberá ser valorado por los facilitadores.

Por su parte, los niveles 1, 2 y 3 no son consideradas participaciones reales por lo que quedaría rechazados.

Así, a partir del nivel 4 se reconoce un peso progresivo tanto de la voluntad de participar como del poder de la toma de decisiones alcanzadas en ese proceso. Sin embargo, de manera coherente con lo expuesto previamente en la determinación de los intereses de la víctima, así como en la validez del consentimiento, se entiende que los requisitos expuestos en ambos excluyen una participación en la que no se asegure una conformidad por parte de la víctima y una comprensión suficiente del objetivo de esta.

De esta manera la Justicia Restaurativa sería en este caso solamente válida a partir de una participación como la reflejada en el nivel 5, y óptima en el nivel 6.

Mientras que en el nivel 5 atiende a la voluntad de la persona por participar -requisito que encontramos en la exigencia del consentimiento, necesario aun cuando este pueda ser limitado por los responsables- el nivel 6 permite no solamente una mejor adecuación a sus necesidades e intereses, sino que además fomenta desde el primer momento una actitud activa de la persona, mejorando su autoestima y seguridad. Dada la relevancia de la toma de control de la situación y del desarrollo de habilidades que permitan a la víctima una mejor autoestima y un ejercicio de progresiva autonomía respecto a los asuntos que le atañen, entendemos que, independientemente de los intereses que puedan llegar a satisfacerse por medio de la participación del resto de agentes, esta forma de inclusión de la víctima menor de edad puede resultar en sí misma restaurativa.

Mantener un nivel alto de formas de participación de la víctima asegura por otra parte que no se instrumentalizase ni la víctima ni la herramienta en sí misma, lo cual sucedería al incluirla sin importar su opinión -motivo por el cual se rechazaría el nivel 4 de participación-.

La comprensión de la víctima menor de edad no exige en todo caso la comprensión profunda del alcance de la práctica en su totalidad sino de aquello que le permita satisfacer sus propios intereses.

Retomando la apreciación de GAL, es importante encontrar el justo equilibrio para la víctima y el correcto desarrollo de la práctica. La delegación de responsabilidades demasiado elevadas en la víctima puede resultar abrumador, suponer una elevada presión y redundar en una victimización secundaria[66].

Esto supondría una primera aproximación hacia la valoración del uso de la Justicia Restaurativa en casos de victimización infantil, ligada a sus derechos. Sin embargo, su traslado a la práctica conlleva otros muchos debates como son el consentimiento, las vías de participación, el uso de apoyos o los mecanismos de seguridad entre otros.

66 GAL acude a diferentes estudios para señalar que, a partir de los 15 años, una persona podría tener reconocida suficiente libertad para decidir a quién invitar a una Conferencia. Alude para ello a la capacidad a partir de esta edad para buscar personas de apoyo a la hora de enfrentar situaciones de estrés, en GAL, «Justicia Restaurativa inclusiva con menores: heurística para profesionales», 570. Si acudimos a los estudios señalados anteriormente sobre el desarrollo neurológico, encontramos un respaldo en la capacidad, a partir de esa misma edad, a poder tomar decisiones razonadas comparables a una persona adulta en situación de calma, en BARTOLOMÉ TUTOR, *Los derechos de la personalidad del menor de edad*, 123. Recordamos sin embargo que estamos hablando de menores víctimas, por lo que en la valoración deben atenderse además a otros factores de relevancia en cada caso.

CONCLUSIONES

I. El interés y tratamiento de la persona menor de edad atendiendo a sus necesidades específicas e intereses, se ha postergado durante un tiempo prolongando lo que la ha llevado a una peculiar situación, en la que la concepción manejada sobre esta se estructura desde un prisma comparativo con lo reconocido hasta el momento en la persona adulta.

Ello ha dado variadas respuestas en su tratamiento jurídico que van desde una plena equiparación a las contempladas en las personas adultas, hasta una protección exacerbada obviando el reconocimiento de capacidades progresivas de la persona.

Esta evolución ha provocado numerosas incoherencias entre las diferentes teorías que afectan a la infancia, dándose avances y retrocesos notorios en sus derechos a lo largo de la historia. La causa principal reside en una comprensión extremadamente diferenciada de la infancia respecto a la ciudadanía adulta en la argumentación del reconocimiento de sus derechos.

Esto se refleja en los diferentes modelos de protección y reconocimiento de derechos: el proteccionismo tradicional, el liberacionismo y el proteccionismo renovado. Es desde este último desde el que puede entenderse la realidad actual de la infancia: un sistema mayormente proteccionista en el que, si bien se incorporan elementos señalados por el modelo liberacionista, permitiendo un mejor reconocimiento de derechos, se mantiene en un plano que solamente permite un alcance limitado del ejercicio de los derechos de la infancia.

La justificación se encuentra en las argumentaciones que sustentaron en su momento los modelos iniciales, y que han permanecido en los siguientes delimitando los debates sobre sus derechos y su alcance. Aunque de manera progresiva el valor de la persona se otorga independientemente de su edad, el carácter de «ser humano imperfecto» se mantiene en la actualidad, diluido en un discurso más amable, marcando fuertemente esta concepción tradicional y que sacrifica el disfrute de ciertos derechos en beneficio de una mayor protección a la persona.

II. La forma de interpretar y clasificar los derechos de la infancia no es una cuestión baladí ya que afecta a su interpretación. Su reconocimiento de una manera ficticiamente paralela a la de los Derechos Humanos permite un falseamiento del sistema actual de derechos de la infancia, limitando su interpretación de manera tal, que puede llevar a vaciar de sentido estos derechos.

Cobra en este punto relevancia la necesidad de contemplar los derechos de la infancia y elaborar una teoría de estos coherente con la Teoría de los Derechos Humanos. Entendidos desde una exigencia de protección añadida y no limitativa o restrictiva, se puede apreciar cómo el ámbito de los derechos que deben ser reconocidos y respetados aumenta considerablemente, afectando el reconocimiento de *derechos generales* a la interpretación de los *derechos específicos*. Dentro de este mismo planteamiento, permite alejarse de una visión de los derechos de la infancia apelando de manera exclusiva al valor de solidaridad, acercándose de manera más sincera y transparente también a los de libertad e igualdad.

Se concluye así que el reconocimiento de los derechos de la infancia desde la Teoría de los Derechos Humanos, y no como un reconocimiento paralelo (siendo en todo caso complementario respecto a los derechos específicos reconocidos), permite superar el "*double standart*" que era señalado en el modelo liberacionista, manteniendo sin embargo una protección especial. Desde este prisma la titularidad de los derechos resulta fácilmente reconocible a lo largo de la infancia, permitiendo además un ejercicio más claro que exigirá medidas de apoyo más o menos invasivas según la madurez, la experiencia, el contexto y el alcance de sus repercusiones.

III. De manera paralela al debate atendido sobre los derechos de la infancia se encuentra la evolución de las herramientas de gestión de conflictos de manera general y específicamente del proceso judicial, repercutiendo en el tratamiento de la persona menor de edad.

Se observa una clara evolución en la forma de alcanzar la Justicia, promovido por la sociedad quien exige una atención diferenciada o más evolucionada. Pese al uso mayoritario del sistema procesal de justicia como mecanismo de gestión de conflictos, desde los años 70 surgen cada vez más voces que señalan una insatisfacción generalizada de la ciudadanía hacia la Administración de Justicia, aludiendo no solamente al tiempo de respuesta, la complejidad del proceso y sus respuestas o la satisfacción de las mismas, sino también hacia la eficacia de estas y el impacto del proceso mismo en quienes pueden verse inmersos en él.

Con los debates planteados desde las ADR's, pero muy especialmente en el surgimiento de la Justicia Restaurativa, se destacan otros elementos esenciales en la respuesta como son una atención mayor a los intereses de la víctima, un importante impulso en mecanismos de reinserción de la persona infractora y, en la relación establecida entre Justicia, víctima, infractor y comunidad, la eficacia de la respuesta en términos retributivos, restaurativos y resocializadores. Así, son tres los elementos esenciales sobre los que gira la Justicia Restaurativa y que conllevan un auténtico cambio de paradigma: la comprensión del conflicto y su gestión, el rol de la víctima y el rol del infractor. Junto a ellos, el papel de la comunidad también adquiere una importancia significativa.

Respeto a los intereses de la víctima, la Justicia Restaurativa pretende devolverle el merecido protagonismo, una vez alcanzado un nivel suficiente de seguridad respecto de las garantías procesales de la persona infractora.

IV. Otro de los elementos claves de este debate es que la victimización en la infancia tiene repercusiones variables (físicas, emocionales, cognitivas, funcionales o de conducta) y extremadamente complejas en la persona tanto a corto como a largo plazo. La dificultad en establecer una respuesta uniforme no debe desalentar la creación de nuevos sistemas y herramientas que adecúen la atención judicial a este tipo de conflictos, sino todo lo contrario. Uno de los elementos diferenciadores que encontramos en la violencia en la infancia es la especial vulnerabilidad respecto a los efectos de la misma, que se suma a la situación de vulnerabilidad que es aprovechada en mayor medida por la persona infractora.

Además del enorme sufrimiento, la posible gravedad de las consecuencias reside en que la violencia ejercida en una persona en pleno desarrollo puede afectar no solamente a necesidades específicas, pudiendo alterar el correcto desarrollo, sino que también afecta a su proceso de aprendizaje tanto en su propia identidad como en las relaciones interpersonales. Una atención inadecuada desde el primer momento en el que la situación de victimización es detectada puede a su vez contribuir a un agravamiento de las repercusiones, o a una prolongación de estas.

En relación con el proceso judicial, esta especialidad de la victimización debe ser tenida en cuenta para una correcta valoración tanto de su tratamiento procesal como de la respuesta dada. Una desatención de esta especialidad supone una victimización secundaria a la cual serían aplicables los mismos factores en cuanto a impacto y gravedad de las consecuencias, pudiendo por tanto empeorar gravemente la situación de la víctima a corto y largo plazo.

Por otra parte, las consecuencias de la victimización o los mecanismos de protección ante un intenso sufrimiento pueden dificultar seriamente diferenciar de manera clara la situación de la persona, así como, en momentos posteriores, acceder a sus intereses, teniendo una repercusión tanto en el proceso judicial como en el bienestar de la persona.

V. Una de las especificidades que encontramos en la victimización infantil es que los contextos en los que se detecta en mayor medida son aquellos en los que queda marcada de manera más clara una jerarquía estructural en la que la persona menor de edad se encuentra en los niveles más bajos, o aquellos en los que se enfatiza su situación de dependencia (familia, instituciones y colegio en concreto). Esto permite resaltar un indisoluble vínculo entre una mayor victimización de la infancia y el poder que es ejercido sobre esta. Esto, junto a la situación de dependencia, exige inevitablemente encontrar soluciones de tipo educativo.

Además, resulta necesario estudiar de manera diferenciada los motivos y las consecuencias de conductas violencias hacia la infancia atendiendo a factores, elementos o contextos diferenciados que pueden afectar fuertemente en la intensidad de las secuelas, la dificultad de detección o el significado atribuido a la situación de maltrato. Cuestiones de género, el maltrato hacia personas con discapacidad, que este se dé en el entorno familiar o en instituciones son solamente algunas de ellas.

En todo caso, a la luz de los datos con los que contamos, puede apreciarse una grave victimización de la infancia en delitos contra la libertad e indemnidad sexual, dándose un 50% de estos contra personas menores de edad, y de estos, más de un 80% contra niñas, adolescentes o jóvenes mujeres. Destacan a su vez las victimizaciones en el contexto familiar o por personas cercanas a la víctima y los delitos contra las personas y contra la libertad.

El factor de la discapacidad es uno de los grandes olvidados en el recuento de estas victimizaciones, aun estando comprobado que aumenta la situación de especial vulnerabilidad.

Todo ello obliga a resaltar la importancia de abordar esta cuestión desde una perspectiva de género, y que se incorpore de manera más visible algunas especialidades como son la discapacidad o la violencia intrafamiliar.

VI. La complejidad mostrada refleja la indiscutible necesidad de incorporar cambios significativos en la atención judicial de la infancia desde una visión constructivista e integrativa.

Por otra parte, las repercusiones de una atención inadecuada o la ausencia de esta tras la situación de victimización, junto con la elevadísima *cifra negra* existente en este tipo de victimizaciones nos lleva a concluir que la ausencia de modificaciones drásticas en el acceso a la justicia de la infancia victimizada (en la que se incluyen tanto la prevención como los mecanismos de detección y el acceso en sentido estricto), supone una vulneración de los derechos de la infancia reconocidos actualmente.

VII. Para dar respuesta a todo ello se habla del concepto de *acceso integral a la justicia*, abordado parcialmente por la Ley Orgánica 8/2021, de 4 de junio, de protección integral a la infancia y la adolescencia frente a la violencia.

Este concepto pretende recalcar la imposibilidad de alcanzar una respuesta adecuada a las situaciones de victimización infantil si no es desde la armoniosa coordinación del ámbito jurídico, sanitario y social. Conlleva tomar en consideración otros elementos relevantes para interpretar correctamente la vivencia de la víctima, y responder a esta desde la perspectiva de la víctima y la infancia. Ello afecta no solamente a la sentencia sino también a todo el proceso judicial debiendo reconocerse numerosas medidas como reflejo de una adecuada atención a los derechos e intereses de las víctimas menores de edad.

VIII. Como elementos esenciales de este cambio en el sistema de justicia para garantizar este acceso integral a la justicia, pueden destacarse los siguientes.

En primer lugar, debe asegurar el acceso a la justicia en sentido estricto, de forma que el sistema permita que sean las propias víctimas las que puedan comunicar de manera efectiva su situación de riesgo o violencia. Esto conlleva no solamente la adaptación del contexto y la revisión de la información facilitada a NNA sino también la formación especializada de todos aquellos grupos profesionales que tengan contacto con NNA, siendo especialmente relevante el rol de FFCCSE.

Además, debe asegurarse que su participación sea real, al igual que el ejercicio de sus derechos. Para ello NNA deben disponer de mecanismos que aseguren un correcto desarrollo del proceso, y una adecuada atención de sus derechos e intereses. En relación a esto último, la formación especializada de Judicatura, Fiscalía y Abogacía es clave. Se destaca sin embargo una cuestión no abordada de manera suficiente en la LOPIVI y es asegurar una correcta supervisión profesional de los intereses de las víctimas menores de edad (lo cual excede de las formaciones reconocidas en la ley).

Dentro de este aseguramiento del correcto desarrollo del proceso encontramos, como una de las medidas clave, la prueba preconstituida. En su correcta articulación se refleja de manera clara la importancia de contar con un sistema de justicia integral, en el que no se sumen los resultados de diferentes grupos profesionales, sino que se alcance un trabajo en equipo que resulte en una respuesta coordinada. Todo el recorrido de la víctima hasta la fase de instrucción, así como todas aquellas intervenciones asistenciales deben ser atendidas de manera coherente y adecuada.

La formación especializada de los y las profesionales que participen en esta entrevista con la víctima, desde la psicología forense, es otra de las materias pendientes.

Finalmente, derechos e intereses como la información, la intimidad, la seguridad, el acompañamiento, la participación o la reparación deben ser revisados desde la perspectiva de la infancia.

Actualmente, puede concluirse que el sistema de justicia no cuenta con garantías suficientes en la atención a casos de victimización infantil para asegurar que no se dé una importante victimización secundaria.

Interpretados desde el interés superior de la persona menor de edad deben atenderse los siguientes derechos a lo largo de todo el proceso judicial: el derecho de participación y fomento de la autonomía progresiva, el derecho a la igualdad, el derecho al desarrollo, el derecho a la protección contra el abuso y la negligencia, el derecho a la rehabilitación y a la reintegración desde la perspectiva del derecho a la salud física y psicológica, y el derecho a la dignidad y a la intimidad.

Si bien se ha tomado el modelo Barnahus como referencia, se entiende que la creación de Juzgados de Violencia contra la Infancia y la Adolescencia son esenciales y suficientes para cumplir con todas las exigencias planteadas, superando el sistema de atención "parcheada" con el que contamos actualmente, pese a los numerosos esfuerzos realizados en los últimos años.

IX. Por último, el enfoque restaurativo a lo largo del proceso permite definitivamente una atención de mayor calidad a las víctimas menores de edad. Si bien no se aborda de manera profunda el uso de la Justicia Restaurativa en este tipo de victimización puede afirmarse que cuenta con herramientas restaurativas que podrían aportar importantes beneficios a las víctimas también en este contexto. Tanto la valoración de la adecuación de su participación, como los mecanismos articulados para esta sea segura y adecuada para alcanzar sus intereses son sin duda extremadamente complejos. Esto no significa sin embargo que deba apartarse o excluirse participación. Las reflexiones realizadas nos llevan a concluir que la correcta valoración de la adecuación del caso a la Justicia Restaurativa forma parte de acceso integral a la justicia.

La ausencia de herramientas o conocimientos suficientes para esta valoración supone por lo tanto una vulneración de este derecho -no así la valoración de la ausencia de adecuación para su participación-.

Parte de este problema radica en que, lamentablemente, en la actualidad aun no contamos con especialización y experiencia suficiente en mecanismos participativos de NNA. Sin saber cuáles son sus intereses, desde diferentes ámbitos se dan respuestas respecto a lo que *necesitan* -una respuesta jurídica ante la vulneración de sus derechos, una atención integral que asegure su salud física y psicológica, ser comprendidas las repercusiones a corto y largo plazo, mecanismos de prevención, etc.-.

Es aquí cuando se constata la importancia de poder diferenciar claramente los derechos, las necesidades y los intereses de niñas, niños y adolescentes, debiendo salvaguardarse y atenderse de manera diferente.

BIBLIOGRAFÍA

ABAD GIL, Judit, Noemí PEREDA BELTRÁN, y Georgina GUILERA FERRÉ. «La exposición de los menores españoles a la violencia familiar», Boletín criminológico. Instituto andaluz interuniversitario de Criminología, nº 131 (2011).

AGUILERA MORALES, Marien. «Conformidad y reparación». En *Justicia Restaurativa: una justicia para las víctimas*, de Helena SOLETO MUÑOZ y Ana CARRASCOSA MIGUEL. Valencia: Tirant lo Blanch, 2019.

AGUSTÍN, SAN. *Confesiones*. Traducido por Pedro RODRÍGUEZ DE SANTIDRIÁN. Madrid: Alianza (Clásicos), 1994.

———. *La ciudad de Dios*. Traducido por José Cayetano DÍAZ BAYRAL. 3o. Madrid: Apostolado de la Prensa, 1941.

ALCALÁ-ZAMORA Y CASTILLO, Niceto. *Proceso, autocomposición y autodefensa*. México: Instituto de Investigaciones Jurídicas, 1991.

ALCÁNTARA, Mª Vicenta, Concepción LÓPEZ-SOLER, Maravillas CASTRO, y Juan J. LÓPEZ. «Alteraciones psicológicas en menores expuestos a violencia de género: Prevalencia y diferencias de género y edad», Anales de la Psicología, 29, nº 3 (octubre de 2013): 741-47.

ALEMANY CARRASCO, Alberto, José Manuel QUINTANA TOUZA, María RECIO ZAPATA, Eva SILVA NOZAL, Antonio Lucas MANZANERO PUEBLA, Almudena MARTORELL CAFRANGA, y José Luis GONZÁLEZ ÁLVAREZ. *Guía de intervención policial con personas con discapacidad intelectual*. Madrid: Fundación Carmen Pardo-Valcarce. Guardia Civil, 2012.

ÁLVAREZ DE NEYRA KAPPLER, Susana, y Pilar NUÑEZ-CORTÉS CONTRERAS. «El menor infractor y las claves para su tratamiento rehabilitador», Dereito, 21 (diciembre de 2012): 35-61.

ÁLVAREZ RAMOS, Fernando. «Asistencia psicológica a las declaraciones infantiles en sede judicial: la prueba preconstituida como forma de evitar la victimización». En *Niñas y niños en los procedimientos judiciales: implicaciones desde la psicología forense*. Vitoria: Eusko Jaurlaritzaren Argitalpen Zerbitzu Nagusia, 2016. http://www.ogasun.ejgv.euskadi.eus/r51-catpub/es/k75aWebPublicacionesWar/k75aObtenerPublicacionDigitalServlet?R01HNoPortal=true&N_LIBR=051840&N_EDIC=0001&C_IDIOM=es&FORMATO=.pdf.

ANSUÁTEGUI ROIG, Francisco Javier. En *Diccionario crítico de los Derechos Humanos*, de Ramón SORIANO DÍAZ, Carlos ALARCÓN CABRERA, y Juan MORA MOLINA, 1o. España: Universidad Internacional de Andalucía, 2000.

ARANGÜENA FANEGO, Coral. «De nuevo sobre la participación de la víctima en la ejecución penal». En *Justicia Restaurativa: una justicia para las víctimas*, de Helena SOLETO MUÑOZ y Ana CARRASCOSA MIGUEL. Valencia: Tirant lo Blanch, 2019.

———. «La reforma de la Ley de Enjuiciamiento Criminal en materia de prueba testifical y careos con menores de edad (Ley Orgánica 14/1999, de 9 de junio)», Revista de Derecho Penal, 2001, 37-66.

———. «Participación de la víctima en la ejecución penal». En *La Víctima del Delito y las Últimas Reformas Procesales Penales*, de Montserrat DE HOYOS SANCHO. Navarra: Thomson Reuters Aranzadi S.A., 2017.

ARÌES, Philippe. *El niño y la vida familiar en el Antiguo Régimen*. Traducido por Naty GARCÍA GUADILLA. Madrid: Taurus, 1987.

———. «La infancia», Revista de Educación, 1986 de 1979, 5-17.

ARISTÓTELES. *Ética a Nicómaco*. Traducido por María ARAUJO y Julián MARÍAS. 8o. 8o vols. Madrid: Centro de Estudios Políticos y Constitucionales, 2002.

ARMENGOL, Ferran. «Testimonio de menores y aplicación de los convenios internacionales sobre Derechos Humanos: SAP Guipúzcoa núm. 88/2003, sección primera, de 27 de mayo», Revista General de Derecho Europeo, nº 3 (enero de 2004).

ARMENTA DEU, Teresa. «El estatuto del menor víctima como parte en el proceso». En *La víctima menor de edad. Un estudio comparado Europa-América*. Madrid: Colex, 2010.

———. «Justicia Restaurativa, mediación penal y víctima: vinculación europea y análisis crítico», Revista General de Derecho Europeo, enero de 2018, 204-43.

ARNAIZ SERRANO, Amaya. *Las partes civiles en el proceso penal*. Valencia: Tirant lo Blanch, 2006.

ARROM LOSCOS, Rosa. «La declaración del menor víctima en el proceso penal; en especial el menor víctima de delito sexual. La relevancia del nuevo artículo 433 de la Ley de Enjuiciamiento criminal», Revista Internacional de Estudios de Derecho Procesal y Arbitraje, nº 3 (2015).

ARRUABARRENA, Mª Ignacia, y Joaquín DE PAÚL. *Maltrato a los niños en la familia: evaluación y tratamiento*. Madrid: Pirámide, 1999.

ASTRID BAUGERUT, Gunn, y Miriam SINKERUD JOHNSON. «The NICHD Protocol: Guide to follow recommended investigative interview practices at the Barnahus». En *Collaborating against child abuse. Exploring the Nordic Model*, de Susanna JOHANSSON, STEFANSEN, Elisiv BAKKETEIG, y Anna KALDAL. Switzerland: Palgrave Macmillan, 2017.

ATIENZA, Manuel. «Discutamos sobre paternalismo», Doxa, 1988, 203-14.

BARONA VILAR, Silvia. «Mirada restaurativa de la justicia penal en España, una bocanada de aire en la sociedad global líquida del miedo y la securitización». En *Justicia Restaurativa: una justicia para las víctimas*, de Helena SOLETO MUÑOZ y Ana CARRASCOSA MIGUEL. Valencia: Tirant lo Blanch, 2019.

———. «Proceso civil y penal ¿líquido? en el siglo XXI». En *Justicia civil y penal en la era global.*, de Silvia BARONA VILAR. Valencia: Tirant lo Blanch, 2017.

BARRANCO AVILÉS, María Del Carmen. *El discurso de los derechos. Del problema terminológico al debate conceptual.* Cuadernos «Bartolomé de las Casas» 1. Madrid: Dykinson, 1996.

BARTOLOMÉ TUTOR, Aránzazu. *Los derechos de la personalidad del menor de edad.* Navarra: Thomson Reuters Aranzadi S.A., 2015.

BENÍTEZ ORTÚZAR, Ignacio F. «Medidas susceptibles de ser impuestas a menores y reglas generales de determinación de las mismas. Alcance del artículo 7 de la LORPM». En *El menor como víctima y victimario de la violencia social (Estudio Jurídico)*, de Lorenzo MORILLAS CUEVA y José María SUÁREZ LÓPEZ. Madrid: Dykinson, 2010.

BERÁSTEGUI PEDR-VIEJO, Ana. «Los menores con discapacidad como víctimas de maltrato infantil: una revisión», Psychosocial Intervention, 5, nº 3 (2006). http://scielo.isciii.es/scielo.php?script=sci_arttext&pid=S1132-05592006000300004.

BERISTAIN IPIÑA, Antonio. «Proceso penal y víctimas: Pasado, presente y futuro». En *Las víctimas en el proceso penal*, de Antonio BERISTAIN IPIÑA, Gema VARONA MARTÍNEZ, Luis Miguel QUEREJETA, María Victoria CINTO LAPUENTE, y Ignacio José SUBIJANA ZUNZUNEGUI. Vitoria: Gobierno Vasco, 2000.

———. *Protagonismo de las víctimas de hoy y mañana (Evolución en el campo jurídico penal, prisional y ético).* Valencia: Tirant lo Blanch, 2004.

———. *Victimología. Nueve palabras clave.* Valencia: Tirant lo Blanch, 2000.

BERNUZ BENEITEZ, María José. «El derecho a ser escuchado: el caso de la infancia en conflicto con la norma», Derechos y Libertades: revista de filosofía del derecho y derechos humanos, Época II (2015): 67-98. https://doi.org/10.14679/1012.

———. «El derecho del niño a ser oído». En *Los derechos de la infancia y de la adolescencia*, de Manuel CALVO GARCÍA y Natividad FERNÁNDEZ SOLA. Zaragoza: Mira Editores, 2000.

———. «Justicia de menores española y nuevas tendencias penales. La regulación del núcleo duro de la delincuencia juvenil», Revista Electrónica de Ciencia Penal y Criminología, 2005. http://criminet.ugr.es/recpc/07/recpc07-12.pdf.

BIELSA CASADOS, Lucía. «El abogado defensor del menor ante la Justicia

Restaurativa». En *Reflexiones en torno a la Justicia Restaurativa en el ámbito del menor infractor*, de Helena SOLETO MUÑOZ. Madrid: Dykinson, 2019.

BIRGIN, Haydée, y Beatriz KOHEN. *Acceso a la justicia como garantía de igualdad. Instituciones, actores y experiencias comparadas*. Argentina: Biblios, 2006.

BRAITHWAITE, John. *Crime, shame and reintegration*. New York: Cambrige University Press, 1989.

BUJOSA VADELL, Lorenzo. «La prueba de referencia en el sistema penal acusatorio», Pensamiento Jurídico, enero de 2008.

BUSTAMANTE ALARCÓN, Reynaldo. *El Derecho a Probar como elemento esencial de un proceso justo*. Perú: ARA, 2001.

———. «El derecho fundamental a un proceso justo, llamado también debido proceso». *Proceso & Justicia*, Revista del Equipo de Derecho Procesal del Taller de la Pontificia Universidad Católica de Perú, 2000.

CALDERÓN CONCHA, Percy. «Teoría de conflictos de Johan Galtung», Revista Paz y Conflictos, nº 2 (2009).

CALVO GARCÍA, Manuel. «La protección del menor y sus derechos», Revista del Instituto Bartolomé de las Casas, 1994.

CAMPBELL, Tom D. «Los derechos del menor en tanto que persona, niño, joven y futuro adulto». En *Derecho de los niños. Una contribución teórica*, de Isabel FANLO CORTÉS, 107-41. México: Fontamara, 2004.

CAMPOY CERVERA, Ignacio. *La fundamentación de los derechos de los niños. Modelos de reconocimiento y protección*. Madrid: Dykinson, 2006.

———. «Notas sobre la evolución en el reconocimiento y la protección internacional de los derechos de los niños». *Derechos y Libertades: revista del Instituto Bartolomé de las Casas*, III (6), febrero de 1998, 279-328.

CAMPS, Victoria. «Paternalismo y bien común», Doxa, nº 5 (1988): 195-202.

CANO PAÑOS, Miguel Ángel. «La acusación particular en el proceso penal de menores. ¿La represión como alternativa?», Revista Poder Judicial, 2004, 283-319.

CAPELLA, Claudia, y Carolina GUTIÉRREZ. «Psicoterapia con niños/as y adolescentes que han sido víctimas de agresiones sexuales: Sobre la reparación, la resignificación y la superación», Psicoperspectivas. Individuo y Sociedad, 13, n.o 2 (2014): 93-105. https://doi.org/doi:10.5027/PSICOPERSPECTIVAS-VOL13-ISSUE3-FULLTEXT-348.

CAPPELLETTI, Mauro. «La protección de los intereses colectivos y difusos». México, UNAM: Instituto Mexicano de Derecho Procesal, 1993.

———. «La protection d'intérêts collectifs et de groupe dans le procès civil. Métamorphoses de la Procédure Civil», Revue Internationale de Droit Comparé, 1975.

CAPPELLETTI, Mauro, y Bryant GARTH. *El acceso a la justicia. La tendencia en el movimiento mundial para hacer efectivos los derechos*. México: Fondo de Cultura Económica, 1996.

CARDONA LLORENS, Jorge. «La ausencia de un buen sistema de datos desagregados es un problema diagnosticado por la ONU para conocer la realidad de la infancia», Revista de Estadística y Sociedad, nº 63 (abril de 2015): 9-12. http://www.revistaindice.com/numero63/p9.pdf.

CARNELUTTI, Francesco. *Cómo nace el derecho*. Bogotá: Temis, 1994.

———. *Las miserias del proceso penal*. México: Cajica, 1879.

CARRETERO MORALES, Emiliano. «La necesidad de cambios de en los modelos de solución de conflictos. Las ventajas de los MASC». En *Mediación y resolución de conflictos. Técnicas y ámbitos*, de Helena SOLETO MUÑOZ, 2o. Madrid: Tecnos, 2012.

CASTILLEJO MANZANARES, Raquel. «Justicia restaurativa, mediación penal y víctimas». En *La víctima del Delito y las Últimas Reformas Procesales Penales*, de Montserrat DE HOYOS SANCHO. Pamplona: Thomson Reuters Aranzadi S.A., 2017.

CHAMORRO BERNAL, Francisco. *La tutela judicial efectiva*. Barcelona: Bosch, 1994.

CHAPMAN, Tim. «La Justicia Restaurativa en Europa». En *Justicia Restaurativa: una Justicia para las víctimas*, de Helena SOLETO MUÑOZ y Ana CARRASCOSA MIGUEL. Valencia: Tirant lo Blanch, 2019.

CHRISTIE, Nils. «The Ideal Victim». En *From Crime Policy to Victim Policy: Reorienting the Justice System*, de Ezzat FATTAH. New York: Palgrave Macmillan, 1986.

———. «Words on words», 2013, sec. 1.

COHEN, Howard. *Equal rights for children*. Totowa, N.J.: Adams & Co., 1980.

Comité de los derechos del niño. «Observación General Nº10 (2007). Los derechos del niño en la justicia de menores». Naciones Unidas, 2007.

———. «Observación General Nº12 (2009) El derecho del niño a ser escuchado». Naciones Unidas, 2009. https://www.acnur.org/fileadmin/Documentos/BDL/2011/7532.pdf.

———. «Observación general Nº13 (2013). Derecho del niño a no ser objeto de ninguna forma de violencia». Naciones Unidas, 2013.

———. «Observación general Nº14 (2013) sobre el derecho del niño a que su interés superior sea una consideración primordial (artículo 3, párrafo 1)». Naciones Unidas, 2013.

———. «Observaciones finales Comité de los Derechos del Niño: España». Naciones Unidas, 3 de noviembre de 2010. https://www.acnur.org/fileadmin/Documentos/BDL/2012/8550.pdf.

———. «Observaciones finales del Comité de los Derechos del Niño: España». Observaciones finales sobre los informes periódicos quinto y sexto combinados de España. Naciones Unidas, 5 de marzo de 2018. https://www.consaludmental.org/publicaciones/Observaciones-finales-Convencion-Nino-ONU-marzo-2018.pdf.

CÓRDOBA RODA, Juan. «La ley de responsabilidad penal de los menores: aspectos críticos», Revista Jurídica de Cataluña, 2002.

CORDÓN MORENO, Faustino. «El derecho a obtener la tutela judicial efectiva». En *Derechos procesales fundamentales*, de Faustino GUTIÉRREZ-ALVIZ CONRADI. CGPJ: Manuales de Formación Continuada, 2004.

CORTÉS ARBOLEDA, Mª Rosario, David CANTÓN-CORTÉS, y José CANTÓN DUARTE. «Consecuencias a largo plazo del abusos sexual infantil: papel de la naturaleza y continuidad del abuso y del ambiente familiar», Psicología conductual, 19, nº 1 (2011): 41-56.

COTS I MONER, Jordi. «Los antecedentes de la Convención. Síntesis de un logro». En *El desarrollo de la Convención sobre los Derechos del Niño en España*, de Carlos ALCAIDE y Isaac RAVETLLAT BALLESTÉ. Barcelona: Bosch, 2006.

———. «Los derechos humanos del niño. Contraponencia». En *Derechos humanos del niño, de los trabajadores, de las minorías y complejidad del sujeto*, 33-41. Zaragoza: J.M BOSH, 1999.

CUELLO CALÓN, Eugenio. *Derecho penal. Confirme al código penal, texto refundido de 1944*. Vol. Tomo I (Parte general). Barcelona: Bosch, 1960.

CUELLO CONTRERAS, Joaquín. «El nuevo derecho penal español de menores a la luz de las tendencias del Derecho Penal y en la Criminología», Modernas Tendencias en la Ciencia del Derecho Penal y en la Crimonología, 2001, 205-18.

CUENCA GÓMEZ, Patricia. «Derechos humanos y discapacidad: de la renovación del discurso justificatorio al reconocimiento de nuevos derechos», Anuario de Filosofía del Derecho, nº 32 (2016): 53-83.

DALY, Kathleen. «Sexual violence and victims' justice interests». En *Restorative Responses to Sexual Violence. Legal, Social and Therapeutic Dimensions*, de Estelle ZINSSTAG y Marie KEENAN. New York: Routledge, 2017.

DARLEY, John M., y Bibb LATANE. «Bystander intervention in emergencies: Diffusion of responsability», Journal of Personality and Social Psychology 8, nº 4 (1968): 377-83. https://doi.org/10.1037/h0025589.

DAZA BONACHELA, María del Mar. *Escuchar a las víctimas. Victimología, Derecho Victimal y Atención a las Víctimas*. Valencia: Tirant lo Blanch,

2016.

DE ARAOZ SÁNCHEZ-DOPICO, Inés. «Acceso a la justicia: ajustes de procedimiento para personas con discapacidad intelectual y del desarrollo». Plena Inclusión, 2019. https://www.plenainclusion.org/sites/default/files/acceso_a_la_justicia_web.pdf.

DE ASÍS ROIG, Rafael. «La protección de los grupos vulnerables». En *Los desafíos de los derechos humanos*, de Rafael DE ASÍS ROIG, Elena ZORRILLA, y David BONDÍA GARCÍA. Madrid: Dykinson, 2007.

———. *Sobre el concepto y el fundamento de los Derechos: Una aproximación dualista*. Cuadernos «Bartolomé de las Casas» 17. Madrid: Dykinson, 2001.

DE ASÍS ROIG, Rafael, y Agustina PALACIOS. «Independencia, autonomía y derechos». En *Derechos humanos y situaciones de dependencia*. Cuadernos «Bartolomé de las Casas» 43. Madrid: Dykinson, 2008.

DE HOYOS SANCHO, Montserrat. «El ejercicio de la acción penal en España. Un verdadero derecho de acusar para las víctimas». En *Justicia Restaurativa: una justicia para las víctimas*, de Helena SOLETO MUÑOZ y Ana CARRASCOSA MIGUEL. Valencia: Tirant lo Blanch, 2019.

DE LA CERDA OJEDA, Francisco, Tomás GOÑO GONZÁLEZ, y Ignacio GÓMEZ TERREROS. «Síndrome de Munchausen por poderes», Cuadernos de Medicina Forense, 12, nº 43-44 (abril de 2006): 47-55. http://scielo.isciii.es/pdf/cmf/n43-44/04.pdf.

DE LA ROSA CORTINA, José Miguel. «La acusación particular en el proceso penal de menores: primeras reflexiones tras la reforma 15/2003», Actualidad Jurídica Aranzadi, 2004, 1-8.

DEGADO MAGRO, Lorena. «Derechos de la infancia en situación de protección en España», Revista de Educación Social, nº 20 (enero de 2015): 114-31. http://www.eduso.net/res/winarcdoc.php?id=557.

DIEGO ESPUNY, Federico. «La intervención con menores infractores». En *Justicia con menores. Menores infractores y menores víctimas*, de Mª Teresa MARTÍN LÓPEZ. Cuenca: Colección Estudios, 2000.

DÍEZ RIPOLLÉS, José Luis. *Los elementos subjetivos del delito: bases metodológicas*. Valencia: Tirant lo Blanch, 1990.

DÍEZ-PICAZO, Luis. *Experiencias jurídicas y teoría del Derecho*. Barcelona: Ariel, 1993.

DIGES JUNCO, Margarita, y Nieves PÉREZ-MATA. «La entrevista forense de investigación a niños supuestas víctimas de delitos sexuales: guía de buenas prácticas (I)», Diario LA LEY, nº 8919 (2017).

DOIG DÍAZ, Yolanda. «La conformidad». En *Investigación y prueba en el proceso penal*, de Nicolás GONZÁLEZ-CUÉLLAR SERRANO. Madrid: Colex, 2006.

DORADO MONTERO, Pedro. *El derecho protector de los Criminales*. Pam-

plona: Anacleta, 1999.
———. *Los peritos médicos y la Justicia Criminal.* Madrid: Hijos de Reus, 1905.
DOYAL, Len, y Ian GOUGH. *Teoría de las necesidades humanas.* Barcelona: Icaria/FUHEM, 1994.
DÜNKEL, Frieder, Philip HORSFIELD, y Andrea PÀROSANU. *European Reserch on Restorative Juvenil Justice. Volumen I. Research and Selection of the Moste Effective Juvenile Restirative Justice Practices in Europe: Snapshots from 28 EU Member States.* Brussels: International Juvenil Justice Observatory, 2015.
DUSSICH, John. «Victimology–Past, Present and Future». En *131st International Senior Seminar Visiting Experts Paper*, 116-29, 2006. http://www.unafei.or.jp/english/pdf/RS_No70_12VE_Dussich.pdf.
DWORKIN, Ronald. *Taking Rights Seriously.* 2°. 1997. London: Bloomsbury, 1977.
ECHEBURÚA, Enrique, y Paz DE CORRAL. «El homicidio en las relaciones de pareja: un análisis psicológico», Eguzkilore: cuaderno del Instituto Vasco de Criminología, n° 23 (diciembre de 2009): 139-50.
———. «Secuelas emocionales en víctimas de abuso sexual en la infancia», Cuadernos de Medicina Forense, 12, n° 43-44 (2006). http://scielo.isciii.es/scielo.php?script=sci_arttext&pid=S1135-76062006000100006.
ECHEBURÚA, Enrique, y Cristina GUERRICAECHEVARRÍA. *Abuso sexual en la infancia: víctimas y agresores. Un enfoque clínico.* 2°. Barcelona: Ariel, 2005.
EDVARDSSON, J. David. «Sensing an atmosphere of ease: a tentative theory of supportive care settings», Scandinavian Journal of Caring Sciences, 19, n° 4 (2005). https://doi.org/10.1111/j.1471-6712.2005.00356.x.
ESPARZA LEIBAR, Iñaki. *El principio del proceso debido.* Barcelona: Bosch, 1995.
ESPUNY, Federico Diego. «Jóvenes en dificultad: tolerar e intervenir», Añil Cuadernos de Castilla-La Mancha, 1999.
FAIRÉN GUILLÉN, Víctor. «Acción, proceso y ayuda a las víctimas del delito», La Ley. Revista jurídica española de doctrina, jurisprudencia y bibliografía, 1991, 863-81.
FANLO CORTÉS, Isabel. «Los derechos de los niños ante las teorías de los derechos: notas introductorias». En *Derecho de los niños. Una contribución teórica.* México: Fontamara, 2004.
FAPMI-ECPAT. «Recomendaciones y buenas prácticas en la atención a niños, niñas y adolescentes en el ámbito judicial. Conclusiones del II y III Foros "Justicia e Infancia"». Madrid, 2012.
FATTAH, Ezzat. «From Crime Policy to Victim Policy. The Need for e Fundamental Policy Change», Annales Internationales de Criminologie, 29,

n.o 112 (1991).

FEITO GRANDE, Lydia. «Vulnerabilidad», Anales del Sistema Sanitario de Navarra, 30, nº 3 (2007). http://scielo.isciii.es/scielo.php?script=sci_arttext&pid=S1137-66272007000600002&lng=en&tlng=en.

FELSTINER, William L.F., Richard L. ABERL, y Austin SARAT. «The emergence and transformation of disputes: naming, blaming, claiming», Law & Society Review, 15, nº 3/4 (1980): 631-54.

FERNÁNDEZ FUSTES, Mª Dolores. «Desistimiento en supuesto de delitos leves y conformidad con manifestaciones de Justicia Terapéutica». En *Hacia un proceso penal más reparador y socializador: avances desde la justicia terapéutica*, de Esther PILLADO GONZÁLEZ y Tomás FARTO PIAY. Madrid: Dykinson, 2019.

———. *La intervención de la víctima en el proceso penal: Especial referencia a la acción civil.* Valencia: Tirant lo Blanch, 2004.

———. «La mediación penal en el proceso penal de menores». En *Mediación y resolución de conflictos: técnicas y ámbitos*, de Helena SOLETO MUÑOZ, 2º. Madrid: Tecnos, 2013.

FERNÁNDEZ MOLINA, Esther, y Beatriz BLANCO MARTOS. «Avanzando hacia una "child-friendly justice". Un estudio sobre la accesibilidad de la justicia juvenil española», Boletín criminológico. Instituto andaluz interuniversitario de Criminología, agosto de 2015.

FERRAJOLI, Luigi. *Derecho y razón.* Madrid: Trotta, 1995.

FERREIRO BAAMONTE, Xulio Xosé. *La víctima en el proceso penal.* Madrid: La Ley-Actualidad, 2005.

FINKELHOR, David, Richard K. ORMROD, y Heather TURNER. «Poly-victimization: A neglected component in child victimization», Child Abuse & Neglect, nº 31 (2007): 7-26. https://doi.org/10.1016/j.chiabu.2006.06.008.

FISHER, Roger, y William URY. *Getting to Yes: Negotiating Agreement without Giving In.* 1a. New York: Penguin, 1981.

FONT GUZMÁN, Jacqueline. «Programa de derivación judicial en Estados Unidos». En *Mediación y resolución de conflictos. Técnicas y ámbitos.* Madrid: Tecnos, 2013.

FREEMAN, Michael D.A. «Los derechos del niño como derechos humanos». En *Los desafíos de los derechos humanos hoy*, de Rafael DE ASÍS ROIG, Elena ZORRILLA, y David BONDÍA GARCÍA. Madrid: Dykinson, 2007.

———. «Tomando más en serio los derechos de los niños». En *Derechos de los niños. Una contribución teórica*, de Isabel Fanlo Cortés. México: Fontamara, 2004.

FREIDES, David. *Trastornos del desarrollo. Un enfoque neuropsicológico.* 2º. Barcelona: Ariel, 2007.

GAL, Tali. *Child Victims and Restorative Justice. A Needs-Rights Model.*

New York: Oxford University Press, 2011.

———. «Justicia Restaurativa inclusiva con menores: heurística para profesionales». En *Justicia Restaurativa: una justicia para las víctimas*, de Helena SOLETO MUÑOZ y Ana CARRASCOSA MIGUEL. Valencia: Tirant lo Blanch, 2019.

GALÁN RODRÍGUEZ, Antonio. «El lugar de la víctima en los Sistema de Protección a la Infancia: compartiendo inquietudes». En *La víctima menor de edad. Un estudio comparado Europa-América*, de Teresa ARMENTA DEU y Susana OROMÍ VALL-LLOVERA. Madrid: Colex, 2010.

GALLEGO MATEOS, Guillermo. «Actuación del Cuerpo Nacional de Policía con menores». En *Justicia con menores. Menores infractores y menores víctimas*, editado por Mª Teresa MARTÍN LÓPEZ. Cuenca: Colección Estudios, 2000.

GANZEMÜLLER ROIG, Carlos. «Las personas con discapacidad como víctimas especialmente vulnerables». En *Garantías y derechos de las víctimas especialmente vulnerables en el marco jurídico de la Unión Europea*, de Montserrat DE HOYOS SANCHO. Valencia: Tirant lo Blanch, 2013.

GARCÍA-ROSTÁN CALVIN, Gemma. «Propuesta para una reforma del proceso de menores», Revista Poder Judicial, 2005.

GARCÍA-ROSTÁN CLAVIN, Gemma. *El proceso penal de los menores*. Navarra: Thomson Reuters Aranzadi S.A., 2007.

GARCÍAS, Clara, y Carmela DEL MORAL BLASCO. «Guía para la evaluación y determinación del interés superior del niño». Ministerio de Economía, Industria y competitividad, 2017.

GARITÁN MUÑOZ, Lourdes. «El bienestar social de la infancia y los derechos de los niños», Política y Sociedad, 43, nº 1 (2006): 63-80.

GARRIDO CARRILLO, Francisco Javier. «La fase de audiencia o de juicio oral en el proceso penal de menores». En *El menor como víctima y victimario de la violencia social. Estudio jurídico*, de Lorenzo MORILLAS CUEVA y José María SUÁREZ LÓPEZ. Madrid: Dykinson, 2010.

GARZÓN VALDÉS, Ernesto. «Desde la "modesta propuesta" de J. Swift hasta las "casas de engorde". Algunas consideraciones acerca de los derechos de los niños.» En *Derecho de los niños. Una contribución teórica*. México: Fontamara, 2004.

———. «¿Es éticamente justificable el paternalismo jurídico?», Revista Latinoamericana de Filosofía, XVIII (1987).

———. «Sigamos discutiendo sobre paternalismo», Doxa, 5 (1988): 215-19.

GIMÉNEZ-SALINAS COLOMER, Esther. *Justicia de menores: una justicia mayor. Comentarios a la Ley Reguladora de la Responsabilidad Penal de los Menores*. Madrid: Consejo General del Poder Judicial, 2000.

GIMENO SENDRA, Vicente. *Los derechos fundamentales y su protección jurisdiccional.* Madrid: Colex, 2007.

GODOY-CERVERA, Verónica, e HIGUERAS, Lorenzo. «El análisis de contenido basado en criterios (CBCA) en la evaluación de la credibilidad del testimonio.», Papeles del Psicólogo, 26 (2005): 92-98.

GOLMAN, Daniel. *Inteligencia emocional.* Barcelona: Kairós, 2000.

GÓMEZ COLOMER, Juan Luis. *Estatuto Jurídico de la Víctima del Delito. La posición jurídica de la víctima del delito ante la Justicia Penal. Un análisis basado en el Derecho Comparado y en la Ley 4/2015, de 27 de abril del Estatuto de la Víctima.* 2o. Pamplona: Thomson Reuters Aranzadi S.A., 2015.

GÓMEZ LARA, Cipriano. «Debido proceso como derecho humano». En *Estudios jurídicos en homenaje a Marta Morineau, TII Sistema Jurídicos Contemporáneos. Derecho Comparado. Temas diversos*, de Nuria GONZÁLEZ MARTÍN. México D.F: Instituto de Investigaciones Jurídicas de la Universidad Nacional Autónoma de México, 2006.

GONZÁLEZ ÁLVAREZ, José Luis, Alberto ALEMANY CARRASCO, Alba ARQUEROS TORNOS, Andrés SOTOCA PLAZA, Antonio MALAGÓN CALMAESTRA, Antonio MIRANDA SILVA, Beatriz POTES MORANTE, et al. *Guía de intervención policial con personas con discapacidad intelectual.* Ministerio del Interior. Fundación A LA PAR. Madrid, 2017. http://www.interior.gob.es/documents/642317/1201295/GuiaIntervenci%C3%B3nPolicialPDIversi%C3%B3nweb.pdf/806b2414-8c6b-483a-a928-434daf3d5dc3.

GONZALEZ TAPIA, Mª Isabel. «Consideraciones en torno a la protección penal del menor en el Código Penal». En *El menor como víctima y victimario de la violencia social*, de Lorenzo MORILLAS CUEVA, José María SUÁREZ LÓPEZ, y Otros. Madrid: Dykinson, 2010.

GONZÁLEZ ZORRILLA, Carlos. «Minoría de edad penal, imputabilidad y responsabilidad». En *Documentación jurídica*, Vol. I. 37–40. Madrid: Ministerio de Justicia, 1983.

GONZÁLEZ-CUÉLLAR SERRANO, Nicolás. «Investigación y prueba: los nuevos retos ante la reforma del proceso penal». En *Investigación y prueba en el proceso penal.* Madrid: Colex, 2006.

GRANDE SAERA, Pablo. «Incoación del expediente de reforma y fase de instrucción». En *Proceso penal de menores*, de Esther PILLADO GONZÁLEZ, Víctor MORENO CATENA, Helena SOLETO MUÑOZ, Mª Dolores FERNÁNDEZ FUSTES, José Alberto REVILLA GONZÁLEZ, Raquel LÓPEZ JIMÉNEZ, y Vicente GUZMAN FLUJA. Valencia: Tirant lo Blanch, 2008.

GUALLART Y LÓPEZ GOICOECHEA, José. *El Derecho penal de los menores. Los Tribunales para niños.* Zaragoza: La Academia, 1925.

GUðBRANDSSON, Bragi. «Towards a child-friendly justice and support for child victims of sexual abuse.» Protecting children from sexual violence, a comprehensive approach. Strasbourg: Consejo de Europa, 2010.

GULLÓN BALLESTEROS, Antonio. «Sobre la Ley 1/1996, de protección jurídica del menor», La Ley. Revista jurídica española de doctrina, jurisprudencia y bibliografía, nº 1 (1996): 1690-93. https://dialnet.unirioja.es/servlet/articulo?codigo=74362.

GÜNTER, Köhnken, Antonio L. Manzanero, y M.Teresa Scott. «Análisis de la validez de las declaraciones: mitos y limitaciones», Anuario de Psicología Jurídica, nº 25 (2015): 13-19.

GUTIÉRREZ CAMACHO, Walter. «La razonabilidad de las leyes y otros Actos de Poder». *Diálogo con la Jurisprudencia*, Revista de Crítica y Análisis Jurisprudencial, 1995.

GUTIÉRREZ DE PIÑERES BOTERO, Carolina. «Análisis de las prácticas de entrevistas forenses durante la etapa de investigación por denuncias de delitos sexuales en contra de niños, niñas y adolescentes.», Psicogente, 20, nº 37 (abril de 2017): 118-34. https://doi.org/10.17081/psico.20.37.2422.

GUTIÉRREZ-BERMEJO, Belén. «Víctimas invisibles. Análisis de un caso de maltrato desde la perspectiva de la víctima con discapacidad intelectual», Siglo Cero, 48 (1), nº 261 (2017): 9-21. http://dx.doi.org/10.14201/scero2017481921.

GUZMAN FLUJA, Vicente. «La responsabilidad civil en el proceso penal de menores». En *Proceso penal de menores*, de Esther PILLADO GONZÁLEZ, Víctor MORENO CATENA, Helena SOLETO MUÑOZ, Mª Dolores FERNÁNDEZ FUSTES, José Alberto REVILLA GONZÁLEZ, Raquel LÓPEZ JIMÉNEZ, Pablo GRANDE SAERA, y Vicente GIMENO SENDRA. Valencia: Tirant lo Blanch, 2008.

HAMPSHIRE, Stuart. *La Justicia es conflicto*. Madrid: Siglo XX de España, 2002.

HART, Roger. «Children's participation from tokenism to citizenship», UNICEF International Child development Centre. Innocenti Essays, nº 4 (marzo de 1992). https://www.unicef-irc.org/publications/pdf/childrens_participation.pdf.

HASSEMER, Winfried, y Francisco MUÑOZ CONDE. *Introducción a la Criminología y al Derecho Penal*. Valencia: Tirant lo Blanch, 1989.

HERNÁNDEZ MOURA, Belén. «El papel de las oficinas de asistencia en la satisfacción de los intereses de la víctima». En *Justicia Restaurativa: una justicia para las víctimas*, de Helena SOLETO MUÑOZ y Ana CARRASCOSA MIGUEL. Valencia: Tirant lo Blanch, 2019.

HERRERA MORENO, Myriam. «Humanización social y luz victimológica», Eguzkilore: cuaderno del Instituto Vasco de Criminología, nº 26 (2012): 73-85. https://www.ehu.eus/documents/1736829/2177136/Herrera+Eguzkilore+26-11.pdf.

———. «¿Quién teme a la victimidad? El debate identitario en victimología». *3o Época*, Revista de Derecho Penal y Criminología, nº 12 (julio de 2014): 343-404. http://e-spacio.uned.es/fez/eserv/bibliuned:revistaDerechoPenalyCriminologia-2014-12-5035/Quien_teme_victimidad.pdf.

HIERRO SÁNCHEZ-PESCADOR, Liborio L. «Los derechos humanos del niño». En *Derechos humanos del niño, de los trabajadores, de las minorías y complejidad del sujeto*, editado por Antonio MARZAL, 15-32. Zaragoza: J.M BOSH, 1999.

———. «¿Tienen los niños derechos? Comentario a la Convención sobre los Derechos del Niño», Revista de Educación, nº 294 (1991): 221-33.

HIERRRO SÁNCHEZ-PESCADOR, Liborio. «El niño y los derechos humanos». En *Los derechos de los niños: perspectivas sociales, políticas, jurídicas y filosóficas*, editado por Ignacio CAMPOY CERVERA. Madrid: Dykinson, 2007.

HOLLINGSWRTH, Kathryn. «Theorizing Children's Rights in Youth Justice: The significance of autonomy and foundational rights"». 6, The Modern Law Review, nº 76 (2013).

HOLT, John. *Escape from Childhood*. New York: E.P. Dutton and Co., 1974.

HORNO GOICOECHEA, Pepa. «Amor, poder y violencia: Un análisis comparativo de los patrones de castigo físico y humillante». Madrid: Save the Children, 2005. http://ibdigital.uib.es/greenstone/collect/cd2/index/assoc/stc0054.dir/stc0054.pdf.

HUETE MORILLO, Luis María, y Eduardo MARINA DE LA ORTA. *La edad en la legislación*. Madrid: Dykinson, 2001.

IZUMI, Carol L. «The use of ADR in criminal and juvenil delinquency cases». En *ADR for judges*. Washington, 2004.

JANOFF-BULMAN, Ronnie, y Irene HANSON FRIEZE. «A Theoretical Perspective for Understanding Reactions to Victimization», Journal of Social Issue, nº 39 (1983): 1-17.

JIMÉNEZ CORTÉS, Cristina, y Carlos MARTÍN ALONSO. «Valoración del testimonio en abuso sexual infantil», Cuadernos de Medicina Forense, 12, nº 43-44 (abril de 2006): 83-102. http://scielo.isciii.es/scielo.php?script=sci_arttext&pid=S1135-76062006000100007#back.

JIMÉNEZ DÍAZ, María José. «Algunas reflexiones sobre la responsabilidad penal de los menores», Revista Electrónica de Ciencia Penal y Criminología, 2015, 1-36.

JIMENO BULNES, Mar. «Jurisdicción y competencia en materia de violencia de género: los juzgados de Violencia sobre la Mujer: Problemática a la luz de su experiencia», Justicia, 2009, 157-206.

———. «Sobre la mediación, justicia restaurativa y otras justicias». En *Justicia Restaurativa: una justicia para las víctimas*, de Helena SO-

LETO MUÑOZ y Ana CARRASCOSA MIGUEL. Valencia: Tirant lo Blanch, 2019.

JOHANSSON, Susanna, Kari STEFANSEN, Elisiv BAKKETEIG, y Anna KALDAL. «Implementing the Nordic Barnahus Model: Characteristics and Local Adaptions». En *Collaborating Against Child Abuse: Exploring the Nordic Barnahus Model*, 1-34. Switzerland: Palgrave Macmillan, 2017.

JOHNSTONE, Gerry, y Daniel W. VAN NESS. «The meaning of restorative justice». En *Handbook of restorative justice*. London: Willan, 2007.

JULLIEN DE ASÍS, Jessica. «La reparación de las víctimas en la Justicia Juvenil». En *La víctima en el proceso penal de menores. Tratamiento procesal e intervención socioeducativa*, de Esther Pillado González, 241-76. Madrid: Dykinson, 2021.

LALOR, Kevin, y Rosaleen McELVANEY. «Overview of the nature and extent of child sexual abuse in Europe». En *Protecting children from sexual violence–A comprehensive approach*, editado por Council of Europe. Strasbourg: Council of Europe, 2010. https://arrow.tudublin.ie/cgi/viewcontent.cgi?article=1003&context=aaschsslbk.

LAMB, Michael B., Yael ORBACH, Irit HERSHKOWITZ, Phillip W. ESPLIN, y Dvora HOROWTS. «A structured forensic interview protocol improves the quality and informativeness of investigative interviews with children: A review of research using the NICHD Investigative Interview Protocol», Child Abuse & Neglect, n.o 31 (2007): 1201-31.

LANDA ARROYO, César. *Teoría del Derecho Procesal Constitucional*. Lima: Palestra, 2003.

LANDA-CONTRERAS, Ernesto, María P. ALVITES-AHUMADA, y José L. FORTES-ÁLVAREZ. «Síndrome de Munchaussen por poderes: presentación de un caso y revisión de la literatura», Revista de la Asociación Española de Neuropsiquiatría, 34, nº 124 (2014): 791-95. https://doi.org/10.4321/S0211-57352014000400011.

LANDROVE DÍAZ, Gerardo. «Las víctimas ante el derecho español», Estudios Penales y Criminológicos, XXI, nº 113 (1998): 168-207. https://minerva.usc.es/xmlui/handle/10347/4106.

LANSDOWN, Gerison. *La evolución de las facultades del niño*. Centro de Investigaciones Innocenti. UNICEF, 2005.

LAURENZO COPELLO, Patricia. «¿Vulnerables o vulnerados? Las paradojas de la tutela penal de los inmigrantes». En *Garantías y derechos de las víctimas especialmente vulnerables en el marco jurídico de la Unión Europea*, de Montserrat DE HOYOS SANCHO. Valencia: Tirant lo Blanch, 2013.

LEECH, Philip. «Galtung's 'Structural Violence' and the Sierra Leone Civil War c.1985-1992». *The People & Planet Network*, 2014. http://www.pandnetwork/journal/articles/structural_violence.

LERNER, Melvin J. *The belief in a just world.* New York: Plenum Publishing Corporation, 1980.

LOFTUS, Elizabeth F., David G. MILLER, y Helen J. BURNS. «Semantic Integration of Verbal Information into a Visual Memory», Journal of Experimental Psychology, 1978, 19-31.

LÓPEZ-SOLER, Concepción. «Las reacciones postraumáticas en la infancia y adolescencia maltratada: el trauma complejo», Revista de Psicopatologías y Psicología Clínica, 13, nº 3 (2008): 159-74.

LOZANO-VICENTE, Agustín. «Los derechos del niño: cuestiones sobre su fundamentación», Revista Latinoamericana de Ciencias Sociales, Niñez y Juventud, nº 14 (1) (2016): 67-79.

MAcCORMICK, Neil. «Los derechos de los niños: un test para las teorías de los derechos». En *Derecho de los niños. Una contribución teórica*, de Isabel FANLO CORTÉS. México: Fontamara, 2004.

MANZANERO, Antonio L., y José L. GONZÁLEZ. «Modelo holístico de evaluación de la prueba testifical (HELPT). A holistic model for the evaluation of the testimony (HELPT)», Papeles del Psicólogo, 36, nº 2 (2015): 125-38.

MANZANERO PUEBLA, Antonio Lucas. «Evaluando el testimonio de menores testigos y víctimas de abuso sexual», Anuario de Psicología Jurídica, 6, nº 1 (1996): 13-64. https://journals.copmadrid.org/apj/art/fb60d411a5c5b72b2e7d3527cfc84fd0.

MANZANERO PUEBLA, Antonio Lucas, Rocío VALLET, Marina NIETO-MÁRQUEZ, Susana BARÓN, y Mª Teresa SCOTT. «Evaluación de la credibilidad de la prueba testifical en víctimas con discapacidad intelectual», Siglo Cero, 48 (1), nº 261 (2017): 23-36. http://dx.doi.org/10.14201/scero20174812336.

MARCOS, Liliana, Thomas UBRICH, Candela ARDILA, Aránzazu BARTOLOMÉ TUTOR, Catalina PERAZZO ARAGONESES, Carmela DEL MORAL BLASCO, José Ignacio ALONSO, et al. «Ojos que no quieren ver. Los abusos sexuales a niños y niñas en España y los fallos del sistema». Save the Children, 2017. https://www.savethechildren.es/sites/default/files/imce/docs/ojos_que_no_quieren_ver_12092017_web.pdf.

MARTÍN BRAÑAS, Carlos. «La incorporación de la acusación particular al proceso de menores», La Ley Penal. Revista de Derecho Penal, Procesal y Penitenciario, 2004, 50-57.

MARTÍN LÓPEZ, Mª Teresa. «Consideraciones sobre la delincuencia de menores». En *Justicia con menores. Menores infractores y menores víctimas*, de Mª Teresa MARTÍN LÓPEZ. Cuenca: Colección Estudios, 2000.

MARTÍN PASTOR, José. «Constitución y dirección de la investigación oficial en el procesal penal por un juez o por el Ministerio Fiscal», Revista General de Derecho Procesal, 2005.

MARTÍN PÉREZ, Alma. «La participación infantil como forma de protección y garantía de los derechos de la infancia». En *Protección de personas y grupos vulnerables. Especial referencia al derecho internacional europeo*, editado por Jaume FERRER LLORET y Susana SANZ CABALLERO. Valencia: Tirant lo Blanch, 2008.

MARTÍNEZ ALONSO, Belén, A. FERNANDEZ ABREU, C. NUÑEZ SANDE, y B. PINAL FERNÁNDEZ. «La disociación en niños y adolescentes: la variabilidad en la expresión clínica a propósito de dos casos», Revista de Psiquiatría infanto-juvenil, nº 1 (marzo de 2017): 31-37.

MARTÍNEZ GARCÍA, Clara. «Violencia contra la infancia. Hacia una estrategia integral». España: Save the Children, mayo de 2015.

MARTÍNEZ GARCÍA, Clara, y Lucía MARTÍNEZ. «Barnahus: bajo el mismo techo». Save the Children, diciembre de 2019. https://www.savethechildren.es/sites/default/files/imce/barnahus_bajo-el-mismo-techo.pdf.

MATE, Reyes. «Sobre la Justicia Restaurativa». En *Justicia restaurativa: una justicia para el siglo XXI: potencialidades y retos*, de Ignacio José SUBIJANA ZUNZUNEGUI, Reyes MATE, Alberto José OLALDE ALTAREJOS, Helena SOLETO MUÑOZ, Javier HERNÁNDEZ GARCÍA, Juan Alberto DÍAZ LÓPEZ, Ángel Luis ORTIZ GONZÁLEZ, et al., Deusto Digital. Cuadernos penales José María Lidón 9. Bilbao, 2013.

MAYORDOMO RODRIGO, Virginia. «La protección de los colectivos vulnerables en la normativa internacional y española». En *Nuevos desarrollos en el Derecho Internacional de los Derechos Humanos: los derechos de las víctimas*, de Carlos FERNÁNDEZ DE CASADEVANTE ROMANI. Pamplona: Thomson Reuters Aranzadi S.A., 2014.

McCLURE, RJ., PM. DAVIS, SR. MEADOW, y JR. SIBERT. «Epidemiology of Munchaussen syndrome by proxy, non-accidental poisoning, and non-accidental suffocation», Arch Dis Child, 75, nº 1 (julio de 1996): 57-61. https://www.ncbi.nlm.nih.gov/pubmed/8813872.

McEWAN, Jenny. «The testimony of vulnerable victims and witnesses in criminal proceeding in the European Union», Era Forum, nº 10 (2009): 369-86. https://doi.org/10.1007/s12027-009-0126-3.

MENDOZA TROCONIS, José Rafael. *La protección y el tratamiento de los menores*. Buenos Aires, 1960.

MILLÁN, Sandra, E. GARCÍA, J.A HURTADO, M. MORILLA, y P. SEPÚLVEDA. «Victimología infantil», Cuadernos de Medicina Forense, 12, nº 43-44 (2006): 7-19. http://scielo.isciii.es/pdf/cmf/n43-44/01.pdf.

MINGO BASAÍL, María Luisa. «Posición de las víctimas en el proceso penal de menores. De la prohibición a la aceptación de la acusación particular», La Ley, nº 4 (2004): 1885-98.

MOMMSEN, Theodor. *Historia de Roma*. Vol. I. Madrid: Turner, 1983.

MORA ALARCÓN, José Antonio. *Derecho penal y procesal de menores:*

doctrina, jurisprudencia y formularios. Valencia: Tirant lo Blanch, 2002.

MORENO CATENA, Víctor. «Ámbito de aplicación y garantías procesales en el proceso penal de menores». En *Proceso penal de menores*, de Esther PILLADO GONZÁLEZ, Helena SOLETO MUÑOZ, Mª Dolores FERNÁNDEZ FUSTES, José Alberto REVILLA GONZÁLEZ, Raquel LÓPEZ JIMÉNEZ, Pablo GRANDE SAERA, y Vicente GUZMAN FLUJA. Valencia: Tirant lo Blanch, 2008.

MORENO CATENA, Víctor, y Víctor CORTÉS DOMÍNGUEZ. *Derecho Procesal Penal.* Valencia: Tirant lo Blanch, 2010.

MORENTE MEJÍAS, Felipe. «Visiones de la infancia y la adolescencia: notas para una concepción alternativa», Revista de la Asociación de Sociología de la Educación, 5, nº 2 (2012): 240-57. www.ases.es.

MORILLAS CUEVA, Lorenzo. «La política criminal del menor como expresión de una continua contradicción». En *El Derecho penal de menores a debate. I Congreso Nacional sobre Justicia Penal Juvenil*, de Ignacio F. BENÍTEZ ORTÚZAR y María José CRUZ BLANCA. Madrid: Dykinson, 2010.

MUÑOZ, Francisco A., y Mario LÓPEZ MARTÍNEZ. *Historia de la Paz. Tiempos, espacios y actores.* Granada: Eirene, 2000.

MUÑOZ, José Manuel. «La evaluación psicológica forense del daño psíquico: propuesta de un protocolo de actuación pericial», Anuario de Psicología Jurídica, 2013, 61-69.

MUÑOZ, José Manuel, Antonio Lucas MANZANERO PUEBLA, Miguel Ángel ALCÁZAR, José L. GONZÁLEZ, Mª Luisa PÉREZ, y María YELA. «Psicología Jurídica en España: delimitación conceptual, campos de investigación e intervención y propuestas formativas dentro de la Enseñanza Oficial», Anuario de Psicología Jurídica, nº 21 (2011): 3-14. https://doi.org/10.5093/jr2011v21a1.

MYKLEBUST, Trond. «The Nordic Model of handling children's testimonies». En *Collaborating against child abuse. Exploring the Nordic Barnahus Model*, de Susanna JOHANSSON, STEFANSEN, Elisiv BAKKETEIG, y Anna KALDAL. Switzerland: Palgrave Macmillan, 2017.

NIETO, Alejandro. *El arbitrio judicial.* Barcelona: Ariel, 2000.

NIETO MARTÍNEZ, Isabel, y Concepción LÓPEZ CASARES. «Abordaje integral de la clínica del trauma complejo», Clínica Contemporánea, 7, n.o 2 (2016): 87-104. http://dx.doi.org/10.5093/cc2016a7.

NINO, Carlos Santiago. *Ética y Derechos Humanos: Un ensayo de fundamentación.* Barcelona: Ariel, 1989.

OCHAÍTA ALDERETE, Esperanza, y Mª Ángeles ESPINOSA BAYAL. *Hacia una teoría de las necesidades infantiles y adolescentes.* Madrid: McGrawHill, 2004.

———. «Los Derechos de la Infancia desde la perspectiva de las necesidades», Educatio Siglo XXI, Vol.30, nº 2 (2012): 25-46.

OLAVE, Ruperto, y Isaac RAVETLLAT BALLESTÉ. «EL principio de mínima intervención del Estado en los asuntos familiares en los sistemas normativos chileno y español», Revista de Derecho de la Pontificia Universidad Católica de Valparaíso, julio de 2015, 69-96.

OLSSON, Ann-Margreth E., y Maria KLÄFVERUD. «To be summoned to Barnahus: Children's perspectives». En *Collaborating against child abuse. Exploring the Nordic Barnahus Model*, de Susanna JOHANSSON, Kari STEFANSEN, Elisiv BAKKETEIG, y Anna KALDAL. Switzerland: Palgrave Macmillan, 2017.

O'NEILL, Onora. «Los derechos de los niños y las vidas de los niños». En *Derecho de los niños. Una contribución teórica*, de Isabel FANLO CORTÉS. México: Fontamara, 2004.

ORBACH, Yael, Irit HERSHKOWITZ, Michael B. LAMB, Kathleen J. STERNBERG, Phillip W. ESPLIN, y Dvora HOROWTS. «Assessing the value of structured protocoles for forensic interviews of alleged child abus victims», Child Abuse & Neglect, 24, nº 6 (junio de 2000): 733-52. https://doi.org/10.1016/S0145-2134(00)00137-X.

OSUNA CARILLO DE ALBORNOZ, Eduardo. «La protección jurídica del menor en el ámbito sanitario». En *El menor como víctima y victimario de la violencia social*, de Lorenzo MORILLAS CUEVA y José María SUÁREZ LÓPEZ. Madrid: Dykinson, 2010.

OUBIÑA BARBOLLA, Sabela. «Dilaciones indebidas», Eunomía. Revista en Cultura de la Legalidad, septiembre de 2016, 250-64.

PALACIOS, Agustina. *El modelo social de discapacidad: orígenes, caracterización y plasmación en la Convención Internacional sobre los Derechos de las Personas con Discapacidad*. Colecciones CERMI 36. Madrid: Cinca, 2008.

PALMER, Sally E., Ralph A. BROWN, Naomi I. RAE-GRANT, y M. Joanne LOUGHLIN. «Responding to Children's Disclosure of Familial Abuse: What Survivors Tell us», Child Welfare, 78, nº 2 (marzo de 1999). http://web.b.ebscohost.com/ehost/pdfviewer/pdfviewer?vid=0&sid=f916437e-925d-43e4-bbf4-567eb59baad1%40pdc-v-sessmgr01.

PANCHÓN IGLESIAS, Carme. «Maltrato infantil». En *Derecho de la persona*. Barcelona: Bosch, 2011.

PATRÓ HERNÁNDEZ, Rosa, y Rosa LIMIÑANA GRAS. «Víctimas de violencia familiar: Consecuencias psicológicas en hijos de mujeres maltratadas», Anales de la Psicología, 21, nº 1 (2005): 11-17.

PECES-BARBA MARTÍNEZ, Gregorio. *Curso de Derechos Fundamentales. Teoría general*. Madrid: Colección Cursos, 1999.

———. *Ética, Poder y Derecho. Reflexiones ante el fin de siglo*. Cuadernos y Debates. Centro de Estudios Constitucionales, 1995.

———. *Lecciones de Derechos Fundamentales*. Colección Derechos Humanos y Filosofía del Derecho. Madrid: Dykinson, 2004.

———. «Legitimidad del poder y Justicia del Derecho». En *Curso de Teoría del Derecho*, de Gregorio PECES-BARBA MARTÍNEZ, Eusebio FERNÁNDEZ GARCÍA, y Rafael DE ASÍS ROIG, 2º. Madrid: Marcial Pons, 2000.

PECES-BARBA MARTÍNEZ, Gregorio, Rafael DE ASÍS ROIG, Elena ZORRILLA, y David BONDÍA GARCÍA. «La dignidad humana». En *Los desafíos de los derechos humanos hoy*. Madrid: Dykinson, 2007.

PEREDA BELTRÁN, Noemí. «Consecuencias psicológicas a largo plazo del abuso sexual infantil», Papeles del Psicólogo, 31, nº 2 (2010): 191-201. http://www.papelesdelpsicologo.es/pdf/1846.pdf.

———. «Consecuencias psicológicas iniciales del abuso sexual infantil», Papeles del Psicólogo, 30, nº 2 (2009): 135-44. http://www.papelesdelpsicologo.es/pdf/1702.pdf.

———. «Menores víctimas del terrorismo: una aproximación desde la Victimología del desarrollo», Anuario de Psicología Jurídica, 22, nº 1 (2012): 13-24. https://doi.org/10.5093/aj2012a2.

———. «Nuevas formas de justicia para menores: procesos restaurativos». En *La justicia restaurativa: desarrollo y aplicaciones*, de Josep Mª TAMARIT SUMALLA. Granada: Comares, 2012.

———. «¿Uno de cada cinco? Victimización sexual infantil en España», Papeles del Psicólogo, 37, nº 2 (2016): 126-33.

PEREDA BELTRÁN, Noemí, Judit ABAD GIL, y Georgina GUILERA FERRÉ. «Victimología del desarrollo. Incidencia y repercusiones de la victimización y la polivictimización en jóvenes catalanes». Àmbit social i criminològic. Centre d'Estudis Jurídics i Formació Especialitzada, 2012. http://www.ub.edu/grevia/assets/victimologia_desenvolupament_cast.pdf.

PEREDA BELTRÁN, Noemí, y Mila ARCH MARIN. «Evaluación e intervención con víctimas menores de edad desde la perspectiva de la Justicia Terapéutica. Especial referencia a las víctimas de abusos sexual infantil». En *Hacia un proceso penal más reparador y socializador: avances desde la justicia terapéutica*, de Esther PILLADO GONZÁLEZ y Tomás FARTO PIAY. Madrid: Dykinson, 2019.

PEREDA BELTRÁN, Noemí, Marina BARTOLOMÉ, y Emilie RIVAS. «Sota el mateix sostre». Cataluña: Save the Children, diciembre de 2018.

PEREDA BELTRÁN, Noemí, y Víctor GÓMEZ MARTÍN. «La prescripción de delitos sexuales con niños víctimas: un análisis multidiciplinar». Centre d'Estudis Jurídics I Formació Especialitzada. Àmbit de ejecución pe-

nal, noviembre de 2017.
PEREDA BELTRÁN, Noemí, Georgina GUILERA FERRÉ, y Judit ABAD GIL. «Victimización infanto-juvenil en España: una revisión sistemática de estudios epidemiológicos», Papeles del Psicólogo, 35, nº 1 (2014): 66-77.
PEREDA BELTRÁN, Noemí, y Irene MONTIEL JUAN. «Victimización sexual de menores: aproximación teórica y estado actual de la investigación». En *La victimización sexual de menores de edad y la respuesta del sistema de justicia penal*, de Josep Mª TAMARIT SUMALLA. Buenos Aires: BdeF, 2017.
PÉREZ MACHÍO, Ana Isabel. «Aproximación crítica a la intervención de la acusación particular en el proceso de menores», Eguzkilore: cuaderno del Instituto Vasco de Criminología, diciembre de 2009, 301-14.
PÉREZ VAQUERO, Carlos. «La Justicia Juvenil en el Derecho Europeo», Derecho y cambio social, 2014.
PÉREZ VITORIA, Octavio. *La minoría de edad y su tratamiento. Historia, doctrina y legislación*. Barcelona: Bosch, 1940.
PÉREZ-CRUZ MARTÍN, Agustín-Jesús, y Xulio Xosé FERREIRO BAAMONTE. «Protección de la víctima en la vista del juicio oral». En *Investigación y prueba en el proceso penal*, de Nicolás GONZÁLEZ-CUÉLLAR SERRANO. Madrid: Colex, 2006.
PERLOFF, Linda S. «Perceptions of Vulnerability to Victimization», Journal of Social Issue, nº 39 (1983): 41-61.
PERULERO GARCÍA, Diana. «Hacia un modelo de Justicia Restaurativa: la mediación penal». En *Sobre la mediación penal: Posibilidades y límites en un entorno de Reforma del proceso penal español*, de Pedro GARCIANDÍA GONZÁLEZ, Helena SOLETO MUÑOZ, y Sabela OUBIÑA BARBOLLA. Pamplona: Thomson Reuters Aranzadi S.A., 2012.
PICONTÓ NOVALES, Teresa. «Derechos de la infancia: nuevo contexto, nuevos retos», Derechos y Libertades: revista de filosofía del derecho y derechos humanos, nº 21 (junio de 2009): 57-93.
———. *En las fronteras del Derecho. Estudio de casos y reflexiones generales*. Madrid: Dykinson, 2000.
———. *La Protección de la Infancia (Aspectos sociales y jurídicos)*. Huesca: Egido, 1996.
PILLADO GONZÁLEZ, Esther. «Medidas cautelares». En *Proceso penal de menores*, de Esther PILLADO GONZÁLEZ, Víctor MORENO CATENA, Helena SOLETO MUÑOZ, Mª Dolores FERNÁNDEZ FUSTES, José Alberto REVILLA GONZÁLEZ, Raquel LÓPEZ JIMÉNEZ, Pablo GRANDE SAERA, y Vicente GUZMAN FLUJA. Valencia: Tirant lo Blanch, 2008.
PINHEIRO, Paulo Sérgio. «Informe del experto independiente para el estudio de la violencia contra los niños, de las Naciones Unidas». Naciones

Unidas, 2006. https://www.unicef.org/violencestudy/reports/SG_violencestudy_sp.pdf.

PLANCHADELL GARGALLO, Andrea. *El derecho fundamental a ser informado de la acusación*. Valencia: Tirant lo Blanch, 1999.

———. «La consecución de la tutela judicial efectiva en la litigación colectiva», InDret, 2015. https://www.raco.cat/index.php/InDret/article/view/304375.

———. «La intervención de la víctima en la instrucción del proceso penal de menores». En *Justicia penal de menores y jóvenes. Análisis sustantivo y procesal de la nueva regulación*, de José Luis GONZÁLEZ CUSSAC, Josep Ma TAMARIT SUMALLA, y Juan Luis GÓMEZ COLOMER. Madrid: Tirant lo Blanch, 2002.

———. «Publicidad del proceso e intimidad de la víctima: una aproximación desde el Estatuto de la víctima», Teoría y derecho: revista de pensamiento jurídico, 2018, 150-78.

PLATÓN. *La República*. Madrid: Alianza, 1989.

———. *Las leyes*. Traducido por José Manuel José Manuel Pabón y Manuel Fernández Galiano. Bilingüe. Madrid: Consejo General del Poder Judicial, 1983.

PRIETO LARROCHA, Macarena. «Eficacia de la Terapia Cognitivo Conductual (TCC) y de la TCC-Focalizada en el Trauma en la Infancia Maltratada». Universidad de Murcia. Facultad de Psicología, 2015. https://www.tdx.cat/bitstream/handle/10803/373197/TMPL.pdf?sequence=1&isAllowed=y.

QUEREJETA, Luis Miguel. «Estructura de la personalidad del menor víctima de maltrato: daños psicológicos y lesiones físicas», Eguzkilore: cuaderno del Instituto Vasco de Criminología, nº 13 (diciembre de 1999): 53-65.

———. «Validez y credibilidad del testimonio. La psicología forense experimental», nº 13 (1999): 157-68. https://www.ehu.eus/documents/1736829/3343253/Eguzkilore%2B13-12.%2BQuerejeta.pdf.

QUINTERO OLIVARES, Gonzalo. «La víctima y el Derecho Penal». En *Estudios de Victimología. Actas del I Congreso español de victimología*. Valencia: Tirant lo Blanch, 2005.

RAP, Stephanie. «A Children's Righs Perspective on the Participation of Juvenile Defendants in the Youth Court», International Journal of Children's Rights, 2015, 93-112. https://doi.org/10.1163.

RECASENS, Luis. *Experiencia jurídica, naturaleza de la cosa y lógica razonable*. México: Fondo de Cultura Económica, 1971.

RECIO ZAPATA, María, Laura GALINDO, Jacobo CENDRA LÓPEZ, Alberto ALEMANY CARRASCO, Gisela VILLARÓ, y Almudena MARTORELL CAFRANGA. *Abuso y discapacidad intelectual. Orientaciones para la prevención y la actuación*. Fundación Carmen Pardo-Valcarce., 2013.

REVILLA GONZÁLEZ, José Alberto. «La víctima y el menor infractor». En *Proceso penal de menores*, de Esther PILLADO GONZÁLEZ, Víctor MORENO CATENA, Helena SOLETO MUÑOZ, Mª Dolores FERNÁNDEZ FUSTES, Raquel LÓPEZ JIMÉNEZ, Pablo GRANDE SAERA, y Vicente GUZMAN FLUJA. Valencia: Tirant lo Blanch, 2008.

RÍOS MARTÍN, Julián Carlos. *El menor infractor ante la ley penal*. Granada: Comares, 1993.

RODRÍGUEZ PALOP, María Eugenia. «¿Podemos asumir la protección eficaz de los derechos de los niños?» En *Los derechos de los niños: perspectivas sociales, políticas, jurídicas y filosóficas*, de Ignacio CAMPOY CERVERA. Madrid: Dykinson, 2007.

RODRÍGUEZ VEGA, Beatriz, Alberto FERNÁNDEZ LIRA, y Carmen BAYÓN PÉREZ. «Trauma, disociación y somatización», Anuario de Psicología Clínica y de la Salud, nº 1 (2005): 27-38. http://institucionales.us.es/apcs/doc/APCS_1_esp_27-38.pdf.

ROMÁN, Yolanda, Liliana ORJUELA LÓPEZ, Lucía PUGA, y Virginia RODRÍGUEZ. «Más allá de los golpes: ¿por qué es necesaria una ley? Informe sobre la violencia contra los niños y las niñas». Save the Children, mayo de 2012.

ROSENBERG, Donna Andrea. «Munchausen Syndrome by Proxy: medical diagnostic criteria», Child Abuse & Neglect, 27, nº 4 (abril de 2003): 421-30. https://doi.org/10.1016/S0145-2134(03)00029-2.

RÚA PORTU, María José. «Bases jurídicas sobre la presencia de menores en los procedimientos judiciales: el interés superior del menor». En *Niñas y niños víctimas y testigos en los procedimientos judiciales: implicaciones desde la psicología forense*. Vitoria: Eusko Jaurlaritzaren Argitalpen Zerbitzu Nagusia, 2016. http://www.ogasun.ejgv.euskadi.eus/r51-catpub/es/k75aWebPublicacionesWar/k75aObtenerPublicacionDigitalServlet?R01HNoPortal=true&N_LIBR=051840&N_EDIC=0001&C_IDIOM=es&FORMATO=.pdf.

RUFO CAMPOS, Miguel. «El síndrome del niño sacudido», Cuadernos de Medicina Forense, 12, nº 43-44 (abril de 2006): 39-45. http://scielo.isciii.es/pdf/cmf/n43-44/03.pdf.

SÁEZ VALCARCEL, Ramón. «Mediación Penal. Reconciliación, perdón y delitos graves. La emergencia de las víctimas». En *Reforma penal: personas jurídicas y tráfico de drogas; Justicia restaurativa*, de María Ángeles MONTÉS ÁLVARO, Xabier ETXEBARRIA ZARRABEITIA, Silvina BACUGALUPO SAGGESE, Ángel JUANES PECES, Alejandro LUZÓN CÁNOVAS, Ramón SÁEZ VALCARCEL, Esther PASCUAL RODRÍGUEZ, et al. Cuadernos penales José María Lidón 8. Bilbao: Deusto Digital, 2011.

SÁINZ-CANTERO CAPARRÓS, José Eduardo. «Sobre las medidas no privativas de libertad en la Ley española de Responsabilidad Penal de los Menores». En *El menor como víctima y victimario de la violencia social (Estudio Jurídico)*, de Lorenzo MORILLAS CUEVA y José María SUÁREZ LÓPEZ. Madrid: Dykinson, 2010.

SÁNCHEZ GARCÍA DE PAZ, Isabel. «Minoría de edad y derecho penal juvenil. Aspectos político criminales», Eguzkilore: cuaderno del Instituto Vasco de Criminología, diciembre de 1998, 65-74.

SÁNZ HERMIDA, Ágata Ma. «La declaración de los menores víctimas y/o testigos: Derecho de defensa, protección del interés del menor y eficacia de la justicia». En *La víctima menor de edad. Un estudio comparado Europa-América*, editado por Teresa ARMENTA DEU y Susana OROMÍ VALL-LLOVERA. Madrid: Colex, 2010.

SAUCA, José María. «Los conceptos jurídicos fundamentales (II)». En *Curso de Teoría del Derecho*, de Gregorio PECES-BARBA MARTÍNEZ, Eusebio FERNÁNDEZ, y Rafael DE ASÍS ROIG, Segunda. Madrid: Marcial Pons, 2000.

SERRANO MASIP, Mercedes. «La incorporación al proceso penal español de la normativa UE sobre el interrogatorio o la explotación de la víctima menor de edad». En *Delitos contra la libertad e indemnidad sexual de los menores. Adecuación del Derecho español a las demandas normativas supranacionales de protección*. Navarra: Thomson Reuters Aranzadi S.A., 2015.

———. «Protección jurisdiccional de menores en situación de riesgo y desamparo. Iniciativas del Consejo de Europa y de la Unión Europea en orden a una justicia adaptada a los menores». En *Garantías y derechos de las víctimas especialmente vulnerables en el marco jurídico de la Unión Europea*, de Montserrat DE HOYOS SANCHO. Valencia: Tirant lo Blanch, 2013.

SHAFFER, Christina L., Tanya D. SMITH, y Amy E. ORNSTEIN. «Child and youth advocacy centres: a change in practice that can change lifetime», Paediatrics & Child Health, 23, nº 2 (mayo de 2018): 116-18. https://doi.org/10.1093/pch/pxy008.

SHERIDAN, Mary S. «The deceit continues: an updated literature review of Munchausen Syndrome by Proxy», Child Abuse & Neglect, 27, n.o 4 (abril de 2003): 431-51. https://doi.org/10.1016/S0145-2134(03)00030-9.

SIEGEL, Jane A., y Linda M. WILLIAMS. «The relationship between child sexual abuse and female delinquency and crime: a prospective study», Journal os Research in Crime and Delinquency, 40, nº 1 (febrero de 2003): 71-94. https://doi.org/10.1177/0022427802239254.

SOLETO MUÑOZ, Helena. «Aportaciones internacionales al desarrollo de la Justicia Restaurativa en España». En *Justicia restaurativa, una justicia para el siglo XXI: potencialidades y retos*. Cuadernos penales José María

Lidón 9. Bilbao: Deusto Digital, 2013.

———. «El desarrollo de la Justicia Restaurativa en América Latina en el ámbito de menores infractores; dificultades y oportunidades». En *Derecho y proceso. Liber Amicorum del profesor Francisco Ramos Méndez*, de Justo FRANCO ARIAS y Manuel Jesús CACHÓN CADENAS, 2419-42, 2018.

———. «Justicia Restaurativa en Europa: Sus Orígenes, Evolución y la Directiva de la Unión Europea 2012/29 sobre los Derechos, Apoyo y Protección de las Víctimas de Delitos». En *Acceso à jutsiça, jurisdição (in)eficaz e mediação. A delimitação e a busca de outras estratégias na resolução de conflitos*. Curitiba: Multideia, 2013. https://e-archivo.uc3m.es/bitstream/handle/10016/24040/justicia_soleto_2013.pdf?sequence=1&isAllowed=y.

———. «Justicia Restaurativa para a mejor reparación a la víctima». En *Justicia Restaurativa: una justicia para las víctimas*, de Helena SOLETO MUÑOZ y Ana CARRASCOSA MIGUEL. Valencia: Tirant lo Blanch, 2019.

———. «La conferencia Pound y la adecuación del método de resolución de conflictos», Revista de Mediación, 10 (2017). https://revistademediacion.com/articulos/la-conferencia-pound-la-adecuacion-del-metodo-resolucion-conflictos/.

———. «La justicia restaurativa y la mediación en el proceso penal». En *Sobre la mediación penal: Posibilidades y límites en un entono de Reforma del proceso penal español*, de Pedro GARCIANDÍA GONZÁLEZ, Helena SOLETO MUÑOZ, y Sabela OUBIÑA BARBOLLA. Pamplona: Thomson Reuters Aranzadi S.A., 2012.

———. «Ministerio Fiscal, responsabilidad penal del menor y mediación». En *Derecho de la persona*. Barcelona: Bosch, 2011.

———. «Órganos de investigación y enjuiciamiento. La Administración y el personal colaborador». En *Proceso penal de menores*, de Esther PILLADO GONZÁLEZ, Víctor MORENO CATENA, Mª Dolores FERNÁNDEZ FUSTES, José Alberto REVILLA GONZÁLEZ, Raquel LÓPEZ JIMÉNEZ, Pablo GRANDE SAERA, y Vicente GUZMAN FLUJA. Valencia: Tirant lo Blanch, 2008.

———. «Testigos y prueba científica para la identificación del acusado: problemática, creencia y práctica». En *Derecho, justicia, universidad: liber amicorum de Adrés de la Oliva Santos. Tomo II.*, de Ignacio DÍEZ-PICAZO JIMENEZ y Jaime VEGAS TORRES. Madrid: Editorial Universitaria Ramón Areces, 2016.

SOLETO MUÑOZ, Helena, y Aurea GRANÉ CHAVEZ. «El proceso penal, mecanismo ineficaz de compensación a la víctima: un estudio de campo», Revista de Victimología, nº 8 (2018): 35-81. https://doi.org/10.12827/

RVJV.8.02.

———. *La eficacia de la reparación a la víctima en el proceso penal a través de las indemnizaciones. Un estudio de campo en la Comunidad de Madrid.* Madrid: Dykinson, 2018.

SOLETO Muñoz, Helena, Sabela OUBIÑA BARBOLLA, Jessica JULLIEN DE ASÍS, Aurea GRANÉ CHAVEZ, Margarita DIGES JUNCO, Nieves PÉREZ-MATA, y Anna FIODOROVA. «Obstáculos que enfrentan las víctimas de delito sexual en las etapas del proceso penal. Informe Nacional España.» Proyecto Europeo Re-Treat (Reshaping treatment approaches towards victims of sexual violence within criminal proceedings). Madrid: Universidad Carlos III de Madrid, Universidad Autónoma de Madrid, Universidad de Burgos, 2021.

STEFANSEN, Kari. «Staging a caring atmosphere: child-friendliness in Barnahus as a multidimensional phenomenon». En *Collaborating against child abuse. Exploring the Nordic Barnahus Model*, de Susanna JOHANSSON, Kari STEFANSEN, Elisiv BAKKETEIG, y Anna KALDAL. Switzerland: Palgrave Macmillan, 2017.

SUÁREZ-SOTO, Elizabeth, Georgina GUILERA FERRÉ, y Noemí PEREDA BELTRÁN. «Victimization and suicidality among adolescents in child and youth-serving systems in Spain», Children and Youth Services Review, 91 (agosto de 2018): 383-89. https://doi.org/10.1016/j.childyouth.2018.06.037.

SUBIJANA ZUNZUNEGUI, Ignacio José. *El paradigma de la humanidad en la Justicia Restaurativa.* Cuadernos del Instituto Vasco de Criminología 24, 2012.

SUBIJANA ZUNZUNEGUI, Ignacio José, y Enrique ECHEBURÚA. «Los menores víctimas de abuso sexual en el proceso judicial: el control de la victimización secundaria y las garantías jurídicas de los acusados», Anuario de Psicología Jurídica, 2018, 22-27. https://doi.org/10.5093/apj2018a1.

SUBIJANA ZUNZUNEGUI, Ignacio José, y Izaskun PORRES GARCÍA. «La viabilidad de la justicia terapéutica, restaurativa y procedimental en nuestro ordenamiento jurídico». En *Justicia restaurativa, una justicia para el siglo XXI: potencialidades y retos*, de Ignacio José SUBIJANA ZUNZUNEGUI, Reyes MATE, Gema VARONA MARTÍNEZ, Helena SOLETO MUÑOZ, Javier HERNÁNDEZ GARCÍA, Juan Alberto DÍAZ LÓPEZ, Juan Ignacio ECHANO BASALDUA, et al. Cuadernos penales José María Lidón 9. Bilbao: Deusto Digital, 2013.

TAMARIT SUMALLA, Josep Ma. «El necesario impulso de la Justicia Restaurativa tras la Directiva europea de 2012"», Ars Iuris Salmenticensis, 1 (junio de 2013): 139-60.

———. «¿Hasta que punto cabe pensar victimológicamente el sistema penal?» En *Estudios de Victimología. Actas del I Congreso español de victimología*, de Josep Mª TAMARIT SUMALLA. Valencia: Tirant lo Blanch, 2005.

———. «La justicia restaurativa: concepto, principios, investigación y marco teórico». En *La justicia restaurativa: desarrollo y aplicaciones*. Comares, 2012.

———. «La reparación y el apoyo a las víctimas». En *El Estatuto de las víctimas de delitos. Comentario a la Ley 4/2015*, de Josep Mª TAMARIT SUMALLA, Carolina VILLACAMPA ESTIARTE, y Mercedes SERRANO MASIP. Valencia: Tirant lo Blanch, 2015.

———. «La valoración judicial del impacto del delito en la víctima en casos de abuso sexual infantil», Revista de Victimología, nº 6 (2017): 33-56. https://doi.org/10.128227/RVJ.6.02.

———. «Procesos restaurativos más allá de la mediación: perspectivas de futuro». En *Justicia restaurativa, una justicia para el siglo XXI: potencialidades y retos*, de Ignacio José SUBIJANA ZUNZUNEGUI, Reyes MATE, Gema VARONA MARTÍNEZ, Helena SOLETO MUÑOZ, Javier HERNÁNDEZ GARCÍA, Juan Alberto DÍAZ LÓPEZ, Cristina DE VICENTE CASILLAS, et al., 317-28. Cuadernos penales José María Lidón 9. Bilbao: Deusto Digital, 2013.

———. «Respuestas restaurativas al abuso sexual infantil». En *Justicia Restaurativa: Una justicia para las víctimas*, de Helena SOLETO MUÑOZ y Ana CARRASCOSA MIGUEL. Valencia: Tirant lo Blanch, 2019.

TAMARIT SUMALLA, Josep Mª, María Jesús GUARDIOLA LAGO, Albert PADRÓ-SOLANET, y Patricia HERNÁNDEZ-HIDALGO. «La persecución judicial de la victimización sexual infantil: un estudio de flujo de casos». En *La victimización sexual de menores de edad y la respuesta del sistema de justicia penal*, de Josep Mª TAMARIT SUMALLA. Buenos Aires: BdeF, 2017.

TAMARIT SUMALLA, Josep Mª, Albert PADRÓ-SOLANET, María Jesús GUARDIOLA LARGO, y Patricia HERNÁNDEZ-HIDALGO. «Estudio de sentencias: las decisiones judiciales en los casos de victimización sexual de menores». En *La victimización sexual de menores de edad y la respuesta del sistema de justicia penal*, de Josep Mª TAMARIT SUMALLA. Buenos Aires: BdeF, 2017.

THOMAS, Marney, John ECKENRODE, y James GARBARINO. «El abuso sexual en la familia». En *Por qué las familias abusan de sus hijos*, de James GARBARINO y John ECKENRODE. Barcelona: Granica, 1999.

THULIN, Johanna, y Cecilia KJELLGREN. «Treatment in Barnahus: Implementing comnined trearment for children and parents in physical abuse cases». En *Collaborating against child abuse. Exploring the Nordic Barnahus Model*, de Susanna JOHANSSON, Kari STEFANSEN, Elisiv BAKKETEIG, y Anna KALDAL. Buenos Aires: Palgrave Macmillan, 2017.

TOBOLOWSKY, Peggy M., Mario T. GABOURY, Arrick L. JACKSON, y Ashley G. BLACKBURN. *Crime Victim Rights and Remedies*. EEUU: Carolina Academic Press, 2009.

TORRES ROSELL, Núria. «El matrimonio infantil como atentado a la dignidad e indemnidad de los menores». En *Delitos contra la libertad e indemnidad sexual de los menores. Adecuación del Derecho español a las demandas normativas supranacionales de protección*. Navarra: Thomson Reuters Aranzadi S.A., 2015.

TRINIDAD FERNÁNDEZ, Pedro. «La infancia delincuente y abandonada». En *Historia de la infancia en la España contemporánea. 1834-1936*, de José María BORRÁS LLOP. Madrid: Ministerio de Trabajo y Asuntos Sociales. Fundación Germán Sánchez, 1996.

UMBREIT, Mark, y Gordon BAZMORE. «A Comparison of Four Restorative Conferencing Models», Juvenile Justice Bulletin, 2001. https://www.ncjrs.gov/pdffiles1/ojjdp/184738.pdf.

URAÑA CARAZO, Belén. *Derechos fundamentales procesales*. Pamplona: Thomson Reuters Aranzadi S.A., 2014.

URY, William, Jeanne BRETT, y Sthephen GOLDBERG. *Getting disputes resolved: designing systems to cut the costs of confict*. San Francisco: Jossey-Bass, 1988.

VARONA MARTÍNEZ, Gema. *Justicia restaurativa desde la Criminología: Mapas para un viaje inicial*. Madrid: Dykinson, 2018.

———. «Los adultos víctimas de abusos sexuales en el seno de la Iglesia: ¿construcción de la memoria como forma de Justicia Restaurativa?» En *Justicia Restaurativa: una justicia para las víctimas*, de Helena SOLETO MUÑOZ y Ana CARRASCOSA MIGUEL. Valencia: Tirant lo Blanch, 2019.

VÁZQUEZ RODRÍGUEZ, Clotilde. «Derechos de los pueblos, ambientales o derechos difusos», Documentos de Trabajo. Seminario Permanente de Ciencias Sociales, enero de 2014, 3-27.

VENTAS SASTRE, Rosa. *Estudio de la minoría de edad desde una perspectiva penal, psicológica y criminológica*. Madrid: Editoriales de Derecho Reunidas S.A., 2002.

VILLACAMPA ESTIARTE, Carolina. «El delito de online child grooming o propuesta sexual telemática a menores». En *Delitos contra la libertad e indemnidad sexual de los menores. Adecuación del Derecho español a las demandas normativas supranacionales de protección*. Navarra: Thomson Reuters Aranzadi S.A., 2015.

———. «Víctima menor de edad y proceso penal: especialidades en la declaración testifical de menores-víctimas», Revista de Derecho Penal y Criminología, 2o Época, nº 16 (2005): 265-99.

VILLAGRASA ALCAIDE, Carlos. «Derechos de la infancia y la adolescencia: hacia un sistema legal», Anales de la Cátedra Francisco Suárez, 2015, 17-41.

———. «Los derechos de la infancia y de la adolescencia. La participación social de la infancia y la adolescencia, por su incorporación a la ciudadanía activa», Enrahonar, nº 40/41 (2008): 141-52.

WACHTEL, Ted. «Definiendo qué es Restaurativo». Instituto Internacional de Prácticas Restaurativas, 2013. http://www.iirp.edu/pdf/Defining-Restorative-Spanish.pdf.

WELLMAN, Carl. «El crecimiento de los derechos de los niños». En *Derecho de los niños. Una contribución teórica*, de Isabel FANLO CORTÉS, 39-59. México: Fontamara, 2004.

ZAPATER, Enrique, y Faustino GUITÉRREZ. «La noción de un proceso penal en todas las garantías». En *Derechos procesales fundamentales*. Manuales de Formación Continuada 22. Consejo General del Poder Judicial, 2004.

ZEHR, Howard. *El pequeño libro de la Justicia Restaurativa*. Traducido por Vernon E. JANTZI. New York: Good Books, 2007.

JURISPRUDENCIA

Asunto Delta c. Francia. Sentencia Tribunal de Europeo de Derechos Humanos 1990\30 de 19 de diciembre de 1990.

Asunto Doorson c. Países Bajos. Sentencia del Tribunal Europeo de Derechos Humanos 1996\20, de 26 de marzo de 1996.

Caso Pupino, Sentencia del Tribunal de Justicia de las Comunidades Europeas (Gran Sala), proa. C-105/2003, de 16 de junio (2005).

Sentencia del Tribunal Constitucional 64/1994, de 28 de febrero de 1994. ECLI:ES:TC:1994:64

Sentencia del Tribunal Constitucional 154/2000, de 12 de junio de 2000. ECLI:ES:TC:2000:154

Sentencia del Tribunal Constitucional 174/2003, de 29 de septiembre de 2003. ECLI:ES:TC:2003:174

Sentencia del Tribunal Supremo 229/2000, de 19 de febrero de 2000. ECLI: ES:TS:2000:1246

Sentencia del Tribunal Supremo 705/2003, de 16 de mayo de 2003. ECLI: ES:TS:2003:3324

Sentencia del Tribunal Supremo 96/2009, de 10 de marzo de 2009. ECLI: ES:TS:2009:1804
Sentencia del Tribunal Supremo 1251/2009, de 10 de diciembre de 2009. ECLI: ES:TS:2009:7247
Sentencia del Tribunal Supremo 220/2013, 21 de marzo de 2013. ECLI: ES:TS:2013:1279
Sentencia del Tribunal Supremo 3916/2014 de 14 de octubre de 2014. ECLI:ES:TS:2014:3916
Sentencia del Tribunal Supremo 938/2016, de 15 de diciembre de 2016. ECLI: ES:TS:2016:5494